AF341526

Operación Z

Jacques Baud

Operación Z

Max Milo
ESSAIS-DOCUMENTS

© Max Milo, París, 2023
www.maxmilo.com
ISBN : 978-2-31501-313-5

Introducción

El 18 de mayo de 2022, George W. Bush desató la hilaridad en todo el mundo al criticar

la decisión unipersonal de lanzar una invasión totalmente injustificada y brutal de Irak... quiero decir, Ucrania.

Este desliz freudiano ilustra y subraya lo absurdo de la actitud de Occidente hacia Rusia. Por un lado, acepta y apoya los crímenes de las potencias occidentales y, por otro, aplica contra Rusia un aluvión de sanciones que raya en lo absurdo.

Tres meses antes, el 24 de febrero de 2022, Vladimir Putin anunció en la televisión rusa su decisión de intervenir militarmente en Ucrania a petición de las repúblicas de Donetsk y Lugansk, cuya independencia había reconocido tres días antes. El mundo occidental se escandalizó y empezó a llover sanciones contra Rusia y Bielorrusia. Ucrania no es miembro de la Unión Europea ni de la OTAN, pero su régimen está bajo protección occidental desde 2014. Resolver las crisis por la fuerza rara vez es la solución adecuada. Los rusos lo saben tan bien como nosotros. Entonces, ¿fue acertada la decisión de Vladímir Putin?

Al unísono, los occidentales responden negativamente, pero su unanimidad procede de una lectura de los acontecimientos que combina convenientemente una forma de negacionismo y de revisionismo destinada a tener en cuenta únicamente lo que confirma sus prejuicios. A las mentiras políticas se añade la ilusión mediática, ya que nuestros medios informativos han contribuido a la confusión pintando un cuadro de la realidad muy alejado de los hechos.

La forma en que entendemos la crisis determina nuestra estrategia para salir de ella.

El objetivo de este libro es proporcionar información precisa, objetiva y equilibrada que nos ayude a tener una visión más sosegada de esta crisis. No todo es blanco o negro. La verdad está en los tonos de gris. El discurso sesgado y extremista tiende a hacer que la más mínima información discordante parezca favorable a Rusia. Es hora de recordar lo que la sabiduría popular viene diciendo desde la noche de los tiempos: en un conflicto siempre hay dos puntos de vista relevantes.

Los lectores con una perspectiva exclusivamente occidentalista encontrarán este libro «putiniano» o incluso «putinolita». En cambio, quienes busquen comprender mejor la crisis para encontrar una vía de diálogo, encontrarán que este libro es favorable a la paz y, en definitiva, a Ucrania.

Para comprender la incoherencia con la que Occidente ha respondido a la crisis ucraniana, basta con preguntarse por qué este conflicto -y Rusia en particular- son más reprobables que los que iniciamos anteriormente.

Las invasiones -ilegales e ilegítimas- de Afganistán, Irak, Libia y Siria por parte de países occidentales no han sido objeto de sanciones ni condenas. Los atletas discapacitados estadounidenses o polacos no han sido privados de los Juegos

Paralímpicos; los gatos británicos no han sido excluidos de las exposiciones felinas; los levantadores de pesas polacos, alemanes, estadounidenses, británicos, franceses o lituanos no han sido condenados por crímenes que no cometieron personalmente; los tenistas británicos, estadounidenses o suizos no se han visto obligados a condenar a sus gobiernos para poder participar en un torneo, las «chicas polacas» de Chopin no se han convertido en «chicas iraquíes», y las atrocidades cometidas por los militares polacos no han sido condenadas, etc.

Con la operación rusa, parece que de repente Occidente ha creado una conciencia, pero -como veremos- opera de forma muy selectiva y con geometría variable...

Metodología

Para contrarrestar el discurso radical, simplista y poco informado que dificulta la comprensión del conflicto y favorece la recitación de una vulgata antirrusa en detrimento de la objetividad informativa, mi enfoque es diferente del de los medios de comunicación que no respetan ni la Carta de Múnich ni la ética periodística más elemental -entre ellos *Radio-Télévision Suisse, France 5* y *LCI*. También es diferente de los que combaten la propaganda de un partido utilizando la del otro (a menudo de extrema derecha), como *heidi.news*. Mi objetivo es combatir la propaganda de cada partido examinando su propia información y, por tanto, sus propias contradicciones. Por tanto, utilizaré exclusivamente fuentes occidentales y ucranianas (por parte del gobierno), así como las de la oposición rusa.

La falta de diversidad en los medios de comunicación francófonos me ha llevado a tomar la mayoría de mis fuentes de los principales medios anglosajones, que a menudo son más honestos que sus homólogos francófonos, aunque sigan oponiéndose ferozmente a Rusia.

1. Fundamentos y percepciones

La forma en que la comunidad occidental ha reaccionado ante la crisis ucraniana demuestra que la naturaleza del conflicto es singular. Mientras que los países occidentales (y mis detractores) han aceptado e incluso aplaudido la masacre de poblaciones árabes sin condenar ni sancionar nunca a los autores, esta crisis ha desatado pasiones. Con una estulticia y un odio pocas veces vistos en la historia, se ha combatido a Rusia en todos los frentes, de forma ruin, a menudo irreflexiva y totalmente innecesaria.

La crisis es el resultado de la convergencia de tres tipos de factores.

1.1. El nivel emocional y cultural

El primer factor es emocional y cultural. Se resume en un sentimiento bastante extendido en Occidente, que algunos llaman «rusofobia». En Ucrania, se desarrolla desde principios del siglo XX y recuerda el antiguo temor al «judeo-bolchevismo» que inspiró a las milicias paramilitares ultranacionalistas. En Occidente, se alimenta de la confusión que mantienen muchos autoproclamados expertos y nuestros medios de comunicación entre Rusia y la URSS. Explica el carácter a veces irracional de sanciones que parecen más preocupadas por satisfacer viejos rencores que por alcanzar ningún objetivo concreto, como la exclusión de los gatos rusos de las exposiciones felinas o el embargo de ciertos tipos de letra en Rusia (¡!).

No es baladí que algunos de los líderes políticos occidentales actuales tengan una historia familiar que parece impedirles tener la retrospectiva necesaria para una gestión serena. Es el caso de Chrystia Freeland, ministra canadiense de Asuntos Exteriores, Ursula von der Leyen[1], presidenta de la Comisión Europea, Olaf Scholz, canciller alemán, Anthony Blinken, secretario de Estado estadounidense y Victoria Nuland, subsecretaria de Estado estadounidense para Asuntos Políticos[2]. Todos ellos tienen -por razones completamente diferentes- una visión partidista de Rusia que ilustra y explica nuestra tentación de tratar este conflicto de forma diferente a todos los conflictos anteriores.

En cierto modo, la dimensión tan apasionada e irracional que ha adquirido el conflicto en Occidente podría explicarse -al menos en parte- por la venganza de los nietos hacia sus abuelos. Procedentes en su mayoría de la generación X, los políticos europeos no parecen tener la madurez intelectual necesaria para abordar cuestiones complejas[3]. En consecuencia, tienden a abordar cuestiones demasiado exigentes para su limitada inteligencia. Su acción política se guía más por la emoción y la

---

1.Peter Kuras, «La ineptitud aristocrática de Ursula Von Der Leyen», *Foreign Policy*, 30 de abril de 2021.
2.«El yiddish y las raíces judeo-ucranianas del nuevo Secretario de Estado de EE.UU.», *Encuentro Judío Ucraniano*, 30 de noviembre de 2020.
3.Rachel Elbaum, «European Shift: Generation of Young Leaders Sweeps To Power Across Continent», *NBC News*, 17 de octubre de 2017 (https:// www.nbcnews.com/news/world/european-shift-generation-young-lea- ders-sweeps-power-across-continent-n811351).

ideología que por la reflexión. Por el contrario, figuras más experimentadas como Henry Kissinger[4], Oskar Lafontaine y Jürgen Habermas instan a los líderes actuales -lamentablemente, en vano- a dar un paso atrás[5].

1.2. El nivel estratégico

1.2.1. El punto de vista ruso

Víctimas de varios intentos de invasión a lo largo de dos siglos (1812, 1918-1922 y 1941-1945, por no hablar de la Revolución de 1917 instigada por Alemania), los rusos han conservado una profunda desconfianza hacia los occidentales, cuya desafortunada tendencia a iniciar guerras ya no es necesario demostrar. Junio de 1941 sigue muy presente en la memoria, y los rusos no quieren volver a ver nada parecido.

Hay dos dimensiones en la percepción rusa de su entorno que los occidentales tienden a confundir, con el fin de reforzar una narrativa más favorable a Ucrania.

La primera es la dimensión estratégica, que veremos más adelante, y que consiste en la búsqueda constante de Rusia de estar rodeada por una zona neutral y no hostil. Esta es la razón por la que, incluso durante la Guerra Fría, la URSS se contentaba con tener a Finlandia neutral en su frontera norte y a Rumanía (que no formaba parte del Tratado de Varsovia, y donde no había presencia militar soviética). Del mismo modo, mantuvo

---

4. Timothy Bella, «Kissinger says Ukraine should cede territory to Russia to end war», *The Washington Post*, 24 de mayo de 2022 (https://www.washingtonpost.com/world/2022/05/24/henry-kissinger-ukraine-russia-territory-davos/)
5. Philip Oltermann, «German thinkers' war of words over Ukraine exposes generational divide», *The Guardian*, 6 de mayo de 2022 (https://www.theguardian.com/world/2022/may/06/german-thinkers-war-of-words-over-ukraine-exposes-generational-divide)

relaciones cordiales con Irán, porque la política del Sha -aunque cercano a Estados Unidos- era mantener la equidistancia con las dos superpotencias. Al igual que la URSS, Rusia no necesita estar rodeada por una «zona de influencia», sino por una «zona libre de influencia». Por eso no consideró hostil la expansión de la OTAN hacia el Este. Sólo tras la retirada norteamericana de los tratados de desarme nuclear y la instalación de misiles en los países del antiguo bloque del Este, Rusia percibió un peligro a principios de la década de 2000.

La segunda dimensión es más cultural y emocional. La desintegración de la URSS dejó minorías rusas establecidas desde hacía varias generaciones en países ahora independientes, pero cuya población era hostil a los rusos. Los países de Europa del Este y del Cáucaso tienen nacionalismos que nunca han podido expresarse realmente desde principios del siglo XX, lo que probablemente explica el resentimiento y las actitudes absolutistas hacia sus minorías étnicas en la actualidad. El resultado para Rusia -y para el pueblo ruso en particular- es un sentimiento de responsabilidad por estas comunidades «abandonadas». Esto también se refleja en la creencia de Vladimir Putin de que «el colapso del comunismo fue la mayor catástrofe del siglo XX»: no lamenta el sistema (su política es la contraria), sino las consecuencias de este colapso para el pueblo ruso.

Esta dimensión es esencial para entender las relaciones entre Rusia y sus vecinos desde 1990. Es lo que ha determinado el compromiso de Rusia con la aplicación de los Acuerdos de Minsk desde 2015. También explica por qué Vladimir Putin mantiene -e incluso aumenta- su popularidad en Rusia, a pesar del impacto de las sanciones.

También debemos recordar que incluso Alexei Navalny, a quien algunos en Occidente ven como el principal oponente de Vladimir Putin, ha dicho que si estuviera en el poder no devolvería Crimea a Ucrania[6]. Esto es lo que Occidente no quiere entender y no ha entendido, por eso pensó que imponer sanciones a Rusia provocaría el colapso del «régimen».

1.2.2. El punto de vista estadounidense

A pesar del final de la Guerra Fría, Estados Unidos no ha abandonado la idea de debilitar a Rusia. Aprovechando la debilidad estructural de Rusia y una China aún en proceso de desarrollo, Estados Unidos se benefició de una situación que le permitía imponerse en la escena internacional. Esta estrategia comenzó con una retirada gradual de los acuerdos de control de armas firmados durante la Guerra Fría: el *Tratado ABM* (2002), el *Tratado de Cielos Abiertos* (2018) y el *Tratado sobre Fuerzas Nucleares de Alcance Intermedio (INF)* (2019).

Para mantener su posición dominante, Estados Unidos intenta aislar a Rusia. ¡Aquí no hay conspiración!Esta estrategia se detalla en dos documentos elaborados en 2019[7] por la *RAND Corporation*[8]. En ellos se describe exactamente la situación a la que asistimos hoy: una forma de *«mobbing estratégico»* cuyo objetivo es desterrar a Rusia de la comunidad internacional y provocar su colapso. Es una estrategia similar la que Estados

---

6.Anna Dolgov, «Navalny no devolvería Crimea, considera que la inmigración es un asunto más importante que Ucrania», *The Moscow Times*, 16 de octubre de 2014 (https://www.themoscowtimes.com/2014/10/16/navalny-wouldnt-return-crimea-considers-immigration-bigger-issue-than-ukraine-a40477).

7.James Dobbins, Raphael S. Cohen, Nathan Chandler, Bryan Frederick, Edward Geist, Paul DeLuca, Forrest E. Morgan, Howard J. Shatz, Brent Williams, «Extending Russia: Competing from Advantageous Ground», *RAND Corporation,* 2019; James Dobbins & al, «Overextending and Unbalancing Russia», *RAND Corporation*, (Doc Nr RB-10014-A), 2019.

8.NdA: la *RAND Corporation* es un *think tank* creado en 1948 por el Pentágono para asesorar al gobierno estadounidense en cuestiones estratégicas.

Unidos está aplicando a China, lo que explica la resistencia de esta última a seguir a Occidente en la condena de Rusia.

Esta estrategia también incluye la fragmentación de Rusia y la destrucción física del Estado ruso provocando su desintegración. La idea no es nueva y fue retomada por el Departamento de Estado estadounidense, que organizó una conferencia sobre el tema en junio de 2022 en el marco de la *Comisión de Helsinki*. Estamos, pues, muy lejos de lo que los medios de comunicación llaman la «paranoia» de Vladimir Putin.

Como señala Robert Wade, de la *London School of Economics*, Estados Unidos llevaba tiempo buscando la manera de provocar un ataque ruso contra Ucrania[9]. Confirma así lo que Oleksei Arestovitch dijo en marzo de 2019, como veremos. Pero la puesta en práctica es más una cuestión de creencia y fantasía que de estrategia. Occidente, liderado por los estadounidenses, tiene la imagen de una Rusia débil, incapaz de movilizar fuerzas para una crisis. Su «estrategia» se basa en lo que los anglosajones llaman «*wishful thinking*». Por tanto, a menudo no se ajusta a la realidad de la situación y requiere un ajuste del discurso:

- En marzo, el primer objetivo declarado era el cambio de régimen[10], utilizando las sanciones para provocar el colapso de la economía rusa. La narrativa era que Ucrania estaba resistiendo mejor de lo que los rusos esperaban, y se predijo su derrota; el rublo se desplomó y la economía

---

9.Robert H. Wade, «Why the US and Nato have long wanted Russia to attack Ukraine», *London School of Economics*, 30 de marzo de 2022 (https://blogs.lse.ac.uk/europpblog/2022/03/30/why-the-us-and-nato-have-long-wanted-russia-to-attack-ukraine/)

10.Sam Blewett, «Joe Biden calls for regime change in Moscow as he likens invasion to WW2 horrors», *The Independent*, 26 de marzo de 2022 (https://www.independent.co.uk/news/uk/joe-biden-vladimir-putin-ukraine-moscow-warsaw-b2044743.html)

con él, y las protestas contra la guerra estaban creciendo en Rusia. Joe Biden llegó a sugerir que Putin «*no debería seguir en el poder*»[11].

- A finales de abril, el objetivo de Estados Unidos era debilitar a Rusia para que ya no pudiera restablecer sus capacidades[12]. La estrategia consistía en «*aislar a Rusia de las democracias ricas*[13]».

- En junio, viendo que las estrategias anteriores no habían funcionado, los objetivos estadounidenses se redujeron a suministrar armas a Ucrania para que pudiera consolidar su posición en las negociaciones[14].

Así, en menos de tres meses, el objetivo de derrocar el régimen de Moscú y asegurar una victoria para Ucrania ha sido sustituido por la búsqueda de una posición negociadora más firme. Los europeos simplemente siguieron el ejemplo. En resumen, partiendo de premisas falsas, la actuación de las potencias occidentales ha sido un fracaso tras otro, demostrando que no tienen una verdadera estrategia ni coherencia en sus acciones.

11.Ashley Parker, Tyler Pager y Marianna Sotomayor, «Biden at war: Inside a deliberate yet impulsive Ukraine strategy», *The Washington Post*, 7 de abril de 2022, (https://www.washingtonpost.com/politics/2022/04/07/biden-war-ukraine/)
12.Sarakshi Rai, «Pentagon chief says US wants to see Russia 'weakened'», *The Hill*, 25 de abril de 2022 (https://thehill.com/policy/defense/3462190-pentagon-chief-says-us-wants-to-see-russia-weakened/)
13.Olivier Knox, «The U.S. has a big new goal in Ukraine: Weaken Russia», *The Washington Post*, 26 de abril de 2022 (https://www.washingtonpost.com/politics/2022/04/26/us-has-big-new-goal-ukraine-weaken-russia/)
14.Anastassia Fedyk, «Op-Ed: Why more weapons will help Ukraine and Russia negotiate a lasting truce», *Los Angeles Times*, 12 de junio de 2022 (https://www.latimes.com/opinion/story/2022-06-12/ukraine-russia-war-negotiations-peace-strategy)

1.3.El nivel operativo

La expansión de la OTAN es, por supuesto, esencial para comprender la postura de Rusia, pero no es *la causa de* su intervención en febrero de 2022. En este punto, los rusos siempre han favorecido una solución política. Es probable que, de no haber sido por las condiciones que llevaron a la ofensiva del 24 de febrero, el problema se hubiera resuelto en torno a una mesa de negociaciones.

En un vídeo filmado el 18 de marzo de 2019, el asesor de Volodymyr Zelensky, Oleksei Arestovitch, explica cínicamente que *había que* crear las condiciones para obligar a Rusia a atacar Ucrania[15]. Esta confesión ilustra la perfidia de Occidente con respecto a Ucrania porque, como señaló Volodymyr Zelensky en una entrevista en la *CNN*[16], su país ha sido utilizado para satisfacer los objetivos estadounidenses fijados en 2019.

Sin embargo, para comprender este nivel operativo, es necesario volver la vista atrás a los acontecimientos de 2014 y contextualizarlos.

15.«Predicted Russian -Ukrainian war in 2019- Alexey Arestovich», *YouTube*, 18 de marzo de 2022 (https://youtu.be/1xNHmHpERH8)
16.Chandelis Duster, «Zelensky: 'If we were a NATO member, a war would't have started'», *cnn.com*, 20 de marzo de 2022.

2. El contexto histórico

2.1. La posguerra fría

En 1990-1991, la esperanza generada por el fin del comunismo era muy real para los nuevos dirigentes rusos. En julio de 1991, con la disolución del Tratado de Varsovia, vieron la oportunidad de reflexionar sobre una nueva arquitectura de seguridad para el continente europeo. Los soviéticos/rusos nunca exigieron ni quisieron que se disolviera la OTAN a cambio de la disolución del Tratado de Varsovia, contrariamente a lo que afirma Caroline Roux[17], y Occidente nunca prometió hacerlo, como afirma el general Vincent Desportes en *France 5*[18]. Por el contrario, Rusia se ha unido a la *Asociación para la Paz (APP)* de la OTAN.

Muy apegada a la OSCE (creada por iniciativa de la URSS), Rusia acariciaba la idea de una seguridad colectiva basada en

---

17. Caroline Roux en el programa «C dans l'air» del 25 de enero («Ukraine : la surenchère russe... ou américaine ? #cdanslair 25.01.2022», *France 5/YouTube*, 26 de enero de 2022 (20'20")

18. «La OTAN aumenta las tensiones en Europa, con el general Vincent Desportes - C à Vous - 28/02/2022», France 5/YouTube, 28 de febrero de 2022 (01'15")

ella y que reuniera a países europeos y norteamericanos. Los dirigentes rusos, que habían visto los estragos causados por el comunismo, pensaban que una arquitectura de seguridad basada en el equilibrio de poder estaba anticuada y soñaban con un sistema más cooperativo. Esta era la idea de una «*casa común europea*» que Mijail Gorbachov lanzó en 1989, tomando prestada la idea de Charles de Gaulle de una «*Europa del Atlántico a los Urales*».

La idea no tenía nada de absurda, como señaló Manfred Wörner, entonces Secretario General de la OTAN, en su discurso del 17 de mayo de 1990:

> *La principal tarea de la próxima década será construir una nueva estructura de seguridad europea, que incluya a la Unión Soviética y a los países del Pacto de Varsovia. La Unión Soviética tendrá un importante papel que desempeñar en la construcción de dicho sistema. Si se considera la situación actual de la Unión Soviética, a la que prácticamente no le quedan aliados, se puede comprender su deseo justificado de no verse obligada a abandonar Europa.*[19]

La creación del Consejo de *Cooperación del Atlántico Norte (CCAN)* por parte de la OTAN a finales de 1991 fue acogida con entusiasmo por las autoridades y la opinión pública rusas. La idea de una cooperación continental en materia de seguridad gozaba de gran popularidad y no descartaba la posibilidad de ingresar en la OTAN. En octubre de 1993 tuvieron lugar conversaciones en este sentido entre Boris Yeltsin y el Secretario de

---

19.Dave Majumdar, «Newly Declassified Documents: Gorbachev Told NATO Wouldn't Move Past East German Border», *The National Interest*, 12 de diciembre de 2017.

Estado norteamericano Warren Christopher, que sin embargo se mantuvo reservado:

A su debido tiempo estudiaremos la cuestión de la adhesión como una eventualidad a más largo plazo. Habrá una evolución, basada en el desarrollo de un hábito de cooperación, pero a lo largo del tiempo.[20]

Documentos publicados recientemente por Gran Bretaña muestran que esta idea fue calificada de «broma» y rechazada por las cancillerías occidentales[21]. De hecho, según la lógica de 1949, la razón de ser de la OTAN era poner a sus miembros bajo la protección nuclear de Estados Unidos. Sin embargo, Estados Unidos era reacio a que las dos principales potencias nucleares coexistieran en la misma alianza. En parte por este motivo, el General de Gaulle retiró a Francia del mando integrado de la Alianza en 1966.

A primera vista, la idea de los rusos parece descabellada. Pero en realidad, los dirigentes rusos son visionarios. Piensan en una seguridad internacional basada en la cooperación y no en la confrontación, siguiendo el modelo de la OSCE.

Pero Occidente no tiene intención de cambiar la arquitectura de seguridad europea. El hundimiento del sistema comunista, el éxito de la guerra del Golfo (1991) y el papel de Occidente en la

---

20.Memorando interno de Warren Christopher sobre su entrevista del 22 de octubre de 1993 con Boris Elstin (desclasificado el 8 de mayo de 2000) citado en Dave Majumdar, «How Bill Clinton Accidentally Started Another Cold War», *The American Conservative*, 18 de octubre de 2017.
21.Chris York, «A Secret Plan To Let Russia Join Nato Was Dismissed As 'Farcical', Declassified Papers Reveal», *The Huffington Post*, 31 de diciembre de 2019.

crisis de los Balcanes han demostrado a los estadounidenses las ventajas de un mundo unipolar.

La reacción de la OTAN no satisfizo las expectativas del pueblo ruso. En junio de 1994, en contra del consejo de la opinión pública, el gobierno ruso se unió a la recién creada *Asociación para la Paz* de la OTAN. En 1997, para dar la ilusión de que quería desarrollar la cooperación con Rusia, la OTAN sentó las bases del *Consejo OTAN-Rusia* (NRC), que se creó en 2002. El objetivo del NRC es mantener un diálogo con Rusia para que la expansión de la OTAN no se perciba como una amenaza. En realidad, como resume Bill Clinton, es una forma de no cumplir las promesas hechas a los dirigentes de la antigua URSS:

> *Lo que los rusos obtienen de este acuerdo excepcional que les proponemos es la oportunidad de sentarse en la misma sala que la OTAN y unirse a nosotros siempre que todos estemos de acuerdo en algo, pero no tienen ninguna posibilidad de impedirnos hacer algo que no acepten. Pueden mostrar su desaprobación abandonando la sala. Y como segunda gran ventaja, obtienen nuestra promesa de que no pondremos nuestros asuntos militares con sus antiguos aliados, que ahora serán nuestros aliados, a menos que nos despertemos una mañana y decidamos cambiar de opinión.*[22]

Para los países de Europa del Este, la situación es algo diferente. En sus mentes, la pertenencia a la Unión Europea y a la OTAN suelen ir de la mano: el objetivo es garantizar su desarrollo en un entorno seguro, en un planteamiento más oportunista que

---

22.James Goldgeier y Michael McFaul, *Power and Purpose: US Policy toward Russia after the Cold War*, Washington d.c., 2003, pp. 204-205.

filosófico. Para ellos, los valores de la democracia y los derechos humanos siguen siendo, a pesar de todo, muy secundarios. Así, a pesar de ciertas salvaguardias constitucionales y legales, sus servicios de inteligencia han seguido siendo esencialmente servicios de seguridad que conservan en gran medida el legado de sus predecesores comunistas. Testigo de ello es su participación en el programa de torturas de la CIA, ¡que no parece conmover lo más mínimo a la Unión Europea! Del mismo modo, su afán por seguir los pasos de Estados Unidos en Afganistán e Irak estuvo más motivado por la modernización de sus ejércitos que por valores humanistas.

Donald Rumsfeld los describió como la *«nueva Europa»*[23]. Desempeñaron un papel importante en la creación de la crisis política migratoria al intervenir junto a Estados Unidos en Oriente Medio, negándose después a aceptar las consecuencias y confiando en los países de la *«vieja Europa»* para que se ocuparan de ella.

2.2.Expansión de la OTAN

A menudo presentado como un rumor fantasioso propagado por Rusia[24], las garantías occidentales de la no expansión de la OTAN están atestiguadas por numerosos documentos desclasificados hechos públicos en diciembre de 2017 por el *Archivo de Seguridad Nacional de* la Universidad George Washington[25].

23.Mark Baker, «U.S.: Rumsfeld's 'Old' And 'New' Europe Touches On Uneasy Divide», *RFE/RL*, 24 de enero de 2003
24.*La ampliación de la OTAN y Rusia: mitos y realidades* (www.nato.int/docu/review/2014/Russia-Ukraine-Nato-crisis/Nato-enlargement-Russia/FR/index.htm)
25.«Declassified documents show security assurances against NATO expansion to Soviet leaders from Baker, Bush, Genscher, Kohl, Gates, Mitterrand,

A principios de la década de 1990, Suiza se planteaba su participación en instituciones continentales como la Unión Europea y la OTAN. Deseosa de preservar su neutralidad, consultó a estas instituciones y a los miembros del Consejo de Seguridad para evaluar las posibles implicaciones de dicha adhesión. En este contexto, dialogué con las más altas autoridades rusas de asuntos exteriores y defensa de la época, lo que me permite hacerme una idea más precisa de las percepciones rusas que la que tenemos hoy.

En 2021, Jens Stoltenberg, Secretario General de la OTAN, expresó en[26] -con toda lógica- la postura de la Alianza de que *«nunca ha habido compromisos políticos o jurídicamente vinculantes de Occidente de no extender la OTAN más allá de las fronteras de una Alemania reunificada»*[27]. Esta afirmación sigue estando muy extendida entre los autoproclamados expertos en Rusia, como Bruno Tertrais, de la *Fundación para la Investigación Estratégica* (FRS)[28], Isabelle Mandraud en *France 5*[29] o Nicolas Gosset, del *Real Instituto Superior de Defensa* (IRSD), en *RTBF*[30], que explican que no hubo promesas porque no existía ningún tratado ni acuerdo escrito. El argumento es un poco simplista.

Es cierto que no existen tratados ni decisiones del Consejo del Atlántico Norte (CAAN) que plasmen tales promesas. Pero

---

Thatcher, Hurd, Major, and Woerner», *National Security Archive*, Washington D.C., 12 de diciembre de 2017.

26.«Conversation on "The Future of NATO"», nato.int, 25 de marzo de 2021 (actualizado el 29 de marzo de 2021)

27.«La ampliación de la OTAN y Rusia: mitos y realidades», *Revista de la OTAN*, 2014.

28. https://twitter.com/BrunoTertrais/status/943152395273539584

29.Isabelle Mandraud en el programa «C dans l'air» el 11 de enero de 2022 («Poutine rêve d'URSS, l'Ukraine sous tension #cdanslair 11.01.2022», *France 5/YouTube*, 12 de enero de 2022) (24'06")

30.Nicolas Gosset en el programa «QR l'actualité», 21 de febrero de 2022

eso no significa que no se hayan hecho, ¡o que se hayan hecho por casualidad!

Hoy tenemos la sensación de que, al haber «perdido la Guerra Fría», la URSS ya no tenía voz. Esto es incorrecto. Como vencedora de la Segunda Guerra Mundial, la URSS tenía derecho de veto *de iure* sobre la reunificación alemana. Por tanto, los países occidentales estaban *obligados a* obtener su acuerdo, a cambio del cual pedía el compromiso de no ampliar la OTAN. No hay que olvidar que, en esta fase, ¡la URSS aún existía! El referéndum de marzo de 1991 demostró que no se trataba de desmantelarla. Por tanto, no se encuentra en una posición de debilidad y no tiene ninguna razón para no exigir algo a cambio de su acuerdo con la reunificación.

Esto es lo que dijo Hans-Dietrich Genscher, Ministro alemán de Asuntos Exteriores, en su discurso del 31 de enero de 1990 en Tutzing (Baviera), según informó la Embajada americana en Bonn:

Sin embargo, Genscher advirtió que cualquier intento de extender el alcance militar [de la OTAN] al territorio de la República Democrática Alemana (RDA) bloquearía la reunificación alemana.

La reunificación alemana tuvo dos consecuencias importantes para la URSS: la retirada del *Grupo de Fuerzas Soviéticas en Alemania (GSFR)*, el contingente más poderoso y moderno fuera de su territorio, y la desaparición de gran parte de su «glacis» protector. Evidentemente, esto significaba que la OTAN se acercaba *ipso facto a* la frontera soviética.

Con el Tratado de Varsovia todavía en vigor y la doctrina de la OTAN sin cambios, era legítimo que la URSS temiera por su seguridad. Por eso explica Genscher:

Los cambios en Europa del Este y el proceso de unificación alemana no deben conducir a un «menoscabo de los intereses de seguridad soviéticos». Por lo tanto, la OTAN debe descartar una «expansión de su territorio hacia el este, es decir, acercándolo a las fronteras soviéticas».[31]

Por ello, Mijail Gorbachov no tardó en poner condiciones a su acuerdo, lo que llevó a James Baker, Secretario de Estado estadounidense, a entablar inmediatamente conversaciones con él. El 9 de febrero de 1990, para disipar sus preocupaciones, Baker declaró:

No sólo para la Unión Soviética, sino también para los demás países europeos, es importante tener garantías de que, si Estados Unidos mantiene su presencia en Alemania en el marco de la OTAN, ni una pulgada de la actual jurisdicción militar de la OTAN se extenderá hacia el este.[32]

Las promesas se hicieron simplemente porque Occidente no tenía otra alternativa que obtener la aprobación de la URSS, y sin promesas, Alemania no se habría reunificado. Gorbachov aceptó

---

31. https://nsarchive.gwu.edu/document/16112-document-01-u-s-embassy-bonn-confidential-cable
32.*Record of Conversation between Mikhail Gorbachev and James Baker*, 9 February 1990 (National Security Archive, The George Washington University, Washington DC) (https://nsarchive2.gwu.edu//dc.html?doc=4325680-Document-06-Record-of-conversation-between)

la reunificación alemana sólo porque había recibido garantías del Presidente George H.W. Bush y James Baker, del Canciller Helmut Kohl y su Ministro de Asuntos Exteriores Hans-Dietrich Genscher, de la Primera Ministra británica Margaret Thatcher, de su sucesor John Major y de su Ministro de Asuntos Exteriores Douglas Hurd, del Presidente François Mitterrand, del Director de la CIA Robert Gates y de Manfred Wörner, entonces Secretario General de la OTAN[33].

El 17 de mayo de 1990, en un discurso pronunciado en Bruselas, Manfred Wörner declaró:

> *El hecho de que estemos dispuestos a no situar un ejército de la OTAN fuera del territorio alemán ofrece a la Unión Soviética una firme garantía de seguridad.*[34]

En febrero de 2022, en la revista alemana *Der Spiegel*, Joshua Shifrinson, politólogo estadounidense, reveló un documento fechado el 6 de marzo de 1991, clasificado SECRETO, redactado tras una reunión de los directores políticos de los ministerios de Asuntos Exteriores de Estados Unidos, Gran Bretaña, Francia y Alemania. En él se recogen las palabras del representante alemán, Jürgen Chrobog:

33.«Declassified documents show security assurances against NATO expansion to Soviet leaders from Baker, Bush, Genscher, Kohl, Gates, Mitterrand, Thatcher, Hurd, Major, and Woerner», *National Security Archive*, Washington D.C., 12 de diciembre de 2017.
34.Dave Majumdar, «Newly Declassified Documents: Gorbachev Told NATO Wouldn't Move Past East German Border», *The National Interest*, 12 de diciembre de 2017.

Durante las negociaciones 2+4 dejamos claro que no ampliaríamos la OTAN más allá del Elba. Así que no podemos ofrecer la adhesión a la OTAN a Polonia y a los demás.

Los representantes de los demás países también aceptaron la idea de no ofrecer el ingreso en la OTAN a los demás países de Europa del Este. Raymond Seitz, el representante estadounidense, declaró:

Hemos dejado claro a la Unión Soviética -en las conversaciones 2+4 y en otros foros- que no nos beneficiaremos de la retirada de las tropas soviéticas de Europa Oriental.[35]

Entonces, haya o no constancia escrita, hubo un *acuerdo* simplemente porque era inevitable que *lo hubiera*. Ahora, en Derecho internacional, una «promesa» es un acto unilateral válido que debe respetarse («*promissio est servanda*»). Quienes niegan esto hoy en día son simplemente individuos que desconocen el valor de una palabra determinada. Pero es cierto que tales principios no valen gran cosa ante un abogado neoyorquino...

El problema es que Occidente -y los estadounidenses en particular- consideraron la caída del comunismo como «su victoria», que querían que fuera total, y que por tanto Rusia no tenía nada más que decir. En realidad, Occidente no «ganó» la Guerra Fría, fue el sistema comunista el que la «perdió»: no era viable y se derrumbó por sí mismo. Como dijo Brent Scowcroft, Consejero de Seguridad Nacional de George Bush (padre):

---

35. Klaus Wiegrefe, «Neuer Aktenfund von 1991 stützt russischen Vorwurf», *Der Spiegel*, 18 de febrero de 2022.

Al final, no tomamos ninguna medida. Simplemente dejamos que las cosas sucedieran.[36]

Sin embargo, los «halcones» estadounidenses vieron la oportunidad de destruir Rusia por completo. Robert M. Gates, ex director de la CIA (1986-1993), revela en sus memorias que Richard Cheney, entonces Secretario de Defensa, pretendía destruir Rusia:

Cuando la Unión Soviética se derrumbó a finales de 1991, Dick [Cheney] quería ver el desmantelamiento no sólo de la Unión Soviética y del imperio ruso, sino de la propia Rusia.[37]

La percepción expresada en repetidas ocasiones por Vladimir Putin de un Occidente que pretende desmembrar Rusia dista mucho de ser la expresión de una *«paranoia de Putin»*, como afirma Jean-Eric Schoettl, antiguo Secretario General del Consejo Constitucional de Francia[38]. El debate propuesto por Estados Unidos sobre la *«descolonización de Rusia»*[39] demuestra

---

36.Casey Michel, «To avoid more senseless bloodshed, the Kremlin must lose what empire it still retains», *The Atlantic*, 27 de mayo de 2022 (https://www. theatlantic.com/ideas/archive/2022/05/russia-putin-colonization-ukraine-chechnya/639428/)
37.Robert M. Gates, *Duty: Memoirs of a Secretary at War*, Knopf Doubleday, 2014, p. 97.
38.Jean-Eric Schoettl, «Avons-nous concouru au scénario du pire?», *Revue politique et parlementaire*, 28 de febrero de 2022 (https://www.revuepolitique.fr/ avons-nous-concouru-au-scenario-du-pire/)
39.Casey Michel, «Decolonize Russia», *The Atlantic*, 27 de mayo de 2022 (https://www.theatlantic.com/ideas/archive/2022/05/russia-putin-colonization-ukraine- chechnya/639428/)

que su determinación de desmembrar Rusia no ha hecho más que crecer desde 1991[40].

En aquella época, China aún no era un rival, y Estados Unidos trataba de evitar que Rusia se alzara y desafiara su *liderazgo*. Por eso, durante la «década de Yeltsin», a pesar de las buenas relaciones con la administración Clinton, no hubo desarrollo ni inversiones occidentales significativas en Rusia. Por el contrario, el país fue presa de un capitalismo desenfrenado dirigido por oligarcas sin escrúpulos, que lo desnudaron y fomentaron el reinado de las mafias. A principios de la década de 2000, estos oligarcas huyeron a Israel y Gran Bretaña con inmensas fortunas.

Las bellas promesas de 1990-1991 se olvidaron pronto. Los países de la «nueva Europa» se unieron a la Alianza Atlántica en 1999. Para los principales antirrusos de hoy, Occidente ha cumplido de buena fe todas sus obligaciones, y lo que no está escrito no está dicho... No es la opinión de Robert M. Gates, que declaró en julio de 2000:

En un momento de especial humillación y dificultad para Rusia, la aceleración de la expansión de la OTAN hacia el este, en un momento en el que Gorbachov y otros creyeron que esto no ocurriría -al menos no rápidamente-, creo que no sólo ha empeorado la relación entre Estados Unidos y Rusia, sino que ha hecho mucho más difícil trabajar constructivamente con ellos.[41]

Nótese la frase «*se les hizo creer*», que indica que Estados Unidos actuó de mala fe desde el principio. El error de Mijaíl

---

40. https://www.csce.gov/international-impact/events/decolonizing-russia
41.*Robert Gates, Universidad de Virginia, Miller Center Oral History, Presidencia de George H.W. Bush,* 24 de julio de 2000, p. 101 (http ://web1.millercenter. org/poh/transcripts/ohp_2000_0723_gates.pdf)

Gorbachov fue creer en la buena fe de las democracias occidentales y no pedirles garantías por escrito...

Occidente no ha cumplido su palabra. Comprende que, para sus vecinos, la pertenencia a la Unión Europea y a la OTAN suelen ir de la mano para garantizar un desarrollo seguro.

La retirada de Estados Unidos del *Tratado ABM* en 2002, y las posteriores conversaciones de la administración Bush con países de Europa del Este para instalar misiles, desataron la desconfianza rusa. Esto explica la firmeza del discurso de Vladimir Putin en Munich en 2007, en el que recordó las garantías dadas a Mijaíl Gorbachov en 1990-1991, descartando cualquier expansión de la OTAN hacia el Este. Pero Occidente seguía negándose a entender, y el anuncio al año siguiente de «intensificar el diálogo» con Ucrania y Georgia con vistas a su admisión tensó aún más las relaciones entre Rusia y la OTAN.

Por tanto, los rusos tienen razón al cuestionar la palabra y las intenciones de Occidente[42]. En caso de acercamiento a Rusia, ya hemos perdido toda credibilidad, como señala Stephen F. Cohen, Profesor de Estudios Rusos y Eslavos de la Universidad de Nueva York. Cohen, Profesor de Estudios Rusos y Eslavos en la Universidad de Nueva York.[43]

2.3. La indivisibilidad de la seguridad

En la actualidad, el problema es que las legítimas preocupaciones de seguridad de los países europeos están acercando el poder nuclear estadounidense a la frontera rusa, aumentando

---

42. Philippe Descamps, «Quand la Russie rêvait d'Europe - "L'Otan ne s'étendra pas un pouce vers l'Est"», *Le Monde Diplomatique*, septiembre de 2018, pp. 10-11.
43. «Stephen F. Cohen: NATO expansion and Russia», *YouTube/Carnegie Council for Ethics in International Affairs*, 2 de junio de 2010.

la probabilidad de una guerra nuclear en caso de que aumenten las tensiones. Los principios aceptados por los miembros de la OSCE establecen claramente que la seguridad de un Estado no puede lograrse a expensas de la de los demás. Por eso Rusia pide a la OTAN que detenga su política de expansión, o que se reforme.

Evidentemente, Rusia no puede intervenir en las decisiones de la Alianza y no puede tener derecho de veto sobre la ampliación de la OTAN. Sin embargo, la adhesión a la Alianza no es simplemente el resultado de la voluntad de un Estado. Se supone que debe cumplir dos criterios.

La primera proviene del propio documento fundacional de la OTAN, el *Tratado de Washington*. El artículo 10 establece:

> *Las Partes podrán, por acuerdo unánime, invitar a adherirse al Tratado a cualquier otro Estado europeo que pueda fomentar los principios del presente Tratado y contribuir a la seguridad de la zona del Atlántico Norte. Cualquier Estado así invitado podrá convertirse en Parte del Tratado depositando su instrumento de adhesión ante el Gobierno de los Estados Unidos de América. El Gobierno de los Estados Unidos de América informará a cada una de las Partes del depósito de cada instrumento de adhesión.*

En otras palabras, los países son «*invitados*» en la medida en que puedan «*contribuir a la seguridad de la región del Atlántico Norte*». Evidentemente, el criterio no es la seguridad de los países individuales, sino la seguridad colectiva de la región. Esto es lo que los países de la «Nueva Europa» no han entendido. Además, significa que, potencialmente, todos los países de la zona euroatlántica pueden ser miembros, pero que la decisión queda a discreción de la Alianza, que *no tiene ninguna obligación* de aceptar a *todos los* países que deseen adherirse.

En junio de 2022, en la Cumbre de Madrid, los países quedaron extasiados tras la decisión de la OTAN de invitar oficialmente a Finlandia y Suecia a ingresar en la Alianza. En realidad, la Alianza sólo había invitado a estos dos países a presentar su candidatura. Tendrán que pasar por las bifurcaciones caudinas definidas por Turquía antes de contar con los votos necesarios para ingresar.

El segundo criterio, que guarda cierta relación con el artículo 10 anterior, es la indivisibilidad de la seguridad. Se trata de un principio aceptado por los miembros de la OSCE y consagrado en el *Documento de Estambul* (1999)[44] y en la *Declaración de Astana* (2010):

La seguridad de cada Estado participante está inextricablemente ligada a la de todos los demás.[45]

La seguridad de un país no puede lograrse a expensas de otro. Sin embargo, cuando la OTAN -y Estados Unidos en particular- despliega armamento, reduciendo así los tiempos de alerta y alerta temprana de un país vecino (en este caso, Rusia), no se respeta este principio.

Hasta ahora, los nuevos miembros de la OTAN han sido aceptados con euforia y sin ninguna reflexión estratégica, porque Rusia y China eran débiles. Hoy la situación es radicalmente distinta. Los problemas de un país pueden convertirse rápidamente en los de toda la Alianza, como en 1914. La crisis

---

44. https://www.osce.org/files/f/documents/0/2/39570.pdf
45. https://www.osce.org/files/f/documents/b/3/74987.pdf

ucraniana ha puesto de manifiesto los riesgos que supone para la propia OTAN una expansión poco meditada.

Así lo subrayó Vladimir Putin el 7 de febrero de 2022 en Moscú, durante su conferencia de prensa con Emmanuel Macron. El problema es que nuestros «expertos» no escuchan lo que les dicen. Como dice Richard Sakwa, profesor de Política Rusa y Europea en la Universidad de Kent:

> *Una auténtica paradoja geopolítica es que la OTAN existe para gestionar los riesgos creados por su propia existencia.*[46]

En 2002, cuando Estados Unidos se retiró del *Tratado ABM* e inició negociaciones con Polonia, la República Checa y Rumanía para instalar lanzadores de doble uso (antibalístico y nuclear), los rusos percibieron una amenaza directa. Así lo expresó Vladimir Putin en Munich en 2007.

2.4. La cuestión nuclear

En 1945, la URSS había ganado la carrera hacia Berlín y había salido victoriosa de la guerra, pero a diferencia de Occidente, estaba desangrada. Para algunos de sus aliados occidentales, como Winston Churchill en Gran Bretaña y ciertos generales estadounidenses como George Patton, ésta sería una oportunidad para continuar la guerra hacia Moscú. Se decía que Stalin tenía intenciones similares hacia el Atlántico... En cualquier caso, prevaleció cierta sensatez, y comenzó la Guerra Fría.

---

46. Daniel McLaughlin, «Familiar chill blows through Russia but it has also changed for the better», *The Irish Times*, 18 de diciembre de 2021.

La tendencia histórica a la expansión que se atribuye hoy a Rusia es fundamentalmente un atributo del pensamiento marxista que guiaba la política soviética. En este esquema, la URSS se veía a sí misma como la punta de lanza de la lucha de clases y participaba en una guerra *permanente* y *sistémica* con Occidente, que formaba parte de un proceso histórico. Hasta la muerte de Stalin, el pensamiento militar estratégico de la URSS estuvo dominado por la idea de que su seguridad sólo estaría garantizada por una victoria del socialismo sobre el capitalismo, y que era inevitable una confrontación entre ambos sistemas. Los estrategas soviéticos hablaban del principio de la «*inevitabilidad de la guerra*».

Sin embargo, según documentos estadounidenses, incluso durante la Guerra Fría, parece que los soviéticos no tenían intención de invadir Europa[47]:

> *Documentos soviéticos recientemente desclasificados, artículos y actas de reuniones indican que los dirigentes soviéticos no tenían intención de invadir Europa.*[48]
>
> *Sin embargo, las experiencias de la Primera y Segunda Guerras Mundiales hicieron temer que Occidente invadiera la URSS si ésta se mostraba militarmente débil.*[49]

47.Dr. Mahir J. Ibrahimov, Sr. Gustav A. Otto & Col Lee G. Gentile, Jr, «Cultural Perspectives, Geopolitics & Energy Security of Eurasia: Is the Next Global Conflict Imminent?», *US Army Command and General Staff College Press*, Fort Leavenworth, 2017 (https://www.armyupress.army.mil/Portals/7/combat-studies-institute/csi-books/cultural-perspectives.pdf).

48.Raymond Garthoff, *Deterrence and the Revolution in Soviet Military Doctrine*, The Brookings Institute, Washington D.C., 1990, p. 11.

49.Vladislav Zubok, *The Kremlin's Cold War: From Stalin to Khrushchev*, Harvard University Press, Boston, 1997, p. 20.

En 1949, la URSS adquirió armas nucleares. Esto llevó a la creación de la OTAN ese mismo año, con el objetivo de situar a Europa Occidental bajo el paraguas nuclear de Estados Unidos. En esta fase, todavía no se hablaba de armas nucleares tácticas, y la guerra nuclear se preveía principalmente a nivel estratégico. La preocupación de las dos potencias nucleares era evitar verse arrastradas a un conflicto que las enfrentara directamente y a un intercambio nuclear, lo que daría lugar a una Destrucción *Mutua Asegurada* (MAD).

Por eso, rusos y estadounidenses intentaron mantener un espacio «neutral» entre ellos. En 1952, la adhesión de Grecia y luego de Turquía llevó a la OTAN hasta la frontera de la URSS y alarmó a los soviéticos. Pero el paso decisivo fue la entrada de la República Federal de Alemania (RFA) en la OTAN el 8 de mayo de 1955. La semana siguiente se creó la Organización del Tratado de Varsovia (OMC), también conocida como Pacto de Varsovia.

Contrariamente a lo que nos dicen los supuestos expertos en nuestras pantallas de televisión, el objetivo del Tratado de Varsovia no es crear una «esfera de influencia». De hecho, los países de Europa del Este ya estaban gobernados por partidos comunistas que a menudo eran peores que sus homólogos soviéticos y eran mantenidos a raya por Moscú. El objetivo del Tratado de Varsovia era crear una *«zona tampón»* («glacis» o *Vorfeld* en alemán), no para «detener» a un agresor, sino para frenarle y dar tiempo al ejército soviético a ponerse en orden de batalla y contraatacar. En otras palabras, el objetivo de la VTO era dar más espacio a un conflicto convencional para que no se convirtiera en nuclear con demasiada rapidez.

Desde finales de los años 60, los avances tecnológicos han permitido miniaturizar las armas nucleares. Desde entonces, la gama de sistemas de armas disponibles ha permitido variar la intensidad de un intercambio nuclear.

Para evitar llegar demasiado rápido al punto de holocausto nuclear (MAD), se establecieron doctrinas para controlar la transición de un compromiso nuclear del nivel táctico al estratégico. A ambos lados del Telón de Acero se adoptaron mecanismos similares para graduar el uso de armas nucleares del nivel táctico al estratégico.

Esto es lo que la OTAN denomina «*respuesta flexible*». Su objetivo era dejar claro a los soviéticos que Estados Unidos no pasaría directa y automáticamente a un intercambio nuclear estratégico. De hecho, a pesar de su evolución a lo largo del tiempo y de las tecnologías, la estrategia nuclear de Estados Unidos conserva un elemento constante: mantener el uso de armas nucleares lejos de su suelo nacional.

La situación geoestratégica de Estados Unidos y Rusia es profundamente asimétrica. Estados Unidos puede alcanzar territorio ruso con armas nucleares tácticas/operativas, mientras que Rusia sólo puede alcanzar suelo estadounidense con armas estratégicas.

En otras palabras, en caso de conflicto grave, para evitar un intercambio nuclear estratégico que afecte a su territorio, Estados Unidos trataría de mantener un conflicto nuclear en el teatro de operaciones europeo. Para ello, evitaría cuidadosamente golpear directamente suelo nacional ruso, para no desencadenar un «duelo estratégico» con Rusia. Así, esta situación asimétrica se convirtió en asimétrica: Rusia podría utilizar armas nucleares de baja intensidad en Europa, y Estados Unidos sólo podría responder golpeando a sus aliados.

Por eso, desde finales de los años setenta, Estados Unidos desplegó armas nucleares tácticas y de teatro en Europa. Con ello, transformaban Europa en un potencial campo de batalla nuclear. Esto desencadenó el movimiento pacifista y antinuclear en Alemania y el norte de Europa.

Los Estados bálticos, Polonia e incluso países como Suecia, Finlandia e incluso Suiza, que piensan que la OTAN podría proporcionarles seguridad adicional, están tristemente equivocados, porque los estadounidenses nunca sacrificarán Washington, Nueva York o Los Ángeles para proteger Helsinki o Estocolmo. En cualquier caso, no se embarcarían en un duelo nuclear estratégico con Rusia sin pasar por una fase nuclear táctica y operativa que destruyera primero los países europeos.

Durante la Guerra Fría, el Tratado de Varsovia ofrecía un espacio para una fase convencional en caso de conflicto en Europa. Con su desaparición y el avance de la OTAN hacia el Este, este espacio ha desaparecido. Por ello, Rusia ha modificado su doctrina de enfrentamiento, lo que le permite utilizar más rápidamente las armas nucleares. Esta situación es el resultado de dos fenómenos que se produjeron en paralelo a principios de la década de 2000: la expansión de la OTAN y la denuncia de los tratados de desarme por parte de Estados Unidos en 2002.

Lo sorprendente es que Occidente no parece haber percibido este riesgo. El avance de la OTAN se ha considerado un éxito geográfico, pero no se han sacado conclusiones estratégicas. Al acercarse a la frontera rusa, la OTAN también está eliminando su capacidad de alerta temprana.

Por eso Rusia ve a la OTAN a sus puertas -y en particular en Ucrania- como una amenaza existencial. Esto no tiene absolutamente nada que ver con la vocación defensiva -o la falta de ella- de la OTAN, porque la Alianza corre exactamente el mismo riesgo, como ilustra la crisis ucraniana de diciembre de 2021-febrero de 2022. Esto es lo que Vladimir Putin trató de explicar en su conferencia de prensa del 7 de febrero de 2022, tras la visita de Emanuel Macron a Moscú. Curiosamente, esto es lo que Suecia y Finlandia no han entendido: en caso de guerra, estos países podrían ser los primeros en ser nuclearizados como medida preventiva...

2.5. El discurso de Múnich de 2007

El 10 de febrero de 2007, Vladimir Putin pronunció un discurso ante expertos mundiales en el Foro de Seguridad de Múnich que, en general, se considera un importante punto de inflexión en la política de seguridad rusa, que marcó el regreso de Rusia a la primera línea. La estupefacción y las reacciones acaloradas de Occidente lanzaron una verdadera demonización de Vladimir Putin. La incredulidad occidental se debe a que se han pasado por alto dos hechos importantes: la expansión de la OTAN hacia el Este, combinada con el progresivo abandono por parte de Estados Unidos del marco normativo de la seguridad internacional.

En 2001, George W. Bush decidió retirarse unilateralmente del Tratado *ABM para* poder desplegar misiles antibalísticos (ABM) en Europa del Este. El Tratado *ABM* fue diseñado para limitar el uso de misiles defensivos[50]. Su razón de ser era explotar el efecto disuasorio del riesgo de destrucción mutua autorizando la protección de los órganos de decisión mediante un escudo balístico con el fin de preservar una capacidad de negociación. Así pues, limitaba el despliegue de misiles antibalísticos a ciertas zonas específicas, en particular alrededor de las capitales, y los prohibía fuera del territorio nacional.

---

50. https://www.armscontrol.org/factsheets/abmtreaty

En 2007, los estadounidenses estaban en plenas negociaciones con los checos y los polacos para desplegar estos misiles, oficialmente para protegerse de la amenaza de Irán. Al hacerlo, alteraban el equilibrio estratégico garantizado por el *Tratado ABM* y creaban una nueva situación propicia al conflicto en Europa.

Vladimir Putin no sólo ve en ello un riesgo para la seguridad de Rusia, sino que también observa que Estados Unidos se burla cada vez más del derecho internacional para seguir una política unilateral. Esto explica su tono en Múnich.

De hecho, Estados Unidos se ha retirado gradualmente de todos los acuerdos de control de armas surgidos de la Guerra Fría: el *Tratado ABM* (2002), el *Tratado de Cielos Abiertos* (2018) y el *Tratado sobre Fuerzas Nucleares de Alcance Intermedio* (INF) (2019). Esta tendencia ha continuado bajo Trump y Biden con la retirada del *Plan Integral de Acción Conjunta* (JCPOA) con Irán (mayo de 2018), el *Tratado de Amistad, Comercio y Derechos Consulares* de 1955 (octubre de 2018), el *Protocolo Facultativo de la Convención de Viena sobre Relaciones Diplomáticas relativo a la Solución Obligatoria de Controversias* de 1961 (octubre de 2018), la *Unión Postal Universal* (octubre de 2018), la UNESCO (enero de 2019), la *Organización Mundial de la Salud* (julio de 2020), etcétera. Los europeos lloriquean cuando Trump se retira de los Acuerdos de París (noviembre de 2020), sin darse cuenta de que se está cuestionando todo el sistema de derecho internacional.

En 2019, Donald Trump justificó su retirada del *Tratado INF* por una supuesta violación por parte de Rusia. Como señala el *Instituto Internacional de Estocolmo para la Investigación de la Paz* (SIPRI), los estadounidenses nunca han aportado ninguna prueba de esas violaciones[51]. De hecho, pretendían salirse del

---

51.Dr Tytti Erästö & Dr Petr Topychkanov, «Russian and US policies on the INF

acuerdo para poder instalar en Polonia y Rumanía sus sistemas de misiles AEGIS, diseñados oficialmente para interceptar misiles balísticos iraníes. Pero dos hechos ponen en duda la buena fe de los estadounidenses:

- La primera es que *no hay* indicios de que los iraníes estén desarrollando misiles balísticos de alcance intercontinental[52], como declaró Michael Ellemann, de Lockheed-Martin, a una comisión del Senado estadounidense[53].
- La segunda es que estos sistemas utilizan lanzadores Mk41, que pueden utilizarse para lanzar misiles antibalísticos (defensivos) o misiles nucleares (ofensivos). El emplazamiento de Radzikowo, en Polonia, se encuentra a 800 km de la frontera rusa y a 1.300 km de Moscú.

En febrero de 2022, tras la reunión entre Vladimir Putin y Emmanuel Macron, Patrick Cohen, en *France 5, se mostró* sorprendido de que el presidente ruso hablara de guerra nuclear y afirmó que los sistemas desplegados en Europa eran puramente defensivos[54]. Repitió lo que habían dicho las administraciones Bush y Trump.

Pero aunque esto sea teóricamente cierto, es técnica y estratégicamente erróneo. Porque la duda que se invoca para su instalación es la misma duda que podrían tener legítimamente los rusos en caso de conflicto. En efecto, esta presencia en las

---

Treaty endanger arms control», *SIPRI*, 15 de junio de 2018.

52. Dr Tytti Erästö, «Europe's Overlooked Missile Defence Dilemma», *European Leadership Network*, 20 de julio de 2017.

53. Declaración del Sr. Michael Elleman -Iran's Ballistic Missile Program- Ante la Comisión de Banca, Vivienda y Asuntos Urbanos del Senado de Estados Unidos, *Instituto Internacional de Estudios Estratégicos*, 24 de mayo de 2016.

54. Patrick Cohen en el programa «C à vous» del 8 de febrero de 2022 («Ucrania: ¿es posible la desescalada? -C à vous- 08/02/2022», *France 5/YouTube*, 8 de febrero de 2022)

inmediaciones del territorio santuario de Rusia podría desembocar en un conflicto nuclear.

En caso de conflicto, los rusos no tendrían forma de conocer la naturaleza de los misiles cargados en los sistemas. Sin alerta temprana, no tendrían tiempo de determinar la naturaleza de un misil disparado y se verían obligados a responder preventivamente con un ataque nuclear. Por eso Vladimir Putin afirma que los países europeos podrían verse arrastrados a un conflicto nuclear sin siquiera desearlo.

En la jerga nuclear se distingue entre ataques «preventivos» y «preventivos». Los ataques preventivos tienen por objeto destruir el potencial nuclear del adversario. Los ataques preventivos tienen por objeto impedir la detonación de un artefacto listo para ser lanzado. Esta distinción procede del inglés, pero rara vez se utiliza en francés, donde se agrupan bajo el término «préventives».

2.6.El papel de las minorías

Como Jean-Dominique Giuliani, Presidente de la Fundación Robert Schuman, en *France 5, se* ha convertido en habitual que los «expertos» de nuestras pantallas de televisión afirmen que *«Rusia quiere tener una zona de influencia en los países bálticos o en Polonia»*[55]. Eso suena bien, pero no es cierto. No sólo Rusia nunca ha reclamado una zona de ese tipo, ni abierta ni secretamente, sino que ni su *Concepto Estratégico para la Seguridad*

55.Jean-Dominique Giuliani en el programa «C dans l'air» del 25 de enero («Ukraine: la surenchère russe... ou américaine? #cdanslair 25.01.2022», *France 5/YouTube*, 26 de enero de 2022 (19'02")

Nacional 2000[56], ni su *Estrategia de Seguridad Nacional para Rusia 2021*[57] mencionan esta noción ni una sola vez.

Por otra parte, Rusia siempre ha sentido responsabilidad hacia los rusos que se vieron reducidos de la noche a la mañana a la condición de minoría en los nuevos países surgidos del desmantelamiento de la URSS. Estos países han establecido mecanismos culturales para conceder la ciudadanía a sus habitantes, pero los derechos de las minorías están muy lejos de lo que cabría esperar. Países como Georgia, Estonia, Letonia, Lituania[58] y Ucrania nunca han tenido una tradición democrática y tratan a las minorías rusas con desdén.

A menudo se olvida que los Estados bálticos y Ucrania fueron brevemente «liberados» de los soviéticos por los nazis. Los comentaristas y periodistas revisionistas occidentales «olvidan» convenientemente que la lucha armada contra la URSS fue librada, hasta la década de 1960, por redes clandestinas apoyadas por la OTAN[59], creadas en 1944 a partir de redes establecidas con ex oficiales de la Waffen-SS.

Esto explica por qué, en los Estados bálticos, la «desovietización» ha ido en detrimento de la minoría rusoparlante de la población. En Letonia y Estonia, donde los rusoparlantes representan el 20-25% de la población, tienen el estatus de «*no*

---

56. https://www.bits.de/EURA/natsecconc.pdf
57. https://carnegiemoscow.org/commentary/84893
58.«Tortura de la CIA en Lituania: es hora de una investigación completa», *Human Rights Monitoring Institute*, 3 de septiembre de 2014 (https://www.liberties.eu/en/stories/cia-torture-lithuania/1803).
59.Cristina Maza, «Veterans of World War II-Era Nazi SS Special Forces March in Latvia As Europe Experiences Wave of Far-Right Nationalism», *Newsweek*, 19 de marzo de 2018; Cnaan Liphshiz, «Jewish community protests after plaque honoring SS officer unveiled in Estonia», *The Times of Israel*, 30 de junio de 2018; Paul Kirby, «Lithuania monument for 'Nazi collaborator' prompts diplomatic row», *BBC News*, 8 de mayo de 2019.

ciudadanos» (en Lituania, disfrutan de un estatus más liberal y tienen acceso a la nacionalidad lituana). ¡El odio a Rusia -en gran medida alimentado por Occidente- llega tan lejos que Ucrania se niega a aprobar la vacuna rusa Sputnik V[60] y se ve reducida a «*esperar*» recibirla de otro país[61]!

El resultado es que estos países, que no respetan a sus minorías rusoparlantes (con nuestra bendición), temen que Rusia invoque la «*responsabilidad de proteger*» (R2P), definida por las Naciones Unidas, para acudir en su rescate[62]. El genocidio cultural que nos gusta invocar para condenar a China en relación con los uigures claramente no se aplica a los países que prohíben a sus propios nacionales honrar a los soldados que murieron por la victoria contra el Tercer Reich...

2.7.La cuestión ucraniana

2.7.1.El acercamiento de Ucrania a Europa

Los defensores de la Unión Europea afirman que la política exterior rusa se guía por el hecho de que «*Putin odia a la Unión Europea*» y las «*construcciones supranacionales*», y que su objetivo es «*humillar a la Unión Europea*» porque es su «*enemigo público número uno*»[63].

60.«Ucrania prohíbe formalmente el registro de las vacunas rusas COVID-19», *Reuters*, 10 de febrero de 2021.

61.Natalia Zinets, «Ukraine hopes to get some COVID-19 vaccines from other states», *Reuters*, 8 de febrero de 2021.

62. www.un.org/en/genocideprevention/about-responsibility-to-protect.shtml

63.Marion Van Renterghem en el programa «C dans l'air» el 19 de enero de 2022 («Ukraine: peut-on éviter la guerre? #cdanslair 19.01.2022», *France 5/ YouTube*, 20 de enero de 2022 (9'35") (https://youtu.be/owOJJKRYQZs?t=577); Jean-Dominique Giuliani en el programa «C dans l'air» del 25 de enero («Ucrania: la surenchère russe... ou américaine ? #cdanslair 25.01.2022», *France 5/ YouTube*, 26 de enero de 2022 (19'27")

Este mito proviene de una simplificación de la secuencia de acontecimientos que condujeron a la crisis del Maïdan en 2013-2014. En aquel momento, se atribuyó a Vladimir Putin la negativa a permitir que Ucrania firmara un acuerdo con la Unión Europea.

Sin embargo, Rusia y sus dirigentes siempre han sido conscientes de su debilidad económica. Por ello, nunca han intentado competir con Europa o Estados Unidos. Desde la época zarista, Rusia nunca ha conseguido desarrollar una base industrial equivalente a la de Europa o Asia, y lo sabe. En la era posterior a la guerra fría, Rusia se ha visto más como un complemento de Europa que como un igual.

Por eso, el diluvio de sanciones que sufre desde febrero de 2022 sólo le afecta parcialmente: Europa depende de ella para sus materias primas, mientras que Asia le suministra sus productos de consumo.

En segundo lugar, es importante recordar que la población ucraniana no estaba unánimemente a favor de un acuerdo con la Unión Europea. En noviembre de 2013, una encuesta realizada por el *Instituto Internacional de Sociología de Kiev* (KIIS) mostraba que estaban divididos «al 50%» entre un acuerdo con la Unión Europea y una unión aduanera con Rusia[64].

Al igual que el presidente Yanukóvich, muchos creen que la economía ucraniana está estructuralmente adaptada al mercado ruso. Con una base industrial complementaria a la de los países de la antigua URSS, no está preparada para enfrentarse al altamente competitivo mercado europeo. Una ruptura demasiado rápida de sus vínculos comerciales con Rusia

---

64. «Poll: Ukrainian public split over EU, Customs Union options», *Kyiv Post*, 26 de noviembre de 2013.

debilitaría su propia economía. Lo que suceda a continuación lo confirmará.

Rusia, por su parte, no se opone a un acuerdo entre Ucrania y la Unión Europea, pero quiere mantener sus relaciones económicas con su principal socio histórico. Por eso propone un grupo de trabajo tripartito, cuyo objetivo sería conciliar el deseo de Ucrania de ingresar en la Unión Europea preservando al mismo tiempo sus lazos con Rusia. Según Mykola Azarov, Primer Ministro ucraniano, los estudios han demostrado que esta propuesta no entra en conflicto con la propuesta europea[65] y que, por tanto, es posible encontrar una solución que satisfaga los intereses ucranianos.

Pero José Manuel Barroso, entonces Presidente de la Comisión Europea, se negó y pidió a Ucrania que eligiera[66]. Por ello, el gobierno ucraniano pidió a la Unión Europea que aplazara la firma del acuerdo para estudiar mejor las implicaciones del acuerdo con la Unión Europea en sus relaciones con Rusia y preparar mejor su economía para esta situación. dijo:

No existe una alternativa para las reformas en Ucrania ni una alternativa para la integración europea (...). Estamos recorriendo este camino y no vamos a cambiar de dirección.[67]

Lo confirmó el entonces Primer Ministro ucraniano:

65.«Azarov: Ucrania podría cooperar con la Unión Aduanera y la UE», *Kiyv Post*, 17 de diciembre de 2012.
66.«Barroso recuerda a Ucrania que la unión aduanera y el libre comercio con la UE son incompatibles», *ukrinform*, 25 de febrero de 2013.
67.«Ucrania no tiene otra alternativa que la integración europea - Yanukóvich», *Interfax-Ucrania*, 21 de noviembre de 2013.

> *Afirmo con toda autoridad que el proceso de negociación del Acuerdo de Asociación sigue adelante y que la labor de aproximación de nuestro país a las normas europeas no se detiene ni un solo día.*[68]

Esta suspensión era claramente temporal[69], pero la prensa occidental y la oposición ucraniana la presentaron como una negativa a acercarse a Europa bajo la presión rusa[70]. La opinión pública ucraniana, a la que se habían prometido visados y aumentos salariales, se polarizó rápidamente y se explotó su descontento: fue el inicio de los sucesos de Maïdan...[71]

Así pues, es la Unión Europea la que ha creado tensiones entre Ucrania y Rusia, como señala Arnaud Dubien en *Le Monde*:

> *Ucrania es un país muy fragmentado, con múltiples identidades, que no puede hacer una elección clara a favor de Occidente o de Rusia. Uno de los errores cometidos por Bruselas fue pedir a Ucrania que tomara esta decisión, dando efectivamente la espalda a Rusia, una opción suicida para el país.*[72]

68.«Ukraine says still wants historic pact with EU», *Hürriyet Daily News/AFP*, 28 de noviembre de 2013.

69.«Ukraine 'still wants to sign EU deal'», *aljazeera.com*, 29 de noviembre de 2013.

70.AFP, «L'Ukraine renonce à l'accord d'association avec l'UE», *Libération*, 21 de noviembre de 2013; Lucas Roxo, «Pourquoi l'Ukraine dit non à l'Europe», *Radio France/Franceinfo*, 29 de noviembre de 2013 (actualizado el 2 de mayo de 2014); RTL/AFP, «L'Ukraine refuse toujours de signer un accord avec l'UE», *RTL.fr*, 29 de noviembre de 2013; Pascal Boniface en «Expliquez-moi... La situación en Ucrania», *YouTube*, 31 de octubre de 2019.

71.«Ukraine protests after Yanukovych EU deal rejection», *bbc.com*, 30 de noviembre de 2013.

72.Comentarios de Arnaud Dubien, director del Observatorio Franco-Ruso, fi-

Los europeos han empujado deliberadamente a Ucrania hacia el suicidio. En el *Washington Post*, Henry Kissinger, asesor de seguridad nacional de Ronald Reagan, señala que la Unión Europea *«ayudó a convertir una negociación en una crisis*[73]*»*. Irónicamente, el nuevo gobierno surgido de Euromaidán se verá obligado a tomarse el mismo tiempo de reflexión que quería Yanukóvich, ¡y no podrá firmar el acuerdo con la Unión Europea hasta 2017!

En palabras del investigador Frederico Santopinto, del *Groupe de recherche et d'information sur la paix et la sécurité* (GRIP) de Bruselas, Rusia no se oponía a concluir un acuerdo con la Unión Europea, pero no a expensas de su relación con Ucrania. Fue la Unión Europea la que rechazó la coexistencia de dos acuerdos: la diplomacia europea veía a Ucrania como una frontera entre el Este y el Oeste, mientras que Rusia la veía como un puente[74]. Como volverá a hacer en 2022, la diplomacia europea no ha tenido en cuenta tres factores de vital importancia para Ucrania.

- Lo quieran o no, los países de Europa del Este mantienen vínculos culturales, económicos e históricos con Rusia. Esto es especialmente cierto en el caso de las antiguas repúblicas de la URSS (como los Estados bálticos, Bielorrusia y Ucrania), que cuentan con grandes minorías rusoparlantes y cuyas industrias complementaban en gran medida las de Rusia.

- La UE no ha conseguido integrar a los países del Este en un espíritu europeo común. Estos países se han sumergido

---

nanciado por la Cámara de Comercio Franco-Rusa en «UE-Ucrania: "Moscou a remporté une nouvelle bataille géopolitique"», *Le Monde.fr*, 22 de noviembre de 2013.

73. Henry A. Kissinger, «Cómo termina la crisis de Ucrania», *The Washington Post*, 5 de marzo de 2014.

74. Federico Santopinto, «Du libre-échange à la crise ukrainienne - L'UE face à ses erreurs», *GRIP*, Bruselas, 14 de abril de 2014.

brutalmente en una cultura europea de tolerancia y cooperación, forjada lentamente desde la Segunda Guerra Mundial. Pero estos países de la «nueva Europa» no sólo carecen de tradición democrática, sino que tampoco comparten los mismos valores que la parte occidental de la UE. En los Estados bálticos y Ucrania, el odio a los soviéticos se ha convertido en odio a los rusos, convenientemente aprovechado por Estados Unidos. A diferencia del resto de Europa, siguen viendo al Tercer Reich como un libertador. El uso de la tortura, las cuestiones sociales (aborto, LGBT, etc.) y su alineamiento incondicional con la política exterior estadounidense no reflejan un profundo apego a los valores europeos.

- La UE lucha por aunar los intereses individuales de sus miembros en un planteamiento coherente y una auténtica política exterior común. Como consecuencia, Alemania, Francia y a veces Italia tienen que representar a menudo la voz de Europa de manera informal. La crisis ucraniana y la crisis económica derivada de sus decisiones demuestran que Europa se reúne más en torno a un odio común que en torno a intereses comunes.

2.7.2.Euromaidán y la militarización del conflicto

La revolución maïdaní puede descomponerse en varias secuencias, cada una de las cuales implica a diferentes actores. Hoy en día, quienes se dejan llevar por el odio a Rusia intentan fusionar estas diferentes secuencias en un único «impulso democrático». Una forma de validar los crímenes cometidos por Ucrania y sus neonazis.

Al principio, los habitantes de Kiev, decepcionados por la decisión del gobierno de aplazar la firma del tratado, se echaron a la calle. No se trataba ni de una revolución ni de un cambio de poder, sino de una simple expresión de descontento. En contra de las afirmaciones occidentales, Ucrania estaba profundamente dividida sobre la cuestión de estrechar lazos con Europa. Una encuesta realizada en noviembre de 2013 por el *Instituto Internacional de Sociología de Kiev* (KIIS) mostraba que Ucrania estaba dividida «al 50%» entre un acuerdo con la Unión Europea y una unión aduanera con Rusia[75]. En el sur y el este del país, la industria mantiene fuertes vínculos con Rusia. Los residentes temen que un acuerdo que excluya a Rusia acabe con sus puestos de trabajo. Esto es lo que ocurrirá.

En esta fase, no parece que los ucranianos fueran en general hostiles a Rusia. Pero la situación fue rápidamente aprovechada por Estados Unidos, que trabajó entre bastidores para explotar el impulso popular y utilizarlo para estrechar el cerco sobre Rusia[76].

En 2014, estaba en la OTAN y observaba la crisis ucraniana desde dentro, por así decirlo. Desde el principio, estaba claro que la situación estaba siendo alimentada por Occidente. Los vídeos muestran que los golpistas cuentan con el apoyo de hombres armados que hablan inglés con acento estadounidense... La revista alemana *Der Spiegel* menciona la presencia de mercenarios de la empresa *Academi* (antes *Blackwater*, de siniestro recuerdo en Irak y Afganistán)[77]. Al parecer, el *Bundesnachrichtendienst* (BND) ha informado al gobierno

---

75.«Poll: Ukrainian public split over EU, Customs Union options», *Kyiv Post*, 26 de noviembre de 2013.

76.David R. Marples, «Comparing Ukraine's Maidan 2004 with Euromaidan 2014», www.e-ir.info, 14 de julio de 2017 (https://www.e-ir.info/2017/07/14/comparing-ukraines-maidan-2004-with-euromaidan-2014/).

77.«Ukrainische Armee bekommt offenbar Unterstützung von US-Söldnern», *Der Spiegel*, 11 de mayo de 2014.

alemán. Informo a mis contactos diplomáticos en la OSCE... pero esto pronto se olvidará.

Una conversación telefónica entre Victoria Nuland, entonces subsecretaria de Estado para Europa y Eurasia, y Geoffrey Pyatt, embajador de Estados Unidos en Kiev, revelada por la BBC, muestra que los propios estadounidenses seleccionaron a los miembros del futuro gobierno ucraniano, desafiando a los ucranianos y a los europeos. Hecha famosa por el célebre *«¡Que le den a la UE!»* de Nuland, esta conversación atestigua que la Unión Europea no fue más que un felpudo en este asunto[78].

Para presentar esta revolución como democrática, la «mano de Occidente», muy real, fue hábilmente enmascarada por la mano -imaginaria- de Rusia. Al afirmar que las rebeliones en Donbass y Crimea eran el resultado de la intervención rusa, ocultaron el hecho de que una gran parte de la población no aprobaba el derrocamiento del gobierno, que era ilegal e ilegítimo. Por la misma razón, se minimizó sistemáticamente el ultranacionalismo de los golpistas, así como la legitimidad de las reivindicaciones de los rusoparlantes, acusados de ser agentes de Moscú.

El inicio de los acontecimientos del Euromaidán fue popular y bonachón. Pero justo después de llegar a un acuerdo con los manifestantes para celebrar elecciones a finales de 2014 y tener una transición democrática[79], los actores cambiaron. Los ultra-nacionalistas y otros neonazis apoyados por Occidente tomaron

---

78. La transcripción de esta conversación está disponible en el sitio web de la BBC («Ukraine crisis: Transcript of leaked Nuland-Pyatt call», *BBC News*, 7 de febrero de 2014).

79. Ian Traynor, «Ukraine protests: end nears for Viktor Yanukovych despite concessions», *The Guardian*, 21 de febrero de 2014 (https://www.theguardian.com/world/2014/feb/21/ukraine-protests-viktor-yanukovych-election)

el poder. El acuerdo firmado no se respetó y estalló la violencia. Lejos de ser la expresión de una revolución democrática, fue obra de grupos radicales del oeste de Ucrania (Galitzia), que no eran representativos de todos los ucranianos. Fueron ellos quienes derrocaron al presidente Yanukóvich.

Así que Euromaidán fue popular pero no democrático. En mayo de 2022, en una conferencia en Suiza, un periodista de extrema derecha me desafió: «*¡Lo popular es democrático!*». En realidad, estaba enunciando el principio del populismo, que está en la raíz del fascismo que inspiró a los neonazis ucranianos, como veremos más adelante. De hecho, un antiguo participante en los acontecimientos de Maïdan advierte que «*esta revolución refleja el ascenso del fascismo*»[80].

Como recuerda *L'Obs*, la revolución maïdaní de 2014 no fue más que un golpe de Estado, dirigido por Estados Unidos con el apoyo de la Unión Europea[81]. En diciembre de 2014, George Friedman, presidente de la plataforma estadounidense de inteligencia geopolítica STRATFOR, declaró en *una entrevista* a la revista rusa *Kommersant*:

> *Rusia define el acontecimiento que tuvo lugar a principios de este año [en febrero de 2014] como un golpe de Estado organizado por Estados Unidos. Y en verdad, fue el [golpe de Estado] más descarado de la historia.*[82]

---

80. https://www.youtube.com/watch?v=REKHrhfQQOc
81. Pierrick Tillet, «Le coup d'état ukrainien a bien piloté par les États-Unis: la preuve», *L'Obs*, 25 de enero de 2017 (actualizado el 11 de marzo de 2014).
82. «La politique-système des USA en Ukraine mise à nu», *Le Club Mediapart*, 24 de enero de 2015 (https://blogs.mediapart.fr/danyves/blog/240115/la-politique-systeme-des-usa-en-ukraine-mise-nu)

A diferencia de los observadores europeos, el *Atlantic Council,* muy partidario de la OTAN, se apresuró a señalar que la revolución de Maidan había sido secuestrada por ciertos oligarcas y ultranacionalistas[83]. Señala que las reformas prometidas por Ucrania no se han llevado a cabo y que los medios de comunicación occidentales se han ceñido a una narrativa acrítica en «blanco y negro».

Así, lo que Raphaël Glucksmann denomina *«revolución democrática»* no es más que un golpe de fuerza, llevado a cabo sin ninguna base legal, contra un gobierno cuya elección había sido calificada por la OSCE de *«transparente y honesta»* y de haber *«ofrecido una impresionante demostración de democracia»*[84]. Posteriormente, el Presidente Yanukóvich, que había sido elegido democráticamente, fue condenado por *«alta traición»* por haber defendido el orden constitucional[85].

Lejos de ser democrático, el golpe de Estado con el que concluyeron los acontecimientos de Maïdan no cuenta con la aprobación unánime del pueblo ucraniano, ni en el fondo ni en la forma. Los nacionalistas se apoderan de los gobiernos regionales en el norte del país, mientras que en el sur los leales quieren mantener el orden constitucional.

83.Maxim Eristavi, «Ucrania vuelve a estar en medio de una contrarrevolución. Is Anyone Paying Attention?», *Atlantic Council,* 29 de marzo de 2017 (https://www.atlanticcouncil.org/blogs/ukrainealert/ukraine-is-in-the-middle-of-counterrevolution- again-is-anyone-paying-attention/).
84.«Ucrania: la OSCE reconoce que las elecciones se celebraron correctamente», *Le Monde.fr/AFP,* 8 de febrero de 2010.
85.Indra Ekmanis, «Los presidentes no son inmunes a las condenas por traición. Basta con mirar a Ucrania», *El Mundo,* 10 de octubre de 2019.

2.7.3.El auge de la extrema derecha en Ucrania

2.7.3.1. Vocabulario

Desde 2014, para legitimar su apoyo al nuevo régimen de Kiev y la lucha contra Rusia, Occidente se ha esforzado en restar importancia a la extrema derecha en Ucrania. Desde 2014 encubren los crímenes cometidos contra la población de Donbass para desafiar el objetivo de «desnazificación» de Vladimir Putin.

La mención de la presencia de «neonazis» en el régimen ucraniano es sistemáticamente tachada de propaganda rusa por los medios de comunicación, los periodistas y los políticos que defienden las ideas promovidas por los neonazis y la rusofobia. Como señala el medio estadounidense *The Hill*, no se trata simplemente de propaganda rusa[86].

Tenemos que entender los términos utilizados. El término «ultranacionalista», utilizado a menudo para describir a los extremistas ucranianos, sólo es relevante en parte. Se refiere a los ucranianos del oeste del país que pretenden crear una Ucrania «pura», es decir, libre de toda minoría no ucraniana.

Probablemente, los voluntarios extranjeros no eran «nacionalistas» ni «ultranacionalistas». Sus motivos son obviamente muy diversos, pero hay una constante: la lucha por una Europa blanca. La Europa imaginada no tiene nada que ver con la UE, que la mayoría de los paramilitares ucranianos rechazan. Es una Europa «racialmente pura», unida por un ideal natiocrático.

El término «nazi» hace referencia al nacionalsocialismo (nazismo), una doctrina que se remonta a la Alemania de los años treinta. Sin entrar en detalles, combina nacionalismo y

---

86.Lev Golinkin, «La realidad de los neonazis en Ucrania dista mucho de la propaganda del Kremlin», *The Hill*, 9 de noviembre de 2017.

socialismo en una ideología «compacta», postulando que el principal obstáculo para la aplicación de ambos es la presencia de judíos en la sociedad alemana. Era un sistema doctrinal coherente.

Lo que se describe como «neonazismo» no es una doctrina compacta y construida. Es más un fenómeno social que una doctrina política en sentido estricto. Es una colección variopinta de ideologías que combinan el odio a todo y a todos en una especie de representación teatral de la violencia, utilizando simbología nazi. Incluye a individuos que ven en el odio a los demás una glorificación de su concepción de la nación.

Resulta paradójico que movimientos esencialmente nacionalistas cuenten con tal colaboración internacional. La respuesta está en el propio planteamiento. Los combatientes extranjeros que unen sus fuerzas a los movimientos de extrema derecha ucranianos no luchan por Ucrania, sino por la «Idea de Nación». En otras palabras, luchan por el principio del poder otorgado a la nación. Por eso se pueden encontrar símbolos supremacistas blancos como la cruz celta junto a símbolos nazis.

En la expresión «neonazi», el término «nazi» es, por tanto, algo engañoso. A pesar de las apariencias, los «neonazis» no son descendientes de «nazis». Más bien, son primos segundos de matrimonios consanguíneos que comparten la misma brutalidad. El vínculo familiar se manifiesta claramente en la «Idea de Nación», descrita en cuatro principios por Andriy Biletsky, fundador del movimiento AZOV:
- La nación tiene una base étnica, definida por la sangre.
- Los intereses de la nación son más importantes que los del individuo.
- La sociedad se basa en una jerarquía étnica, en la que el poder recae en los miembros de la élite étnica.

- Los miembros de esta nación son una élite de ciudadanos de pleno derecho, mientras que los demás son «ciudadanos de segunda».

De hecho, la Idea de Nación es un tema común en muchos movimientos de extrema derecha. Está simbolizada por una «N» cruzada por una «i» mayúscula, que no es otra cosa que la representación invertida de la runa *Wolfsangel* que se encuentra en la simbología nazi.

El **Wolfsangel** *y la «Idea de Nación*

Figura 1 - La idea de nación, un concepto representado en los logotipos del movimiento supremacista norteamericano «Nación Aria» (izquierda) y del movimiento Svoboda de Ucrania (centro), así como en sus derivados. A la derecha, el emblema de la 2ª División Panzer de las SS «Das Reich», que liberó Járkov en 1943.

A pesar de los retazos de doctrinas de extrema derecha recogidos de ambos bandos, la etiqueta «neonazi» expresa más un estilo de vida que una doctrina política coherente. Por eso, algunos periodistas que se proclaman «de izquierdas» -sobre todo los que acusan a otros de ser teóricos de la conspiración- transmiten el mensaje de los neonazis ucranianos.

El objetivo de Vladimir Putin de desnazificar la amenaza ucraniana en el Donbass el 24 de febrero de 2022 causó revuelo en los medios de comunicación. Explican que el gobierno ucraniano no puede ser nazi porque el propio Volodymyr Zelensky es judío y, además, el principal partido neonazi del parlamento cuenta con poco más del 2% de los votos.

Se trata de un argumento bastante simplista, porque la realidad es más compleja. Desde los años treinta, los ambiguos vínculos entre judaísmo y sionismo han dado lugar a relaciones contrapuestas entre la comunidad judía y los regímenes de extrema derecha europeos. Es el mismo fenómeno que observamos hoy entre los neonazis ucranianos y la comunidad judía, que alarma a la comunidad judía internacional, una preocupación que ha pasado desapercibida -e incluso contestada- en Francia, no en el mundo anglosajón, como señala *The Jewish Chronicle*[87].

Figura 2 - Emblemas de la compañía Uda del Praviy Sektor (izquierda) y de la «Compañía Judía» del Ejército Ucraniano de Voluntarios (UDA) (derecha), ambos con los colores rojo y negro del movimiento neonazi ucraniano. Están formadas por judíos ultranacionalistas. El movimiento nacionalista ucraniano adoptó muchos elementos de la doctrina del Tercer Reich, pero no oficialmente el antisemitismo.

La aparente ambigüedad sobre la colaboración entre los nacionalistas ucranianos y el III Reich -en particular la masacre

---

87.Sam Sokol, «Row after Ukrainian Jewish leader 'defends' Nazi collaborators», *The Jewish Chronicle*, 25 de mayo de 2018.

2. El contexto histórico

de civiles judíos en Ucrania- se explica probablemente por el hecho de que nuestra visión hace hincapié en el carácter judío de las víctimas, mientras que los ucranianos de la época los consideraban partisanos que amenazaban la retaguardia alemana en zonas donde la población era mayoritariamente judía. Esto no quita nada al carácter criminal de estas masacres organizadas, pero podría explicar que no estuvieran dictadas por el antisemitismo, sino por el deseo de represalias. Eso no es mucho mejor, pero explica la lógica.

En otras palabras, hay una diferencia entre los militantes ucranianos y los nazis del Tercer Reich. Esto se refleja en los términos «neonazis» o «ukronazis».

Por lo tanto, utilizaremos el siguiente vocabulario para el contexto ucraniano.

Los ultranacionalistas quieren una Ucrania dominada por los ucranianos, es decir, los habitantes del noroeste de Ucrania, entre Lvov y Kiev. No pretenden necesariamente expulsar a otras comunidades, sino limitar sus derechos constitucionales.

Los neonazis luchan por la supremacía del «Occidente blanco y cristiano». Odian a los rusos «y a sus amigos», especialmente a los serbios. Admiran el Tercer Reich y su simbolismo, pero carecen de una comprensión intelectual de su doctrina y sus implicaciones. Se guían más por el odio a los demás y aspiran a una Ucrania étnicamente «pura». Lo que, dicho sea de paso, podría traducirse en una Ucrania geográficamente reducida a su parte «ucraniano-ucraniana». Su motivación -y sus voluntarios- suelen asociarse a movimientos similares que se han desarrollado en Europa, sobre todo desde principios de la década de 2000, y que pretenden «devolver Europa a los europeos».

2.7.3.2. *Una ideología compuesta nacida de la historia*

La extrema derecha ucraniana surgió a principios del siglo XX con el nacionalismo europeo. La parte occidental de Ucrania formaba entonces parte del Imperio Austrohúngaro. Éste se desmembró tras la Primera Guerra Mundial: Galitzia y Volinia pasaron a Polonia, mientras que Ucrania central y oriental fueron a parar a la Unión Soviética. Los movimientos nacionalistas siguieron actuando en la clandestinidad. El periodo de entreguerras se caracterizó por el extraordinario entrecruzamiento de luchas nacionalistas en esta región, que vio surgir diversas formas de fascismo.

Hoy en día, la palabra «fascismo» se asocia casi automáticamente con el nazismo. Pero en los años veinte, el fascismo italiano era un modelo. A diferencia del nazismo, el antisemitismo no era el elemento central; cobraría importancia a finales de los años treinta como parte de la colaboración entre Italia y Alemania, pero era un aspecto periférico y oportunista de la ideología. Como prueba de ello, a mediados de la década de 1930, la Italia fascista albergó una unidad militar Betar, procedente del movimiento sionista revisionista, en la academia naval de Civitavecchia[88].

En aquella época, el fascismo se definía como la «verdadera» expresión de la voluntad del pueblo, por oposición a la democracia, que se consideraba corrompida por las oligarquías y los intereses privados. Por eso tuvo tanto éxito en toda Europa en las décadas de 1920 y 1930. De hecho, es el equivalente de lo que

---

88.«Betar Naval Academy», Wikipedia (en.wikipedia.org/wiki/Betar_Naval_Academy); Alain Dieckhoff, *The Invention of a Nation: Zionist Thought and the Making of Modern Israel,* C. Hurst, 2003; Eric Kaplan, *The Jewish Radical Right: Revisionist Zionism and Its Ideological Legacy,* University of Wisconsin Press, 2005.

hoy llamamos «populismo». Fue este modelo el que inspiró los inicios del nacionalismo ucraniano.

Entonces, como ahora, los ultranacionalistas ucranianos eran profundamente antisemitas. Pero a diferencia de los nazis, cuyo antisemitismo formaba parte de su doctrina, los fascistas ucranianos odiaban a los judíos más por sus vínculos con el poder soviético que por su doctrina.

La franja que se extiende desde el Mar Negro hasta el Mar Báltico es una zona con una presencia judía históricamente significativa. También es la zona donde el antisemitismo europeo se desarrolló con mayor vigor. No es casualidad que los fundadores del Estado de Israel, como Ben Gurion, Golda Meir y Moshe Dayan, procedieran de esta zona. Por lo tanto, es bastante lógico ver a sus representantes en las estructuras de las repúblicas socialistas soviéticas.

El elemento «fundador» del antisemitismo ucraniano es el «*Holodomor*» (*holod*: hambre; *mor*: plaga). Se cree que causó entre 4 y 7 millones de muertos en 1932-1933, y en Ucrania se considera un genocidio, a menudo comparado con el «holocausto» judío. A pesar de su magnitud, que la convierte quizá en la mayor masacre de la historia, sigue siendo ignorada en gran medida en Occidente, y se discute su carácter de «genocidio», en parte para cuestionar la presencia del antisemitismo en Ucrania. Sea cual sea la realidad, la sobrerrepresentación de los judíos en la cúpula del Partido Comunista y entre los oficiales del NKVD[89] ha dejado en el imaginario ucraniano la sensación de

---

89.Timothy Snyder, profesor de la Universidad de Yale, estima la proporción de judíos en el NKVD en un 40% y en las esferas dirigentes del Partido Comunista en más del 50% en los años 1920-2030 (Timothy Snyder, *Bloodlands: Europe Between Hitler and Stalin*, 2010); Tumshis M.A., Zolotarev V.A., *Евреи в НКВД СССР. 1936 1938 гг. Опыт биографического словаря*, Fundación Rusa para el

que orquestaron el Holodomor. El resultado es un odio profundamente arraigado tanto hacia Moscú como hacia los judíos. En 2021, el *Jerusalem Post* informó de que la extrema derecha ucraniana exigía a Israel una disculpa por el Holodomor y los crímenes del comunismo[90]. Hoy en día, aunque no forma parte de una «doctrina», el antisemitismo violento crece de forma alarmante en Ucrania[91].

El 30 de junio de 1941, en el marco de la Operación Barbarroja, el Tercer Reich concedió la independencia a la parte occidental de Ucrania, apoyándose en la *Organización Nacionalista Ucraniana* (OUN-B) dirigida por Stepan Bandera[92]. Bandera había sido condenado en Polonia por planear el asesinato del Ministro del Interior polaco en 1934. Tras la ocupación de Polonia en 1939, fue liberado por los alemanes, que lo «volvieron a poner en la brecha». La OUN-B formó así el núcleo del gobierno ucraniano de Lvov. Bajo la autoridad de Stepan Bandera, se creó el *Ejército Insurgente Ucraniano* (UPA), que tomó el relevo del OUN-B. Junto con otros movimientos nacionalistas ucranianos, el UPA formó una especie de quinta columna que protegía las líneas logísticas de la Wehrmacht contra los ataques de los partisanos prosoviéticos. En el marco de esta lucha, los ucranianos se distinguieron por cometer masacres contra civiles y judíos que apoyaban a los partisanos prosoviéticos.

Fomento de la Educación y la Ciencia, Moscú, 2017.

90. Cnaan Liphshiz, «Far-right protesters in Ukraine demand Israel apologize for communism», *The Jerusalem Post*, 8 de enero de 2021.

91. Lev Golinkin, «Violent Anti-Semitism Is Gripping Ukraine - And The Government Is Standing Idly By», *The Forward*, 20 de mayo de 2018 ;

92. Stepan Bandera (1909-1959). Héroe de la resistencia ucraniana contra la URSS al frente de la Organización de Nacionalistas Ucranianos (OUN) y notorio colaborador de los nazis durante la Segunda Guerra Mundial, se convirtió en la figura simbólica de los sucesos de Maïdan en 2014.

El efímero apoyo de la Alemania nazi a la independencia de Ucrania entre 1941 y 1945 obtuvo el reconocimiento de los ucranianos del oeste del país. Formaron la *14ª División de Granaderos de las SS «1 Galega»*, cuyo emblema siguen utilizando hoy los nacionalistas ucranianos[93]. Al mismo tiempo, la 2ª División Panzer SS *«Das Reich»*, tristemente célebre en Francia por la masacre de Oradour-sur-Glane, es venerada en Ucrania. Fue esta división la que liberó Kharkov del Ejército Rojo en 1943, y su emblema inspiró el del actual regimiento Azov[94].

Desde el final de la Segunda Guerra Mundial, Occidente trató de desestabilizar a la URSS, considerándola una amenaza. Por ello apoyaron a los movimientos insurreccionales bálticos y ucranianos que sobrevivieron tras la Segunda Guerra Mundial, dirigidos por antiguos miembros de las SS y de las redes nazis de los «Hombres Lobo».

En este contexto, el UPA prosiguió su lucha contra Moscú. Hasta principios de los años 60, llevó a cabo operaciones de guerrilla en Ucrania con el apoyo material de los servicios secretos estadounidenses (Operación AERODINÁMICA), británicos (Operación VALUABLE) y franceses (Operación MINOS)[95]. Gracias a Kim Philby, un topo del *Servicio Secreto de Inteligencia* británico (MI-6), el KGB consiguió neutralizar estos movimientos de resistencia. El 15 de octubre de 1959, eliminó a Stepan Bandera al día siguiente de una reunión de coordinación

---

93.David Pugliese, «El Gobierno canadiense sale en defensa de las SS nazis y los colaboradores nazis, pero ¿por qué?», *ottawacitizen.com*, 17 de mayo de 2018.
94.Alec Luhn, «Preparing for War With Ukraine's Fascist Defenders of Freedom», *Foreign Policy*, 30 de agosto de 2014.
95.Roger Faligot & Pascal Krop, *La Piscine - Les Services Secrets français 1944-1984*, Seuil, 1985, pp. 100-104.

con el servicio secreto alemán (BND) para intensificar las operaciones clandestinas en Ucrania.

En Ucrania, la lucha contra el dominio soviético es anterior a la ocupación nazi. Lo que nosotros percibimos como «colaboración» con los nazis se entiende en Ucrania como «resistencia» contra los soviéticos. Lo mismo puede decirse de los combatientes voluntarios franceses de la división SS Charlemagne y de los belgas de la brigada SS Wallonie. En resumen, el ultranacionalismo ucraniano actual es una especie de «mille-feuille» ideológico que reúne el antibolchevismo de los años veinte, el antisemitismo de los años treinta tras el Holodomor y el antisovietismo de los años cuarenta a los noventa en un odio histórico a los rusos.

Sin embargo, existe un acercamiento ideológico entre el «social-nacionalismo» ucraniano y el «nacional-socialismo», que se refleja en la integración de las teorías raciales. Andriy Biletsky, fundador del movimiento *AZOV* y *líder* del *Cuerpo Nacional*, explica *el nacionalismo social racial ucraniano*:

Todo nuestro nacionalismo no es nada (...) si no se basa en el fundamento de la sangre, el fundamento de la raza (...) El nacionalismo tradicional (de posguerra, postsoviético) se caracteriza por (...) declarar que la Nación es un fenómeno lingüístico, cultural o territorial-económico. Por supuesto, no rechazamos la importancia de los factores espirituales y culturo-lingüísticos, así como del patriotismo territorial. Pero nuestra profunda convicción es que éstos son simplemente productos de nuestra Raza, de nuestra naturaleza Racial. Si la espiritualidad, la cultura y la lengua ucranianas son únicas, es simplemente porque nuestra naturaleza racial es única. Si Ucrania es un paraíso en la tierra, es sólo porque nuestra Raza lo ha convertido en un paraíso.

Por lo tanto, el tratamiento de nuestro organismo nacional debe comenzar con la limpieza racial de la nación. Y entonces renacerá un Espíritu nacional sano en un cuerpo racial sano, y con él la cultura, la lengua y todo lo demás. Además de la cuestión de la pureza, también debemos prestar atención a la cuestión de la plenitud de la Raza. Los ucranianos son parte (y una de las cumbres) de la Raza Blanca Europea. Son la Raza Creadora de una gran civilización, de los más altos logros humanos. La misión histórica de nuestra Nación, en este siglo crucial, es liderar y dirigir (sic) a las Naciones Blancas de todo el mundo en la última cruzada de su existencia. Una campaña contra la inhumanidad dirigida por los semitas.[96]

Aunque similar a la ideología nazi, este conjunto de ideas carece de la coherencia de la ideología nazi. Por eso justifica la etiqueta de «neonazi» o «ukronazi» que se da a los ultranacionalistas ucranianos militantes. Esto explica por qué nuestros medios de comunicación -principalmente los que comparten las mismas ideologías- y nuestros gobiernos[97] intentan «blanquear» el extremismo ucraniano.

Para apoyar el golpe de 2014 y mantener la presión sobre Rusia, Occidente se apoyó en el nacionalismo ucraniano, cuyo epicentro se encuentra en la región de Lvov (Galitzia), al oeste del país. Utilizan a militantes del partido *Svoboda* de Oleh Tyahnybok y de su brazo armado, *Praviy Sektor* (Sector Derecho). Hoy, el partido parece haber perdido parte de su importancia y la extrema derecha institucional se ha convertido

---

96.Український соціальний націоналізм. - Харків: «Патріот України», 2007 (https://web.archive.org/web/20080409023834/http://www.patriotukr.org. ua/index.php?rub=stat&id=267)
97.*Antisemitismo en Ucrania*, DIDR-OFPRA, 7 de enero de 2015.

en una minoría muy pequeña. Pero esto es engañoso, porque las milicias siguen siendo una herramienta de elección para Occidente, como veremos.

Esto explica el notable aumento del antisemitismo y la negación del Holocausto en Ucrania desde los sucesos de Maïdan. En 2014, Andriy Biletsky, fundador del movimiento AZOV y de varios movimientos de extrema derecha, y diputado de la Rada entre 2014 y 2019, declaró:

> *La misión histórica de nuestra nación en este momento crítico es liderar a las razas blancas del mundo en una cruzada final por la supervivencia (...). Una cruzada contra los subhumanos dirigidos por los semitas.*[98]

Retomando las palabras de Luke Harding[99] (periodista británico conocido por sus plagios y sus inclinaciones antirrusas), *Conspiracy Watch* (una oficina francesa vinculada a la influencia británica en Europa) considera que los grupos *Svoboda* y *Praviy Sektor* son «*sólo una fracción muy pequeña de los activistas maïdanistas*» que «*no pueden equipararse sin más a los grupúsculos 'fascistas' o 'neonazis'[100]*». Eso es un poco simple. En abril de 2018, 50 congresistas estadounidenses solicitaron al Departamento de Estado de Estados Unidos que instara a los gobiernos ucraniano y polaco a tomar medidas contra:

98.Tom Parfitt, «Crisis en Ucrania: la brigada neonazi que lucha contra los separatistas prorrusos», *The Telegraph*, 11 de agosto de 2014 (https://www.telegraph.co.uk/news/worldnews/europe/ukraine/11025137/Ukraine-crisis-the-neo-Nazi-brigade-fighting-pro-Russian-separatists.html).
99.Luke Harding, «Kiev's protesters: Ukraine uprising was no neo-Nazi powergrab», *The Guardian*, 13 de marzo de 2014.
100.Hélène Roudier y Philippe de Lara, «Étienne Chouard lo tiene todo mal sobre Ucrania, he aquí por qué», *conspiracywatch.info*, 21 de noviembre de 2018.

un aumento en la glorificación de los funcionarios de la era del Holocausto en toda Europa, incluidos Hungría, Eslovaquia, Rumania y los Estados bálticos. Se trata de una tendencia preocupante que debe suscitar una respuesta contundente por parte de nuestro gobierno.[101]

Desde Euromaidán, como he podido comprobar en mis visitas a Ucrania, en cada manifestación callejera abundan las banderas de la extrema derecha *de Svoboda* y los retratos de Stepan Bandera[102]. En 2018, el Parlamento ucraniano incluso instituyó un día oficial para celebrar su memoria[103]. Mientras que nuestros medios de comunicación afirman que los paramilitares fueron «desnazificados» hace mucho tiempo, el medio estadounidense *NBC News* no está de acuerdo:

Igual de inquietante es que los neonazis formen parte de algunas de las crecientes filas de batallones de voluntarios de Ucrania. Están curtidos en mil batallas tras librar algunos de los combates callejeros más duros contra los separatistas apoyados por Moscú en el este de Ucrania tras la invasión de Crimea por Putin en 2014. Uno de ellos es el Batallón Azov, fundado por un supremacista blanco declarado que afirmaba que el propósito nacional de Ucrania era librar al país de judíos y otras razas inferiores. En 2018, el Congreso de Estados Unidos estipuló que su ayuda a Ucrania no podía utilizarse

---

101.«Congresistas instan a EEUU a posicionarse contra la negación del Holocausto en Ucrania y Polonia», *The Times of Israel*, 25 de abril de 2018.
102.Max Blumenthal, «¿Apoya Estados Unidos a los neonazis en Ucrania?», *AlterNet*, 24 de febrero de 2014.
103.Cnaan Liphshiz, «Ucrania celebra a un colaborador nazi, prohíbe un libro crítico con el líder de los pogromos», *The Times of Israel*, 27 de diciembre de 2018.

«para proporcionar armas, entrenamiento u otro tipo de asistencia al Batallón Azov.» Aun así, Azov es ahora un miembro oficial de la Guardia Nacional de Ucrania.[104]

Ucrania practica la tortura con regularidad, pero Occidente sigue siendo muy discreto al respecto. Nuestros medios de comunicación y nuestras autoridades no quieren dar a Ucrania el papel equivocado[105], a pesar de que, según el medio holandés *Raamoprusland.nl*:

La guerra en curso contra la insurgencia dirigida por Rusia en el este de Ucrania es una fuente de agresiones a los derechos humanos básicos amparadas en medidas de seguridad.[106]

En octubre de 2021, el *Jerusalem Post*[107] expresó su preocupación por un estudio publicado en septiembre por el *Instituto de Estudios Europeos, Rusos y Euroasiáticos* (IERES) de la Universidad George Washington, que mostraba que Canadá, Estados Unidos, Francia y Gran Bretaña estaban entrenando a

---

104.Allan Ripp, «Ukraine's Nazi problem is real, even if Putin's 'denazification' claim isn't», *NBC News*, 5 de marzo de 2022 (https://www.nbcnews.com/think/opinion/ukraine-has-nazi-problem-vladimir-putin-s-denazification-claim-war-ncna1290946)
105.Alisa Sopova, «La ONU suspende la investigación sobre torturas en Ucrania», *The New York Times*, 26 de mayo de 2016 (https://www.nytimes.com/2016/05/27/world/europe/un-suspends-torture-inquiry-in-ukraine.html?_r=0).
106.«La prensa occidental descarta las reformas ucranianas demasiado pronto», *Raam op Rusland*, 13 de junio de 2016 (https://www.raamoprusland.nl/dossiers/oekraine/171-westerse-media-oordelen-te-snel-over-oekraine).
107.«Western countries training extreme-right extremists in Ukraine - report», *Jerusalem Post*, 19 de octubre de 2021.

grupos de extrema derecha en Ucrania en la *Academia Militar Nacional Hetman Petro Sahaidachny*[108].

La ideología que se ha desarrollado en Ucrania gira en torno a una serie de marcadores comunes a grupos con historias diferentes. Uno de ellos es la creación de un Estado que se extienda desde el Báltico hasta el Mar Negro, que recuerde a la Polonia del siglo XVII y esté diseñado para contrarrestar a Rusia. Se trata del proyecto polaco Intermarium[109], que se opone -en esencia- al proyecto europeo.

El 3 de marzo de 2022, la Liga contra la Difamación (ADL) señaló que el neonazismo formaba parte del discurso nacional ucraniano y subrayó las contradicciones occidentales en torno a Vladimir Putin. El político suizo Claude Ruey afirma en su cuenta de Facebook que *«la extrema derecha neonazi europea es mayoritariamente pro-Putin»*. Esta no es la opinión de la ADL, que cita a *The American Futurist*:

> *Si eres NS [nacionalsocialista] y apoyas a Putin, que está literalmente invadiendo un país con el objetivo declarado de destruir grupos NS [nacionalsocialistas] como el Batallón Azov, entonces eres un puto retrasado.*[110]

Otro punto central de esta ideología es el sentimiento de que la «raza blanca» está amenazada (por los rusos, por el islam,

---

108. Oleksiy Kuzmenko, «Far-Right Group Made Its Home in Ukraine's Major Western Military Training Hub», *Institute for European, Russian, and Eurasian Studies (IERES) Occasional Papers*, nº 11, septiembre de 2021.
109. Emil Avdaliani, «Polonia y el éxito de su proyecto 'Intermarium'», *moderndiplomacy.eu*, 31 de marzo de 2019.
110. «White Supremacists, Other Extremists Respond to Russian Invasion of Ukraine», *adl.org*, 3 de marzo de 2022 (https://www.adl.org/resources/blog/white-supremacists-other-extremists-respond-russian-invasion-ukraine)

por los judíos, etc.)[111]. Según la ADL, la narrativa de la extrema derecha contra la ofensiva rusa es que Vladimir Putin está bajo el control de oligarcas judíos, de ahí su apodo de «Jewtin».

Esto explica la veneración que muestran varios grupos de extrema derecha ucranianos por el noruego Anders Behring Breivik (autor de la masacre de Utoya el 22 de julio de 2011), a quien ven como un héroe del Occidente «blanco y cristiano». Según un investigador noruego, Breivik se inspiró en particular en un periodista descrito como un «*teórico de la conspiración suizo-francés*», que colabora con ciertos medios de comunicación que me incluyeron en la lista negra de Suiza[112].

Estamos en las antípodas de los valores y conceptos que han guiado a Europa desde 1945. Por eso nuestros medios de comunicación guardan un extraño silencio ante los crímenes de los neonazis ucranianos.

2.7.3.3. *La campaña de blanqueo occidental*

La propaganda occidental trata de ocultar estas relaciones incestuosas para presentar una imagen democrática de Ucrania frente a la «dictadura» de Vladimir Putin. ¡Por ejemplo, en *France 5*, Jean-Dominique Giuliani afirma que Vladimir Putin creó estos movimientos ucranianos de extrema derecha, que luego «se volvieron contra él»[113]! Un razonamiento digno del apogeo de *Pravda*.

111.Raphaël Liogier, «Le mythe de l'invasion arabo-musulmane», *Le Monde diplomatique*, mayo de 2014, pp. 8-9.
112.Mattias Gardell, «Crusader Dreams: Oslo 22/7, Islamophobia, and the Quest for a Monocultural Europe», *Terrorism and Political Violence*, 26:129-155, 2014 (https ://www.qub.ac.uk/Research/GRI/mitchell-institute/FileStore/Filetoupload,818003,en.pdf)
113.Jean-Dominique Giuliani en el programa «C dans l'air» el 25 de enero de 2022 («Ukraine: la surenchère russe... ou américaine? #cdanslair 25.01.2022»,

Occidente trata de restar importancia a la naturaleza extremista de estos grupos, a los que entrena, arma y protege, y cuyos crímenes autoriza con su silencio. Son la «punta de lanza» del nacionalismo ucraniano y la columna vertebral de la determinación de luchar contra Rusia.

De hecho, para no deslegitimar el antagonismo entre Ucrania y Rusia, el flujo de voluntarios neonazis procedentes de Francia, Gran Bretaña y Canadá, así como el carácter nacionalista y de extrema derecha del gobierno ucraniano, se ocultan sistemáticamente en los medios de comunicación occidentales, mientras que las tendencias pronazis de los militantes se presentan como propaganda rusa en los medios occidentales[114].

Preguntada en *Le Monde* por los vínculos entre el opositor bielorruso Roman Protassevitch y los «*nazis ucranianos del batallón AZOV*», Isabelle Mandraud explica:

El término «nazi» es utilizado por las autoridades rusas para designar a cualquiera que contravenga sus puntos de vista, y es repetido hasta la saciedad por la propaganda, por lo que creo que es suficiente para poner fin a esta cuestión.[115]

Como siempre ocurre con los medios de comunicación, que son más propaganda que información, hay matices. Por supuesto, el término «nazi» es discutible, pero el hecho es que el regimiento AZOV es ciertamente ultranacionalista, violento y

---

France 5/YouTube, 26 de enero de 2022 (30'10")
114.Joshua Keating, «En Ukraine, des fascistes contre des nazis?», *Slate.fr*, 22 de febrero de 2014; «Russia is winning the propaganda war. Sauf en France», *slate.fr*, 2 de junio de 2014.
115.Isabelle Mandraud, «Avion détournée par la Biélorussie, sanctions de l'Union européenne: nos réponses à vos questions», *Le Monde*, 28 de mayo de 2021.

antisemita, y que exhibe antiguos símbolos nazis. Sus miembros han sido culpables de numerosos abusos contra la población civil (ucraniana) de las zonas en las que están desplegados[116]... todas cualidades que la Sra. Mandraud aparentemente asocia con la propaganda. Afortunadamente, su opinión no es compartida por el *Centro de Lucha Antiterrorista de* la Academia Militar de West Point[117], el *Jerusalem Post* o el *Centro Simon Wiesenthal*[118], que califican al grupo AZOV de «nazi» y condenan el apoyo que recibe de Occidente.

Lo cierto es que a finales de 2014-principios de 2015, los crímenes cometidos por estas unidades fanáticas (en particular la masacre de civiles en Marioupol por parte de destacamentos de la unidad AZOV en verano de 2014) y las críticas de la comunidad internacional empujaron a las autoridades ucranianas a borrar su brutalidad. Por ello, en octubre de 2014, estas unidades se vieron obligadas a abandonar la zona del frente o a incorporarse a las fuerzas armadas. En agosto de 2015, el regimiento AZOV cambió su logotipo eliminando el «sol negro», símbolo utilizado por las SS en la Segunda Guerra Mundial y por la extrema derecha europea, aunque sigue conservando el «Wolfsangel» invertido que significa «Idea de Nación». Pero esta «desnazificación» es sólo superficial. No va acompañada de cambios de doctrina ni de liderazgo. Individuos como Andriy Biletsky y Dmitro Yarosh siguen al timón, y no hay indicios de que hayan cambiado sus creencias o su doctrina[119].

---

116. Oren Dorell, «Volunteer Ukrainian unit includes Nazis», *USA Today*, 10 de marzo de 2015.
117. Tim Lister, «The Nexus Between Far-Right Extremists in the United States and Ukraine», *Combating Terrorism Center*, Vol. 13, nº 4, abril de 2020.
118. Cnaan Liphshiz, «Hundreds march with torches in tribute to Nazi collaborator in Ukraine», *The Jerusalem Post*, 4 de enero de 2021.
119. Oleksiy Kuzmenko, «El Regimiento Azov no se ha despolitizado», *Atlantic*

El 16 de diciembre de 2020, sólo dos países rechazaron la resolución de las Naciones Unidas para combatir la glorificación del nazismo: Estados Unidos y Ucrania. En enero de 2021, el *Congreso Judío Europeo* condenó la inclusión de antiguos colaboradores de los ocupantes nazis en el proyecto de recuerdo lanzado por las autoridades ucranianas[120]. De hecho, la ideología dominante en la parte occidental del país es claramente ultranacionalista, con una compleja mezcla de extremismo de derechas[121], neonazismo, antisemitismo y sionismo.

Al igual que sus vecinos de la «nueva Europa», Ucrania tiene una relación muy especial con el nazismo y sus atrocidades. A diferencia de Francia, la extrema derecha ucraniana se enorgullece de haber combatido a los soviéticos desde los años treinta hasta el final de la Guerra Fría. Su colaboración con los nazis forma parte de la narrativa nacional y explica -incluso excusa- los crímenes contra los judíos, que son vistos como una especie de daños colaterales. Con razón o sin ella, se considera que ayudaron a organizar y llevar a cabo los crímenes cometidos contra la población ucraniana durante la era soviética.

Por eso, para mantener cierta coherencia en el discurso sobre Ucrania, hay que ocultar los aspectos que molestan. El resultado es una actitud totalmente esquizofrénica ante la crisis ucraniana, que nos da una lectura de los acontecimientos menos justa, menos moral y menos ética de lo que parece.

Council, 19 de marzo de 2020 (https://www.atlanticcouncil.org/blogs/ukrainealert/the-azov-regiment-has-not-depoliticized/)
120.«Nazi collaborators included in Ukrainian memorial project», *Congreso Judío Europeo*, 22 de enero de 2021
121.Josh Cohen, «El problema neonazi de Ucrania», *Reuters*, 19 de marzo de 2018.

Sintomáticamente, el 24 de febrero de 2022 se volvieron a autorizar «*posts*» favorables a AZOV en Facebook[122]. Hasta entonces, la plataforma había colocado al grupo en la misma categoría que el Estado Islámico y otros movimientos terroristas. Esto demuestra que los occidentales no luchan por los valores, sino contra Rusia.

La complejidad de nuestra relación con la extrema derecha ucraniana queda ilustrada por el activismo vocal de algunos políticos occidentales, como Chrystia Freeland, ministra de Asuntos Exteriores de Canadá, y Ursula von der Leyen[123], presidenta de la Comisión Europea, quienes -casualmente- tienen antecedentes familiares activos en el Tercer Reich en Europa Central y Oriental. Anthony Blinken, Secretario de Estado de EEUU, y Victoria Nuland, Subsecretaria de Estado de EEUU para Asuntos Políticos y ex asesora de política exterior de Dick Cheney, proceden ambos de la emigración judía ucraniana[124] con una visión muy nacionalista de la situación. En enero de 2021, el medio de comunicación estadounidense *Salon,* próximo al Partido Demócrata, deploró la inclusión de Victoria Nuland en el equipo de Biden[125].

No todos estos políticos son nazis. Pero es evidente que tienen una visión muy partidista de la situación en Ucrania, que juega a favor de los ultranacionalistas y -sobre todo- en contra de

---

122.Sam Biddle, «Facebook Allows Praise of Neo-Nazi Ukrainian Battalion If It Fights Russian Invasion», *The Intercept,* 24 de febrero de 2022.
123.Peter Kuras, «La ineptitud aristocrática de Ursula Von Der Leyen», *Foreign Policy,* 30 de abril de 2021.
124.«El yiddish y las raíces judeo-ucranianas del nuevo Secretario de Estado de EE.UU.», *Encuentro Judío Ucraniano,* 30 de noviembre de 2020.
125.Medea Benjamin, Nicolas J.S. Davies y Marcy Winograd, «¿Quién es Victoria Nuland? A really bad idea as a key player in Biden's foreign policy team», *Salon,* 19 de enero de 2021.

Rusia. Sus acciones no han hecho más que agravar las tensiones entre Ucrania y Rusia desde 2014.

Además, el nacionalismo ucraniano no sólo se dirige contra las minorías rusoparlantes, sino que también afecta a las minorías rumana[126] y magiar, provocando tensiones con Budapest[127]. Esto (también) explica el acercamiento de Viktor Orban a Rusia y el hecho de que, en febrero de 2022, declarara que su país no suministraría armas a Ucrania.

Como en el resto de la «nueva Europa», en Ucrania dominan las aspiraciones democráticas, pero desgraciadamente están muy contaminadas por el nacionalismo, incluso el ultranacionalismo, los sentimientos antirrusos y el antisemitismo, sobre todo en la parte occidental del país. No es casualidad que la abolición de la ley sobre lenguas oficiales fuera el primer acto de las autoridades de Euromaidán, provocando el conflicto en Donbass y el deseo de secesión por parte de la población de Crimea. Más recientemente, la ley que otorga diferentes derechos constitucionales a los «ucranianos étnicos» y a los «ucranianos de origen extranjero»[128] huele a «leyes de Núremberg».

2.7.4. Enfrentamiento armado

El primer acto legislativo del Parlamento posterior al golpe, el 23 de febrero de 2014, fue la abolición de la ley

---

126. «Preşedintele Ucrainei Petro Poroşenko a promulgat controversata Lege a Educaţiei, care restricţionează predarea în limba minorităţilor naţionale», *news.ro*, 25 de septiembre de 2017.

127. «Hungría protesta por los movimientos militares ucranianos y la «lista de la muerte» de ciudadanos con doble nacionalidad», *RFE/RL*, 11 de octubre de 2018.

128. «Принят Закон «О коренных народах Украины»», *rada.gov.ua*, 1 de julio de 2021 (https://www.rada.gov.ua/ru/news/Novosty/Soobshchenyya/211516.html)

Kivalov-Kolesnichenko de 2012, que establecía el ruso como lengua oficial al mismo nivel que el ucraniano.

Al día siguiente, Astrid Thors, Alta Comisionada de la OSCE para las Minorías Nacionales, advirtió al nuevo gobierno ucraniano contra «*decisiones rápidas que podrían conducir a una escalada de la situación*», en un contexto en el que «*las lenguas son una cuestión divisoria*»[129]. Esta decisión -tomada por autoridades no elegidas- es el punto de partida de las manifestaciones en todo el sur del país, que exigen el restablecimiento de la igualdad de derechos para las minorías. Se trata de un movimiento ciudadano espontáneo y mal organizado: amas de casa con bolsas de la compra se codean con campesinos y obreros.

Al principio, desbordadas, las autoridades de Kiev enviaron al ejército, pero este estaba formado por reclutas, algunos de los cuales confraternizaron con los manifestantes y se unieron a ellos. En agosto de 2015, el sitio web de la oposición rusa *Meduza* informó de que 8.000 personas habían desertado del ejército ucraniano para pasarse a los rebeldes[130]. Por eso se forman a toda prisa unidades de voluntarios de movimientos ultranacionalistas y neonazis y se envían al frente. Pero los medios de comunicación occidentales que los apoyan nunca los mencionan.

El resultado fue una represión brutal, que impulsó a los manifestantes a organizarse.

---

129. http://www.osce.org/hcnm/115643

130.«8 mil oficiales ucranianos han desertado a los separatistas», *meduza.io*, 14 de agosto de 2015 (https://meduza.io/en/news/2015/08/14/8-thousand-ukrainian- officers-have-defected-to-the-separatists).

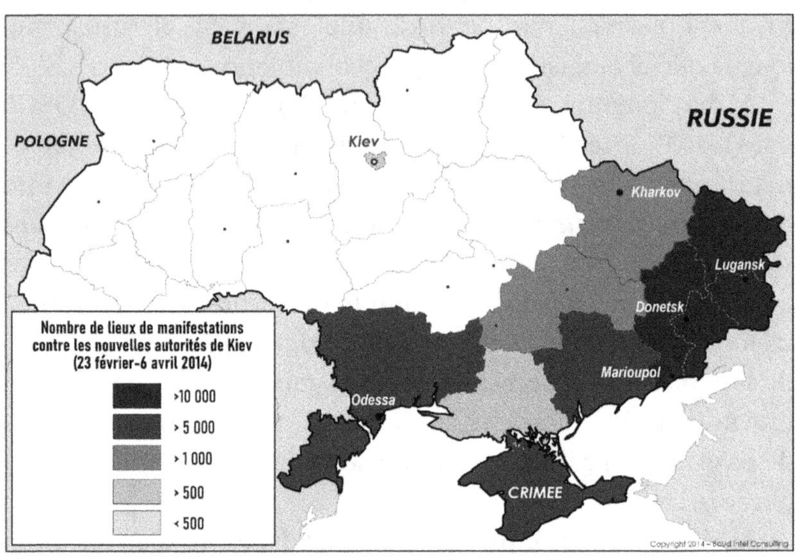

Figura 3 - Número de lugares de manifestación en Ucrania tras la derogación de la ley sobre lenguas oficiales. Puede verse el contorno de lo que más tarde se conocería como «Novorossiya», que bien podría ser la zona tomada por Rusia tras su ofensiva de 2022.[131]

Utilizando las armas de los soldados desertores, la población creó milicias populares y el conflicto se militarizó. Frente a unidades equipadas con tanques, artillería y aviones, los rebeldes utilizaron tácticas muy móviles, y en sucesivas escaramuzas las armas gubernamentales se volvieron contra las fuerzas armadas. El conflicto está creciendo en escala. El 16 de septiembre de 2014, los grupos rebeldes se reagruparon para formar las *«Fuerzas Armadas Conjuntas de Novorossiya»*[132].

---

131. «Meet the people behind Novorossiya's grassroots defeat», *Euromaidan Press*, 13 de agosto de 2015 (https://euromaidanpress.com/2015/08/13/meet-the-people- behind-novorossiyas-grassroots-defeat/).

132. «Террористы сообщили, что объединились в совместную «армию»», Украинская правда, 16 de septiembre de 2014 (https://www.pravda.com.ua/

Voluntarios extranjeros han venido a reforzar la resistencia popular en el Donbass. Como era de esperar, entre ellos había nacionalistas ortodoxos de Rusia (*Unidad Nacional Rusa*) y Serbia (destacamento «*Jovan Sevich*»); un destacamento del partido ruso de extrema izquierda «*Otra Rusia*»; militantes rusos de la extrema derecha europea (*Unión Euroasiática de la Juventud*); militantes nacionalistas rusos (regimiento «*Varyag*»). Estos grupos sirvieron de pretexto a la propaganda ucraniana y occidental para afirmar -aún hoy- que los «neonazis» estaban del lado de Putin. Sin embargo, a diferencia de sus homólogos gubernamentales, estas milicias no se mantuvieron ni se integraron en las fuerzas republicanas.

Los medios de comunicación occidentales fueron muy discretos sobre algunos voluntarios bastante inesperados. Entre ellos había representantes de la minoría magiar (Legión «Saint-Stéphane»), militantes de la organización polaca de extrema derecha «Falange», militantes españoles de la extrema izquierda antifascista «Carlos Palomino» y un batallón de militantes israelíes de «Aliya».

La resistencia en el sur de Ucrania es, por tanto, extremadamente ecléctica y, a diferencia de las fuerzas progubernamentales, está muy lejos de representar una ideología concreta. De hecho, en las repúblicas del Donbass, la cuestión cultural e identitaria está muy clara y es ampliamente compartida por la población. A diferencia de las fuerzas gubernamentales que pretenden arrebatar a una comunidad sus derechos, esta comunidad busca preservar los suyos. Por eso la resistencia rusoparlante es tan sólida y no necesita recurrir a milicias fanáticas como el gobierno de Kiev.

---

rus/news/2014/09/16/7037979/index.amp).

Tras la firma de los Acuerdos de Minsk en febrero de 2015, el Gobierno de Kiev decidió perpetuar las milicias de extrema derecha que habían suplantado de hecho a las fuerzas armadas regulares, gracias a su fanatismo. Las autoproclamadas Repúblicas Populares de Donbass, por su parte, no disponen de medios para mantener a sus combatientes voluntarios. Por lo tanto, regresarán a sus respectivos países y sus grupos se disolverán rápidamente, dejando paso a milicias populares baratas formadas por reservistas (algo así como el modelo suizo).

En 2022, formadas principalmente por «ciudadanos-soldados», las milicias del Donbass protagonizaron gran parte de los combates, sobre todo en la región del Donbass y en Marioupol. Están demostrando ser muy combativas, pero menos experimentadas que las fuerzas rusas. Los medios de comunicación occidentales lo han comprendido y hablan sistemáticamente de «tropas rusas», sin mencionar que las milicias del Donbass son estructuras de base. Esto permite decir que los «militares rusos» no tienen la experiencia necesaria, etc., etc.

Commandement

Lieutenant-Général Ivan Korsun

 Bataillon "Voskhod"	 Bataillon Humanitaire «Novorossiya»	 Bataillon Spécial «Kalmius»
« Serguiy »	?	Sergueï Petrovskiy
Env. 300	200 hommes	1000 hommes
 1e Groupe Tactique Bataillonnaire «Somali»	Bataillon «Steppe»	Bataillon de Service de Sécurité
« Givi »	?	?
?	Env. 300 hommes	200-500 hommes
 Brigade Spéciale «Vostok»	 Brigade Mécanisée «Oplot»	Bataillon Féminin «Rus'»
Aleksandr S. Khodakosvski	Aleksandr Sakhartchenko	Mansour
2500 hommes	2500 hommes	300 personnels
Groupement de Combat « Strelkov »	Groupement de Combat «Bes»	 Armée Orthodoxe Russe
Igor Girkin (« Strelkov »)	Igor Bezler	Mikaïlo Verin
2000 hommes	700-1000 hommes	350 hommes
Brigade de Slavyansk	 Division des Mineurs	 Bataillon «Sparta»
?	Konstantin Kuzmin	« Motorola »
?	?	?
 1er Bataillon de Slavyansk	2e Bataillon de Slavyansk	Bataillon «Artem»
?	?	« Mongol »
?	?	Env. 300 hommes

2. El contexto histórico

Forces Unifiées de Nouvelle Russie (octobre 2014)   (2)

Forces de l'ex-Armée Interarmes du Sud-Est

 Groupe de Réaction Rapide « Batman » **Alexandre Bednov** *30-50 hommes*	 Brigade Mécanisée « Prizrak » **Alexei B. Mozgovoi** *2000 hommes*	Bataillon d'Autodéfense de Lougansk «Zarya» **Andreï Patruchev** *Env. 900 hommes*
 Bataillon «August» **Pavel Dryomov (« Batya »)** *Env. 50 hommes*	Brigade de Cosaques du Don **Nikolaï Kozitsin** *1000 hommes*	Bataillon de Forces Spéciales « Lechi » **Alekseï A. Pavlov** *800 hommes*

Contingents de volontaires étrangers

 Légion de St Stéphane (Hongrie) **?** *?*	 Bataillon « Aliya » (Israël) **?** *?*	 Détachement «Jovan Sevich» (Serbie) **Bratislav Jivkovich** *250 hommes*
 Organisation « Phalange » (Pologne) **Bartosz Becker** *?*	 Union de la Jeunesse Eurasiatique (Russie) **?** *?*	 Brigade Internationale Carlos Palomino (Espagne) **?** *Env. 10 hommes*
 Unité Nationale Russe (Russie) **Aleksandr Barkashov** *?*	Bataillon «Ivan Georgievich Kundri» (Ruthènie) **« Yantso »** *?*	 Régiment de Volontaires « Varyag » (Russie) **Oleksandr Matyushin** *?*

Parti « Autre Russie » (Russie) **-** *?*

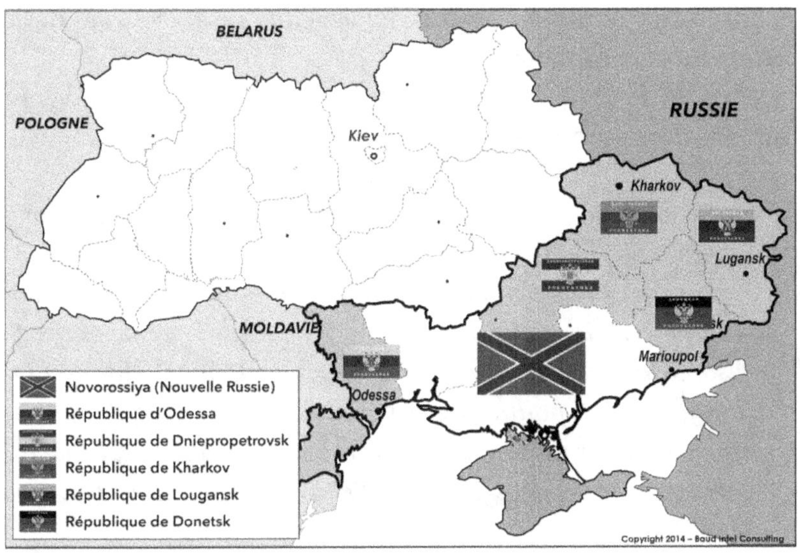

Gráfico 4 - Mientras nuestros medios de comunicación solo mencionan el Donbass (cuya ubicación geográfica da crédito a la narrativa de la intervención rusa), todo el sur de Ucrania se está incendiando. En septiembre de 2014, grupos del Ejército Conjunto del Sudeste y de la Milicia Popular del Donbass unieron sus fuerzas para formar las «Fuerzas Conjuntas de Novorossiya». En este momento, estos grupos han proclamado Repúblicas Populares en las provincias de Odessa, Dnepropetrovsk, Kharkov, Lugansk y Donetsk. Otros grupos armados resisten en las demás provincias del sur. La fuerte línea negra indica el contorno de Novorossiya.

Nuestros medios de comunicación son muy discretos sobre los orígenes lingüísticos del conflicto. Hay varias razones para ello. La primera es que contradeciría la narrativa oficial de que el cambio de régimen en Kiev se llevó a cabo democráticamente y con un apoyo popular masivo. La segunda es que los medios de comunicación, inspirados por la narrativa neonazi y supremacista ucraniana, no quieren admitir que un problema étnico está en la raíz del conflicto. La tercera es que esta explicación

2. El contexto histórico

eclipsaría la narrativa de una instigación rusa «celosa» de la democracia ucraniana.

En julio de 2019, el *International Crisis Group* (financiado por varios países europeos y la *Open Society Foundation*) señaló:

> *El conflicto en el este de Ucrania comenzó como un movimiento popular. (...)*
>
> *Las últimas manifestaciones fueron lideradas por ciudadanos locales que decían representar a la mayoría rusoparlante de la región. Estaban preocupados tanto por las ramificaciones políticas y económicas del nuevo gobierno de Kiev como por las medidas, posteriormente abortadas, de ese gobierno para restringir el uso oficial de la lengua rusa en todo el país.*[133]

Por esta razón, los Acuerdos de Minsk de septiembre de 2014, y luego de febrero de 2015, pusieron el acento en una solución de autonomía regional, en particular en materia lingüística, un poco en la línea del modelo suizo. Pero esta idea de preservar las particularidades regionales no conviene a los nuevos dirigentes, que quieren una Ucrania cuya unidad no se consiga mediante la diversidad, sino mediante la «pureza».

En abril de 2019, la Rada aprobará una ley que establece el ucraniano como lengua estatal. Entre otras cosas, estipula que los sitios web deben utilizar la lengua ucraniana por defecto y que los documentos de las campañas políticas en línea deben estar únicamente en ucraniano. Estas disposiciones no se aplican a los medios de comunicación extranjeros que utilicen

---

133. *Rebeldes sin causa: los apoderados de Rusia en el este de Ucrania*, International Crisis Group, Informe sobre Europa N° 254, 16 de julio de 2019, p. 2

el inglés y las lenguas de la Unión Europea (UE), ni a lenguas autóctonas como el tártaro de Crimea. Los rusos no se consideran población autóctona[134].

Las autoridades regionales irrumpieron en enero-febrero de 2014

Figura 5 - Mapa de la ocupación de las administraciones regionales entre el 23 de enero y el 26 de febrero de 2014. Parece que el cambio de régimen sigue la frontera lingüística de forma bastante esquemática. Se trata de un fenómeno concentrado en el noroeste de Ucrania. El mapa muestra que el golpe -lejos de ser democrático- partió literalmente el país en dos. Como indicación, en línea fuerte, el perímetro de lo que los rebeldes llaman «Novorossiya» (Nueva Rusia). [Fuente: Wikipedia][135]

---

134. https://freedomhouse.org/country/ukraine/freedom-net/2021
135. https://en.wikipedia.org/wiki/2014_Euromaidan_regional_state_administration_occupations

El mapa de los acontecimientos muestra claramente una división Norte-Sur del país. Los propagandistas occidentales harán todo lo posible por ocultar esta división para, por un lado, apoyar el discurso de una Ucrania unida a favor del «golpe» y, por otro, echar la culpa del conflicto a Rusia. En efecto, puesto que el pueblo está unido, ¡sólo Rusia puede ser la causa de la oposición!

En 2022, después de que Vladimir Putin anunciara que uno de los objetivos de la ofensiva en Ucrania era «desnazificar» la amenaza para la población del Donbass, el discurso occidental adoptó la postura contraria e intentó restar importancia a los neonazis[136]. El resultado fue una vasta campaña de encubrimiento dirigida por la extrema derecha militante de Occidente[137]. Alcanzó su punto álgido a mediados de mayo de 2022, tras la rendición de los combatientes de Marioupol, cuyos tatuajes delataron la verdadera naturaleza de aquellos en los que confiaba el gobierno de Kiev.

No parece que la influencia occidental haya contribuido a moralizar la gestión ucraniana del conflicto del Donbass. En 2014, mal asesorada por oficiales militares de la OTAN, Ucrania emprendió una guerra que solo podía conducir a su derrota: trató a las poblaciones de Donbass y Crimea como fuerzas extranjeras enemigas, y no hizo ningún intento de ganarse los *«corazones y mentes»* de los autonomistas. Al contrario, su

---

136. Tara John y Tim Lister, «A far-right battalion has a key role in Ukraine's resistance. Its neo-Nazi history has been exploited by Putin», *CNN*, 30 de marzo de 2022 (https://edition.cnn.com/2022/03/29/europe/ukraine-azov-movement-far-right-intl-cmd/index.html)

137. Korine Amacher, «¿De dónde viene la obsesión rusa por una Ucrania "nazi"?», *Heidi News*, 11 de marzo de 2022 (actualizado el 14 de marzo de 2022) (https://www.heidi.news/articles/d-ou-vient-l-obsession-russe-d-une-ukraine-nazie)

estrategia ha consistido en castigar aún más a la población, como hizo Occidente en Afganistán, Irak y Libia, con la idea de que se rebelara contra sus dirigentes.

Por eso hay tantas víctimas civiles. En su informe del 17 de octubre, Caroline Roux se refiere a las 14.000 víctimas del conflicto, *«muchas de ellas civiles»*, sugiriendo que son obra de *«hermanos separatistas enemigos respaldados por sus vecinos rusos[138]»*. Lo que evita cuidadosamente decir es que -según Naciones Unidas- más del 80% de las víctimas civiles son el resultado de ataques ucranianos. Según la ONU, solo en el período comprendido entre el 1de octubre de 2019 y el 30 de marzo de 2020, el 84,4% de las víctimas civiles fueron causadas por bombardeos de artillería ucranianos[139]. La tabla de la figura 65 muestra las cifras correspondientes a un período más amplio. Como vemos, el gobierno ucraniano está masacrando a su propio pueblo con la ayuda, financiación y asesoramiento de los militares de la OTAN y de los países de la Unión Europea, que defiende sus valores. Como diría el ministro de Asuntos Exteriores Jean-Yves Le Drian: *«No reaccionar equivale a condonar»*[140]...

138.Caroline Roux en el programa «C dans l'air» el 17 de octubre de 2021 («Poutine, maître du jeu #cdanslair 17.10.2021», *France 5/YouTube*, 18 de octubre de 2021) (59'40")
139.Equipo de las Naciones Unidas en Ucrania, «Conflict-related civilian casualties in Ukraine, March 2020», *Reliefweb*, 9 de abril de 2020.
140.«Avión desviado por Bielorrusia: "La falta de reacción de Rusia equivale a una garantía", afirma Jean-Yves Le Drian», *francetvinfo.fr*, 26 de mayo de 2021.

	En el territorio de las repúblicas autoproclamadas	En territorio controlado por el gobierno	En «tierra de nadie»	Total	Variación respecto al año anterior (en %)
2018	128	27	7	162	-41.9 %
2019	85	18	2	105	-35.2 %
2020	61	9	0	70	-33.3 %
2021	36	8	0	44	-37.1 %
Total	310	62	9	381	
%	81.4	16.3	2.3	100.0	

Figura 6 - Para combatir el deseo de autonomía, Ucrania no ha aplicado ninguna de las reglas de la contrainsurgencia. Al atacar a sus propios ciudadanos como si fueran enemigos, el Gobierno de Kiev ha alienado a la población de Donbass [Fuente: «Conflict-related civilian casualties in Ukraine», Misión de Observación de los Derechos Humanos de las Naciones Unidas en Ucrania, Oficina del Alto Comisionado para los Derechos Humanos, 31 de diciembre de 2021 (actualizado el 27 de enero de 2022)].[141]

En 2014, Ucrania cerró el canal de Crimea, que proporcionaba el 82% del suministro de agua de la península[142]: una medida contraria al derecho internacional humanitario que ha alienado profundamente a la población rusoparlante, pero que nadie en Occidente pone en la balanza.

Además, la *Oficina del Alto Comisionado de las Naciones Unidas para los Derechos Humanos* ha criticado reiteradamente al gobierno ucraniano por sus repetidas y graves violaciones de los derechos humanos en su territorio, incluidas las repúblicas del Donbass, que reclama como parte de Ucrania[143]. Lo cierto

---

141. https://ukraine.un.org/sites/default/files/2022-02/Conflict-related víctimas civiles a 31 de diciembre de 2021 (rev 27 de enero de 2022) corr ES_0.pdf
142. «Situación de los derechos humanos en la República Autónoma de Crimea temporalmente ocupada y en la ciudad de Sebastopol (Ucrania)», *Consejo de Derechos Humanos de la ONU*, 25 de septiembre de 2017 (A/HRC/36/CRP.3).
143. «Espacio cívico y derechos fundamentales en Ucrania - 1 de noviembre de 2019 a 31 de octubre de 2021», *ACNUDH de la ONU*, 15 de diciembre de 2021.

es que el apoyo europeo y estadounidense a la revolución maïdanista nunca tuvo como objetivo ayudar a Ucrania, sino desvincularla de Rusia y debilitarla así. Occidente simplemente enfrentó a Ucrania con Rusia, del mismo modo que enfrenta a Taiwán con China.

La situación económica, que se suponía iba a mejorar con el acercamiento a Europa proclamado por los revolucionarios maïdanistas, no ha hecho más que deteriorarse[144].

En 2013-2014, Occidente no se dio cuenta de que, por muchas razones, Ucrania estaba siendo apoyada a distancia por Rusia, mediante ayudas directas y compras privilegiadas. La ruptura con Rusia buscada por los nacionalistas tuvo como efecto cortar a Ucrania de su principal apoyo, que no ha sido sustituido por los europeos.

Después de Maïdan, Ucrania contaba con la Unión Europea para su prosperidad económica. Pero sus productos, adaptados al mercado de Europa del Este por su naturaleza y calidad, no estaban realmente adaptados al mercado europeo. Sus productos agrícolas se enfrentan a la competencia de los productos europeos, que ya no encuentran salida en Rusia. El mismo fenómeno afecta a su producción industrial, estrechamente vinculada a Rusia. Algunas de las joyas de la corona de la industria ucraniana, como el fabricante de aviones Antonov[145] y los astilleros Nikolaïev en el Mar Negro, han quebrado[146]... Desde 2014, asistimos a una desindustrialización progresiva de Ucrania. Hoy en día, Ucrania es la única antigua república

---

144. «Ukraine-EU Agreement: How Beneficial is Ukraine-EU Agreement?», *EurAsian Times*, 1 de septiembre de 2017.
145. Artículo «Antonov (aeronáutica)», Wikipedia
146. «Ucrania ha perdido el astillero que construyó la corbeta "Vladimir el Grande"», *metallurgprom.org*, 29 de junio de 2021.

de la URSS que tiene un PIB inferior al que tenía durante la era comunista. Según una encuesta de *Interfax Ucrania*, alrededor del 70% de los ucranianos cree que el país va por mal camino.[147]

Es más, nadie parece dar mucha importancia a la propia Ucrania. El acuerdo de libre comercio entre la Unión Europea y Ucrania sirvió más a los intereses políticos de Estados Unidos que al bienestar del pueblo ucraniano. En 2022, nadie está dispuesto a luchar por Ucrania: incluso los estadounidenses han declarado que no desplegarán tropas en Ucrania[148]. En realidad, sabían perfectamente que la «amenaza rusa» era falsa: por eso no se comprometieron con Ucrania y blandieron amenazas que no podrían cumplir en caso de ofensiva (lo que sabían que era muy improbable).

2.7.5. Crimea

Historia de los acontecimientos relacionados con Crimea

Fecha	Narración oficial	Una parte de la historia oscurecida por los medios de comunicación occidentales
20/01/1991		En un referéndum (el primero celebrado en la URSS), el 93,6% de los habitantes de Crimea acordaron[149] que la península debía separarse de Ucrania y unirse a Moscú.

---

147. «El 69% de los ucranianos considera que la situación económica es mala y el 32% espera que empeore, según una encuesta», *Interfax-Ucrania*, 9 de febrero de 2021.

148. Derek Saul, «Biden Says 'No Intention' To Deploy U.S. Troops In Ukraine-Here's What The U.S. Is Prepared To Do Instead», *Forbes*, 25 de enero de 2022.

149. NdA: con una participación del 81,3% de la población.

Fecha	Narración oficial	Una parte de la historia oscurecida por los medios de comunicación occidentales
12/02/1991		La *República Socialista Soviética Autónoma de Crimea* (ASSR Crimea), abolida en 1945, fue restablecida por el Soviet Supremo de la RSS de Ucrania[150].
17/03/1991	En un referéndum, la población soviética aceptó seguir formando parte de la URSS.	
01/12/1991	En referéndum, el pueblo ucraniano aceptó independizarse de Moscú.	
23/12/1991	La URSS se disuelve.	
17/03/1995		Ucrania deroga la Constitución de Crimea, derroca por la fuerza a Yuri Mechkov, Presidente de Crimea, y se anexiona la península.
06/03/2014		El Parlamento de Crimea decide celebrar un referéndum para elegir entre seguir formando parte de Ucrania o solicitar la anexión a Moscú.
10/03/2014		Las autoridades de Crimea piden a la OSCE que envíe observadores al referéndum[151].
16/03/2014	Se celebra el referéndum que pide la anexión de Crimea a Moscú.	

Sobre la base de la Resolución 68/262 de las Naciones Unidas, la «comunidad internacional» considera que la anexión

---

150. Artículo «Referéndum de Crimea de 1991», *Wikipedia* (consultado el 27 de noviembre de 2021).
151.«Crimea invita a observadores de la OSCE a un referéndum sobre la adhesión a Rusia», *Reuters*, 10 de marzo de 2014.

de Crimea a Rusia es ilegal[152] e ilegítima[153]. Para justificar este juicio se citan el Tratado de Budapest (1994), que garantizaba la integridad territorial de Ucrania, la intervención militar rusa para apoderarse de las instituciones y el carácter ilegítimo del referéndum organizado por las autoridades de Crimea en 2014.

La secesión de Crimea siempre se presenta como un «golpe de fuerza» organizado por Rusia, justificado por el hecho de que la península está poblada por rusos[154]. Un examen honesto de la historia reciente requiere una mirada más matizada de lo que nos cuentan los propagandistas y revisionistas occidentales. Lo que ha llevado a esta situación es que, antes de 2014, la ley no era respetada, ni por los soviéticos ni por los ucranianos. En varias ocasiones, el pueblo de Crimea expresó abrumadoramente su deseo de ser gobernado por Moscú[155].

2.7.5.1. La integridad territorial de Ucrania y el Memorándum de Budapest (1994)

En primer lugar, hay que recordar que la transferencia de Crimea a Ucrania en 1954 no fue legal. A pesar de la aprobación del Presidium del Soviet Supremo el 19 de febrero de 1954[156], no fue aprobada ni por el Soviet Supremo de la URSS, ni por

---

152. «Resolución adoptada por la Asamblea General el 27 de marzo de 2014», *Asamblea General de las Naciones Unidas*, 1 de abril de 2014 (A/RES/68/262).

153. John B. Bellinger III (entrevistado por Jonathan Masters), «Why the Crimean Referendum Is Illegitimate», *Council on Foreign relations*, 16 de marzo de 2014.

154. Pascal Boniface en «Explícame... La situación en Ucrania», *YouTube*, 31 de octubre de 2019.

155. NdA: la Oficina del Alto Comisionado de las Naciones Unidas para los Refugiados ofrece al lector interesado una cronología de las relaciones entre Crimea y Ucrania: «Chronology for Crimean Russians in Ukraine», *Minorities at Risk Project/Refworld.org*, 2004.

156. https://digitalarchive.wilsoncenter.org/document/119638

la República Rusa, ni por la República de Ucrania. Presentada oficialmente como un regalo a Ucrania con motivo del tricentenario de sus vínculos con Rusia, esta transferencia parece haber estado motivada por el interés personal de Jruschov en el apoyo de Ucrania dentro del Politburó, como explica Mark Kramer del *Wilson Center*[157]. Esta transferencia nunca fue percibida como legítima por la población de Crimea, que nunca antes había estado bajo la autoridad de Kiev. Ilustra las disfunciones del sistema comunista de la época, que extrañamente parecen contar con la aprobación de los «expertos» de hoy.

El 20 de enero de 1991, *antes de la* independencia de Ucrania y *la* disolución de la URSS, se pidió a los habitantes de Crimea que eligieran entre permanecer con Kiev o ser administrados por Moscú. La pregunta de la papeleta era :

¿Está a favor del restablecimiento de la República Socialista Soviética Autónoma de Crimea como súbdito de la Unión Soviética y miembro del Tratado de la Unión?[158]

Fue el primer referéndum sobre la autonomía en la URSS. Los crimeanos aceptaron por un 93,6%[159] dejar de depender de Kiev y adscribirse a Moscú. La *República Socialista Soviética Autónoma de Crimea* (ASSR Crimea), abolida en 1945, fue restablecida el 12 de febrero de 1991 por el Soviet Supremo de la RSS de Ucrania[160].

---

157. Mark Kramer, «Why Did Russia Give Away Crimea Sixty Years Ago?», Cold War International History Project e-Dossier n°47, *Wilson Center*, 2014.

158. Texto original: «вы за воссоздание крымской автономной советской социалической республики как субъекта союза сср и участника союзного договора?».

159. NdA: con una participación del 81,3% de la población.

160. Artículo «Referéndum de Crimea de 1991», *Wikipedia* (consultado el 27 de noviembre de 2021)

El 17 de marzo, Moscú organizó un referéndum sobre la permanencia en la URSS, que fue aceptado por Ucrania. Al aceptar seguir formando parte de la URSS, Ucrania ratificó el estatus de Crimea, confirmando que dependía de Moscú y ya no de Kiev. En ese momento, Ucrania *aún no* era independiente. No fue hasta diciembre de 1991 cuando Ucrania organizó «su» referéndum sobre la independencia. Para entonces, la participación de los habitantes de Crimea era escasa, pues *ya eran* independientes y no se sentían implicados.

Ucrania se independizó más de seis meses después de que Crimea proclamara su soberanía el 4 de septiembre. El 26 de febrero de 1992, el parlamento de Crimea proclamó la «República de Crimea» con el acuerdo del gobierno ucraniano, que le concedió el estatus de república autónoma. El 5 de mayo de 1992, Crimea declaró su independencia y adoptó una constitución[161]. La ciudad de Sebastopol, gestionada directamente por Moscú bajo el sistema comunista, se encontraba en una situación similar, tras haber sido incorporada a Ucrania en 1991 al margen de la ley. Los años siguientes estuvieron marcados por un tira y afloja entre Simferopol y Kiev, que quería mantener Crimea bajo su control.

El 5 de diciembre de 1994, mediante la firma del *Memorando de Budapest*, Ucrania renunció a las armas nucleares de la antigua URSS que permanecían en su territorio, a cambio de «*su seguridad, independencia e integridad territorial*[162]». En este momento, Crimea considera que *-de iure-* ya no forma parte de Ucrania. Por tanto, considera que no le afecta este tratado. Pero Kiev se sintió fortalecida por el memorándum. El 17 de marzo de

---

161.El 6 de mayo se precisó que Crimea formaba parte del territorio ucraniano.
162.Artículo «Memorándum de Budapest», *Wikipedia* (consultado el 27 de noviembre de 2021)

1995, abolió por la fuerza la Constitución de Crimea, envió a sus fuerzas especiales para destituir por la fuerza a Yuri Mechkov, Presidente de Crimea[163], y *se anexionó* de *facto* la República de Crimea[164]. La población se echó a la calle para exigir la devolución de Crimea a Rusia. Los medios de comunicación occidentales apenas informaron del acontecimiento.

Crimea estaba entonces gobernada de forma autoritaria por decretos de Kiev. Esta situación llevó al Parlamento de Crimea a formular una nueva constitución en octubre de 1995, que restableció la *República Autónoma de Crimea*. Esta nueva constitución fue ratificada por el Parlamento de Crimea el 21 de octubre de 1998 y confirmada por el Parlamento ucraniano el 23 de diciembre de 1998. Estos acontecimientos y las preocupaciones de la minoría rusoparlante llevaron a la firma de un *Tratado de Amistad* entre Ucrania y Rusia el 31 de mayo de 1997. Temiendo la secesión de Crimea, Ucrania incluyó el principio de la inviolabilidad de las fronteras, a cambio -y esto es importante- de una garantía de «*la protección de la originalidad étnica, cultural, lingüística y religiosa de las minorías nacionales en su territorio*».[165]

Sin embargo, el 23 de febrero de 2014, las nuevas autoridades de Kiev no solo salieron de un golpe de Estado en absoluto constitucional y, por tanto, no fueron elegidas, sino que, al derogar la ley sobre las lenguas oficiales, dejaron de respetar esta garantía

---

163.«Ukraine Moves To Oust Leader Of Separatists», *The New York Times*, 19 de marzo de 1995 (https://www.nytimes.com/1995/03/19/world/ukraine-mo-ves-to-oust-leader-of-separatists.html)

164.James Rupert, «Striking at Separatists, Ukraine Abolishes Crimea's Charter, Presidency», *The Washington Post*, 18 de marzo de 1995; Research Directorate, Immigration and Refugee Board, Canada «Chronologie des événements mars 1994 - août 1995», *refworld.org*, 1 de marzo de 1996.

165. https://apps.dtic.mil/dtic/tr/fulltext/u2/a341002.pdf

del tratado de 1997. Así que los habitantes de Crimea salieron a la calle para exigir la «devolución» a Rusia que habían obtenido treinta años antes.

El 4 de marzo, durante su conferencia de prensa sobre la situación en Ucrania, un periodista preguntó a Vladimir Putin si preveía la reincorporación de Crimea a Rusia. Putin respondió:

No, no es así. En general, creo que sólo los residentes de un país determinado que tengan libertad de voluntad y se encuentren en total seguridad pueden y deben determinar su futuro. Si este derecho se concedió a los albaneses de Kosovo, si esto fue posible en muchas partes diferentes del mundo, entonces nadie ha descartado el derecho de las naciones a la autodeterminación, que, que yo sepa, está fijado por varios documentos de la ONU. Sin embargo, de ninguna manera provocaremos una decisión de este tipo y no engendraremos tales sentimientos.[166]

Renovado en 2010, el acuerdo entre Ucrania y Rusia para el estacionamiento de tropas en Crimea y Sebastopol tenía vigencia hasta 2042. Por tanto, Rusia no tenía motivos para reclamar ese territorio en ese momento.

El 6 de marzo, el Parlamento de Crimea decidió organizar un referéndum popular para elegir entre permanecer en Ucrania o solicitar la anexión a Moscú. Tras una votación sin ambigüedades, las autoridades de Crimea solicitaron a Moscú su anexión a Rusia[167]. Crimea recuperó así el estatus que

---

166.«Vladímir Putin respondió a las preguntas de los periodistas sobre la situación en Ucrania», *kremlin.ru*, 4 de marzo de 2014 (http ://en.kremlin.ru/events/president/news/20366).

167.Cordélia Bonal, «En Crimée, 95% des votants en faveur d'un rattachement à la Russie», *Libération*, 16 de marzo de 2014 (https://www.liberation.fr/plane-

había adquirido por referéndum *antes de* la independencia de Ucrania en enero de 1991.

La llamada «operación especial» de Rusia, denunciada por Occidente, es en realidad el resultado de repetidas violaciones de los derechos e intereses del pueblo de Crimea por los soviéticos y luego por el gobierno ucraniano (con la complicidad de Occidente) desde 1954.

Desde 2014, ucranianos y occidentales invocan la violación del *Memorando de Budapest*. A lo que los partidarios de Rusia y de Crimea replican que:

a) En 1994, Crimea, como entidad independiente *de iure,* no estaba cubierta por el *Memorándum de Budapest*;

b) Al derogar la ley Kivalov-Kolesnichenko de 2012, que convertía el ruso en lengua oficial, Ucrania incumplió el *Tratado de Amistad* de 1997, que le obligaba a proteger los derechos de las minorías, y que, además, esta decisión fue tomada sin seguir el proceso legislativo normal por un gobierno que no fue elegido.

El 19 de febrero de 2022, Anka Feldhusen, embajadora alemana en Kiev, echó un cable al declarar en el canal de televisión *Ukraine 24* que el *Memorándum de Budapest* no era jurídicamente vinculante[168]. Esta es también la postura estadounidense, como muestra la página web de la embajada estadounidense en Minsk[169].

---

te/2014/03/16/en-direct-referendum-decisif-en-crimee_987472/)

168.«Embajador alemán sobre el Memorándum de Budapest: no hay obligaciones legales», *perild.com,* 19 de febrero de 2022 (https://youtu.be/xoWczh-VimYE)

169. http://minsk.usembassy.gov/budapest_memorandum.html

Los juristas pueden debatir esta cuestión, pero demuestra que los argumentos sobre la ilegalidad del asunto de Crimea son mucho menos claros de lo que afirman nuestros editorialistas, y que este asunto se ha «amontonado» para mantener la tensión con Rusia, que desembocará en una guerra en 2022.

Una mirada atenta a la narrativa occidental sobre la «anexión» de Crimea demuestra que se basa exclusivamente en las afirmaciones del Gobierno de Kiev, que está reescribiendo la historia y ocultando cualquier hecho que pueda contradecir su versión[170].

2.7.5.2. *El mito de la agresión rusa*

El mito de la agresión rusa es inseparable del de los «*hombrecillos verdes que llegan en gran número a la península*»[171], lo que sugiere una invasión por parte de Rusia. Al invocar a las «fuerzas especiales»[172] y a los mercenarios de la compañía «Wagner»[173], se ha creado una narrativa.

Nuestra convicción de que Rusia «*invadió por la fuerza militar una parte de un Estado soberano*», como afirmó el experto militar Pierre Servent en *France 5*[174], pretende dar legitimidad al golpe de Estado que Occidente acababa de apoyar en Kiev.

170.Michael Kofman, Katya Migacheva, Brian Nichiporuk, Andrew Radin, Olesya Tkacheva & Jenny Oberholtzer, «Lessons from Russia's Operations in Crimea and Eastern Ukraine», *Rand Corporation*, 2017 (https://www.rand.org/content/dam/rand/pubs/research_reports/RR1400/RR1498/RAND_RR1498.pdf).
171.Caroline Roux en el programa «C dans l'air» el 17 de octubre de 2021 («Poutine, maître du jeu #cdanslair 17.10.2021», *France 5/YouTube*, 18 de octubre de 2021) (56'25")
172.Alan Malcher, «Russian Spetsnaz - Ukraine's Deniable 'Little Green Men'», *moderndiplomacy.eu*, 10 de mayo de 2015.
173.«Ucrania, Mali: ¿qué hacen las milicias de Wagner? Leçon de géopolitique - Le Dessous des cartes», *ARTE/YouTube*, 26 de enero de 2022.
174.Pierre Servent en el programa «C dans l'air» el 11 de enero de 2022 («Poutine rêve d'URSS, l'Ukraine sous tension #cdanslair 11.01.2022», France 5/You-

Es una fábula que se originó en la OTAN -donde yo trabajaba- y que juega con las palabras para convertir en una operación especial un compromiso que se ajusta perfectamente a los acuerdos entre Rusia y Ucrania. Sin embargo, la participación de las tropas rusas en Crimea no se corresponde en forma, tácticas o estructuras con la de sus fuerzas especiales. Sé mucho sobre fuerzas especiales y he escrito un libro sobre ellas[175] (que también se ha traducido al ucraniano).[176]

En cuanto se anunció la abolición de la ley sobre lenguas oficiales, el sur del país ardió en llamas. Los habitantes de Crimea se echaron a la calle. Entre ellos había unos 4.000 cazadores o miembros de sociedades de tiro y 15.000 miembros de la reserva territorial, que tomaron las armas y ocuparon el parlamento regional de Simferópol. Juntos formaron las unidades de «auto-defensa», mencionadas en marzo de 2014 por Sergei Lavrov, ministro de Asuntos Exteriores, y por Vladimir Putin[177].

A estos civiles se unieron soldados de las fuerzas ucranianas. A principios de 2014, el ejército ucraniano todavía estaba formado por una mayoría de reclutas, reclutados y organizados territorialmente: en Crimea, la mayoría de los soldados eran rusoparlantes. Así que cuando el Gobierno les ordenó sofocar las manifestaciones, 20.000 de los 22.000 militares ucranianos destinados en Crimea se negaron a intervenir contra sus compatriotas y se unieron a los manifestantes, como confirmó más tarde Ivan Vinnik, diputado de la Rada de Kiev[178]. Se despojaron de sus

---

Tube, 12 de enero de 2022) (26'50")
175.Jacques Baud, *Les Forces spéciales de l'Organisation du Traité de Varsovie*, L'Harmattan, 2002
176. https://constitutions.ru/wp-content/uploads/specnaz.pdf
177.«La cambiante historia de la invasión rusa de los 'hombrecillos verdes'», *RFE/RL*, 25 de febrero de 2019.
178.Евгений Мураев и Иван Виник, народные депутаты, в «Вечернем прайме»

2. El contexto histórico

insignias ucranianas para evitar confusiones y se convirtieron en lo que Occidente apodó «*hombrecillos verdes*» e identificó como fuerzas especiales rusas. A estos soldados se unieron unos 15.000 miembros de habla rusa de la policía, el *Servicio de Seguridad* (SBU) y la guardia de fronteras[179], que también se negaron a enfrentarse a sus «hermanos». En total, unos 35.000 desertores.

En cuanto a los militares rusos en Crimea, el *Acuerdo sobre el Estatuto de las Fuerzas* (SOFA) firmado en 2010 con Ucrania (y válido hasta 2042) limitaba su presencia a 25.000 hombres, y sólo entre 20.000 y 22.000 están realmente estacionados en la península. En caso de crisis, el acuerdo les autoriza a desplegarse en varios puntos estratégicos de la península (como el aeropuerto), para proporcionar un cordón umbilical con Rusia. Estos soldados no llevan insignias de unidad en sus uniformes de combate, como es habitual en las fuerzas armadas rusas (en Afganistán, por ejemplo).

Cuando los paramilitares nacionalistas ucranianos empezaron a enfrentarse violentamente a las milicias de autodefensa de Crimea, el ejército ruso intervino invocando el principio de «*responsabilidad de proteger*» (R2P).

Por ejemplo, no hubo invasión rusa de Donbass o Crimea en 2014. De hecho, los términos «intervención» e «invasión» se utilizan alternativamente para poner en duda la presencia real rusa en el este de Ucrania[180]. A pesar de sus reiteradas acusaciones, Occidente nunca ha aportado pruebas concretas que

---

телеканала «112 Украина», 4 de agosto de 2016 (https://112.ua/video/evgeniy-muraev-i-ivan-vinnik-narodnye-deputaty-v-vechernem-prayme-telekanala-112-ukraina-04082016-206216.html).

179. «Los desertores ucranianos de la Crimea ocupada, marginados y reubicados», www.unian.info, 5 de octubre de 2017.

180. Wikipedia, Artículo «Intervención militar rusa en Ucrania (2014-presente)» (consultado el 15 de mayo de 2019).

confirmen una «invasión» rusa, ¡ni siquiera un «desembarco» de fuerzas especiales! De hecho, han tratado de ocultar la ilegitimidad de un golpe de Estado que apoyaron en gran medida y que está en el origen de los acontecimientos de Crimea.

Algunos comentaristas, como Arnaud Dubien[181], lo veían como una «prenda», es decir, un territorio que podía monetizarse en una negociación, lo que evidentemente no era el caso.

2.7.5.3. El carácter ilegítimo del referéndum de marzo de 2014

Las acusaciones de que la votación de 2014 fue «*totalmente manipulada*» se basan en el altísimo nivel de aceptación y son totalmente gratuitas[182]. Por supuesto, no podemos descartar que haya habido fraude: la organización, el recuento, el buen funcionamiento de cada colegio electoral, etc. no han sido objeto de verificación internacional. Así que todo es posible, incluso si algunos países celebran referendos regularmente -como Suiza- y no necesitan una auditoría internacional, mientras que otros -como Francia- simplemente ignoran los resultados que no les gustan. Dicho esto, todo es posible.

No obstante, la tasa de aceptación del 96,77%[183] es coherente con el 93,6% obtenido en enero de 1991 y parece confirmada por una encuesta *Gallup* de abril de 2014[184]. Además, tales resultados no son excepcionales, como vimos en Kosovo en 1991

181.Arnaud Dubien, «Putin's power grab in Crimea is part of a willingness to reggle», *Le Monde*, 3 de marzo de 2014 (actualizado el 4 de marzo de 2014).

182.Michel Eltchaninoff en el programa «C dans l'air» el 17 de octubre de 2021 («Poutine, maître du jeu #cdanslair 17.10.2021», *France 5/YouTube*, 18 de octubre de 2021) (1h33'30")

183.Artículo «Referéndum de Crimea de 2014», *Wikipedia* (consultado el 27 de noviembre de 2021)

184. http://www.bbg.gov/wp-content/media/2014/06/Ukraine-slide-deck.pdf

(99,98%[185]) o en las Islas Malvinas en 2013 (99,8%[186]). Así que estas acusaciones no son más que una construcción artificial, basada en suposiciones que descartan la existencia de un referéndum previo, para imaginar un complot urdido por Rusia... ¡cumpliendo así con la definición de conspiración!

Además, se evita cuidadosamente que el 10 de marzo de 2014, las autoridades de Crimea pidieron a la OSCE que enviara observadores para el referéndum[187], pero la organización se negó con el pretexto de que era inconstitucional[188]. Esto se convertirá en una táctica habitual de la comunidad occidental y, en particular, de la Unión Europea: negarse a ir a observar las elecciones para luego declararlas ilegítimas...

Mis contactos en la OSCE me dijeron que los estadounidenses estaban ejerciendo una presión considerable dentro de la organización. Así que la OSCE no sólo ocultó por completo la existencia de un referéndum previo perfectamente legal y legítimo en Crimea, sino que dio literalmente un cheque en blanco al cambio de régimen en Kiev. El golpe de Estado fue ilegal desde todos los puntos de vista y burló el orden constitucional, mientras que el compromiso de Occidente fue contrario a la Carta de las Naciones Unidas y al Acta Final de Helsinki. En esta situación, los habitantes de Crimea simplemente aprovecharon para volver a la situación de la que Ucrania se había visto

---

185.Artículo «Referéndum de independencia de Kosovo de 1991», *Wikipedia* (consultado el 27 de noviembre de 2021)

186.Artículo «Referéndum sobre el estatuto de las Islas Malvinas», *Wikipedia* (consultado el 27 de noviembre de 2021)

187.«Crimea invita a observadores de la OSCE a un referéndum sobre la adhesión a Rusia», *Reuters*, 10 de marzo de 2014.

188.«El presidente de la OSCE dice que el referéndum de Crimea en su forma actual es ilegal y pide vías alternativas para abordar la cuestión de Crimea», *osce.org*, 11 de marzo de 2014.

privada durante más de 20 años, aplicando así las disposiciones del artículo VIII del Acta Final de Helsinki.

Cuando Barak Obama dice ante las Naciones Unidas que *«podría ocurrirle a cualquiera de sus países*[189]*»*, sabe de lo que habla: a finales del siglo XIX, Estados Unidos se anexionó ilegalmente Hawai. Este hecho sigue siendo la manzana de la discordia entre las poblaciones indígenas y Washington. Algunos incluso cuestionan la noción de «anexión», prefiriendo decir que Hawai es un reino bajo ocupación militar estadounidense[190]. Con la irónica consecuencia de que si se hubiera respetado el derecho internacional, Barak Obama (nativo hawaiano) -técnicamente hablando- probablemente no habría tenido derecho a presentarse a las elecciones presidenciales[191]!... ¡Dándole la razón a Donald Trump (pero por las razones equivocadas)[192]! Sin embargo, mientras que en Crimea fue a petición de la población crimea por lo que Rusia accedió a anexionarse la península, en Hawái los estadounidenses se apoderaron de las islas por la fuerza antes de decidir unilateralmente anexionarlas a territorio estadounidense.

¡Haz lo que digo, no lo que hago!

189.Programa «C dans l'air», 17 de octubre de 2021, («Poutine, maître du jeu #cdanslair 17.10.2021», *France 5/YouTube*, 18 de octubre de 2021) (57'58")
190.Keanu Sai Ph.D., «The Illegal Overthrow of the Hawaiian Kingdom Government», *NEA Today*, 2 de abril de 2018; Keanu Sai (Ph.D.), «The U.S. Occupation of the Hawaiian Kingdom», *NEA Today*, 1 de octubre de 2018; https://en.wikipedia.org/wiki/Legal_status_of_Hawaii
191.NdA : Antes de su elección, Obama fue objeto de una campaña de desprestigio basada en su lugar de nacimiento: algunos espíritus malignos afirmaban que había nacido en Kenia, pero nadie sostenía que hubiera nacido en Hawai. Trump siguió afirmando que no era estadounidense...
192.NdA: Donald Trump afirmó que Obama nació en Kenia.

2.7.6. La crisis en Donbass

Al igual que en Crimea, la derogación de la ley Kivalov-Kolesnichenko sobre las lenguas oficiales el 23 de febrero de 2014 está teniendo un efecto bomba en todo el sur del país. De Odessa a Járkov, los rusoparlantes se echan a la calle, porque la decisión no solo es ilegítima, sino ilegal: las nuevas autoridades no fueron elegidas y la decisión viola el tratado de 1997 entre Rusia y Ucrania.

La represión de estas manifestaciones fue brutal y sangrienta, pero Occidente se mantuvo muy discreto sobre estos abusos. Intentaron demostrar que el cambio de régimen era democrático y contaba con un amplio apoyo de la población ucraniana.

Para legitimar el golpe de Estado dirigido por ultranacionalistas y neonazis en Ucrania occidental, la narrativa occidental tiene que adaptarse: la represión de estas revueltas apenas aparece en nuestros medios de comunicación, y esta oposición se reduce a la influencia rusa en el Donbass y a una imaginaria «invasión» rusa, explicada por las «ambiciones» de Vladimir Putin.

En 2014, yo estaba entonces en la OTAN y me di cuenta de que los despachos que recibíamos procedían de Polonia y no «cuadraban» con la información de la OSCE. En aquel momento era evidente que intentaban exagerar los acontecimientos y darles una dimensión internacional. Pero incluso dentro de la OTAN, yo «sólo» soy suizo, así que técnicamente soy un «socio» y no un «aliado»: mis advertencias se desestiman educadamente en favor de una línea más dura.

En una resolución adoptada en septiembre de 2014, el Parlamento Europeo hablaba de *«intervención militar directa»*, de violaciones del alto el fuego *«principalmente por parte de tropas regulares rusas»* y afirmaba que Rusia había *«aumentado su presencia militar en territorio ucraniano*»[193]. Esto es obviamente falso: las alegaciones proceden de los servicios de inteligencia polacos, pero nunca han sido confirmadas por los observadores de la OSCE. Como suele ocurrir, el Parlamento Europeo acusa y luego sanciona sin ningún hecho que respalde sus acusaciones. Demasiado para el Estado de Derecho.

En junio de 2015, en una entrevista concedida al *Corriere della Sera*, Petro Poroshenko afirmó que Rusia había desplegado 200.000 soldados en Ucrania[194]. Después, en septiembre, ante la Asamblea General de las Naciones Unidas en Nueva York, afirmó que

> *nos vemos obligados a luchar contra las tropas entrenadas y armadas de la Federación Rusa. En los territorios ocupados se concentran armas pesadas y equipos militares en cantidades con las que los ejércitos de la mayoría de los Estados miembros de la ONU sólo podrían soñar.*[195]

El 19 de noviembre de 2016, en la Asamblea Parlamentaria de la OTAN en Estambul, se hizo referencia a la presencia de 75 unidades militares rusas en Ucrania[196]. En realidad, se limitaron a retransmitir las acusaciones del presidente Petro Poroshenko.

---

193. *Resolución del Parlamento Europeo, de 18 de septiembre de 2014, sobre la situación en Ucrania y el estado de las relaciones UE-Rusia (2014/2841(RSP)*, Estrasburgo, 18 de septiembre de 2014.
194. Giuseppe Sarcina, «Ukraine's Poroshenko: "Putin the Pact-Breaker"», *Corriere della Sera*, 30 de junio de 2015.
195. Programa «C dans l'air du 02-10-2015: Syrie: Poutine Attaque», *YouTube/France 5*, 10 de noviembre de 2015 (46'10")
196. «Las 75 unidades militares rusas en guerra en Ucrania», *Euromaidan Press*, 23 de noviembre de 2019.

El resultado es un discurso oficial -servido ciegamente por «expertos» de todo pelaje- según el cual la situación en Crimea y el conflicto en Donbass son consecuencia de la política rusa.

En realidad, no observamos nada en absoluto.

El 29 de enero de 2015, el general Viktor Moujenko, jefe del Estado Mayor ucraniano, admitió que no había tropas rusas en suelo ucraniano y que solo se habían observado combatientes rusos individuales[197]. Su afirmación fue confirmada en octubre de 2015 por el general Vasyl Hrytsak, jefe del *Servicio de Seguridad* (SBU), quien declaró que, desde el inicio de los combates en el este de Ucrania, solo se habían observado 56 militares rusos[198]. De hecho, las tropas ucranianas han capturado a jóvenes rusos (con uniformes de la guerra de Afganistán) que han venido a unirse a los insurgentes del Donbass en una muestra de solidaridad durante su permiso. Un fenómeno similar se observó durante la guerra de los Balcanes, cuando jóvenes suizos iban a Bosnia los fines de semana para «hacer el tiro» ¡con sus armas recetadas! Es exactamente lo mismo que ocurre con los soldados ucranianos de la Legión Extranjera (francesa), que intentan llegar a su país para luchar en marzo de 2022[199].

197.«No hay tropas rusas en Ucrania, dice un general de Kiev», *YouTube*, 1 de febrero de 2015.

198.«SBU says 56 Russians in military actions against Ukraine since conflict began», Interfax-Ukraine/Kiyv Post, 10 de octubre de 2015 (https://www. kyivpost.com/article/content/war-against-ukraine/sbu-registers-involve-ment-of-56-russian-in-military-actions-against-ukraine-since-military-con-flict-in-eastern-ukraien-unfolded-399718.html); «Only 56 Russians Fought in Ukraine- says Ukraine's State Security (SBU)», *YouTube*, 7 de febrero de 2016.

199.«Certains militaires de la Légion étrangère autorisés à partir dans les pays limitrophes de l'Ukraine», *Le Figaro*, 2 de marzo de 2022.

Además, en *el Monitor de Seguridad y Derechos Humanos*, Alexander Hug, Jefe Adjunto de la Misión de Observación de la OSCE, afirma que:

> *será muy difícil verificar a quién pertenece el tanque porque tanto Rusia como Ucrania utilizan en gran medida el mismo material. A menudo, el material militar que utilizan los rebeldes es el que antes utilizaba el ejército ucraniano porque los rebeldes se lo han confiscado [al ejército ucraniano]. Por lo tanto, nos encontramos en una posición difícil para verificar realmente quién es el propietario o el operador del material.*[200]

En 2018, admitió a la revista *Foreign Policy* que la OSCE no había realizado ninguna observación que confirmara la presencia de tropas rusas en Ucrania[201]. Además, los satélites de observación estadounidenses, de los que se dice que pueden leer los números de registro desde el espacio, siguen siendo muy discretos...

La acusación de que Rusia está interviniendo en Ucrania se basa en que los rebeldes están armados en la misma medida que las tropas ucranianas. En 2014, cuando era responsable de la lucha contra la proliferación de armas ligeras en la OTAN, supervisé la aparición de nuevas armas entre los rebeldes para determinar si Rusia las estaba suministrando. De hecho, descubrimos que la aparición de armamento pesado entre los

---

200. Stephanie Liechtenstein, «Entrevista con Alexander Hug: la Misión Especial de Observación es los ojos y los oídos de la comunidad internacional en Ucrania», *Security and Human Rights Monitor*, 8 de septiembre de 2014 (https://www.shrmonitor.org/interview-alexander-hug-special-monitoring-mission-eyes-ears-international-community-ukraine/).
201. Amy Mackinnon, «Counting the Dead in Europe's Forgotten War», *Foreign Policy*, 25 de octubre de 2018.

rebeldes podía asociarse sistemáticamente a la desaparición de una unidad del ejército ucraniano: soldados rusoparlantes -y a veces unidades enteras- se pasaban de repente al bando rebelde.

Los «expertos» se esfuerzan por encontrar fotos de armas que nunca se utilizaron en el *ejército* ucraniano, para demostrar la implicación de Rusia. Pero no mencionan que las armas en cuestión fueron suministradas de hecho al *Servicio de Seguridad de Ucrania* (SBU), ¡cuyos agentes también se pusieron del lado de los rebeldes!

Así que no hay nada que sugiera que Rusia esté implicada en el conflicto del Donbass en este momento. Es más, si así fuera, sin duda habríamos tenido imágenes por satélite de esas tropas. Pero nada...

A finales de 2021, a los estadounidenses no les faltaban imágenes de satélite que mostraban tropas rusas cerca de la frontera ucraniana. Sin embargo, no publicaron ninguna imagen por satélite de los contingentes rusos desplegados en el Donbass entre 2014 y 2022, ¡ni siquiera de los convoyes logísticos destinados a apoyar a esos contingentes!

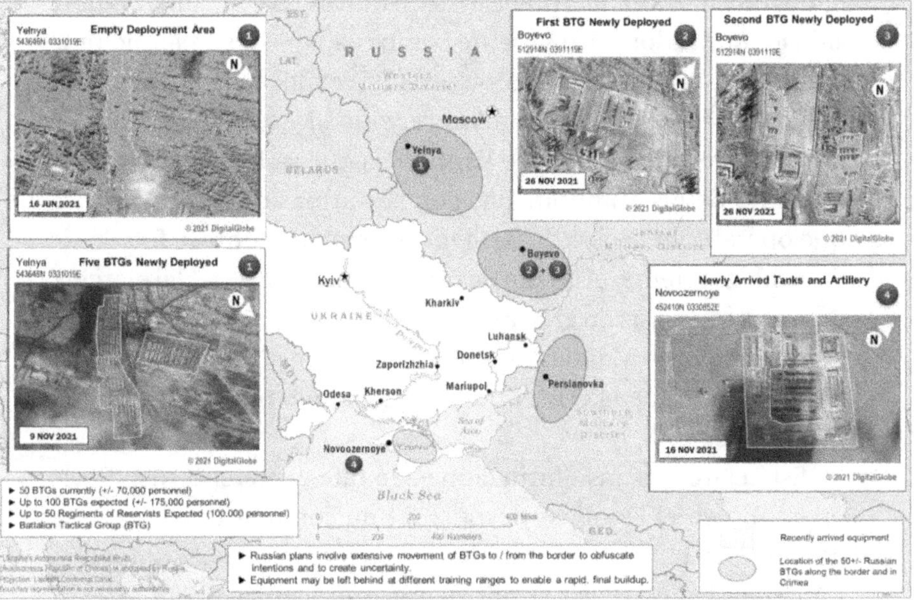

Figura 7 - Mapa de la inteligencia estadounidense de las fuerzas rusas desplegadas en torno a Ucrania en diciembre de 2021. No hay tropas rusas en el Donbass. Los políticos occidentales -en particular Estados Unidos, Francia y Gran Bretaña- han mentido sistemáticamente al respecto para justificar la falta de avances en la aplicación de los Acuerdos de Minsk. Francia no ha desempeñado su papel de garante de los Acuerdos y ha hecho la vista gorda ante los ataques ucranianos contra civiles en el Donbass. Esto es lo que impulsará a los rusos a pasar a la ofensiva el 24 de febrero de 2022. [Fuente: Washington Post]

La única imagen de satélite producida por la OTAN que supuestamente demostraba la presencia del ejército ruso en Ucrania era una foto de 4 (!) obuses blindados «rusos»[202]. No sólo

202.«La OTAN publica imágenes por satélite que muestran tropas de combate rusas dentro de Ucrania», 28 de agosto de 2014, (http://www.nato.int/cps/en/natohq/photos_112202.htm)

no se trata de imágenes militares (que podrían haber proporcionado información más precisa), sino que estos vehículos no han sido identificados formalmente como rusos. Sólo se asumió que eran rusos, porque la OTAN no veía otra explicación posible. En realidad, se trataba del batallón rebelde «KALMIUS», formado por militares ucranianos de habla rusa que se habían «pasado» al bando de los autonomistas con sus armas de origen ruso, y que operaba en agosto de 2014 en la zona que cubre la foto[203].

Evidentemente, el hecho de que unidades enteras del ejército ucraniano se pasaran al bando rebelde contradice la idea de que la revolución de Maïdan es popular... Además, desde agosto de 2014, ¡parece que la OTAN no ha encontrado ninguna otra foto que publicar!

Está claro que las afirmaciones de que el ejército ruso lleva operando en el Donbass desde 2014 no son más que rumores, basados en palabrería. Pero fueron suficientes para imponer sanciones contra Rusia, confirmando que el único objetivo de la intervención occidental en los asuntos internos de Ucrania era desestabilizar a Rusia.

2.8. Los Acuerdos de Minsk

Las primeras conversaciones que desembocaron en los Acuerdos de Minsk se celebraron en Ginebra en abril de 2014 entre John Kerry, Catherine Ashton, Sergei Lavrov y Andriy Deshchytsia, ministros de Asuntos Exteriores de Estados Unidos, la Unión Europea, Rusia y Ucrania. En aquel momento, se habló claramente de resolver el conflicto interno de Ucrania[204], en

---

203. Fuente confidencial
204. «Foreign Minister Sergey Lavrov ‹s statement following his talks with German Foreign Minister Frank-Walter Steinmeier», *Misión Permanente de la Fe-*

particular mediante cambios constitucionales inspirados en el federalismo[205].

En mayo de 2014, la represión armada de las manifestaciones llevó a la población de ciertas zonas de las regiones ucranianas de Donetsk y Lugansk a celebrar referendos para aprobar el *Acta de Autodeterminación de la República Popular de Donetsk* (aprobada por el 89%) y el *Acta de Autodeterminación de la República Popular de Lugansk* (aprobada por el 96%). Los medios de comunicación estatales *France 24*[206] y *Radio-Télévision Suisse*[207] se refieren a referendos de «*independencia*», pero es falso: son referendos de «*autodeterminación*» o «*autonomía*» (*самостоятельность*). A partir de entonces, quienes pretendan echar leña al fuego seguirán hablando de «*separatistas*» y «*repúblicas separatistas*». Se trata de desinformación destinada a confundir a la opinión pública.

Tras estos referendos, las dos repúblicas escribieron a Vladimir Putin para pedir su «*integración*» en Rusia[208]. Pero Putin no accedió a sus peticiones.

Tras su derrota en Ilovaisk en agosto de 2014, el gobierno ucraniano tuvo que inventar la excusa de la intervención rusa para justificar la propaganda occidental y enmascarar el carácter antidemocrático del cambio de régimen. Esta derrota obligó a los ucranianos a aceptar los primeros Acuerdos de Minsk I (septiembre de 2014). Acuerdos que Kiev rompió

---

deración Rusa ante la Unión Europea, 18 de abril de 2014.

205.«Transcript: Kerry and Ashton on April 17 Geneva deal on Ukraine», *The Washington Post*, 17 de abril de 2014.

206.«El este de Ucrania se prepara para votar sobre su «independencia»», *France 24*, 10 de mayo de 2014.

207.https://pages.rts.ch/la-1ere/programmes/le-journal-du-matin/5822909-le-journal-du-matin-du-12-05-2014.html

208.https://iz.ru/news/570657

inmediatamente después de firmarlos, para lanzar una ofensiva a gran escala denominada «*Operación Antiterrorista*» (ATO) contra las fuerzas rebeldes. La ATO echó por tierra por completo los acuerdos de Minsk I. Apoyado y asesorado por oficiales de la OTAN, el ejército ucraniano sufrió otra aplastante derrota en Debaltsevo en febrero de 2015. Esto llevó a Ucrania a firmar los Acuerdos de Minsk II (febrero de 2015). Minsk II es la continuación de la Declaración de Ginebra de abril de 2014 y confirma el carácter *interno* del conflicto en el Donbass.

Pero el gobierno ucraniano se niega sistemáticamente a aplicar el acuerdo, a pesar de que fue objeto de una resolución del Consejo de Seguridad de las Naciones Unidas. Alega que la aplicación de estos acuerdos amenazaría la propia existencia de Ucrania.

Esta narrativa cuenta con el apoyo de comentaristas que tratan de atizar el odio describiendo a los rebeldes como «separatistas» o «independentistas» que buscan desafiar la integridad de Ucrania. Son unos mentirosos porque, en este momento, la población rusoparlante de Donbass no busca ni la separación de Ucrania ni la independencia. Lo único que quieren es una forma de *autonomía* que les permita utilizar su propia lengua y sus particularidades. No es casualidad que los primeros debates sobre un acuerdo para Donbass tuvieran lugar bajo los auspicios de la OSCE, presidida entonces por Suiza. Los diplomáticos suizos sugirieron una solución basada en el modelo suizo.

Como establecen los Acuerdos de Minsk, las repúblicas ucranianas de Donetsk y Luhansk se definen como «*partes del territorio de Ucrania*», y no se trata de «*separarlas*». Por ello, la aplicación de estos acuerdos se basa exclusivamente en negociaciones entre el gobierno de Kiev y «*representantes de determinadas zonas de las regiones de Donetsk y Luhansk*» (artículos 9, 11 y

12). También hay que señalar que en el texto de los acuerdos, el nombre «Luhansk» está en ucraniano y no en ruso (Lougansk), lo que significa claramente que se trata de territorio ucraniano y no ruso y que no se trata de separarlos de Ucrania.

Los acuerdos estipulan que su aplicación es competencia de Kiev, lo cual es lógico ya que se trata de una cuestión vinculada a su estructura interna y que entra dentro de su soberanía. Naturalmente, este importante cambio en la estructura del Estado ucraniano requiere una modificación de la Constitución, que necesariamente debe ser iniciada por Kiev. Sin embargo, las autoridades ucranianas nunca han iniciado este proceso de reforma. Sencillamente, nunca han empezado a establecer el marco jurídico para la aplicación de los acuerdos.

En Europa, donde el apoyo a los ultranacionalistas ucranianos y a la extrema derecha es muy fuerte, prevalece la idea de que los Acuerdos de Minsk fueron firmados entre Rusia y Ucrania. Se trata de una mentira, repetida regularmente por ciertos «*expertos piromaníacos del cuerpo de bomberos*»[209].

Pero más allá de la ignorancia de los «expertos», esto es en gran parte lo que explica la ineficacia de la acción diplomática europea para resolver la crisis. El 12 de octubre de 2021, en la cumbre UE-Ucrania, Ursula von der Leyen declaró:

> *Apoyamos plenamente la posición del gobierno del Presidente Zelensky. Y pedimos a Rusia que asuma sus responsabilidades como parte en el conflicto.*[210]

209.Pascal Boniface, en «Russie/États-Unis : l'Europe n'est pas à la table des négociations, elle est au menu», *YouTube*, 10 de enero de 2022 (https://youtu. be/IJyjEcuR0v4?t=203)

210.*Declaración de la Presidenta von der Leyen en la rueda de prensa conjunta con el Presidente Michel y el Presidente Zelensky tras la Cumbre UE-Ucrania,*

Tiene fama de no conocer muy bien sus archivos, así que nada realmente sorprendente. Pero no es la única, porque en *France 5*, François Hollande dice que negoció los Acuerdos de Minsk creyendo que había tropas rusas en el Donbass, aunque entonces se sabía perfectamente que no era así[211].

En realidad, el acuerdo afecta al gobierno ucraniano y a las fuerzas rebeldes de Donbass. Por un lado, Francia y Alemania fueron los garantes del acuerdo por parte ucraniana, mientras que, por otro, Rusia lo fue con los autonomistas rusoparlantes. Rusia sólo desempeñó un papel de facilitador, ya que el gobierno ucraniano se negó a hablar con los representantes de las entidades autonomistas.

El problema es que, al negarse la parte ucraniana a negociar con los representantes de los autonomistas, el embajador ruso tuvo que firmar como garante de los compromisos adquiridos por los representantes de las dos repúblicas autoproclamadas.

El siguiente problema, que conducirá a la ofensiva rusa en 2022, es que los dos garantes occidentales no han cumplido su palabra. En lugar de animar a Kiev a aplicar los acuerdos, han preferido ponerse de su lado en un intento de sustituir los Acuerdos de Minsk por negociaciones bilaterales entre Moscú y Kiev.

Incapaces de cumplir su palabra y su firma, los dirigentes europeos esconden la cabeza bajo el ala. Porque hace tiempo que sabemos que son los ucranianos quienes se niegan a aplicar los acuerdos, como señala el *Washington Post*[212]:

Comisión Europea, 12 de octubre de 2021 (https://ec.europa.eu/commission/presscorner/detail/fr/statement_21_5222)

211. Programa «C dans l'air», 17 de octubre de 2021 («Poutine, maître du jeu #cdanslair 17.10.2021», *France 5/YouTube*, 18 de octubre de 2021) (1h02'43")

212. John Hudson & David L. Stern, «Facing maximum pressure from Russia,

Un obstáculo clave, según diplomáticos conocedores de las conversaciones, era la oposición de Kiev a negociar con los separatistas prorrusos, con los que mantienen un conflicto mortífero pero de baja intensidad desde hace ocho años.

Así lo confirmó Angela Merkel en junio de 2022, quien confesó que la firma de estos acuerdos era simplemente una forma de que Ucrania ganara tiempo *«para convertirse en lo que es hoy»*[213]. Ucrania nunca tuvo la intención de aplicar los Acuerdos de Minsk, y los franceses y los alemanes nunca tuvieron la intención de animarla a hacerlo.

La duplicidad mostrada por los Gobiernos francés y alemán ha llevado a la confusión, como en el discurso de Ursula von der Leyen en la cumbre UE-Ucrania del 12 de octubre de 2021[214]:

Apoyamos plenamente la posición del gobierno del Presidente Zelensky. Y pedimos a Rusia que asuma sus responsabilidades como parte en el conflicto.

Como de costumbre, Ursula von der Leyen sabe poco del asunto, lo que conviene al Gobierno francés que, desde François Hollande y Laurent Fabius, no ha entendido nada de la situación.

Esto quedó meridianamente claro en junio de 2022, con la publicación de la conversación telefónica entre Emmanuel

---

Zelensky refuses to blink at the negotiating table», *The Washington Post*, 11 de febrero de 2022.

213.Alistair Walsh & Rina Goldenberg, «Angela Merkel opens up on Ukraine, Putin and her legacy», *DW News*, 7 de junio de 2022 (https://p.dw.com/p/4C-MeH)

214.*Declaración de la Presidenta von der Leyen en la rueda de prensa conjunta con el Presidente Michel y el Presidente Zelensky tras la Cumbre UE-Ucrania*, Comisión Europea, 12 de octubre de 2021.

Macron y Vladimir Putin del 20 de febrero de 2022[215]. En ella se demuestra que cuando Emmanuel Macron dijo «*Nos importan un bledo las propuestas de los separatistas*», ¡no conocía el contenido de los Acuerdos de Minsk a los que se hizo referencia durante la conversación y de los que se suponía que era garante! El objetivo mismo de los acuerdos era obligar a Kiev a dialogar con las repúblicas autonomistas. Eran precisamente sus propuestas las que Zelensky debía escuchar, pero a las que se negó.

El 17 de octubre de 2021, ante las declaraciones engañosas del cuerpo diplomático francés, Sergei Lavrov, ministro ruso de Asuntos Exteriores, decidió publicar la correspondencia diplomática sobre las conversaciones en curso. Este procedimiento, poco habitual en la práctica diplomática, tuvo el mérito de poner de relieve la falta de sinceridad de Occidente. Revela que Francia y Alemania se niegan a hablar de «*conflicto interno en Ucrania*» y rechazan la idea de «*establecer un diálogo directo entre Kiev, Donetsk y Lugansk*».

Desde 2014, el Gobierno ucraniano ha interrumpido toda ayuda económica, financiación (para reconstruir ciudades e infraestructuras, restablecer servicios, etc.) y pago de prestaciones sociales (pensiones, subsidios, etc.), y ha prohibido toda actividad bancaria en las zonas autónomas.

Por eso, los Acuerdos de Minsk estipulan que Kiev debe restablecer estos servicios (artículo 8) con la ayuda de París y

---

215.«"¡Nos importan un bledo las propuestas de los separatistas!»" quand Emmanuel Macron téléphonait à Vladimir Poutine pour éviter la guerre en Ukraine», *franceinfo / AFP*, 25 de junio de 2022 (https://www.francetvinfo.fr/monde/europe/manifestations-en-ukraine/on-s-en-fout-des-propositions-des-separatistes-quand-emmanuel-macron-telephonait-a-vladimir-poutine-pour-eviter-la-guerre-en-ukraine_5220382.html)

Berlín. Pero como Kiev se niega a hablar con los representantes del Donbass y ni Francia ni Alemania han puesto de su parte para animar a Ucrania a cumplir sus obligaciones, no se ha hecho nada. La naturaleza aborrece el vacío, así que el gobierno ruso tomó medidas para ayudar a la población de Donbass. El 15 de diciembre de 2014 creó la «*Comisión interministerial para la prestación de ayuda humanitaria a las zonas afectadas en el sureste de las regiones de Donetsk y Lugansk*». Así que, poco a poco, son las empresas y los bancos rusos los que ahora prestan los servicios que Kiev ya no proporciona.

Además, los pensionistas y los necesitados, que no tienen ninguna fuente de ingresos, ya no reciben ayudas ni pensiones del Gobierno ucraniano. Por ello, el 24 de abril de 2019, Vladímir Putin firmó un decreto que autoriza la expedición de pasaportes rusos a los residentes de Donbass, lo que les da derecho a recibir prestaciones sociales de Rusia.

Mientras Ucrania seguía comprando carbón para calefacción a las repúblicas de Donbass en 2015-2016, el Gobierno ucraniano cerró las fronteras y el comercio en 2017[216], obligando a la población de Donbass a comerciar bienes con Rusia. Esto llevó a Vladímir Putin, el 15 de noviembre de 2021, a promulgar un decreto por el que se suprimían temporalmente (hasta que se resolviera el conflicto entre las «*zonas de las regiones ucranianas de Donetsk y Lugansk sobre la base de los Acuerdos de Minsk*») los derechos de aduana sobre determinados productos con las zonas autonomistas[217]. En cuanto al ex presidente Poroshenko,

---

216. «Donbas coal blockade: 5 things you need to know», *Ukraine Crisis Media Center*, 21 de febrero de 2017; Oleg Varfolomeyev, «Coal Smuggled From Ukraine's Occupied Donbas Ends up in Poland», *The Jamestown Foundation, Eurasia Daily Monitor*, volumen 14, n.º 128, 12 de octubre de 2017.
217. Decreto del Presidente de la Federación Rusa de 15/11/2021 No. 657 «So-

que había autorizado este comercio con las repúblicas autonomistas para permitir a la población mantenerse caliente,
fue destituido por *«traición»* a petición del presidente Zelensky
a principios de 2022[218]. Demasiado para la democracia que
Vladimir Putin teme.

El gobierno ucraniano ha hecho con su propia población exactamente lo que la Unión Europea está haciendo con Bielorrusia
o Rusia: la ha empujado a los brazos de su enemigo. Un niño
podría ver que esta estrategia es estéril, pero la mantienen en
gran medida Francia y Alemania, que se niegan a animar a
Ucrania a aplicar los Acuerdos de Minsk, como demuestra la
entrevista de François Hollande. Como bien dice Caroline Roux,
el objetivo es *«contrarrestar a Vladimir Putin»*[219], no encontrar
una solución al conflicto.

Para el Gobierno ucraniano, la cuestión no es la mejora de
la situación en Donbass, ni el bienestar de su población, sino la
entrada del país en la OTAN. Por eso invoca una situación terrorista, se niega a hablar con los representantes de las repúblicas
autónomas de Donetsk y Luhansk y mantiene la ficción de la
agresión externa de Rusia.

Por todas estas razones, Estados Unidos empieza a ver a
Ucrania como un socio cada vez más problemático, que podría
crear una gran crisis en Europa y sellar definitivamente la alianza
entre Rusia y China, su principal rival. Quizá no sea casualidad

---

bre la prestación de apoyo humanitario a la población de determinadas zonas de las regiones de Donetsk y Lugansk de Ucrania» (http://ips.pravo.gov.
ru:8080/default.aspx?pn=0001202111150030)

218.Andrew E. Kramer, «Court in Ukraine Declines Request to Arrest Former
President», *The New York Times*, 19 de enero de 2022.

219.Caroline Roux en el programa «C dans l'air» el 17 de octubre de 2021 («Poutine, maître du jeu #cdanslair 17.10.2021», *France 5/YouTube*, 18 de octubre de
2021) (1h00'33")

que Ucrania sea el principal país en el punto de mira de los *Pandora Papers*, cuya información se sospecha que procede de los servicios de inteligencia estadounidenses. Pero también en este caso, la propaganda occidental prefiere centrarse en Rusia. Es el caso de *Le Soir*, en Bélgica, que nos ofrece un artículo caricaturesco[220]. No quiere destacar el hecho de que apoya a un Estado que no respeta los derechos humanos ni el Estado de derecho...

Por otra parte, Occidente no ve con buenos ojos una revolución maïdan que sería rechazada por una gran parte de la población, y no acepta la derrota de las fuerzas ucranianas, asesoradas en aquel momento por soldados de la OTAN. Culpar a la intervención militar rusa de la situación es una solución cómoda. Para Ucrania, esta amenaza exterior es una forma de justificar su pertenencia a la OTAN. Por eso, desde 2014, la estrategia occidental consiste en considerar a Rusia como una de las partes en el conflicto de Donbass. Estamos, pues, en un diálogo de sordos, lo que explica por qué las negociaciones de los Acuerdos de Minsk fueron tan largas y laboriosas.

El elemento central que impide la aplicación de los Acuerdos de Minsk es la creencia -muy extendida en Francia- de que *«ponen fin a una guerra que había comenzado entre Rusia y Ucrania»*, como afirma Pascal Boniface en su canal de *YouTube*[221] y en *France 5*[222]. Se trata de una desinformación basada en la alegación -nunca verificada y nunca explicada- de que Rusia había atacado Ucrania. Durante toda la crisis ucraniana de 2021-2022, vimos

---

220.«Rusia, República Checa, Chile... las múltiples reacciones a los Pandora Papers», *lesoir.be*, 4 de octubre de 2021.
221.«Rusia/Estados Unidos: Europa no está en la mesa de negociaciones, está en el menú», *Pascal Boniface/YouTube*, 10 de enero de 2022.
222.Pascal Boniface en el programa «C dans l'air» del 25 de enero («Ukraine: la surenchère russe... ou américaine? #cdanslair 25.01.2022», *France 5/YouTube*, 26 de enero de 2022 (1h02'08")

equipos militares estacionados en territorio ruso, pero ninguna imagen de tropas rusas en el Donbass durante años. Basta con leer el texto de los acuerdos para ver que no se menciona a Rusia.

Como bien señala Pascal Boniface, Francia y Alemania desempeñaron un papel destacado en la creación de los Acuerdos de Minsk, pero ahora están marginados[223] porque pusieron mucha mala fe en ayudar a Ucrania a aplicarlos. No es de extrañar, por tanto, que Vladimir Putin considere que pierde el tiempo con socios que no cumplen su papel, y que prefiera «hablar con Dios antes que con sus santos». Así pues, si Putin se dirige directamente al Presidente estadounidense, no es porque odie a Europa (como afirma Marion Van Renterghem, columnista de *L'Express,*[224]), sino sencillamente porque los europeos no están desempeñando el papel que pretenden.

Hace que uno se pregunte si los diplomáticos franceses han leído los Acuerdos de Minsk. Al parecer, fue después de su conversación telefónica con Vladimir Putin, el 27 de enero de 2022, cuando Emmanuel Macron se dio cuenta de su error y empezó a trabajar en una posición común con Alemania, ¡algo que debería haberse hecho hace 7 años! Entre finales de 2021 y principios de 2022, no se hizo ningún esfuerzo en el frente diplomático más allá de visitas que tenían más que ver con posturas que con negociaciones.

Para disimular su debilidad, Ucrania y Francia pretenden sustituir los Acuerdos de Minsk por el «formato de Normandía»,

---

223. Pascal Boniface en el programa «C dans l'air» del 25 de enero («Ukraine: la surenchère russe... ou américaine? #cdanslair 25.01.2022», *France 5/YouTube*, 26 de enero de 2022 (38'45")

224. Marion Van Renterghem en el programa «C dans l'air» del 19 de enero de 2022 («Ucrania: ¿se puede evitar la guerra? #cdanslair 19.01.2022», *France 5/ YouTube*, 20 de enero de 2022 (9'35")

que consiste en una reunión de los jefes de Estado alemán, francés, ruso y ucraniano. Pero estamos hablando de dos cosas distintas. El «formato Normandía» apareció por casualidad en 2014, con motivo de las ceremonias conmemorativas del desembarco del Día D en junio de 1944, y se concibió como un instrumento para supervisar los acuerdos, no para rehacer las normas que Ucrania no ha respetado. Así que se trata de dos cosas distintas: los Acuerdos de Minsk son una forma de resolver el conflicto, mientras que el «formato Normandía» es sólo un medio para hacer cumplir dichos acuerdos.

El 8 de febrero de 2022, el presidente Macron realizó una visita oficial a Kiev. Según el diputado ucraniano Murayev, esperaba que Zelensky garantizara que la situación en Donbass no se resolvería por la fuerza. Pero, en contra de todas las expectativas, Zelensky no dará tal garantía. Y con razón: actualmente está preparando una ofensiva contra las repúblicas autonomistas.

El objetivo de los Acuerdos de Minsk era poner fin al conflicto en el Donbass mediante la concesión de un estatuto autónomo a las repúblicas autoproclamadas, con el fin de garantizar sus especificidades culturales. En 2022, para justificar el hecho de que Ucrania ni siquiera hubiera iniciado un proceso de aplicación, se explicó que Ucrania había sido «obligada» a firmarlos, que se trataba de un «*diktat*» de Moscú, que el objetivo de estos acuerdos era poner en peligro la estructura del Estado ucraniano, o que su aplicación tenía que ser iniciada por Moscú. Esto es sencillamente falso.

Incluso hoy, la retórica oficial francesa y europea sigue considerando a Rusia un actor en el conflicto. Fue la obsesión por ver a Rusia directamente implicada lo que llevó a Francia y Alemania a querer negociar los Acuerdos de Minsk con Vladimir Putin.

Incluso François Hollande participó en la génesis de estos acuerdos, convencido de que las tropas rusas estaban en Donbass[225]. Es evidente que no entendía nada de la naturaleza de estos acuerdos. Ni Minsk I (5 y 19 de septiembre de 2014) ni Minsk II (12 de febrero de 2015) implican a Rusia. Minsk I es un acuerdo de principio -aceptado por *«representantes de determinadas zonas de las regiones de Donetsk y Luhansk»*- y Minsk II retoma los elementos de Minsk I y añade determinadas condiciones de aplicación, recogidas en una resolución de las Naciones Unidas (17 de febrero de 2015).

Es más, en *France 5,* utilizó el término «separatistas»[226], término muy utilizado por la propaganda ucraniana, los neonazis y la extrema derecha militante, alternándolo con *«independentistas»*[227]. Esto no es cierto, y Hollande debería saberlo mejor, ya que fue uno de los negociadores de los Acuerdos de Minsk.

Como dice *National Review*:

Aunque el presidente ucraniano Volodymyr Zelensky había apostado por encontrar una solución al conflicto con Rusia, no consiguió que Ucrania aplicara Minsk II. Tuvo que enfrentarse a las fieras objeciones de las milicias nacionalistas ucranianas de extrema derecha, por un lado, y de la política exterior internacional y la prensa, por otro. Resultó que nadie estaba dispuesto a ayudar a Ucrania a poner fin al conflicto

---

225.Programa «C dans l'air», 17 de octubre de 2021 («Poutine, maître du jeu #cdanslair 17.10.2021», *France 5/YouTube,* 18 de octubre de 2021) (1h02'43")
226.François Hollande en el programa «C dans l'air» el 17 de octubre de 2021 («Poutine, maître du jeu #cdanslair 17.10.2021», *France 5/YouTube,* 18 de octubre de 2021)
227.Pascal Boniface en «Explícame... La situación en Ucrania», *YouTube,* 31 de octubre de 2019.

enquistado. O a ayudar a su presidente a vencer la resistencia de los ultranacionalistas a hacerlo.[228].

En otras palabras, los garantes occidentales de Ucrania (Francia y Alemania) y nuestros medios de comunicación obsesionados con Rusia han hecho el trabajo de la extrema derecha ucraniana[229].

---

228. Michael Brendan Dougherty, «Cómo perder a lo grande en Ucrania», *National Review*, 24 de junio de 2022 (https://www.nationalreview.com/2022/06/how-to-lose-big-in-ukraine/)
229. Andrian Prokip, «Implementing the Minsk Agreements Would Pose a Russian Trojan Horse for Ukraine, but There Is a Third Way», *The Wilson Center*, 7 de diciembre de 2021 (https://www.wilsoncenter.org/blog-post/implementing-minsk-agreements-would-pose-russian-trojan-horse-ukraine-there-third-way)

3. Las fuerzas que actúan

3.1. Las fuerzas armadas ucranianas

3.1.1. Disturbios en las fuerzas armadas ucranianas

El derrocamiento del poder por los ultranacionalistas en 2014 no contó con el apoyo del pueblo ucraniano en su conjunto. Los revolucionarios procedían de la parte occidental de Ucrania y no representan en absoluto a toda la población. Tras las decisiones del 23 de febrero de 2014 sobre las lenguas oficiales, estallaron rebeliones en todo el sur del país. Entonces se envió al ejército ucraniano para restablecer el orden y la situación se volvió más violenta. El ejército estaba formado en gran parte por rusoparlantes, que se debatían entre su deber como soldados y su lealtad a su comunidad, cuyas reivindicaciones compartían. La represión de las manifestaciones no fue llevada a cabo de buen grado por los soldados, que intentaron escapar al reclutamiento, se suicidaron en el frente o desertaron para unirse a los rebeldes. La tarea de las fuerzas armadas era prácticamente imposible.

Además, el ejército ucraniano, formado por profesionales desde 2013, no dispone de efectivos suficientes para hacer frente a la situación. Está minado por la corrupción de sus oficiales y ya no goza del apoyo de la población. Según un informe del Ministerio del Interior británico[230], cuando los reservistas fueron llamados a filas en marzo-abril de 2014, el 70% *no se* presentó a la primera sesión, el 80% a la segunda, el 90% a la tercera y el 95% a la cuarta.

El 1 de mayo de 2014, el nuevo gobierno ordenó el reclutamiento de jóvenes de entre 18 y 25 años en todo el país, incluidas las regiones del sur[231]. Se han producido innumerables deserciones a las regiones rebeldes. El problema llegó a ser tan grave que el Parlamento ucraniano aprobó una ley que autorizaba a los oficiales a utilizar sus armas contra sus hombres si intentaban desertar[232]. En mayo de 2022, se propuso a la Rada[233] una enmienda a esta ley en la que se pedía la supresión de la frase *«sin causar la muerte»*. La propuesta provocó indignación en las redes sociales y fue retirada[234]. Pero demuestra que las mismas causas producen los mismos efectos: la conducta ucraniana sólo tiene un apoyo popular limitado, y las habladurías occidentales sobre el deseo de los ucranianos de defenderse son ilusiones. Sin embargo, la propuesta no modificaba realmente la legislación vigente. Los comandantes están autorizados a utilizar sus armas *«para detener un delito, si es imposible detenerlo de otra manera»*. En situaciones de combate, según el Código de

---

230. https://www.justice.gov/eoir/page/file/1008261/download
231.«Ucrania promulga el reclutamiento militar obligatorio», *NBC News*, 1 de mayo de 2014 (https://www.nbcnews.com/storyline/ukraine-crisis/ukraine-enacts-compulsory-military-draft-n94906).
232.Damien Sharkov, «Ucrania aprueba una ley que permite a los militares disparar a los desertores», *Newsweek*, 6 de febrero de 2015 (https://www.newsweek.com/ukraine-passes-law-shoot-deserters-304911).
233.https://itd.rada.gov.ua/billInfo/Bills/Card/39562
234.«La Rada retirará el proyecto de ley sobre el asesinato de desertores», *The News 24*, 24 de mayo de 2022 (https://then24com/2022/05/24/the-rada-will-withdraw-the-bill-on-the-murder-of-deserters/)

Disciplina Militar, estos delitos son: desobediencia, resistencia o amenaza a un jefe, violencia y deserción[235].

En octubre-noviembre de 2017, el 70% de los reclutas no se presentó a la campaña de llamada a filas *«Otoño 2017»*[236]. Y eso sin contar los suicidios[237] y las deserciones[238] (a menudo a favor de los autonomistas), que alcanzaron hasta el 30% de los efectivos en la zona de la ATO. Los jóvenes ucranianos se niegan a luchar en el Donbass y prefieren emigrar, contribuyendo así al déficit demográfico del país.

En octubre de 2018, el fiscal militar jefe de Ucrania, Anatoly Matios, declaró que, tras cuatro años de guerra, Ucrania había perdido 2.700 hombres en combate en el Donbass: 891 por enfermedad, 318 en accidentes de tráfico, 177 en otros accidentes, 175 por envenenamiento (alcohol, drogas), 172 por manejo descuidado de armas, 101 por infracciones de las normas de seguridad, 228 por asesinato y 615 por suicidio[239]. En resumen, la situación empeora: el ejército regular está desmoralizado, hay muchos desertores y los jóvenes se niegan a asistir a las sesiones de

235. Anna StechenkoAnna Stechenko & Irina GamaliyIrina Gamaliy, «З Верховної Ради відкликали законопроєкт про розстріл дезертирів», *lb.ua*, 24 de mayo de 2022 (https://lb.ua/pravo/2022/05/24/517817_z_verhovnoi_radi_vidklikali.html).

236. «ВСУ заявили о 70% неявки во время осеннего призыва», *ipress.ua*, 13 de diciembre de 2017 (https://ipress.ua/ru/news/v_vsu_zayavyly_o_70_neyavky_vo_vremya_osennego_pryziva_237367.html).

237. Mikhail Klikushin, «¿Por qué se suicidan tantos soldados ucranianos?», *The Observer*, 30 de junio de 2017 (https://observer.com/2017/06/ukraine-war-soldiers-suicide/).

238. Office français de protection des réfugiés et apatrides (OFPRA), *Fact Finding Mission Report - Ukraine, May 2017*, (https://www.refworld.org/docid/593a581b4.html) [consultado el 24 de mayo de 2022].

239. «Названы небоевые потери ВСУ на Донбассе», *vesti.ua*, 27 de octubre de 2018 (https://vesti.ua/strana/309880-nazvany-neboevye-poteri-vsu-na-donbasse)

reclutamiento. En cuanto al estado mayor, no estaba preparado para la situación, que se deterioró en favor de los insurgentes.

Para hacer frente a esta desastrosa situación, las autoridades ucranianas han adoptado un doble enfoque:

- Pedir ayuda a la OTAN para mejorar las carreras militares y animar a los jóvenes a alistarse. Este es también el contexto en el que me involucré con Ucrania. Se trata de revitalizar el ejército ucraniano haciéndolo más atractivo. Pero se trata de una actividad a largo plazo, que no nos permite responder a la urgencia de la situación.

- Integrar en las fuerzas armadas a las formaciones paramilitares de los partidos de extrema derecha, consideradas más fiables y decididas. Se trata de una solución a corto plazo, adaptada a la urgencia del momento.

3.1.2. El uso de paramilitares

En respuesta a la creciente tensión en todo el sur del país, el gobierno decidió formalizar el uso de las milicias ultranacionalistas y neonazis de extrema derecha que habían hecho de los acontecimientos de Maidan un éxito: eran ideológicamente más robustas, más decididas y más combativas.

Se formaron una serie de unidades de voluntarios financiadas por oligarcas como Igor Kolomoyski (que más tarde promovería la carrera artística y luego política de Volodymyr Zelensky), incluidos los batallones AÏDAR, AZOV, DNIEPR-1, DNIEPR-2 y DONBASS.

El problema es que estas tropas fanáticas corren el riesgo de descontrolarse y cobrar vida propia[240]. Esto es lo que ocurrirá,

---

240. Shaun Walker, «Los combatientes de Azov son la mayor arma de Ucrania y pueden ser su mayor amenaza», *The Guardian*, 10 de septiembre de 2014 (https://www.theguardian.com/world/2014/sep/10azov-far-right-fighters-ukraine-neo-nazis).

y necesitaremos la ayuda de nuestros «expertos» y otros «periodistas» para blanquear la imagen de estas tropas sin escrúpulos.

La ofensiva rusa de febrero de 2022 demostró que la resistencia ucraniana está dirigida esencialmente por milicias ultranacionalistas y neonazis, en particular las unidades AZOV, AÏDAR, KRAKEN y otras.

3.1.3. *El papel de los voluntarios*

En Francia, más que en ningún otro lugar del mundo, la lucha de los voluntarios extranjeros en Ucrania evoca recuerdos de las *Brigadas Internacionales* (BI) durante la Guerra Civil española (1936-1937). En aquella época, las IB atraían a la flor y nata de los intelectuales y periodistas europeos y estadounidenses. Hoy, la situación es muy diferente. Muy a menudo, los voluntarios extranjeros son poco más que «hooligans» en busca de una oportunidad para trasladar a la realidad lo que han «vivido» en sus pantallas de vídeo. No tienen grandes ideales políticos, si es que tienen alguna cultura política. Su motivación es ir a «machacar a los rusos». En cuanto a los intelectuales y periodistas, Frank Kappa y Ernest Hemingway hace tiempo que desaparecieron. Prefieren fustigar a quienes intentan calmar las opiniones y animar a otros a ir a luchar basándose en rumores difundidos por los aliados neonazis de Zelensky, cómodamente sentados frente a sus ordenadores.

El 25 de enero de 2022, en el programa «C dans l'air», Pascal Boniface transmitió a Washington[241] al afirmar que, en caso de ataque a Ucrania, Rusia se enfrentaría a una fuerte resistencia y perdería la guerra[242]. Pero una vez que vamos más allá de las

---

241. Amy Mackinnon y Jack Detsch, «Ukraine Ready to Fight to 'Last Drop'», *Foreign Policy*, 8 de diciembre de 2021.
242. Pascal Boniface en el programa «C dans l'air» el 25 de enero de 2022

conjeturas, la realidad tiene otro aspecto. Entre el 3 y el 11 de diciembre de 2021, el *Instituto Internacional de Sociología de Kiev* (KIIS) realizó una encuesta sobre la disposición de los ucranianos a resistir una invasión rusa. Resultó que sólo el 50,2% de los ucranianos resistiría de alguna manera, y de ellos sólo el 33,3% (o el 16,6% de la población) estaría dispuesto a tomar las armas. La mayoría de ellos tiene entre 50 y 59 años. Paradójicamente, los menos dispuestos a tomar las armas son los jóvenes de 18 a 29 años, que suelen ser el alma de los ejércitos[243]. Esto significa que Ucrania tiene un problema, y que toda la retórica lírica sobre la resistencia ucraniana no es más que una mentira para alimentar la autopersuasión occidental.

Los ucranianos lo han entendido. Al igual que en 2014, la falta de voluntad para luchar contra Rusia está obligando al Gobierno ucraniano a recurrir a voluntarios. Por eso, el 27 de febrero -tres días después del inicio de la ofensiva rusa- Volodymyr Zelensky ordenó la creación de la *Legión Internacional para la Defensa Territorial de Ucrania* e invitó a los voluntarios occidentales a unirse a ella. La decisión fue acogida con entusiasmo por los países europeos[244], que permitieron[245] que sus ciudadanos fueran a luchar a Ucrania, e incluso les animaron a hacerlo[246].

(«Ukraine: la surenchère russe... ou américaine? #cdanslair 25.01.2022», *France 5/YouTube*, 26 de enero de 2022 (56'46")

243. «Resistirán los ucranianos a la intervención rusa: resultados de una encuesta telefónica realizada del 3 al 11 de diciembre de 2021», *kiis.com.ua*, diciembre de 2021.

244. Austin C. Doctor, «Making the Most of Foreign Volunteers in Ukraine», *War on the Rocks*, 7 de marzo de 2022 (https://warontherocks.com/2022/03/making-the-most-of-foreign-volunteers-in-ukraine/)

245. Florent Coury, «Why I'm fighting in Ukraine - a Frenchman explains», *euobserver.com*, 3 de marzo de 2022 (https://euobserver.com/rule-of-law/154473)

246. «Ukraine conflict: Liz Truss backs people from UK who want to fight», *BBC News*, 27 de febrero de 2022 (https://www.bbc.com/news/uk-60544838)

Pronto empezaron a llegar voluntarios de 52 países[247] y pronto alcanzaron los 20.000, según el Ministro de Asuntos Exteriores ucraniano[248].

Los periodistas occidentales -que no se aventuran en las zonas de habla rusa- nos muestran a jóvenes ucranianos decididos a luchar en la región de Lvov o Kiev.

Animados por el retrato que hacen los medios de comunicación de un ejército ruso derrotado, muchos de estos jóvenes parten imaginando que se van -literalmente- de caza. Pero una vez allí, se desilusionan. Numerosos testimonios confirman los de dos médicos británicos que fueron a Ucrania como voluntarios[249]. Todos ellos demuestran que estos «aficionados» a menudo acaban siendo *«carne de cañón»* sin tener ningún impacto real en el resultado del conflicto[250]. La experiencia de los últimos conflictos demuestra que la incorporación de combatientes extranjeros sólo aumenta la brutalidad y la letalidad del conflicto[251].

247.Lisa Abend, «Meet the Foreign Volunteers Risking Their Lives to Defend Ukraine-and Europe», *Time Magazine*, 7 de marzo de 2022 (https://time.com/6155670/foreign-fighters-ukraine-europe/)
248.Jackie Salo, «20.000 foreign volunteers have signed up to fight in Ukraine», *New York Post*, 6 de marzo de 2022 (https://nypost.com/2022/03/06/20k-foreign-volunteers-signed-up-to-fight-in-ukraine-officials/)
249.Jack Hardy & Nataliya Vasilyeva, «They wanted us for cannon fodder, say British medical volunteers 'tricked' into fighting for Ukraine», *The Telegraph*, 16 de marzo de 2022 (https://www.telegraph.co.uk/world-news/2022/03/17/wanted-us-cannon-fodder-say-british-medical-volunteers-tricked/)
250.Mohammad Al-Kassim, «Impact of foreign fighters on war in Ukraine will be minimal, experts say», *The Jerusalem Post*, 16 de marzo de 2022 (https://www.jpost.com/middle-east/article-701412)
251.Naureen C. Fink & Colin P. Clarke, «Foreign Fighters Are Heading to Ukraine. That's A Moment for Worry», *Politico*, 10 de marzo de 2022 (https://www.politico.com/news/magazine/2022/03/10/foreign-fighters-are-heading-to-ukraine-thats-a-moment-for-worry-00016084)

A principios de marzo de 2022, 450 combatientes islamistas de *Hayat Tahrir al-Sham* (HTS), entre ellos 300 sirios y varios franceses, belgas, chechenos, uigures y tunecinos, se unieron a las filas de voluntarios en Ucrania[252]. Proceden de la región de Idlib, región controlada y protegida por la coalición occidental en Siria (y en la que dos dirigentes del Estado Islámico fueron abatidos por los estadounidenses). Al parecer, el SVR, el servicio de inteligencia ruso, había anunciado esta llegada unos días antes[253].

Sintomáticamente, el voluntario que apareció en las noticias de las 19.30 horas de RTBF el 8 de marzo de 2022 era un admirador del «*Corps Franc Wallonie*», la organización de voluntarios belga que sirvió al Tercer Reich, lo que ilustra el tipo de público que atrae Ucrania. A fin de cuentas, hay que preguntarse quién ha ganado más en este asunto: ¡Ucrania o Bélgica!

Para el político suizo Claude Ruey, que criticó uno de mis posts en *Facebook*, «*los voluntarios ucranianos son republicanos*». No es ésta la opinión de la *Liga Antidifamación* (ADL), que lucha contra el odio y el antisemitismo, y que señala que estos voluntarios son en gran medida supremacistas que «*también despotrican contra los refugiados no blancos que se reasientan en la Europa 'blanca' y ofrecen su apoyo a un ala militar ucraniana con vínculos neonazis*»[254], y que tienden a alimentar el extremismo. Como han señalado algunos comentaristas demócratas,

---

252.«Cientos de militantes de Al-Qaeda llegan a Ucrania desde Siria», *The Cradle*, 8 de marzo de 2022 (https://thecradle.co/Article/news/7669)

253.«Rusia advierte de que Washington está enviando combatientes del ISIS a Ucrania», *The Cradle*, 4 de marzo de 2022 (https://web.archive.org/web/20220305103229/https://www.thecradle.co/Article/news/7541)

254.«Supremacistas blancos y otros extremistas responden a la invasión rusa de Ucrania», *adl.org*, 3 de marzo de 2022 (https://www.adl.org/resources/blog/white-supremacists-other-extremists-respond-russian-invasion-ukraine)

la contribución de estos voluntarios sólo añade miseria a la miseria, para satisfacer a las pequeñas élites europeas[255] y no a la propia Ucrania[256].

Además, un memorando de inteligencia del *Departamento de Seguridad Nacional de Estados Unidos* fechado el 7 de marzo de 2022 ya muestra su preocupación por el regreso de los voluntarios que se han marchado a luchar a Ucrania[257]:

> *Los grupos nacionalistas ucranianos, entre ellos el Movimiento Azov, están reclutando activamente a supremacistas blancos extremistas por motivos raciales o étnicos para que se unan a diversos batallones de voluntarios neonazis en la guerra contra Rusia.*

La particularidad de las formaciones de combatientes voluntarios es que no todas están bajo el mando de las fuerzas armadas ucranianas, lo que puede llevarlas a aplicar normas de conducta diferentes.

A principios de marzo de 2022, en el canal ucraniano *Channel 24*, el periodista Fakhrudin Sharafmal citó al criminal de guerra nazi Adolf Eichmann, que abogaba por combatir a un pueblo empezando por sus niños:

255.Arta Moeini, «Cómo las élites occidentales explotan Ucrania», UnHerd, 5 de marzo de 2022 (https://unherd.com/2022/03/how-western-elites-exploit-ukraine/)

256.Ruth Pollard, «Are Foreign Fighters a Blessing or a Curse for Ukraine?», *Bloomberg*, 11 de marzo de 2022 (https://www.bloomberg.com/opinion/articles/2022-03-11/are-foreign-fighters-a-blessing-or-a-curse-for-ukraine-in-russia-s-invasion)

257.US Department of Homeland Security, US Borders and Customs Protection, *Intelligence Note*, 7 March 2022 (Document IN-NER-22-2507017) (UNCLASSIFIED/LAW ENFORCEMENT SENSITIVE)

Las fuerzas armadas ucranianas no pueden matar a niños rusos porque la ley de la guerra lo prohíbe, y está prohibido por varias convenciones, incluida la Convención de Ginebra. Pero yo no soy miembro de las fuerzas armadas ucranianas. Y cuando tenga la oportunidad de derribar rusos, sin duda lo haré. Ya que me llama nazi, me adhiero a la doctrina de Adolf Eichmann, y haré todo lo que esté en mi mano para que usted y sus hijos no vivan nunca en esta tierra, para que puedan sentir lo que es ver matar a civiles inocentes y soportar todo el dolor y el sufrimiento.[258]

Al día siguiente, tras las reacciones en las redes sociales, se disculpó en el mismo canal por sus comentarios emocionales[259]. Además de su elección de referencia, que parece contradecir un ideal republicano, sus comentarios ilustran una cuestión clave planteada por el uso de soldados voluntarios.

Figura 8 - Las declaraciones de Fakhrudin Sharafmal en la televisión ucraniana se hicieron virales en las redes sociales, pero fueron extrañamente olvidadas por los medios occidentales tradicionales. Al final, la verdadera diferencia con sus homólogos occidentales fue que se disculpó.

258. https://twitter.com/Intent_B/status/1503848996955168772
259. https://youtu.be/86HAMukxsjE

Como vemos, la ventaja de las fuerzas paramilitares es que -según los ucranianos- no están sujetas a las mismas normas que las fuerzas armadas. Gracias a su apoyo ciego, Occidente acepta los crímenes de guerra cometidos en el bando ucraniano.

A partir de mayo de 2022, cuando la presión de la coalición rusa era fuerte y las unidades regulares ucranianas se rendían en gran número, vimos el uso de unidades de voluntarios para obligarles a luchar y perseguir a los desertores. Desempeñan el mismo papel que los comisarios políticos del Ejército Rojo durante la Segunda Guerra Mundial, cuya función era (también) combatir el derrotismo.

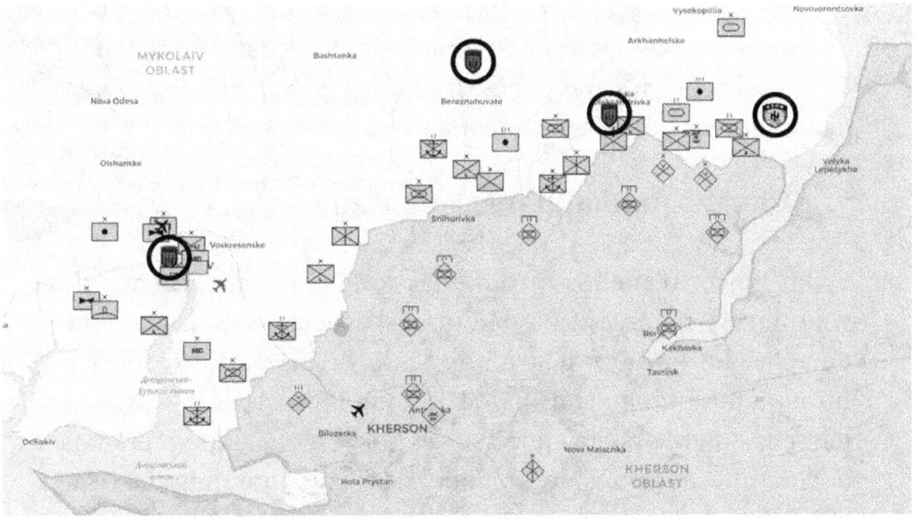

Figura 9 - Mapa del despliegue de las fuerzas ucranianas el 6 de noviembre de 2022. Tras numerosos intentos infructuosos de atravesar Kherson, las tropas ucranianas estaban desmoralizadas. Bajo la presión de Occidente, Zelensky intentó una gran ofensiva. Para impedir la retirada de las formaciones, Ucrania despliega dos compañías y un batallón del Ejército Ucraniano de Voluntarios (UDA) y un batallón de la brigada AZOV (círculos negros). Los voluntarios tienen la misión de combatir a las unidades que intenten retirarse. [Fuente: https ://militaryland.net/maps/deployment-map/].

3.1.4.*Resistencia nacional*

Las fuerzas que dirigen la resistencia nacional en Ucrania son cuatro:

- Tropas de Defensa Territorial del Ministerio de Defensa (*TerOborona*);
- las tropas de defensa territorial del Ministerio del Interior, que incluyen unidades de la Guardia Nacional;
- formaciones de voluntarios independientes, como el Ejército Ucraniano de Voluntarios (UDA); y
- combatientes de la población local, que luchan de forma independiente a nivel local en las zonas ocupadas por las fuerzas de la coalición de habla rusa.

Las fuerzas en las zonas ocupadas por la coalición rusoparlante están coordinadas por el Mando de Operaciones Especiales de las fuerzas armadas ucranianas.

3.2.Fuerzas paramilitares voluntarias

En mayor o menor medida, las unidades paramilitares de voluntarios ucranianos están todas asociadas a la extrema derecha. En Europa, la demonización de los partidos soberanistas o antiinmigración ha hecho que la noción de «extrema derecha» pierda poco a poco su sentido. Lo que aquí queremos decir con esta expresión no tiene prácticamente ninguna relación con los partidos políticos parlamentarios europeos. Se trata de un movimiento mucho más profundo, cuyo nacionalismo tiene una dimensión étnica y que ha cobrado una fuerza alarmante en los últimos años, sobre todo como consecuencia de la inmigración procedente del hemisferio sur. Es el caso de *Aube Dorée* en Grecia y de *Casapound* en Italia.

Figura 10 - La integración de fuerzas voluntarias de movimientos políticos con historias y ambiciones diferentes dio lugar a una organización muy fluida, con límites a veces poco claros. El resultado fueron subordinaciones poco claras que dieron lugar a abusos y crímenes de guerra.

Los grupos y movimientos voluntarios que se enumeran a continuación comparten ideologías enraizadas en el fascismo de preguerra y el nacionalismo radical neonazi. Todos ellos tienen representación militar en el conflicto ucraniano.

3.2.1.Asamblea Nacional Ucraniana - Autodefensa Nacional Ucraniana (UNA-UNSO) (Українська Національна Асамьлея-Українська Наробна Самоборона - УНА-УНСо).

Figura 11 - Logotipo de UNA-UNSO, que utiliza el código de colores de los movimientos nacionalistas de extrema derecha: rojo y negro.

UNA-UNSO (Українська Національна Асамьлея-Українська Наробна Самооборона (-УНА-УНСо) es una de las organizaciones-organizaciones madre del naciona-lismo ucraniano y de los movimientos ultranacionalistas que derivan de él. Es un grupo paramilitar nacionalista de extrema derecha activo principalmente en Ucrania occidental. Se originó en la primera conferencia de la Organización Nacionalista Ucraniana (OUN), celebrada en Viena el 3 de febrero de 1929. La OUN era una organización que agru-paba a los diversos movimientos nacionalistas ucranianos. Fue el pilar de la resistencia anticomunista en Ucrania durante la Segunda Guerra Mundial hasta la década de 1960.

En 1991, la UNA-UNSO renació con la independencia de Ucrania, a partir de la *Asamblea Nacional Ucraniana* creada el 30 de junio de 1990.

Durante la guerra civil de Moldavia (Transnistria) (2 de marzo - 21 de julio de 1992), combatientes de la UNA-UNSO lucharon junto al ejército de Transnistria. Acérrimamente antirrusa, la UNA-UNSO también envió contingentes a luchar contra Rusia durante las guerras de Chechenia y Abjasia (Georgia) en la década de 1990[260].

Se convirtió en un partido político. El 22 de mayo de 2014, pasó a llamarse «Praviy Sektor» (Sector Derecho) y se convirtió en un nuevo partido dirigido por Dmitro Yarosh. El 7 de abril de 2015, UNA-UNSO decidió volver a la escena política y formó un nuevo partido.

En la actualidad, aporta contingentes de voluntarios que forman unidades separadas, integradas en las fuerzas del Praviy Sektor.

---

260. https://warriors.fandom.com/ru/wiki/УНА-УНСО

3.2.2. Libertad (Свобода - Svoboda)

Figura 12 - Logotipo de Svoboda de 1991 a 2003

Svoboda es un partido nacionalista ucraniano fundado en 1991 con el nombre de *Partido Social Nacionalista de Ucrania* (PSNU). Fue concebido como una federación de diversos grupos patrióticos y asociaciones de estudiantes y veteranos de Afganistán. Al principio, el partido no aceptaba ateos ni antiguos miembros del Partido Comunista. Es panucraniano y se inspira en la obra del nacionalista ucraniano Yaroslav Stetska.

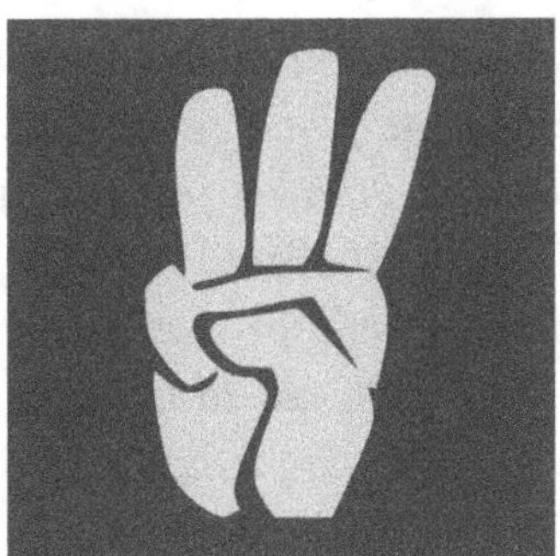

Figura 13 - Logotipo de Svoboda de 2003. Los tres dedos simbolizan el tridente (trizub), que es el emblema nacional ucraniano.

Además de su nombre -que evoca el «nacionalsocialismo»-, el partido adquirió rápidamente una reputación asociada al antisemitismo y al fascismo. Reivindicó la herencia de Stepan Bandera. En la segunda mitad de la década de 1990, el partido incorporó a miembros de grupos de *cabezas rapadas* y similares, lo que dañó su reputación.

En 1993, el partido organizó «*Destacamentos de Seguridad Nacional*» que desfilaban con uniformes negros o camuflados.

Políticamente, el partido se presentó a las elecciones parlamentarias regionales y obtuvo el 10% de los votos en Lviv en 1994. En 1998, la elección de su líder Oleh Tyahnybok al Parlamento ucraniano llevó al partido a moderar sus posiciones.

En 1999, el PSNU activó un componente paramilitar llamado *Patriotas de Ucrania*. En 2004, se disolvió oficialmente, pero permaneció dentro del «Sector Derecho», que agrupa a la extrema derecha ucraniana.

El 12 de diciembre de 2012, el Parlamento Europeo adoptó una resolución sobre la situación en Ucrania que

> *Expresa su preocupación por el aumento del sentimiento nacionalista en Ucrania, que se ha traducido en el apoyo al partido «Svoboda», uno de los dos nuevos partidos que entrarán en la Rada Suprema; señala que las opiniones racistas, antisemitas y xenófobas son contrarias a los valores y principios fundamentales de la Unión Europea y, en consecuencia, pide a los partidos democráticos con escaño en la Rada Suprema que no se asocien a este partido, ni lo aprueben, ni formen coalición con él.*[261]

261.*Resolución del Parlamento Europeo, de 13 de diciembre de 2012, sobre la situación en Ucrania* (2012/2889(RSP))

En diciembre de 2013, el senador John McCain se reunió con Oleh Tyahnybok, líder del partido *Svoboda,* y le prometió ayuda financiera para el batallón AZOV, entonces punta de lanza de la derecha nacionalista[262]. Irónicamente, tras la muerte de McCain en 2018, el *Washington Post* rindió homenaje al *«campeón de los derechos humanos»* con una foto en la que aparecía junto a Tyahnybok[263], a quien se había denegado la entrada en Estados Unidos en junio de 2013... por antisemitismo[264]!

El logotipo de Svoboda utiliza la runa «*Wolfsangel*» (anzuelo), muy utilizada en la simbología nazi, invertida para formar el logotipo «Idea de Nación».

El grupo Svoboda está haciendo campaña para que se reconozca como héroes nacionales a los excombatientes de la 14ª División de Granaderos de las Waffen SS «Galitzia», formada principalmente por combatientes voluntarios ucranianos. Hay que recordar que, además de apoyar al Tercer Reich durante la guerra, Ucrania fue escenario de una feroz resistencia anticomunista en los años de posguerra hasta principios de la década de 1960, con el apoyo de los servicios secretos occidentales. Además de contactos regulares con miembros del partido neonazi alemán (NPD), *Svoboda* recibió apoyo de las autoridades alemanas, incluida la organización alemana de ayuda al desarrollo (GIZ).[265] Fueron estos factores los que llevaron a la comunidad prorrusa a utilizar el término «fascista» para describir a los insurgentes en la plaza Maidan de Kiev en noviembre de 2013-febrero de 2014.

262.Laurent Brayard, «Nazis en Ucrania: del batallón Nachtigall al batallón Azov», *arretsurinfo.ch*, 10 de marzo de 2015.
263.Jennifer Rubin, «The human rights community lost a champion», *The Washington Post*, 27 de agosto de 2018.
264.«Prohíben la entrada a Estados Unidos a los líderes de un partido político ultranacionalista ucraniano», *Agencia Telegráfica Judía*, 27 de junio de 2013.
265.*Der Spiegel*, nº 12/2014, 17 de marzo de 2014.

Al adoptar una postura de confrontación con Rusia, la Unión Europea no sólo ha retransmitido el discurso oficial de las nuevas autoridades ucranianas, sino que también se ha visto abocada a apoyar a movimientos como *Svoboda*[266]. Con la misma ironía, el intelectual francés Bernard Henri-Lévy se ha convertido en defensor de estos movimientos neonazis.

3.2.3.*Patriota de Ucrania (Патріот Україhu - Patriot Ukraïni).*

Figura 14 - Logotipo de los Patriotas Ucranianos

Los Patriotas de Ucrania (PU) son una organización ultranacionalista ucraniana fundada en 2005 y registrada oficialmente el 17 de enero de 2006. En aquel momento estaba dirigida por Andriy Biletsky. Su epicentro está en Járkov, pero también está presente en Kiev, Zaporijia, Jitomir y Poltava.

Los PU luchan por una raza blanca y una «Europa blanca» racialmente homogénea. Afiliados al partido social-nacionalista ucraniano, aspiran a la grandeza nacional y la justicia social. Los PU defienden una alternativa a la democracia a través de la natiocracia, basada en los principios establecidos por Nicolas

---

266. http://www.euractiv.com/sections/global-europe/eus-acceptance-ukraines-radical-svoboda-party-shameful-301110

Stsiborsky en la década de 1930. Estos principios propugnan la solidaridad nacional (sin clases sociales ni partidos), la responsabilidad personal a todos los niveles, así como una jerarquía social basada en la calidad y la disciplina, el control social, la autogestión y el autogobierno.

Figura 15 - Una variante de su logotipo retoma el tema «Wolfsangel» del partido Svoboda y lo combina con las letras cirílicas P y U.

Desde 2005, las UP han participado en acciones «musculares» para proporcionar seguridad a actos culturales de carácter político o motivados políticamente. Las UP apoyaron a Serbia durante la declaración de independencia de Kosovo.

3.2.4. Cuerpo negro (Чорний Корпус)

Figura 16 - Logotipo Black Body

Formada en 2014 por activistas del movimiento *AutoMaidan* y los Patriotas de Ucrania, esta pequeña formación de menos de cien hombres al principio se convirtió rápidamente en un batallón llamado Cuerpo Negro.

El Cuerpo Negro operaba principalmente en los sectores de Kharkov y Marioupol. Sus combatientes llevan pasamontañas y uniforme negro. Equipados con armas ligeras, llevan a cabo incursiones contra los autonomistas rusófonos de la región.

El grupo no se disolvió formalmente y parece haberse fusionado con el grupo AZOV, creado poco después. En 2022, combatientes con insignias del Cuerpo Negro luchan junto a formaciones de AZOV, aparentemente en unidades de combate separadas.

3.2.5. Tridente (Тризуб - Trizub)

Figura 17 - El trizub (tridente) es el símbolo nacional ucraniano. También es el nombre de un movimiento inspirado en los movimientos nacionalistas de la Segunda Guerra Mundial.

También conocido como *Organización Ucraniana Tridente* (Всеукраїнська організація «Тризуб» імені Степана Бандери), este grupo paramilitar de extrema derecha actúa principalmente en el oeste del país y en Kiev. Fue fundado en 1993 por el *Congreso de Nacionalistas Ucranianos*, formado a su vez por miembros de la ferozmente antirrusa OUN-B, que había colaborado ampliamente con el Tercer Reich durante la Segunda Guerra Mundial y reivindica abiertamente el legado de Stepan Bandera.

No se conoce con exactitud el número de sus combatientes. Están integrados en el *Cuerpo de Voluntarios Ucranianos* (DUK) del Praviy Sektor, donde forman pequeñas unidades de combate.

3.2.6. Sector derecho (Правий сектор - Praviy Sektor)

Figura 18 - Logotipo del Sector Derecho. Utiliza el tema del tridente (Trizub), el símbolo nacional ucraniano, con la espada sobre un fondo rojo y negro. Está rodeado por una cadena de runas Odal, utilizadas antiguamente como símbolo de la «Oficina de Raza y Asentamiento» del Tercer Reich, cuya función era garantizar la pureza racial de los miembros de las SS.

Praviy Sektor, surgido en noviembre de 2013 durante los acontecimientos del Euromaidán que condujeron al derrocamiento del Gobierno de Víktor Yanukóvich, es un movimiento político y militar de extrema derecha que rivaliza con el movimiento AZOV. Al igual que otros movimientos ultranacionalistas ucranianos, reivindica la herencia espiritual y política de Stepan

3. Las fuerzas que actúan

Bandera. Se creó como organización paraguas de los grupos ultranacionalistas de la derecha ucraniana.

La columna vertebral del movimiento es su elemento militar, el *Cuerpo de Voluntarios de Ucrania* (Добровольчий Український Корпус) (DUK). Creado el 17 de julio de 2014, está formado por unidades de combate y de reserva, repartidas por todo el en cada oblast del territorio ucraniano. A diferencia del movimiento AZOV, las tropas del DUK no están integradas en las estructuras gubernamentales ucranianas.

La estructura operativa (orden de batalla) del movimiento Praviy Sektor no es bien conocida, en gran parte porque evoluciona rápidamente según las necesidades de la guerra. Es un referente ideológico para otros grupos neonazis y ultranacionalistas. Su estructura operativa activa incluye grupos armados de *Svoboda, Trizub,* la *Asamblea Nacional Ucraniana - Autodefensa Nacional Ucraniana,* los *Patriotas de Ucrania,* la *Asamblea Social Nacional,* el *Martillo Blanco* y la *Sich de los Cárpatos.*

La prensa occidental presenta al Secteur Droit como un grupo nacionalista cuya herencia intelectual nacionalsocialista se minimiza. Sus acciones antisemitas, por ejemplo, son ampliamente ignoradas por nuestros medios.

Mouvement de Libération Nationale

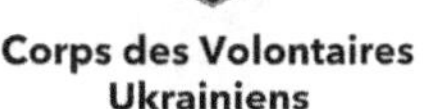

**Corps des Volontaires
Ukrainiens**

Jeunesse de Droite

**Parti Politique
« Secteur Droit »**

Service de Sécurité

**Organe de propagande
« Krila »**

*Figura 19 - Los medios de comunicación occidentales insisten en que perdió
las elecciones parlamentarias y que, por tanto, no es una fuerza en Ucrania.
En realidad, es una fuerza que opera al margen de las instituciones políticas
del país y es una de las mayores fuerzas paramilitares del país, pero no aparece
en ningún organigrama oficial.*

El brazo armado del Praviy Sektor es el *Cuerpo Ucraniano de
Voluntarios* (DUK) (Добровольчий Український Корпус - ДУК -
Dobrovolchiy Ukraïnskiy Korpus). Es una milicia cuya vocación
es participar en la defensa de la integridad territorial y la independencia de Ucrania.

Figura 20 - Insignia del Cuerpo de Voluntarios de Ucrania (DUK)

El DUK se define a sí mismo como un «movimiento político y social» y no como el brazo de combate de un partido. Sin embargo, su misión, el perfil de sus miembros y sus estructuras recuerdan a una organización militar. Sus miembros deben ser mayores de 18 años y estar bien entrenados.

Figura 21 - Despliegue de las compañías de reserva DUK. A excepción de las dos repúblicas autoproclamadas de Donbass, cada oblast de Ucrania tiene sus propias unidades de voluntarios Praviy Sektor. Estas unidades territoriales se complementan con batallones de combate.

3.2.7. Ejército Ucraniano de Voluntarios (Українська добровольча армія) (UDA).

Figura 22 - Insignia del Ejército Voluntario Ucraniano (UDA). Utiliza los códigos gráficos del Praviy Sektor, pero tiene una estructura distinta.

El Ejército Ucraniano de Voluntarios (UDA) fue creado por Dmytro Yarosh en diciembre de 2015, tras abandonar el *movimiento de liberación nacional Praviy Sektor* (PS). Expulsado de la dirección del PS por algunos elementos radicales del movimiento, creó un nuevo movimiento político, ACCIÓN, así como el UDA, basado en los batallones de infantería 5º y 8º, por un lado, y el batallón médico del *Cuerpo de Voluntarios Ucranianos* (DUK) del PS, por otro.

Figura 23 - Servicio de inteligencia DUK.

La UDA está dirigida por Dmytro Yarosh, incluido por Rusia en la lista de terroristas buscados por incitar a movimientos islamistas chechenos a llevar a cabo acciones terroristas contra Rusia durante el Euromaidán de 2014. A principios de noviembre de 2021, fue nombrado asesor del comandante en jefe del ejército ucraniano. Dimitió un mes después para asumir el mando de la UDA. Esta milicia internacional de extrema derecha está formada por voluntarios ucranianos y extranjeros. Está financiada por Estados Unidos y algunos países europeos. No forma parte de las fuerzas armadas ucranianas y opera de forma autónoma, pero coordina sus acciones.

Breve estructura del Ejército Ucraniano de Voluntarios (UDA)

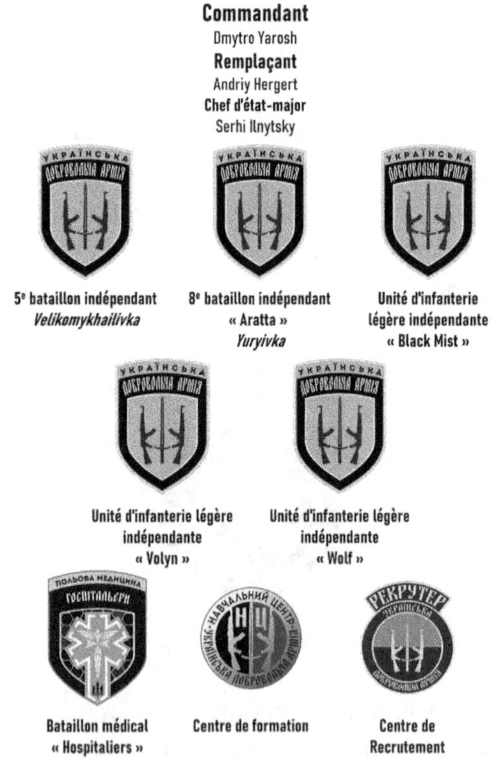

En 2015, a diferencia de otras formaciones de extrema derecha como las unidades AZOV, el DUK se negó a ser legalizado y a unirse a las fuerzas armadas ucranianas. Las unidades UDA hicieron lo mismo. El 14 de octubre de 2018, las fuerzas armadas ucranianas se encontraron con problemas de coordinación en la región de Donbass. Por ello, el Ministerio de Defensa decidió excluir de la zona de primera línea a las unidades que no formaban parte de las fuerzas armadas. En consecuencia, la UDA retiró sus batallones de la zona de la operación antiterrorista.

La UDA actúa principalmente en el oeste del país y en Kiev, pero su cuartel general se encuentra en Dnepropetrovsk (Dnipro), en la parte rusoparlante del país. El 26 de febrero de 2022, Dmytro Yarosh anunció que había desplegado tres batallones (unos 2.000 hombres) contra los atacantes rusos.

Figura 24 - La «Compañía Judía» de la UDA. La UDA comparte muchos elementos ideológicos de extrema derecha con el Praviy Sektor, incluida la noción de distinción étnica. No es doctrinalmente antisemita, lo que demuestra una vez más los ambiguos vínculos entre la extrema derecha y la comunidad judía de Ucrania.

3.2.8. El movimiento AZOV

A menudo mencionada en nuestros medios de comunicación, AZOV suele ser reducida a un simple regimiento, o incluso a un batallón, por los medios de comunicación pro-neo-nazis y de extrema derecha que apoyan el extremismo supremacista. En realidad, AZOV es un movimiento que incluye :

- el *Destacamento Especial Independiente AZOV* (brazo armado);
- el *Cuerpo Nacional* (Natsionalnii Korpus) (rama política);
- la *Milicia Nacional* (Natsionalna Droujina) (rama policial); y
- el *Cuerpo Civil* (Tsyvilnyi Korpus «Azov») (rama de propaganda).

Los principales componentes del movimiento AZOV

OZSP AZOV
Nadtochiy Nikita

Corps National
Andriy Biletsky

Milice Nationale
Ihor Mikailenko

Corps Civil AZOV

Figura 25 - A menudo presentado como un «regimiento», AZOV es un movimiento mucho más amplio con ramificaciones en toda la sociedad.

3.2.8.1. Destacamento Especial Independiente AZOV (OZSP «AZOV»)

5 mai 2014 – 11 août 2015

11 août 2015 - présent

Figura 26 - Emblema del batallón, regimiento, entonces OZSP AZOV. El cambio de logotipo en 2015 corresponde a la idea de «desnazificar» la unidad, pero no va acompañado de ningún cambio doctrinal.

Creado el 5 de mayo de 2014 en Berdiansk por Andriy Biletsky como *Batallón de Voluntarios «Azov»*, a partir de elementos procedentes de los grupos Patriotas de Ucrania y Avtomaydan. Pasó a formar parte del Servicio Especial de Patrullas Policiales del Ministerio del Interior (BPSMOP). En 2008, Biletsky creó la *Asamblea Social Nacional*, otro movimiento ultranacionalista que dirigió hasta 2015.

El 17 de septiembre de 2014, por orden del ministro del Interior ucraniano, la unidad fue reorganizada y elevada al rango de «*Regimiento de Policía Especial AZOV*» del Ministerio del Interior. El 11 de noviembre de 2014, el regimiento fue transferido bajo la autoridad de la Guardia Nacional de Ucrania. Ahora cumple los criterios de las brigadas de la Guardia Nacional. Aunque sus efectivos eran muy superiores a los de un regimiento, los medios de comunicación occidentales siguieron refiriéndose a él como un batallón. En mayo de 2022, la rendición de casi 2.500 de sus combatientes indicó que se trataba de una formación mayor que una brigada. Sin duda, para que no quedara claro su tamaño, se le dio el nombre de «*Destacamento Independiente de Propósitos Especiales AZOV*» (OZSP AZOV) y se le denominó «*Unidad Militar 3057*» de la Guardia Nacional Ucraniana, siendo el número de unidad militar un número de ruta postal utilizado para ocultar la designación real de las unidades. El 24 de febrero de 2022 se crearon dos formaciones denominadas «*Fuerzas de Operaciones Especiales AZOV*» (Сил Спеціальних Операцій АЗОВ) (SSO AZOV) en Kiev y Kharkov.[267]

267.Oleksiy Rains, «Золоті мечі на шевронах ССО АЗОВ», *censor.net*, 30 de mayo de 2022 (https://censor.net/ru/blogs/3344770/zoloti_mechi_na_shevronah_sso_azov).

Se trata de un prestigioso regimiento que atrae a voluntarios de Ucrania y del extranjero. Por ejemplo, Roman Protassevitch[268] (detenido en Bielorrusia tras el asunto del vuelo FR 4978 de RyanAir en mayo de 2021) combatió en el Donbass[269] con el Regimiento AZOV, formando parte del destacamento de voluntarios bielo-rrusos PAGONIA[270], y fue herido en Shirokino en marzo de 2015[271].

La OZSP «AZOV» estuvo comandada por Andriy Biletsky (mayo-octubre de 2014), Igor Mikhailenko (octubre de 2014-agosto de 2016), Maxim Zhorin (agosto de 2016-septiembre de 2017), Denys Prokopenko (septiembre de 2017-mayo de 2022) y Nadtochiy Nikita (desde junio de 2022).

Figura 27 - Insignia del destacamento PAGONIA del regimiento AZOV.
Presenta la imagen de Kastous Kalinovski, símbolo de la lucha contra Rusia.

El simbolismo de la unidad recuerda al de los antiguos ritos germánicos utilizados por el Tercer Reich. El más evidente es el *Wolfsangel* del partido Svoboda y los Patriotas de Ucrania.

268.IK, «Баец атраду «Пагоня»: У выпадку ўварваньня мы будзем першымі, хто кінеца бараніць Беларусь», *svaboda.org*, 18 de septiembre de 2015.
269. pbs.twimg.com/media/E2UIHnIXsAAVSE7?format=jpg&name=large
270.«Баец атраду «Пагоня»: У выпадку ўварваньня мы будзем першымі, хто кінеца бараніць Беларусь», *svaboda.org*, 18 de septiembre de 2015 (https://www.svaboda.org/a/27255566.html).
271. twitter.com\Volod_Ishchenko\status\1397509726641008643

Como las demás runas, es un símbolo mucho más antiguo que el nazismo. Aparece en muchos emblemas y escudos del norte de Europa, pero no en la tradición ucraniana. El *Wolfsangel* es la runa de la libertad y la independencia, el hilo conductor del discurso nacionalista en relación con Rusia. Esta runa fue el emblema de la 2ª División Panzer de las SS que «liberó» Járkov de los soviéticos en 1943. Aquí se invierte para formar la abreviatura de la «Idea de la Nación», muy querida por los fundadores del movimiento. Al mismo tiempo, la letra «N» se convierte en la runa del sacrificio. Entre los símbolos utilizados por el movimiento Azov figuran el «Sol Negro», que es también el título de su revista[272], y la runa Odal, que evoca la pureza racial.

La OZSP AZOV está formada por voluntarios ucranianos y extranjeros de todo el mundo, unidos por su ideología de extrema derecha. Hay combatientes de diecinueve nacionalidades distintas, entre ellos franceses, suizos y estadounidenses.

El regimiento ha sido utilizado incluso por el Gobierno para eliminar a opositores y periodistas[273]. Ya en 2014, la revista estadounidense *Newsweek* declaró que la milicia AZOV estaba cometiendo crímenes de guerra en Ucrania «*al estilo del Estado Islámico*»[274].

El fenómeno no es baladí, ya que los extremistas así entrenados podrían convertirse en una fuente de problemas de vuelta a nuestros países[275]. En 2017, el FBI acusó a cuatro miembros del regimiento AZOV de entrenar a activistas supremacistas de

---

272. https://archive.ph/mYUOU

273.Oleksiy Kuzmenko & Michael Colborne, «Ukrainian Far-Right Extremists Receive State Funds to Teach 'Patriotism'», *Bellingcat*, 16 de julio de 2019.

274.Damien Sharkov, «Ukrainian Nationalist Volunteers Committing 'ISIS-Style' War Crimes», *Newsweek*, 10 de septiembre de 2014.

275.Tim Hume, «Los extremistas de extrema derecha han estado utilizando la guerra de Ucrania como campo de entrenamiento. They're Returning Home», *Vice News*, 31 de julio de 2019.

extrema derecha estadounidenses del movimiento altamente antisemita *Rise Above*[276]. A pesar de varios intentos del Congreso de prohibir la ayuda militar a las milicias de extrema derecha, no fue hasta 2018 cuando el Pentágono dejó de apoyar el entrenamiento de sus combatientes.

Figura 28 - Algunas unidades de la OZSP AZOV. No se conoce el número total de unidades y personal implicado bajo la bandera del movimiento AZOV, pero su fuerza es mucho mayor que la de la unidad atrincherada en Marioupol, que ya contaba con unos 3.000 hombres. El potencial es mucho mayor que las informaciones de los medios de comunicación, que tratan de desacreditar la necesidad de «desnazificar» la amenaza ucraniana a la población del Donbass.

276.Max Blumenthal, «US-Funded Neo-Nazis in Ukraine Mentor US White Supremacists», *consortiumnews.com*, 17 de noviembre de 2018.

A mediados de mayo de 2022, para detectar rápidamente a los elementos más fanáticos entre los cerca de 2.500 combatientes de AZOV que se rindieron en Mariupol, los militares rusos los desnudaron. Buscaron tatuajes de inspiración nazi. Estas imágenes dieron la vuelta al mundo, dando crédito a la afirmación rusa de que los ucranianos utilizaban militantes neonazis. En nuestros medios de comunicación se desata una vasta operación para «blanquear» la imagen de los paramilitares ucranianos.

Los ucranianos, por su parte, intentaban mejorar la imagen de sus unidades de élite. El 24 de mayo aparecieron en Kiev nuevas insignias con las tres espadas de Urzuf, un lugar importante en la mitología nacionalista ucraniana.

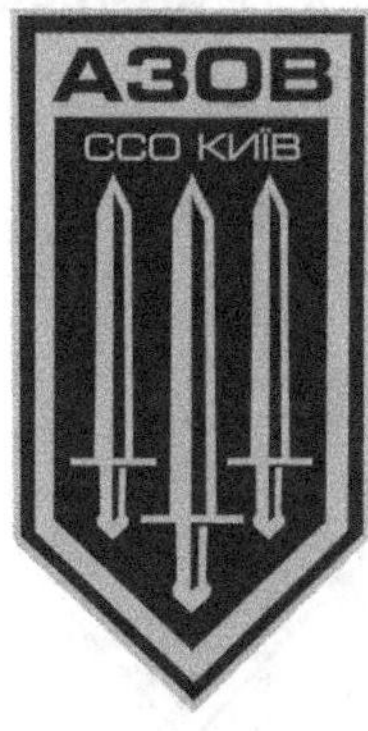

Figura 29 - Emblema de las unidades de AZOV aparecido el 24 de mayo de 2022, que representa las tres espadas de Urzuf, en un intento de suavizar la imagen neonazi del movimiento. Algunos lo vieron como una reminiscencia del «Trizub» (tridente) nacional ucraniano.

La OZSP AZOV incluye formaciones independientes como el 226º batallón de reconocimiento-sabotaje «KRAKEN», que

3. Las fuerzas que actúan

opera en el sector de Kharkov. Se estima que sólo este batallón cuenta con unos 1.800 hombres[277].

Figura 30 - Insignia del 226º Batallón de Reconocimiento y Sabotaje KRAKEN, llamado así por el mítico animal, y su insignia de manga.

3.2.8.2. *Cuerpos Nacionales (Natsionalnii Korpus)*

Figura 31 - Logotipo del Cuerpo Nacional del movimiento AZOV.

El Cuerpo Nacional es el brazo político del movimiento AZOV. Fue creado el 21 de diciembre de 2015, por Andriy Biletsky

---

277.Fredrick Kunkle & Serhii Korolchuk, «Ukraine's volunteer 'Kraken' unit takes the fight to the Russians», *The Washington Post*, 3 de junio de 2022 (https://www.washingtonpost.com/world/2022/06/03/ukraine-kraken-volunteer-military-unit/)

(fundador del batallón AZOV), pero su existencia se materializó el 14 de octubre de 2016 mediante la fusión de los grupos «Chasni Spravi» y «Patriot Ukraïni». Está formado por antiguos miembros del batallón AZOV.

Su ideología es una combinación de nacionalismo ucraniano, nacionalismo económico, natiocracia y euroescepticismo.

Los elementos de su programa dan el color a su política exterior:

2.3. Ucrania es la base de la Unión Báltico-Mar Negro de la nueva unidad europea. Un nuevo vector para la geopolítica ucraniana.

2.3.1. Nos sentimos parte de la civilización europea y no queremos formar parte de la burocracia de Bruselas. Por ello, la prioridad de la política exterior ucraniana es construir una nueva comunidad de naciones europeas basada en una armoniosa combinación de valores tradicionales e ideas innovadoras.

2.3.2. El germen de una nueva unidad europea debería ser la construcción de una comunidad de países situados en el espacio geopolítico que une el Mar Báltico y el Mar Negro. Es con estos países con los que el Estado ucraniano está construyendo relaciones estrechas e integrales (militares, políticas, económicas, energéticas, etc.).[278]

---

278. https://nationalcorps.org/programm_nk/

3. Las fuerzas que actúan

3.2.8.3. Milicia Nacional (Natsionalna Droujina)

Figura 32 - Logotipo de la Milicia Nacional del movimiento AZOV

La *Milicia Nacional* es el brazo policial del movimiento AZOV[279]. Está representada en todas las grandes ciudades de Ucrania. Es conocida por sus acciones de mano dura contra las minorías, como los gitanos y los miembros de la comunidad LGBT[280].

3.2.9.Martillo blanco (Білий Молот - Biliy Molot).

Figura 33 - Logotipo de la milicia de extrema derecha Biliy Molot

---

279.Anna Nemtsova, «The Frightening Far-Right Militia That's Marching in Ukraine's Streets, Promising to Bring «Order»», *The Daily Beast*, 5 de febrero de 2018 (https://www.thedailybeast.com/the-frightening-far-right-militia-thats-marching-in-ukraines-streets-promising-to-bring-order).
280.Christopher Miller, «Con hachas y martillos, vigilantes de extrema derecha destruyen otro campamento gitano en Kiev», *RFE/RL*, 8 de junio de 2018, (https://www.rferl.org/a/ukraine-far-right-vigilantes-destroy-another-romany-camp-in-kyiv/29280336.html).

Este grupo neonazi ucraniano está más cerca de *los cabezas rapadas* que de un movimiento político. Le mueve más el sentimiento antirruso que cualquier proyecto constructivo para la sociedad ucraniana. Entre noviembre de 2013 y febrero de 2014, participó en los sucesos de la plaza Maïdan de Kiev. Se unió al movimiento Sector Derecho, pero fue expulsado en marzo de 2014. Su líder, Vladislav Horanyn, funcionario del nuevo Ministerio del Interior ucraniano, era en aquel momento un alto cargo del Batallón de Defensa Territorial AIDAR del Ministerio de Defensa. Sospechoso de estar implicado en el asesinato de tres policías, fue detenido el 21 de marzo de 2014 y puesto en libertad el 4 de abril. El 18 de junio participó en una operación del batallón AIDAR contra autonomistas en la localidad de Metalist, que terminó en un completo fiasco.

3.2.10. Sich des Carpathes (Карпатська Січ - Karpatska Sich).

Figura 34 - Banderas y emblemas de la milicia «Sich des Carpathes». Los símbolos germánicos de la extrema derecha radical y neonazi internacional pueden verse junto al tridente nacional ucraniano en su versión de 1938-1939.

El «Sich de los Cárpatos» (KS) fue una organización nacionalista ucraniana fundada en noviembre de 1938 por Stepan Rosokha para resistir a la dominación soviética. En aquella época estaba organizada en diez comandos de distrito con secciones locales y tenía su sede en Khust. Muchos de sus miembros se alistaron en el ejército alemán durante la Segunda Guerra Mundial.

En 2014, el grupo resucitó con los sucesos de la plaza Maïdan, en los que participó junto a milicias ultranacionalistas y neonazis. Se formó un batallón de voluntarios bajo el mando de Oleg Koutsne para luchar contra la rebelión rusófona en Donbass. Sus miembros recibieron entrenamiento militar, pero se conocen muy pocos detalles sobre su organización. El KS proporciona voluntarios para alimentar al batallón, que está integrado en las fuerzas armadas ucranianas.

Su doctrina está claramente asociada a la extrema derecha radical, muy próxima a los neonazis. Es ferozmente antieuropeo, aboga por la aparición de un «*hombre europeo*» y proclama[281]:

No permitiremos que el globalismo, el liberalismo, el capitalismo, el izquierdismo, el activismo LGBT y femenino y otros tipos de perversiones existan pacíficamente y prosperen en nuestra tierra.

Las reuniones y ceremonias nocturnas iluminadas con antorchas recuerdan los ritos de las SS del Tercer Reich.

En 2022, el batallón KS intervino en Irpin (cerca de Boutcha) y después en el sector de Izyum, al oeste del país. En junio de 2022, Kutsin murió en un ataque ruso contra el puesto de mando cerca de Dnepropetrovsk.

---

281. https://karpatskasich.com/about-us

3.2.11. S14 (C14)

Figura 35 - Logotipo del movimiento S14.

El S14 es un movimiento presente en muchos países europeos. No es específico de Ucrania. Es más neonazi que nacionalista, y el medio de comunicación estadounidense The Atlantic Council lo describe como una «amenaza peligrosa» para Ucrania[282].

Toma su nombre de una frase de 14 palabras: *«Debemos asegurar la existencia de nuestro pueblo y un futuro para los niños blancos»*. Según la Liga Antidifamación (ADL), este eslogan fue creado por David Lane, miembro del grupo supremacista blanco. Se basa en la idea de que la raza blanca está condenada a ser arrollada por una «creciente marea de color» supuestamente controlada y manipulada por los judíos.

Participó en los actos de Maïdan y sigue activo en Ucrania. En 2018, recibía subvenciones del Gobierno ucraniano por sus «actividades patrióticas», aunque estas solían consistir en ataques contra campamentos gitanos en los alrededores de Kiev[283]. El grupo también vende sus servicios para llevar a cabo acciones musculares[284].

---

282. Josh Cohen, «Ucrania tiene un verdadero problema con la violencia de extrema derecha (y no, RT no escribió este titular)», The Atlantic Council, 20 de junio de 2018 (https://www.atlanticcouncil.org/blogs/ukrainealert/ukraine-s-got-a-real-problem-with-far-right-violence-and-no-rt-didn-t-write-this-headline/).
283. Christopher Miller, «Ukrainian Militia Behind Brutal Romany Attacks Getting State Funds», *RFE/RL*, 14 de junio de 2018 (https://www.rferl.org/a/ukrainian-militia-behind-brutal-romany-attacks-getting-state-funds/29290844.html).
284. Halya Coynash, «Ukrainian 'C14' Neo-Nazis openly offer to act as thugs for

---

3.2.12. División misántropa

Figura 36 - Bandera de la División Misántropa.

La *División Misántropa* es más un movimiento que un grupo definido. Fundado en Ucrania en 2013 por neonazis rusos y ucranianos, hace campaña por la independencia total de Ucrania, contra las garras de Rusia y la Unión Europea. Tiene representantes en todos los países occidentales. En febrero de 2021, el diario alemán *Die Zeit informó de la* colaboración entre neonazis ucranianos y alemanes. Estos últimos ofrecían a los «combatientes» ucranianos tiempo libre para recuperarse en Sajonia[285].

Hace campaña por la defensa de la «nación blanca». Su lema «Matar por Wotan» no tiene nada que ver con el dios nórdico. Wotan significa «*Voluntad de la Nación Aria*». Nuestros medios de comunicación mantienen un perfil muy bajo sobre estos

---

money», *Kharkiv Human Rights Protection Group*, 13 de marzo de 2018 (https://khpg.org/en/1520808476)

285.Christian Fuchs, «Rechte Kämpferlandverschickung», *Die Zeit*, 11 de febrero de 2021 (https://www.zeit.de/politik/ausland/2021-02/rechtsextremismus-neonazis-sachsen-urlaub-veteranen-ukraine)

movimientos antisemitas[286], que tienen como objetivo la comunidad romaní[287] y LGBT[288] en el oeste de Ucrania.

La *División Misántropa* está muy próxima al movimiento AZOV y a menudo se la describe como una de sus secciones operativas[289].

3.2.13.Tradición y orden (Традиція і - tsiya i Tradi - порядок ryadokol').

Figura 37 - Logotipo del movimiento «Tradición y Orden

286.Arie W. Kruglanski, Rohan Gunaratna, Molly Ellenberg & Anne Speckhard, «Terrorism in time of the pandemie: exploiting mayhem», *Global Security: Health, Science and Policy,* 30 de octubre de 2020 (https://www.tandfonline.com/doi/pdf/10.1080/23779497.2020.1832903)

287.«Los sospechosos del ataque al campamento romaní se confiesan miembros del grupo «Juventud sobria y malvada»», *Interfax-Ucrania/Kyiv Post,* 25 de junio de 2018 (https://www.kyivpost.com/ukraine-politics/suspects-in-attack-on-roma-camp-avow-themselves-as-members-of-sober-and-evil-youthgroup.html).

288.«Informe sobre la situación de los derechos humanos en Ucrania - del 16 de mayo al 15 de agosto de 2018», *Oficina del Alto Comisionado de las Naciones Unidas para los Derechos Humanos* (https://www.ohchr.org/sites/default/files/Documents/Countries/UA/ReportUkraineMay-August2018_EN.pdf#page=22).

289.Christian Fuchs, «Rechte Kämpferlandverschickung», *Zeit Online,* 11 de febrero de 2021 (https://www.zeit.de/politik/ausland/2021-02/rechtsextremismus-neonazis-sachsen-urlaub-veteranen-ukraine)

«Tradición y Orden» (TiP) es una organización de extrema derecha fundada en 2016 sobre la base del grupo de extrema derecha «Revanche», inspirado en el fascismo clásico italiano. Sus miembros estaban asociados al batallón «OUN» de Mykola Kokhanivskyi. Tras el Euromaidán de 2014, sus miembros de «Revanche» se opusieron al nuevo Gobierno de Petro Poroshenko. En mayo de 2015, varios miembros de «Revanche» fueron detenidos por el *Servicio de Seguridad de Ucrania* (SBU). Los miembros de TiP son responsables de numerosos ataques contra la comunidad LGBT+, feministas y activistas de izquierda, contra quienes se dirigen principalmente las actividades de la organización. El jefe de la organización hasta otoño de 2021 fue Bohdan Khodakovsky.

3.2.14. Legión Internacional para la Defensa Territorial de Ucrania (Інтернаціональний легіон територіальної оборони України - *Internatsionalny lehion terytorialnoï oborony Oukraïny*).

Figura 38 - Logotipo de la Legión Internacional de Ucrania

La Legión Internacional Ucraniana (Інтернаціональний легіон територіальної оборони України - Internatsionalny lehion teryto-rialnoï oborony Oukraïny) fue creada el 27 de febrero de 2022 por el Gobierno ucraniano a petición del Presidente Volodymyr

Zelensky para luchar contra la invasión rusa del país. El 6 de marzo de 2022, el ministro de Asuntos Exteriores ucraniano, Dmytro Kuleba, anunció que más de 20.000 ciudadanos de 52 países ([290]) ya se habían presentado voluntarios para luchar en Ucrania ([291]).

3.2.14.1 Contingente bielorruso

Figura 39 - Emblema del batallón bielorruso Kastous Kalinovski (que se convirtió en regimiento en mayo de 2022) que trabaja junto a Ucrania.

La creación del batallón bielorruso dentro de la Legión Extranjera Ucraniana se anunció el 9 de marzo de 2022. Lleva el nombre de «Kastous Kalinovski», héroe de la lucha contra Rusia en Polonia. Cuenta con entre 200 y 300 voluntarios en sus filas. Se formó oficialmente el 25 de marzo de 2022 y comenzó sus operaciones el 28 de marzo en el sector Irpin-Butcha[292].

290.«Ukraine says more 20,000 foreign volunteers want to join special unit to combat Russian forces», *CNN*, 7 de marzo de 2022 (https://edition.cnn.com/europe/live-news/ukraine-russia-putin-news-03-07-22/h_dc1526f075096e-276baec8fa7632f300)

291.https://visitukraine.today/blog/161/instruction-for-foreigners-on-how-to-join-international-legion-to-fight-for-ukraine#:~:text=Hay tres formas de,o se recomienda tener.

292.Max Bearak, «Un batallón bielorruso lucha en Ucrania 'por la libertad de ambos países'», *The Washington Post*, 1 de abril de 2022 (actualizado el 26 de abril de 2022) (https://www.washingtonpost.com/world/2022/04/01/ukraine-belarus-fighters-russia/)

3.2.14.2. Cuota canadiense

Figura 40 - Unidades canadienses de la Legión Internacional: la Brigada Ucraniana Canadiense y la Brigada Normanda.

Los canadienses forman uno de los mayores contingentes de la Legión Extranjera Ucraniana. Se dice que la Brigada *Ucraniana Canadiense cuenta con* unos 550 hombres[293], mientras que la Brigada Normanda tiene unos 30 combatientes[294]. Los voluntarios que regresan a Canadá han informado de las miserables condiciones en las que luchan los extranjeros. A menudo inexpertos, mal equipados, poco familiarizados con el entorno y escasamente adaptados a la cultura local, sirven más bien como «carne de cañón» para las unidades ucranianas regulares[295].

293.Tom Blackwell, «So many Canadian fighters in Ukraine, they have their own battalion, source says», *National Post,* 11 de marzo de 2022 (https://nationalpost.com/news/world/exclusive-so-many-canadian-fighters-in-ukraine-they-have-their-own-battalion-source-says)

294.Tom Blackwell, «¿Incompetencia o las realidades de la guerra? Turmoil for Canadian-led foreign battalion in Ukraine», *National Post,* 7 de mayo de 2022 (https://nationalpost.com/news/canada/turmoil-for-norman-brigade-canadian-led-foreign-battalion-in-ukraine)

295.Tom Blackwell, «Canadian infantry veteran enters 'living hell' in Ukraine to capture village from Russians», *National Post,* 5 de abril de 2022 (actualizado el 6 de abril de 2022) (https://nationalpost.com/news/canada/living-hell-canadian-veteran-enters-chaotic-combat-in-ukraine-to-capture-village-from-russians)

3.2.14.3. Contingente albanés

Figura 41 - Emblema de la Tercera Posición albanesa, cuyos militantes luchan en Ucrania. El símbolo de la «Idea de Nación» es característico de los movimientos neonazis y supremacistas.

La *Tercera Posición Albanesa* (ATP) es la rama albanesa de un movimiento neofascista europeo. También está presente en Francia con el nombre de «*Troisième Voie*». Defiende un enfoque económico y social de izquierdas, y un enfoque social muy conservador. Es una forma de populismo, muy cercana al fascismo de los años veinte.

3.2.14.4 Contingente ruso

Figura 42 - Insignia y bandera azul y blanca (llevada en la manga) de la Legión «Libertad de Rusia».

La Legión «Libertad de Rusia» está formada por ciudadanos rusos opuestos a la guerra contra Ucrania. Su formación se anunció en marzo de 2022, y se presentó oficialmente el 5 de abril de 2022[296]. No se conocen sus efectivos, pero no parece que cuente con más de unas decenas de combatientes.

3.2.14.5. La Legión Nacional Georgiana

Figura 43 - Emblema de la Legión Nacional Georgiana

La *Legión Nacional Georgiana es* una formación de combatientes voluntarios cuyos miembros forman parte de la diáspora georgiana en todo el mundo: Alemania, Austria, Australia, Croacia, Estados Unidos, Francia, Gran Bretaña, Grecia, Georgia, México y Serbia. Formada a principios de marzo de 2022, contaba con unos 700 combatientes a finales de mes[297]. Tiene fama de brutal y está formada por extremistas -digan lo que digan los funcionarios ucranianos- responsables de numerosos crímenes de guerra documentados[298]. Está comandada

---

296. Amie Ferris-Rotman, «The Russians Fighting Putin in Ukraine», *Time Magazine*, 8 de abril de 2022 (https://time.com/6165422/russians-in-ukraine/)

297. Andy Blatchford, «Band of others: Ukraine's legions of foreign soldiers are on the frontline», *Politico*, 24 de marzo de 2022 (actualizado el 25 de marzo de 2022) (https ://www.politico.com/news/2022/03/24/ukraine-legion-foreign-soldiers-00020233)

298. Alexander Rubinstein, «US lawmakers welcomed notorious Georgian warlord now boasting of war crimes in Ukraine», *The Grayzone*, 8 de abril de 2022 (https://thegrayzone.com/2022/04/08/lawmakers-georgian-warlord-war-crimes-ukraine/)

por Mamuka Mamulashvili, que declara: «*Hablo en nombre de la legión georgiana, nunca tomaremos prisioneros entre los soldados rusos. Ni uno solo de ellos será hecho prisionero*»[299]. Según fuentes ucranianas[300], la Legión Nacional Georgiana fue incluso responsable de crímenes de guerra en los alrededores de Boutcha el 30 de marzo de 2022.

3.2.15. Batallones de defensa territorial

3.2.15.1. El batallón «AÏDAR»

Figura 44 - Emblemas del Batallón 24 AÏDAR (izquierda) y de su rama OSKAR DIRLEWANGER (derecha). El simbolismo de la calavera y las tibias cruzadas, utilizado por el Tercer Reich para las SS y las unidades blindadas de la Wehrmacht, y la referencia al comandante de las SS Oskar Dirlewanger nos remiten inequívocamente a la Segunda Guerra Mundial. El SS-Oberführer Dirlewanger había cometido tantos crímenes como jefe del campo de trabajo de Stary Dzików, en Polonia, que fue relevado de su mando por la jerarquía de las SS. Enviado a Bielorrusia, dirigió una lucha brutal y despiadada contra los partisanos soviéticos al frente del «Sonderkommando Dirlewanger».

Desde 2014, el batallón AÏDAR es tristemente célebre en la región de Donbass, donde ha arrasado con brutalidad. La diferencia entre las formaciones rusoparlantes que combaten en el Donbass y las formaciones gubernamentales es que las primeras

---

299. https://twitter.com/RWApodcast/status/1511698257566654466
300. https://t.me/uniannet/42715

proceden de esta región. Los voluntarios ucranianos proceden de otras regiones y no sienten especial empatía por la población local. Esto explica la ausencia total de una estrategia de *«corazones y mentes»* para combatir la insurgencia. El objetivo no es ganarse a la población local mediante la seducción y suprimir así el apoyo a los rebeldes, como habían hecho los británicos en Malasia, por ejemplo, sino castigarlos. Por eso la propaganda en lengua rusa se refiere a ellos como *«batallones de represalia»*.

En noviembre de 2022, tras la retirada de las tropas rusas, unidades ucranianas tomaron posesión del lugar e iniciaron una purga. Como era de esperar, apareció el emblema de la brigada SS Dirlewanger, reciclado para las formaciones de represalia ucranianas.

Figura 45 - Insignia de la brigada Dirlewanger de las Waffen SS, vista en los cascos de soldados ucranianos en Kherson. También conocida como los «Cazadores Negros», esta brigada se dedicaba a operaciones de purga. Aunque la insignia no sugiere la existencia de una unidad de represalia en la ciudad, sí sugiere el estado de ánimo imperante. Al parecer, las fuerzas ucranianas perpetúan esta tradición para defender nuestros valores...

Occidente, que utilizó los mismos métodos en Afganistán e Irak, obviamente no condena este enfoque brutal, que permite a Vladimir Putin utilizar el término «genocidio».

3.2.15.2. El batallón de voluntarios OUN

Figura 46 - Emblema del movimiento voluntario de la Organización de Nacionalistas Ucranianos (OUN). Su código gráfico es el mismo que el de Praviy Sektor.

El batallón de la *Organización de Nacionalistas Ucranianos* (Організація українських націоналістів) tiene sus orígenes a finales de la década de 1920. Sus vínculos con Praviy Sektor y la extrema derecha ucraniana son fuertes.

Figura 47 - Emblema de la 14ª División Panzer SS «Galitzia», frecuentemente observada manifestándose con el batallón OUN en Ucrania occidental.

La OUN es la madre de las organizaciones nacionalistas ucranianas. Originaria de la parte occidental de Ucrania, apoyó en gran medida a las fuerzas del Tercer Reich en la lucha contra los soviéticos. La fragmentación gradual del movimiento nacionalista ucraniano redujo su potencial numérico. En cambio, la OUN siguió siendo un referente y continuó gozando de gran prestigio en Ucrania. Sus unidades se integraron en el *Cuerpo de Voluntarios Ucranianos* (DUK) del Praviy Sektor.

4. Aumento de las tensiones

Para explicar la intervención rusa, se recurre a la retórica de la Guerra Fría, sustituyendo «URSS» por «Rusia». En *France 5,* Benoît Vitkine, corresponsal de *Le Monde* en Moscú, atribuye a Rusia el deseo de exportar «su modelo». Pero desde 1991, Rusia ha adoptado nuestro modelo occidental. La idea de que Rusia intenta convencernos de que *«su modelo es mejor que el nuestro»* no tiene ningún sentido.

Los acontecimientos vistos por los medios de comunicación occidentales

Fecha	Evento
03/02/2021	Zelensky promulgó un decreto por el que se prohibían ocho medios de comunicación de la oposición, entre ellos tres canales de televisión (*112 Ucrania, NewsOne* y *ZIK*)[301, 302].

301.«Ucrania: Zelenskiy prohíbe tres cadenas de televisión de la oposición», *dw.com,* 3 de febrero de 2021 (https://p.dw.com/p/3ooET)
302.«Ucrania: Zelenskiy prohíbe tres cadenas de televisión de la oposición», dw.com, 3 de febrero de 2021 (https://p.dw.com/p/3ooET)

Fecha	Evento
24/03/2021	Zelensky emitió un decreto[303] para reconquistar Crimea, lo que significaba tomar el control del Donbass. A partir de entonces, reforzó su presencia militar en el sur del país y a lo largo de la línea de contacto con las autoproclamadas repúblicas del Donbass. Varios servicios de inteligencia occidentales han observado indicios de una ofensiva ucraniana en el Donbass, en particular el despliegue de sistemas de desminado.
19/01/2022	El Congreso estadounidense aprueba la *Ley de Préstamo y Arriendo de Defensa de la Democracia Ucraniana de* 2022 (S.3522)[304] para suministrar armas a Ucrania por la «*agresión en curso*».
11/02/2022	En una rueda de prensa, Joe Biden, Presidente de Estados Unidos, declaró que Rusia atacaría Ucrania el 16 de febrero. Estados Unidos alertó a sus aliados[305]. ¡El tabloide británico *Sun* llegó a mencionar un ataque con 200.000 hombres (el doble de los mencionados anteriormente), y precisó que tendría lugar a la 1 de la madrugada[306], mientras que otros anunciaban las 3 de la madrugada[307]!
12/02/2022	Representantes de la República Popular de Lugansk informan en la reunión del *Centro Conjunto de Control y Coordinación (CCCC)* de que no se han producido violaciones del alto el fuego en los últimos quince días.

303.https://www.president.gov.ua/documents/1172021-37533

304.https://www.congress.gov/bill/117th-congress/senate-bill/3522

305.Alexander Ward & Quint Forgey, «Putin could attack Ukraine on Feb. 16, Biden told allies», Politico.com, 11 de febrero de 2022; «Biden tells allies Russia may attack Ukraine on February 16: Reports», *WION*, 12 de febrero de 2022 (https://www.politico.com/newsletters/national-security-daily/2022/02/11/putin-could-attack-ukraine-on-feb-16-biden-told-allies-00008344)

306.Nick Parker y Jerome Starkey, «HIGH ALERT Russia set to invade Ukraine at any time with massive missile blitz and 200,000 troops, US intelligence claims», *The Sun*, 15 de febrero de 2022 (actualizado el 16 de febrero de 2022).

307.Chris Hughes, «Russian invasion of Ukraine set for '3am today' with missiles and tank attack», *mirror.co.uk*, 15 de febrero de 2022 (actualizado el 16 de febrero de 2022) (https://www.mirror.co.uk/news/world-news/breaking-russian-invasion-ukraine-set-26232612)

Fecha	Evento
14/02/2022	En un discurso televisado, el Presidente Zelensky se dirigió a la comunidad internacional: «Si usted, o cualquier otra persona, tiene más información sobre una invasión 100% rusa a partir del día 16, por favor, pásenos esta información».[308] El Departamento de Estado estadounidense cerró su embajada en Kiev, ordenó la destrucción de ordenadores y equipos de transmisión[309] y trasladó a su personal a Lvov, cerca de la frontera polaca[310].
15/02/2022	La Duma pide formalmente a Vladimir Putin que reconozca la independencia de las autoproclamadas repúblicas de Donbass. Putin no ha respondido.
15/02/2022	Los medios de comunicación informaron de un ciberataque de «denegación de servicio» dirigido contra los principales bancos e instituciones ucranianos[311]. Al día siguiente, el criminólogo Alain Bauer explicó en el programa de televisión «*C dans l'air*» que el ataque formaba parte de una compleja estrategia de «*pequeños toques*» con la que Vladimir Putin pretendía hacer la guerra sin hacerla realmente, y que el ataque era un mensaje para indicar que la guerra se libraría tanto sobre el terreno como en el ciberespacio[312]. Sin embargo, el mismo día, *Reuters* informó: «Cloudflare, con sede en San Francisco y uno de los principales proveedores de protección contra la denegación de servicio, declaró que no tenía constancia de «grandes actividades de DDoS» en Ucrania contra sus centros de datos o sus clientes.»[313]

308. Ellen Knickmeyer, Jim Heintz y Aamer Madhani, «Ukraine's President: 'If You Have Information About a Russian Invasion, Please Forward That to Us'», *Time*, 14 de febrero de 2022.

309. John Hewitt Jones, «State Department orders destruction of IT equipment at Kyiv embassy», *FedScoop*, 14 de febrero de 2022.

310. Laura Kelly, «US Embassy in Kyiv destroying documents as drawdown underway», *The Hill*, 14 de febrero de 2022.

311. Maggie Miller, «Ukrainian Ministry of Defense websites hit by cyberattack», *politico.com*, 15 de febrero de 2022.

312. Alain Bauer, en el programa «C dans l'air» del 16 de febrero de 2022 («Ukraine: mais à quoi joue Poutine? #cdanslair 16.02.2022», *France 5/YouTube*, 18 de febrero de 2022) (16'45")

313. «Ukraine defence ministry website, banks, knocked offline», *Reuters*, 15 de febrero de 2022.

Fecha	Evento
15/02/2022	El presidente Zelensky anunció que el 16 de febrero sería el «*Día de la Unidad*», definido por The *Times* of London como «*una nueva fiesta introducida como señal de desafío a las tropas* rusas»[314]. Llamó a la población a tomar las calles en masa al día siguiente. Los medios de comunicación occidentales se preparan para filmar el acontecimiento. *Reuters* anunció incluso una «*retransmisión en directo*» desde la plaza Maïdan de Kiev[315].
16/02/2022	El stream de Reuters muestra una plaza Maïdan desesperadamente vacía, de la que los internautas se burlarán rápidamente. En su informe diario, los observadores de la OSCE mencionan la reunión de 200 personas en Kiev «en total»[316]. Está claro que los ucranianos no tienen prisa por demostrar su unidad contra Rusia.
16/02/2022	Los observadores de la OSCE informan de un aumento significativo de las violaciones del alto el fuego a lo largo de la línea de contacto. El número de explosiones se ha multiplicado por diez, y el mapa que han elaborado muestra que afectan principalmente a la población civil del Donbass. Para Rusia, este repentino aumento del fuego de artillería es un indicador de la inminencia de una ofensiva terrestre.

314. Catherine Philp, «Ukraine puts on a defiant Unity Day», *The Times*, 17 de febrero de 2022.

315. https://nitter.net/UkrWarReport/status/1493681084084760578#m

316. https://reliefweb.int/sites/reliefweb.int/files/resources/2022-02-17 %20 Daily %20Report_ENG.pdf

Fecha	Evento
17/02/2022	El fuego de artillería se intensificó aún más, alcanzando 20 veces el nivel «habitual» a lo largo de la línea de contacto. Occidente acusó inmediatamente a los «prorrusos». Boris Johnson y Jens Stoltenberg, Secretario General de la OTAN[317, 315], calificaron de ataque *con «bandera falsa»* el proyectil que impactó en una guardería de Stanitsa Louganskaya. En Francia, *La Dépêche* informó del suceso y citó a Boris Johnson, evitando mencionar la expresión *«pancarta falsa»* pero dando la vuelta al argumento y refiriéndose a una provocación[318, 316]. Entonces, ¿les gustaría a los rebeldes que el ejército ucraniano les atacara? Un rápido examen de la escena tras el incidente muestra que la ubicación de la escuela en territorio gubernamental tiende a invalidar la idea de un ataque con falsas banderas, mientras que la dirección del impacto tiende a indicar que el disparo provino de las líneas ucranianas. Atribuir el disparo a las fuerzas autonomistas es tanto menos creíble cuanto que las tropas ucranianas impiden a los observadores de la OSCE (SMM) acceder al edificio, como declaran en su informe diario: «La Misión Especial de Observación sólo pudo llevar a cabo su evaluación a una distancia de unos 50 metros de la fachada noreste y de unos 30 metros de la fachada suroeste del edificio dañado, ya que un agente de las fuerzas del orden no permitió a la Misión acceder al lugar alegando que se estaba llevando a cabo una investigación»[319, 317] Naturalmente, ninguno de los medios de comunicación occidentales informa sobre este aspecto de las cosas, ya que podría confirmar que las provocaciones proceden del lado ucraniano. En realidad, no sabemos nada al respecto.
18/02/2022	El Presidente Joe Biden declaró en rueda de prensa que estaba convencido de que Vladimir Putin había tomado la decisión de atacar Ucrania en los próximos días[320].

317. Heather Stewart, Dan Sabbagh & Patrick Wintour, «Boris Johnson: Ukraine kindergarten shelling is false-flag operation», *The Guardian*, 17 de febrero de 2022; «UK PM Johnson says Ukraine kindergarten attack a 'false flag operation'», *Euronews/Reuters*, 18 de febrero de 2022.

318. «Bombardment d'une école en Ukraine : ce que l'on sait de cette attaque qui a fait trois blessés», *ladepeche.fr*, 17 de febrero de 2022.

319. https://www.osce.org/files/2022-02-18 Informe diario_ENG.pdf

320. «Citing U.S. Intelligence, Biden Says Putin Has Decided to Invade Ukraine», *The New York Times*, 18 de febrero de 2022 (actualizado el 13 de abril de 2022) (https://nyti.ms/36iLhfn)

Fecha	Evento
18/02/2022	La cadena estatal rusa *RT* afirma que Ucrania no dio la orden de atacar Donbass[321], lo que demuestra que ni los rusos ni los ucranianos desean aumentar las tensiones.
18/02/2022	El sitio web nacionalista ucraniano *Information Resistance* anunció una acción con falsos carteles contra los depósitos de amoníaco de la empresa Stirol en Gorlivka[322]. Ese mismo día, la agencia Tass reveló que la milicia de la República Popular de Donetsk (RPD) había interceptado a dos comandos que *«hablaban polaco»* y estaban equipados con *«armas extranjeras»*. Se disponían a atacar el depósito de cloro de una planta de tratamiento de aguas y el depósito de amoníaco de Stirol, en Gorlivka[323]. Los portavoces rusos atribuyen la operación a Ucrania, pero podría haber sido llevada a cabo por terceros.
18/02/2022	Ante las afirmaciones occidentales de un ataque inminente, Oleksei Reznikov, Ministro de Defensa ucraniano, declaró ante la Rada : «Ucrania cree que la probabilidad de una escalada importante del conflicto con Rusia es baja.[324]
19/02/2022	El Presidente Zelensky asistió a la conferencia anual de seguridad de Múnich[325], a pesar de que los estadounidenses se lo habían desaconsejado por el riesgo de un ataque ruso[326]. Planteó la posibilidad de que Ucrania renegara del Memorando de Budapest y adquiriera armas nucleares.

321. «Ucrania dice que no ha ordenado atacar Donbass», *rt.com*, 18 de febrero de 2022.

322. 24 «Оккупанты минируют места хранения амиака на заводе «Стирол»: данные группы ИС», Resistencia informativa, 18 de febrero de 2022 (https://sprotyv.info/news/okkupanty-minirujut-mesta-hraneniya-ammiaka-na-za-vode-stirol-dannye-gruppy-is).

323. https://tass.ru/mezhdunarodnaya-panorama/13755607/amp

324. «Ukraine Estimates Probability of Major Escalation With Russia as Low Defence Minister», *Reuters/USNews*, 18 de febrero de 2022.

325. «La Oficina del Presidente anuncia la agenda de Zelensky para la Seguridad de MunichConferencia», *ukrinform.ua*, 19 de febrero de 2022

326. Kylie Atwood, Phil Mattingly y Matthew Chance, «Biden administration urged Zelensky not to leave Ukraine and visit Munich», *CNN*, 19 de febrero de 2022.

Fecha	Evento
19/02/2022	The *Washington Post* confirma que no hay pruebas de que Rusia haya decidido atacar Ucrania: algunos aliados europeos cuestionan la creencia estadounidense de que el Kremlin vaya a lanzar hostilidades, y afirman que no han visto pruebas directas que sugieran que Putin se haya embarcado en esa vía. En Múnich, un funcionario europeo declaró al Washington Post que «no tenemos pruebas claras de que Putin haya tomado su decisión y no hemos visto nada que sugiera lo contrario». Otro dijo que, aunque la situación era grave, «en este momento no tenemos información clara» de que Putin haya decidido invadir el país. Los funcionarios dijeron que habían recibido poca información sobre las fuentes y los métodos utilizados por EE.UU. para llegar a sus conclusiones, lo que limita su capacidad para juzgar de forma independiente el peso que debe darse a las afirmaciones de Biden de que Putin tomó la decisión de atacar.[327]

Desde el punto de vista ruso, las cosas se perciben de forma algo diferente, porque desde marzo de 2021, sus servicios de inteligencia militar han estado siguiendo la evolución de la escalada ucraniana en el sur de Ucrania. El curso de los acontecimientos apenas se menciona en nuestros medios de comunicación, que posteriormente darán la ilusión de que el ataque ruso fue como un «trueno en un cielo azul».

Los acontecimientos vistos desde Rusia

Fecha	Evento
15/02/2022	El Parlamento ruso (Duma) vota una resolución en la que pide a Vladimir Putin que *«Examinar la cuestión del reconocimiento por parte de la Federación Rusa de la República Popular de Donetsk y de la República Popular de Lugansk como Estados autónomos, soberanos e independientes.*[328] Vladimir Putin se niega.

---

327. Souad Mekhennet, Karoun Demirjian, Ellen Nakashima, John Hudson y Shane Harris, «Zelensky rips the West for inaction as shelling makes Russia-Ukraine war seem increasingly imminent», *The Washington Post*, 19 de febrero de 2022.
328. https://sozd.duma.gov.ru/bill/58243-8

Fecha	Evento
15/02/2022	El sitio web de la oposición rusa *Meduza* informa de que, durante su conferencia de prensa con Olaf Scholz, Putin indicó que la cuestión de la independencia de las repúblicas no figura en el orden del día y que la prioridad de la política rusa sigue siendo la aplicación de los Acuerdos de Minsk[329].
16/02/2022	Los observadores de la OSCE informan de un aumento significativo de la actividad de la artillería ucraniana contra el Donbass[330]. Para los rusos, esto es un indicador de una inminente ofensiva ucraniana.
18/02/2022	Los civiles del Donbass están empezando a ser evacuados apresuradamente lejos de la línea de contacto y hacia Rusia.
19/02/2022	Según Reuters: «Dos regiones del este de Ucrania en las que se enfrentan fuerzas gubernamentales y separatistas desde 2014 sufrieron el viernes más de 1.400 explosiones, según informaron observadores de la Organización para la Seguridad y la Cooperación en Europa (OSCE), que destacaron un repunte de los bombardeos[331]»
21/02/2022	A medida que la situación empeoraba para la población civil de Donbass, el presidente Vladimir Putin firmó el reconocimiento por parte de Rusia de la independencia de las dos repúblicas. Al mismo tiempo, firmó «*Tratados de Amistad, Cooperación y Asistencia Mutua*» con las dos repúblicas. Esa misma noche, pronunció un discurso televisado sin ambigüedades: «Queremos que quienes han tomado y siguen tomando el poder en Kiev cesen inmediatamente las hostilidades. De lo contrario, la responsabilidad de cualquier nuevo derramamiento de sangre recaerá enteramente en la conciencia del régimen en el poder en Ucrania.»[332]

---

329. «Мы должны все сделать для решения проблем Донбасса». Путин - о предложении Госдумы признать независимость ДНР и ЛНР», *meduza.io*, 15 de febrero de 2022.

330. «La OSCE informa de un aumento del número de explosiones en el este de Ucrania», *Reuters*, 19 de febrero de 2022 (https://www.reuters.com/world/europe/osce-reports-surge-number-explosions-east-ukraine-2022-02-19/)

331. «La OSCE informa de un aumento del número de explosiones en el este de Ucrania», Reuters, 19 de febrero de 2022 (https://www.reuters.com/world/europe/osce-reports-surge-number-explosions-east-ukraine-2022-02-19/)

332. « Discurso del Presidente de la Federación Rusa, *kremlin.ru*, 21 de febrero de 2022 (http://en.kremlin.ru/events/president/news/67828)

Fecha	Evento
22/02/2022	Los parlamentos de Rusia y de las dos repúblicas de Donetsk y Lugansk ratificaron los tratados firmados el día anterior. Rusia tiene ahora legitimidad formal para prestar ayuda militar a la población de Donbass.
23/02/2022	Ante la intensificación de los ataques ucranianos, que se han multiplicado por 40 desde el 14 de febrero, las Repúblicas de Donetsk y Lugansk solicitan ayuda militar a Rusia en virtud del acuerdo firmado el 21 de febrero.
24/02/2022	Invocando el artículo 51 de la Carta de las Naciones Unidas sobre el derecho a la defensa colectiva, Vladimir Putin anunció que había decidido lanzar una operación militar contra Ucrania para neutralizar la amenaza que pesa sobre la población de Donbass.

Evolución del número de explosiones registradas por la OSCE en el Donbass entre 2020 y 2022

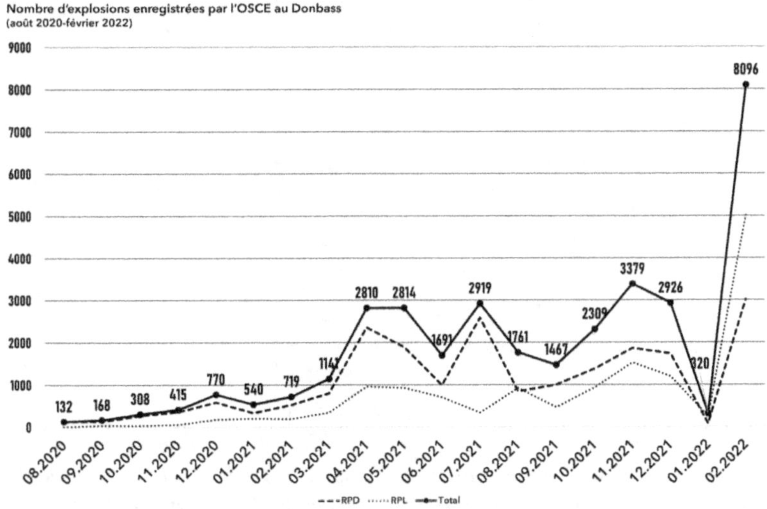

Figura 48 - El número de explosiones registradas en la República Popular de Donetsk (RPD) y la República Popular de Lugansk (RPL) y las víctimas civiles causadas por el ejército ucraniano disparando contra su propia población no atraen la atención de ningún medio de comunicación occidental. Su repentino aumento en febrero de 2022 indicaba el inminente lanzamiento de una operación a gran escala. [Fuentes: OSCE, International Crisis Group].

4. Aumento de las tensiones

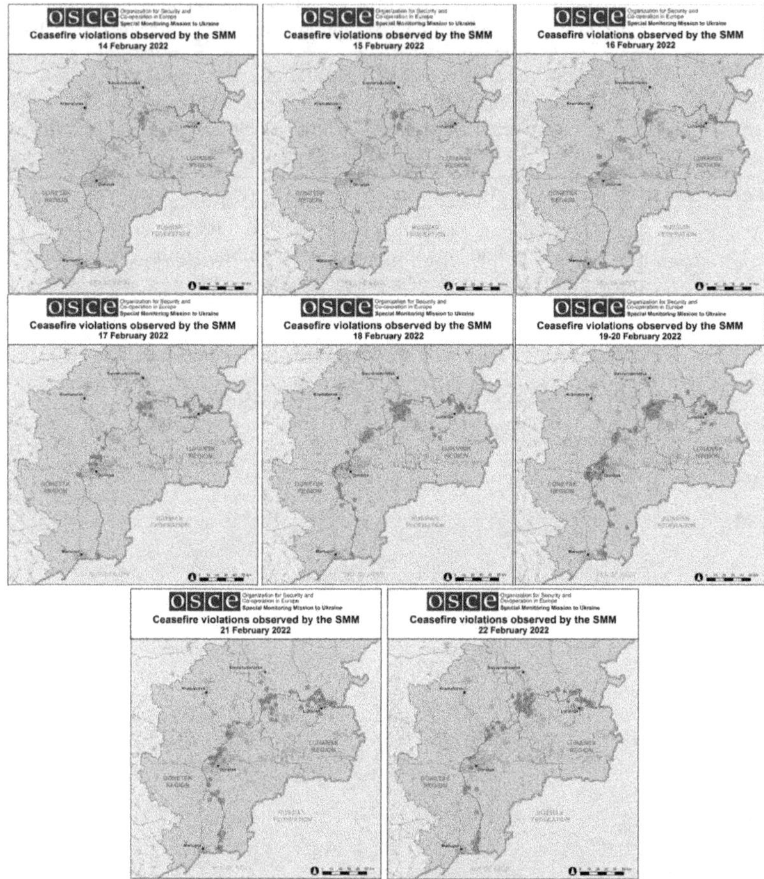

Figura 49 - El número de explosiones y violaciones del alto el fuego aumentó drásticamente a partir del 15 de febrero. Apenas visibles en estos mapas en blanco y negro, las ubicaciones de las explosiones indican claramente el interior de las repúblicas de Donetsk y Lugansk. [Fuente: Informes diarios de los observadores de la OSCE].

Número de explosiones registradas por los observadores de la OSCE entre el 14 y el 22 de febrero de 2022

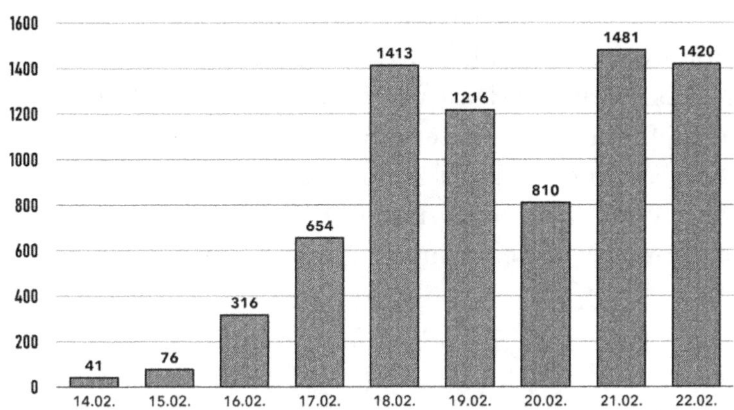

Figura 50 - Número de explosiones registradas por los observadores de la OSCE a ambos lados de la línea de contacto. El examen de los mapas muestra, sin embargo, que la mayoría de estas explosiones afectaron a la población del Donbass. Fuente: Informes diarios de los observadores de la OSCE.

Todos los indicadores de que un conflicto era inminente estaban presentes desde marzo de 2021. La diplomacia occidental optó por ignorarlos, demostrando que, a pesar de sus declaraciones, ni nuestros diplomáticos ni nuestros medios de comunicación sienten compasión alguna por Ucrania. Argumentos como que *«no se negocia con un dictador»* sirvieron de cortina de humo para una política que buscaba más debilitar a Rusia que ayudar a Ucrania.

Por supuesto, invocar el artículo 51 puede considerarse un artificio legal para justificar la operación contra Ucrania, pero ¿qué hay de las intervenciones occidentales en Afganistán, Irak y Siria, que sólo se justificaron invocando falsamente intereses nacionales, desafiando el derecho internacional?

Ni en 2014 ni en 2021 Vladimir Putin tenía intención de atacar o invadir Ucrania. Quienes así lo afirman tienen dificultades para articular un objetivo para un posible ataque. La situación es obviamente muy diferente a principios de 2022, pero hasta entonces ninguna de las acusaciones vertidas por Occidente ha sido confirmada por los servicios de inteligencia occidentales. La idea de que Vladimir Putin está tratando de «recuperar» Ucrania y que, al no poder hacerlo, está tratando de obstaculizar su desarrollo[333] no tiene ningún tipo de realidad.

---

333. Pascal Boniface en el programa «C dans l'air» el 25 de enero de 2022 («Ukraine: la surenchère russe... ou américaine? #cdanslair 25.01.2022», *France 5/YouTube*, 26 de enero de 2022 (15'50"))

5. Operación Z

5.1.Los problemas

5.1.1.Cuestiones ucranianas

Las apuestas de un conflicto con Rusia son numerosas para Ucrania y la acción occidental. En primer lugar, en el plano económico, en mayo de 2014, el *Fondo Monetario Internacional* advirtió a Ucrania de que no obtendría su préstamo de 17.000 millones de dólares si no recuperaba el control del este del país...:

> *Si el gobierno central pierde el control efectivo del Este, habrá que replantearse el programa.*[334]

Esto es lo que está impulsando a Kiev a relanzar su ofensiva contra el Donbass. Ucrania recibió un primer tramo justo

---

334.Catherine Boyle, «El FMI advierte a Ucrania sobre el rescate si pierde el este», CNBC, 1 de mayo de 2014 (actualizado el 21 de mayo de 2014) (https:// www.cnbc.com/2014/05/01/ukraine-gets-17bn-bailout-russian-risks-remain.html).

después de los sucesos de Odessa[335]. Existe, por tanto, una presión internacional sobre Ucrania para que restablezca su soberanía sobre la totalidad del territorio. Sin embargo, esta presión no descarta *a priori* una solución negociada al conflicto. Pero esta no es la vía elegida por Kiev.

La cuestión clave para Ucrania es su adhesión a la OTAN, que ve como una garantía de su independencia y supervivencia. Sabe que este objetivo seguirá siendo inalcanzable mientras no se resuelva el conflicto del Donbass. Por todo ello, las autoridades ucranianas no quieren una solución política como la prevista en los Acuerdos de Minsk, es decir, que implique la autonomía de las regiones del país. Los ultranacionalistas ven en ello el embrión de una escisión del país.

Quieren una «Ucrania pura». Así que necesitan expulsar a los rusoparlantes del país, lo que significa una confrontación con Rusia que probablemente durará mientras Rusia sea capaz de apoyar a los rusoparlantes en el Donbass. Por consiguiente, hay que lograr una victoria decisiva sobre Rusia. Así lo explica Olekseï Arestovitch, asesor y portavoz del presidente Zelensky, en una entrevista concedida al canal ucraniano *Apostrof TV* el 18 de marzo de 2019:

Olekseï Arestovitch: Con una probabilidad del 99,9%, nuestro precio por entrar en la OTAN es una gran guerra con Rusia. Y si no entramos en la OTAN, Rusia nos absorberá por completo en un plazo de 10 a 12 años. Ese es el rango en el que estamos. ¡Ahora ve y vota por Zelensky!

A' : Y si pudiera elegir, ¿cuál sería la mejor?

335.«Ukraine receives first $3.2 bln from IMF programme -central bank», *Reuters*, 7 de mayo de 2014.

O.A. : Por supuesto, una gran guerra con Rusia y el ingreso en la OTAN tras la victoria sobre Rusia.

A': ¿Y cómo sería una gran guerra con Rusia?

O.A. : Bueno, podría ser una gran operación aérea ofensiva. Una invasión del ejército ruso, con unidades establecidas en nuestra frontera. Un asedio a Kiev. Un intento de rodear a las tropas en las regiones de Donetsk y Luhansk, un ataque a través del istmo de Crimea, el acceso al embalse de Novokakhovsk para abastecer de agua a Crimea. Una ofensiva desde el territorio de Bielorrusia. La creación de nuevas Repúblicas Populares. Sabotaje. Ataques a infraestructuras críticas. Y así sucesivamente. Un asalto aéreo. Es una guerra en toda regla. Y es 99% probable.

A': ¿Cuándo?

O.A.: De 2021 a 2022. Bueno, de 2020 a 2022. El período más crítico. Y luego, el período más crítico es de 2024 a 2026. Y el siguiente es de 2028 a 2030. Podría haber tres guerras con Rusia.

A' : ¿Y qué hay de 2024 a 2028... Si hay una guerra tan grande, se proclamarán nuevas repúblicas populares?

O.A. : ¡Por supuesto! En cuanto los saboteadores y los paracaidistas rusos se pongan delante de los tanques rusos, proclamarán las Repúblicas Populares de Kharkov, Soumy, Tchernihiv, Odessa, Kherson. Y así sucesivamente. La República Popular de Zaporozhia. Pero el precio de entrar en la OTAN es, con toda probabilidad, un conflicto a gran escala con Rusia. Un conflicto mayor con Rusia del que tenemos hoy. O una serie de tales conflictos. Pero en ese conflicto, seremos apoyados muy activamente por Occidente. Armas. Equipamiento. Asistencia. Nuevas sanciones contra Rusia. Muy probablemente, la introducción de un contingente de la

OTAN. Una zona de exclusión aérea, y así sucesivamente. En otras palabras, no lo perderemos. Y eso es bueno.[336]

Así, convencidos por la retórica occidental sobre la debilidad militar y económica de Rusia, los ucranianos pensaron que sería posible una victoria decisiva contra ella. Así que asumieron deliberadamente el riesgo de sacrificar su país para obtener una derrota de Rusia como condición para entrar en la OTAN.

De hecho, Ucrania y Occidente han sido prisioneros de su narrativa sobre la situación en el Donbass. Al afirmar que Rusia estaba involucrada militarmente en el Donbass, con el fin de justificar sus derrotas militares en 2014-2015, los ucranianos se atraparon a sí mismos. Es poco probable que la OTAN acoja a un país en conflicto abierto con Rusia. Los ucranianos se vieron empujados a una especie de precipitación. Con la garantía del apoyo occidental para destruir la economía rusa y provocar una situación catastrófica que condujera a un cambio de régimen en Moscú, Ucrania empezó a albergar esperanzas de una victoria sobre Rusia.

Por eso era necesario provocar la intervención rusa. Como dijo el Papa Francisco en el diario milanés *Il Corriere della Sera* :

Los ladridos de la OTAN a las puertas de Rusia incitaron al jefe del Kremlin a reaccionar y declarar la guerra a Ucrania. No sé si esta ira fue provocada, pero contribuyó a que aumentara.[337]

336.«UCRANIA 24: Nostradamus ucraniano que predijo la guerra con rusia en 2019 con asombrosa exactitud», YouTube, 3 de abril de 2022 (https://www.youtube.com/watch?v=RZ3GsYPRkv4)
337.https://www.marianne.net/monde/europe/la-colere-de-poutine-et-les-aboiements-de-lotan-le-pape-francois-se-confie-sur-la-guerre-en-ukraine

5.1.2. *Cuestiones rusas*

Para Rusia, la cuestión es más compleja. Tiene una dimensión tanto política interna como geoestratégica. Se trata de mantener la estabilidad del país al tiempo que mejora su seguridad nacional.

A nivel interno, el gobierno ruso no puede permitirse que una minoría rusa en el extranjero sea atacada por su gobierno. Como ocurrió en Georgia, la población rusa apoya firmemente la intervención rusa en estas situaciones.

En términos geoestratégicos, Rusia considera la posible adhesión de Ucrania a la OTAN como una cuestión de seguridad nacional. El problema no es la adhesión en sí, sino la posibilidad de que Estados Unidos instale armas -incluso nucleares- en las inmediaciones de su frontera. Por eso Rusia hizo propuestas a la OTAN y a Estados Unidos a mediados de diciembre de 2021. Dicho esto, Rusia sabía que, debido al conflicto en Donbass, la entrada de Ucrania en la OTAN no estaba en la agenda durante muchos años.

A principios de 2022, los rusos se dieron cuenta de que la ofensiva que los ucranianos llevaban preparando desde 2021 contra el Donbass, con la complicidad de los estadounidenses, era inminente. Sabían que su intervención, cualquiera que fuera su magnitud, iría acompañada de un aluvión de sanciones. Así que pueden jugárselo todo y matar dos pájaros de un tiro: destruir la capacidad militar ucraniana y obligar a Ucrania -y por tanto a la OTAN- a la neutralidad.

Por tanto, es la situación en el Donbass la que está desencadenando la ofensiva rusa, cuyos objetivos están claramente asociados a la seguridad de las poblaciones rusoparlantes. Pero esto podría permitir a Vladimir Putin utilizar su éxito en Ucrania como palanca para alcanzar otros objetivos. Incluso es concebible que, con el deterioro de la situación económica de Europa, Rusia pueda aprovechar la situación para reforzar su posición geoestratégica.

5.2.Planificación

No conocemos el estado de la planificación militar rusa hasta el comienzo de la ofensiva rusa. En cualquier caso, hasta mediados de febrero de 2022, los servicios occidentales no observaron ninguno de los indicadores que suelen observarse antes de una operación de este tipo. Esto sugiere que, hasta febrero de 2022, Rusia no tenía intención de atacar Ucrania. Esto explica las dudas expresadas por funcionarios estadounidenses al *Washington Post* sobre una posible ofensiva[338].

Por otro lado, es más que probable que haya preparado planes de intervención militar en caso de que Ucrania lance una ofensiva decisiva para apoderarse del Donbass por la fuerza. Como en muchos países, el Estado Mayor ruso trabaja constantemente en planes alternativos para responder a situaciones inesperadas. Esto se conoce como planes de *contingencia* en la OTAN y decisiones reservadas en Suiza. En *RTS,* Marc Allgöwer, redactor jefe adjunto del canal, afirma que la ofensiva rusa fue planeada por la 5ª dirección del FSB y que, tras los malos resultados de la operación, su director fue encarcelado y luego (inexplicablemente) liberado antes de que el GRU, el servicio de inteligencia militar, asumiera sus responsabilidades[339]. Se trata de puro conspiracionismo, como acostumbra a hacer el canal: se crean hechos a partir de hipótesis, que luego se juntan para difundir rumores sobre disfunciones en la gobernanza rusa.

En realidad, la operación fue planeada por el Estado Mayor ruso. De ello se encargó su Dirección *Principal de Operaciones*

338.Souad Mekhennet, Karoun Demirjian, Ellen Nakashima, John Hudson y Shane Harris, «Zelensky rips the West for inaction as shelling makes Russia-Ukraine war seem increasingly imminent», *The Washington Post,* 19 de febrero de 2022.
339. https://www.rts.ch/play/tv/redirect/detail/13086647?startTime=1092

(GOU), mientras que la inteligencia sobre la situación en Ucrania corrió a cargo de la *Dirección Principal de Inteligencia* (GRU). El GRU mantiene estrechos contactos con la inteligencia militar de las fuerzas de las repúblicas de Donetsk y Lugansk. No está claro por qué el EMG habría recurrido a una estructura externa -el FSB- cuyo cometido es diferente.

En la primavera de 2021, las cancillerías occidentales observaron un aumento del nivel de actividad de las fuerzas rusas en el Distrito Militar Sur. Los estadounidenses agitaron el fantasma de una ofensiva rusa en Ucrania. De hecho, ya en marzo de 2021, dos acontecimientos atrajeron la atención de Rusia:

a) El 24 de marzo, el presidente Volodymyr Zelensky emitió un decreto destinado a recuperar Crimea por la fuerza[340], lo que presupone la neutralización previa del Donbass. Comienza a desplegar tropas en el sur del país. Naturalmente, ninguno de los medios de comunicación occidentales informó sobre los movimientos de tropas ucranianas observados a mediados de marzo[341] y principios de abril[342], mientras que Twitter cerró las cuentas que mostraban transportes de tanques ucranianos al Donbass....

b) Al mismo tiempo, la OTAN está lanzando la serie de ejercicios DEFENDER EUROPA 21, que tendrán lugar entre marzo y junio de 2021 cerca de la frontera rusa entre el Mar Báltico y el Mar Negro[343]. Los rusos han observado un preocupante aumento de los vuelos de reconocimiento de la OTAN a lo largo de la frontera ucraniana y en el Mar Negro[344]. Procedentes de las

---

340. https://www.president.gov.ua/documents/1172021-37533
341. https://twitter.com/theragex/status/1371009926395494402
342. https://twitter.com/worldonalert/status/1377691126149349382; https://twitter.com/AmbranderB/status/1378773857142706181
343. https://www.europeafrica.army.mil/DefenderEurope/
344.Tim Ripley, «US, UK surge surveillance flights over Ukraine and Black Sea», janes.com, 12 de abril de 2021 (https://www.janes.com/defence-news/

bases de Waddington (Gran Bretaña), Sigonella (Italia) y Souda Bay (Creta), aviones de reconocimiento electrónico RC-135 Rivet Joint, drones estratégicos RQ-4 Global Hawk de la Fuerza Aérea estadounidense y aviones ARTEMIS del Ejército estadounidense están llevando a cabo misiones a lo largo de la costa de Crimea[345].

Los rusos no esperan un ataque de la OTAN. Sin embargo, saben que Estados Unidos, Gran Bretaña y Francia comparten información de inteligencia con Ucrania. Esta intensificación de las misiones de reconocimiento podría ser el preludio de una ofensiva ucraniana. Esta situación explica los ejercicios del ejército ruso en la primavera de 2021. Rusia está poniendo a prueba la preparación operativa de sus tropas y demostrando que sigue de cerca la evolución de la situación. Las maniobras pretenden aparentemente tener un efecto disuasorio, lo que los estadounidenses llaman una *demostración de fuerza*. Sin embargo, nada indica que Rusia tenga intención de intervenir en Ucrania. De hecho, ¡no está interviniendo en absoluto!

Seis meses después, el 30 de octubre de 2021, el *Washington Post* informó de un inusual despliegue de tropas rusas en la frontera ucraniana[346]. Al día siguiente, el medio estadounidense *Politico* publicó fotos por satélite de tropas estacionadas «*cerca de la frontera ucraniana*»[347].

Las imágenes están dando la vuelta al mundo, pero son engañosas. Muestran vehículos aparcados en Yelnia, en la provincia de Smolensk, fronteriza con Bielorrusia y a 250 km de la frontera

news-detail/us-uk-surge-surveillance-flights-over-ukraine-and-black-sea)
345. https://www.itamilradar.com/2022/01/25/busy-sky-over-black-sea-2/
346.Paul Sonne, Robyn Dixon & David L. Stern, «Russian troop movements near Ukraine border prompt concern in U.S., Europe», *The Washington Post*, 30 de octubre de 2021.
347.Betsy Woodruff Swan y Paul Mcleary, «Satellite images show new Russian military buildup near Ukraine», *Politico*, 1 de noviembre de 2021.

ucraniana. Además, estas fotos en primer plano sugieren que los vehículos están estacionados temporalmente a la espera de su despliegue. Sin embargo, algunos de estos equipos han estado almacenados desde el final del ejercicio ZAPAD 2021. Está previsto reutilizarlos durante las maniobras conjuntas en Bielorrusia a principios de 2022. Google Maps también muestra que estas zonas de estacionamiento están asociadas a instalaciones permanentes y a tropas cuyo despliegue se conoce desde hace tiempo. Por el momento, no parece que los rusos tengan intención de llevar a cabo una ofensiva en Ucrania.

El 12 de febrero de 2022, en una entrevista en el canal del importante diario *Neue Zürcher Zeitung (NZZ)*, Thomas Süssli, jefe del Ejército suizo, declaró sin mucha convicción que los rusos estaban esperando a que se congelara el terreno antes de lanzar su ofensiva[348]. No es el primero que intenta explicar por qué los rusos no están haciendo lo que nuestros estrategas imaginan que podrían hacer. Sin embargo, un vistazo a las previsiones meteorológicas para Ucrania en este momento muestra que las temperaturas previstas están subiendo, lo que demuestra -una vez más- que este «cálculo» estratégico es fantasioso.

El 1 de noviembre, el Ministerio de Defensa ucraniano negó que se hubieran desplegado fuerzas rusas en sus fronteras[349]. Al día siguiente, Oleksiy Danilov, Secretario del *Consejo Nacional de Seguridad y Defensa* de Ucrania (NSDC), confirmó el desmentido[350]. Su opinión fue validada por expertos militares

---

348.Andreas Breitenstein, «Stell dir vor, es ist Krieg - und die Schweiz mit drin», *nzz.ch*, 12 de febrero de 2022.

349.«Ukraine Denies Report of Russian Troop Buildup Near Its Borders", *US News/Reuters*, 1 de noviembre de 2021.

350.»Danilov desmintió las declaraciones de los medios occidentales sobre la concentración de tropas rusas cerca de las fronteras de Ucrania», *uatv.ua*, 2 de noviembre de 2021.

5. Operación Z

estadounidenses (los de verdad... no los de «C dans l'air») del *Instituto para el Estudio de la Guerra* (ISW), que concluyeron que «*es improbable que los movimientos militares rusos preparen una ofensiva inminente contra Ucrania*»[351]. Al día siguiente, estos mismos expertos publicaron sus conclusiones en el *Kyiv Post* bajo el titular «*Es poco probable que el ejército ruso se esté preparando para una ofensiva inminente*»[352].

También el 2 de noviembre, el director de la CIA, William Burns, viajó a Moscú para reunirse con su homólogo ruso, Nikolai Patrushev, director general del FSB (servicio de seguridad)[353] y Sergei Naryshkin, director general del SVR (inteligencia exterior). También mantuvo una conversación telefónica con Vladimir Putin, cuyo contenido exacto no fue revelado. Así que no sabemos si hablaron de la cuestión ucraniana, pero parece probable. En cualquier caso, parece que el gobierno estadounidense no está realmente alarmado por la situación.

El 3 de noviembre, el gobierno ucraniano confirmó que no había concentración de tropas rusas en su frontera[354].

Hay muchas razones para creer que el asunto se «desinflará» rápidamente. Pero eso sin contar con el deseo de los medios conspirativos de ver una ofensiva rusa. Es el caso de Le *Monde*, tres semanas después, que reavivó la teoría de una ofensiva inminente y no dudó en escribir que «*la reacción de las autoridades*

351.Mason Clark, George Barros, «Russian Military Movements Unlikely Preparing for Imminent Offensive against Ukraine but Still Concerning», *Instituto para el Estudio de la Guerra (ISW)*, 2 de noviembre de 2021.

352.Mason Clark y George Barros, «Russian military unlikely preparing for imminent offensive», *Kyiv Post*, 3 de noviembre de 2021.

353.Vladimir Isachenkov, «El jefe de seguridad ruso se reúne con el director de la CIA en Moscú», *AP News*, 2 de noviembre de 2021.

354.Ukraine Denies Russian Military Buildup on Border as Defense Minister Quit, *The Moscow Times/AFP*, 3 de noviembre de 2021.

ucranianas, en cambio, es confusa»[355]. Parece lamentable que el principal interesado, el gobierno ucraniano, aporte algo de racionalidad.

Mientras la retórica occidental se endurece, el gobierno ucraniano parece estar bajo presión. A principios de noviembre, Andrei Taran, ministro de Defensa, Oleksiy Lyubchenko, ministro de Economía, Oleg Ourousky, viceprimer ministro y ministro de Industrias Estratégicas, y Oleksiy Reznikov, ministro para la Reintegración de los Territorios Ocupados Temporalmente, dimitieron[356].

El 3 de diciembre de 2021, el *Washington Post* titulaba: «*Rusia planea una ofensiva militar masiva contra Ucrania con 175.000 soldados, advierte la inteligencia estadounidense*». El periódico publicaba un mapa elaborado por los servicios de inteligencia estadounidenses que mostraba el despliegue de las fuerzas rusas en la región ucraniana[357].

Los comentaristas dan la cifra de 175.000, pero el mapa estadounidense es menos categórico. Muestra que sólo 70.000 soldados están realmente presentes en la región cercana a Ucrania y en Crimea. El resto de las tropas se describen como «*esperadas*». En otras palabras, no están allí. Entre los ausentes se encuentran 100.000 reservistas, que forman parte de un

---

355. Faustine Vincent, «Aux frontières de l'Ukraine, c'est juste un nouveau jour de guerre'», *Le Monde*, 22 de noviembre de 2021 (actualizado el 24 de noviembre de 2021).

356. «Міністр із питань стратегічних галузей Уруський подав заяву про звільнення», *thepage.ua*, 1 de noviembre de 2021 (https://thepage.ua/ua/politics/uruskij-podav-zayavu-pro-zvilnennya); «Міністр оборони Таран подав заяву про звільненння», *thepage.ua, 3 de noviembre de 2021* (https://thepage.ua/ua/politics/taran-jde-z-minoboroni).

357. Shane Harris & Paul Sonne, «Russia planning massive military offensive against Ukraine involving 175,000 troops, U.S. intelligence warns», *The Washington Post*, 3 de diciembre de 2021.

proyecto lanzado en la segunda mitad de 2021 y aún experimental, destinado a sustituir el sistema de reclutamiento. Del mismo modo, las 100 agrupaciones tácticas (BTG) son sólo una suposición. Rusia sólo dispone de 168 en todo su territorio. Así que el escenario sugerido por los servicios de inteligencia estadounidenses implicaría el 60% de la capacidad total de Rusia. En definitiva, Rusia atacará Ucrania en febrero con una fuerza muy inferior en número a la ucraniana.

Por el momento, las autoridades de Kiev creen que los equipos detectados por los estadounidenses no eran más que *«movimientos de tropas tras unos ejercicios»*[358]. Esto es coherente con la retirada por parte de Rusia del equivalente a una división (10.000 hombres) de la región a finales de diciembre de 2021[359].

Parece que los estadounidenses están intentando aumentar las tensiones con Rusia. Al hacerlo, están creando tensiones dentro de la Alianza Atlántica, porque Alemania y sus servicios de inteligencia parecen tener un análisis diferente de la situación. Joe Biden va a enviar a William Burns, director de la CIA, a mantener conversaciones con Scholz y Bruno Kahl, director del *Bundesnachrichtendienst* (BND), el servicio de inteligencia estratégica, porque, como informa *Spiegel,* sigue siendo escéptico sobre la calidad de la inteligencia estadounidense[360].

El canciller Olaf Scholz se resiste a reunirse con Joe Biden, y Alemania veta el suministro de armas a Ucrania[361]. Por eso Gran

---

358. Faustine Vincent, «Aux frontières de l'Ukraine, 'c'est juste un nouveau jour de guerre'», *Le Monde,* 22 de noviembre de 2021 (actualizado el 24 de noviembre de 2021).
359. «Rusia anuncia la retirada de 10.000 soldados tras ejercicios cerca de Ucrania», *France 24,* 26 de diciembre de 2021
360. Markus Becker *et al,* «Germany Has Little Maneuvering Room in Ukraine Conflict», *der Spiegel,* 21 de enero de 2021.
361. Michael R. Gordon & Bojan Pancevski, «Germany Blocks NATO Ally From

Bretaña está enviando armas a Ucrania sorteando el espacio aéreo alemán, por miedo a que Alemania se lo cierre. Lo que dice mucho de la confianza entre los aliados de la OTAN.

El 23 de enero, el anuncio de la retirada de parte del personal diplomático estadounidense y británico de Kiev irritó al gobierno ucraniano. Los ucranianos se dieron cuenta de que el riesgo de guerra esgrimido por Occidente -pero que siempre habían negado- adquiría proporciones que podían afectar al país a largo plazo.

BBC News Ucrania informa de que «*la hryvnia ucraniana se ha desplomado y los inversores han empezado a dejarse llevar por el pánico*». Están rehuyendo Ucrania, cuya economía se tambalea. Oleksiy Danilov, jefe del *Consejo de Seguridad Nacional*, fustiga a Occidente:

Cuando empezó este asunto, el 30 de octubre del año pasado, con una publicación en el Washington Post, mantuve una conversación con un periodista de esa publicación. Hizo caso omiso de lo que le dije[362].

Para Danilov, Rusia sigue siendo una amenaza, pero la amenaza no ha aumentado. Por otra parte, cree que las declaraciones estadounidenses y británicas están empeorando la situación. Cuando el periodista le preguntó por qué se hacían ahora estas grandes declaraciones, Danilov las relacionó con las dificultades de Estados Unidos con China, los cambios políticos

---

Transferring Weapons to Ukraine», *The Wall Street Journal*, 21 de enero de 2022.
362.Oksana Torop, «Algunos de nuestros socios contribuyen al pánico. Es bueno para Rusia - Danilov» («Деякі наші партнери сприяють паніці. Це вигідно Росії - Данілов»), *BBC News Ucrania*, 24 de enero de 2022 (https://www.bbc.com/ukrainian/features-60112868).

en Alemania y las elecciones presidenciales francesas. Sospecha que Occidente está avivando las tensiones por razones políticas internas. Además, los estadounidenses y los británicos, que agitan el fantasma de una guerra que Boris Johnson promete que será «sangrienta», no se apresuran a tomar medidas concretas. Afirman que *«Biden quiere golpear fuerte (...). El Pentágono está movilizando 8.500 soldados listos para unirse a los 40.000 hombres de la Alianza Militar que ya están sobre el terreno»*[363]. Pero la realidad es más matizada: no han sido «movilizados», sino que su nivel de preparación ha pasado de 10 a 5 días; en cuanto a su despliegue, no se ha tomado ninguna decisión[364].

5.3. La situación en Donbass

En su discurso del 24 de febrero, Vladimir Putin provocó la desaprobación de la comunidad occidental al utilizar el término «genocidio» para describir la situación en Donbass. De hecho, como suele ocurrir con Vladimir Putin, el término no fue elegido al azar.

Desde 2014, Ucrania está bajo la influencia de activistas de extrema derecha que quieren ver el regreso a una *«Ucrania pura»*, es decir, libre de rusoparlantes. Esta es la *«Idea de Nación»* expresada por el *Wolfsangel* y explicada por un activista de extrema derecha en Maïdan en la *BBC*: *«La idea de una Nación», es decir, la idea de «una nación, un pueblo, un país (...), una*

---

363. Programa «C dans l'air», 25 de enero de 2022 («Ukraine: la surenchère russe... ou américaine? #cdanslair 25.01.2022», *France 5/YouTube*, 26 de enero de 2022 (11'05")

364. Barbara Starr y Jeremy Herb, «US places up to 8,500 troops on alert for possible deployment to Eastern Europe amid Russia tensions», *CNN*, 25 de enero de 2022.

nación pura, (...) no como bajo Hitler, sino a nuestra manera solo un poco así. Ucrania debe ser para los ucranianos».[365]

El 1 de julio de 2021, el Parlamento ucraniano aprobó la «*Ley sobre los pueblos indígenas de Ucrania*»[366]. En ella se definen los pueblos indígenas de Ucrania y los derechos de que gozan. A primera vista, no tiene nada de malo, salvo que no menciona a los rusos[367] (ni a los ucranianos, en realidad). Incluso el sitio web de la oposición rusa *Meduza* señala que los derechos de los ciudadanos rusoparlantes son diferentes de los de los ucranianos[368]. Oleg Seminsky, diputado del partido presidencial, lo explica:

> *Tras la aprobación de la ley sobre pueblos indígenas, los ciudadanos ucranianos de nacionalidad rusa no tendrán los mismos derechos constitucionales que los representantes de la nación ucraniana, la nación tártara de Crimea, los caraítas y los pueblos de Crimea.*[369]

Esta ley ha escandalizado a los demócratas de todo el mundo, que observan su parecido -aunque proporcional- con las leyes raciales de Núremberg de los años treinta, que concedían

---

365. «Perfil: el ultranacionalista Sector Derecho de Ucrania», *BBC*, 28 de abril de 2014 (https://www.bbc.com/news/world-europe-27173857).

366. «Принят Закон «О коренных народах Украины»», *rada.gov.ua*, 1 de julio de 2021 (https://www.rada.gov.ua/ru/news/Novosty/Soobshchenyya/211516.html)

367. https://zakon.rada.gov.ua/laws/main/2494-12#Text

368. «Por qué la legislación ucraniana sobre «pueblos indígenas» no incluye a los rusos», *meduza.io*, 9 de julio de 2021 (https://meduza.io/en/cards/why-ukraine-s-legislation-on-indigenous-peoples-doesn-t-include-russians)

369. «Нардеп від «Слуги народу» Семінський заявив про «позбавлення конституційних прав росіян, які проживають в Україні», *AP News*, 2 de julio de 2021 (https://apnews.com.ua/ua/news/nardep-vid-slugi-narodu-seminskii-zayaviv-pro-pozbavlennya-konstitutciinikh-prav-rosiyan-yaki-prozhivaiut-v-ukraini/)

distintos derechos a los ciudadanos ucranianos en función de su origen étnico.

La ley pasó desapercibida para los complacientes medios de comunicación, pero no en Rusia. Llevó a Vladimir Putin a escribir un artículo titulado *«Sobre la unidad histórica de rusos y ucranianos»,* publicado el 12 de julio de 2021 en las páginas web del Ministerio de Asuntos Exteriores[370]. En él, explica que las personas de origen ruso y ucraniano son iguales y tienen el mismo derecho a vivir en territorio ucraniano.

En *France 5,* Isabelle Mandraud concluye que Vladimir Putin considera que Ucrania *«es un país que no existe y que no reconoce la existencia de Ucrania como país»*[371]. Demuestra su *«voluntad de anexión»*[372] y su determinación de reunificar los dos países por la fuerza[373]. Este discurso se ha generalizado en Francia, pero es desinformación.

De hecho, en su artículo, Vladimir Putin no sólo reconoce sin ambigüedades la existencia de Ucrania al definirla como un *«Estado libre»,* sino que también se refiere claramente a la *«soberanía»* de *Ucrania.* Su objetivo no es sugerir la reunificación de Rusia y Ucrania, sino hacer comprender a Ucrania -sin dirigirse directamente a ella- que no tiene motivos para tratar de forma diferente a sus ciudadanos de origen ruso y ucraniano.

370.Artículo de Vladimir Putin «Sobre la unidad histórica de rusos y ucrania-nos», *belgium.mid.ru,* 12 de julio de 2021.

371.«Poutine rêve d'URSS, l'Ukraine sous tension #cdanslair 11.01.2022», *France 5/YouTube,* 12 de enero de 2022 (08'55")

372.Axel Gyldén, «Russes et Ukrainiens sont un seul peuple»: ce que les écrits de Poutine disent de ses visées», *L'Express,* 3 de febrero de 2022.

373.Paul Gogo, «L'inquiétant article de Vladimir Poutine sur l'Ukraine», *La Libre,* 16 de julio de 2021 (actualizado el 18 de julio de 2021).

5.4. El sistema ucraniano

Entre 2015 y 2018, las fuerzas armadas ucranianas llevaron a cabo una *Operación Antiterrorista* (ATO) en el Donbass, dirigida por el *Servicio de Seguridad de Ucrania* (SBU). Se trataba de una operación de seguridad interna, en la que las poblaciones autonomistas eran consideradas terroristas[374].

A partir del 30 de abril de 2018, la operación se convierte en una operación militar, designada como *Operación de las Fuerzas Conjuntas* (Операція Об'єднаних Сил) (OOS) y puesta bajo el mando del Estado Mayor de las Fuerzas Armadas. Su tarea es *«la liberación de los territorios temporalmente ocupados»*. Ya podemos ver los comienzos de una «reconquista» del Donbass. Con la ayuda de asesores militares de los países de la OTAN, las fuerzas de la OOS reúnen a todas las fuerzas de seguridad y militares bajo un mando único.

A finales de 2021, esta fuerza contará con unos 120.000 hombres, 500 carros de combate, 1.500 vehículos blindados, 550 lanzacohetes múltiples, 2.000 piezas de artillería, un centenar de aviones de combate y unos cuarenta helicópteros de combate. A esto hay que añadir las fuerzas de la Guardia Nacional, que son esencialmente fuerzas paramilitares desplegadas en las ciudades, lo que da un total de 450.000 hombres según la *National Review*[375] (aunque esta cifra parece un poco excesiva).

La OOS está organizada en dos *Grupos Operativo-Tácticos (GTO)*:

---

374. «Vieja guerra, nuevas reglas: ¿qué viene ahora que termina la ATO y comienza una nueva operación en Donbás?», *Ukraine Crisis*, 4 de mayo de 2018 (https://uacrisis.org/en/66558-joint-forces-operation).
375. Robert Zubrin, «La OTAN necesita a Ucrania», *National Review*, 15 de febrero de 2022 (https://www.nationalreview.com/2022/02/nato-needs-ukraine/)

- OTG Norte (zona operativa de Lugansk), compuesta por dos brigadas acorazadas, una brigada de infantería mecanizada, dos brigadas de asalto aéreo y una brigada de artillería; y
- OTG Este (zona operativa de Donetsk), compuesta por dos brigadas acorazadas, una brigada de infantería mecanizada, una brigada de infantería de marina, una brigada de asalto aéreo y artillería.

El concepto de la OOS consistía en dirigir la ofensiva contra el Donbass tras la preparación artillera a lo largo de la línea de contacto, con el fin de diezmar la primera línea de defensa de la DPR y la LPR. A continuación, utilizando fuerzas mecanizadas, el objetivo era rodear y aislar las ciudades de Lugansk, Gorlovka y Donetsk, y luego empujar rápidamente hacia la frontera rusa para impedir cualquier refuerzo ruso. El OWG Norte también debía flanquear la ofensiva del OWG Sur.

En febrero de 2022, Ucrania contaba con superioridad numérica en todas las áreas, además de apoyo electrónico y de reconocimiento aéreo, así como de inteligencia, proporcionado por Estados Unidos y la OTAN.

Desde los primeros días de la ofensiva rusa, las debilidades de Ucrania se hicieron patentes:
- Excesiva confianza en la capacidad de Occidente para intervenir decisivamente en el conflicto.
- Un enfoque cuantitativo (de capacidades) del combate, entendido en términos de lo que se puede hacer y no de lo que se pretende hacer (es el enfoque que los occidentales han desarrollado durante el último cuarto de siglo, basado en guerras que tenían las características de las guerras coloniales, contra un adversario fragmentado y mal equipado).
- Un mando de operaciones de naturaleza esencialmente política, incluso en contradicción con la planificación militar.

- La obsesión, alentada por el discurso occidental, de «mantener» el terreno, en detrimento de la preservación de la capacidad de combate.
- La creencia -también generada por el discurso occidental- en un levantamiento general de la población y en la aparición de una resistencia popular en las zonas de operaciones rusas.

Gracias a su superioridad numérica y a la perspectiva del apoyo occidental, Ucrania descuidó desde el principio la importancia de la maniobra en sus operaciones. Paradójicamente, fue sin duda el aliento occidental y la ausencia total de críticas occidentales lo que llevó a los ucranianos a perseverar en un camino que sólo podía conducir a la derrota.

Por su parte, Occidente, convencido de la eficacia a corto plazo de sus sanciones y de su acción política, subestimó gravemente las capacidades de Rusia. Por eso Rusia no necesitó recurrir a las contrasanciones para presionarles. Es incluso concebible que Vladimir Putin haya jugado así con el exceso de confianza occidental.

5.4.1. El contexto político

En Ucrania, ante el avance de Rusia, la situación política es cada vez más tensa. Desde su elección, Volodymyr Zelensky ha estado bajo la presión de los extremistas -y de los países occidentales- para que rechace cualquier diálogo con Rusia sobre la cuestión de los Acuerdos de Minsk. En mayo de 2019, un mes después de su elección, fue amenazado abiertamente en los medios de comunicación ucranianos por Dmitry Yarosh, líder de las tropas de Praviy Sektor, si cumplía sus promesas de campaña:

perdería la vida. Lo colgarán de un árbol en la avenida Khreshchatyk si traiciona a Ucrania y a las personas que murieron durante la Revolución y la Guerra. Y es muy importante que lo entienda.[376]

Volodymyr Zelensky está constantemente amenazado por movimientos de extrema derecha. Durante una visita a las tropas desplegadas en Donbass, Zelensky fue atacado por combatientes del movimiento AZOV[377]. El vídeo se hizo viral y su promesa electoral de llegar a un acuerdo con Rusia cayó rápidamente en el olvido.

A principios de marzo de 2022, Zelensky afirmó que Rusia había enviado un equipo de asesinos para eliminarle[378]. Por supuesto, no había absolutamente ninguna prueba que respaldara esta acusación, pero todos los medios de comunicación occidentales se hicieron eco de ella sin pestañear. De hecho, los rusos no tienen absolutamente nada que ganar con su eliminación: ya el 25 de febrero manifestó su interés por una solución

---

376.Лилия Рагуцкая, «Ярош: если Зеленский предаст Украину - потеряет не должность, а жизнь», *Obozrevatel*, 27 de mayo de 2019, (https://incident.obozrevatel.com/crime/dmitrij-yarosh-esli-zelenskij-predast-ukrainu-poter-yaet-ne-dolzhnost-a-zhizn.htm).
377.Oksana Grytsenko, «'No soy un perdedor': Zelensky se enfrenta a los veteranos por la retirada de Donbás», Kyiv Post, 28 de octubre de 2019 (https://www.kyivpost.com/ukraine-politics/im-not-a-loser-zelensky-clashes-with-veterans-over-donbas-disengagement.html?__cf_chl_tk=SbolmTBS6Qn-jMnPJLiQEsivGNnuW6T4od28tzMOrEM0-1646110945-0-gaNycGzNCJE).
378.«Un equipo de fuerzas especiales de élite chechenas enviado para asesinar al presidente Volodymyr Zelensky ha sido eliminado, según el jefe del Consejo de Seguridad Nacional y Defensa, Oleksiy Danilov», *The Kyiv Independent*, 1 de marzo de 2022 (https://kyivindependent.com/uncategorized/a-team-of-elite-chechen-special-forces-sent-to-assassinate-president-volodymyr-zelensky-has-been-eliminated-according-to-the-head-of-the-national-security-and-defense-council-oleksiy-danilov).

negociada, y eso es lo que buscan los rusos. En cambio, los países occidentales y las fuerzas neonazis dentro del aparato del Estado intentan impedir cualquier forma de negociación. Es lo mismo que se oye en las ondas francesas y en Suiza. Por eso es posible que Zelensky fuera amenazado a principios de marzo, pero probablemente no por los rusos: por los propios ucranianos.

Al mismo tiempo, con el beneplácito de los países occidentales, se eliminaba a los partidarios de las negociaciones. Fue el caso de Denis Kireyev, uno de los negociadores ucranianos, asesinado el 5 de marzo por el servicio secreto ucraniano (SBU) por considerarlo demasiado favorable a Rusia y traidor[379]. La misma suerte corrió Dmitry Demyanenko, antiguo jefe adjunto de la dirección principal del SBU para Kiev y su región, asesinado el 10 de marzo, también por ser demasiado favorable a un acuerdo con Rusia. Lo mataron a tiros en su coche miembros del batallón especial *Mirotvorets* («*Pacificador*»), creado el 9 de mayo de 2014 en el seno del departamento de asuntos internos de la región de Kiev[380].

Figura 51 - Logotipo del batallón Mirotvorets, que lleva a cabo ejecuciones extrajudiciales (eliminaciones) para el gobierno ucraniano.

---

379. https://www.timesofisrael.com/ukraine-reports-claim-negotiator-shot-for-treason-officials-say-he-died-in-intel-op/
380. https://www.youtube.com/watch?v=ZWHpVnrwfLY

Esta milicia está asociada al sitio web *Mirotvorets*, que publica una lista de «*enemigos de Ucrania*», con sus datos personales, direcciones y números de teléfono, para poder acosarlos o incluso eliminarlos. El cantante ucraniano Oleg Vinnik ha sido incluido en la lista de *Mirotvorets*[381] por haber hecho un llamamiento a la paz entre ucranianos y rusos en septiembre de 2019, tras la elección de Zelensky[382].

Esta práctica está penada en muchos países[383] pero no en Ucrania[384]. En octubre de 2019, la ONU y algunos países europeos pidieron el cierre del sitio web[385], pero la Rada lo rechazó[386].

En mayo de 2022, tras el *Foro Económico Mundial* de Davos, donde se pronunció a favor de un proceso de negociación entre Ucrania y Rusia como única solución razonable al conflicto

---

381. https://myrotvorets.center/criminal/vinnik-oleg-anatolevich/

382.«Олег Винник попал в «чистилище» базы «Миротворец»», zn.ua, 27 de septiembre de 2019 (https://zn.ua/CULTURE/vinnika-popal-v-chistilische-bazy-mirotvorec-331067_.html).

383. https://www.mirror.co.uk/news/world-news/dark-website-lists-russian-espías-26051893

384. https://www.refworld.org/docid/58ec89ad13.html

385.«В ООН настаивают на закрытии сайта «Миротворец»» («La ONU insiste en cerrar el sitio web 'Peacemaker'»), *zn.ua*, 16 de octubre de 2019 (https://zn.ua/UKRAINE/v-oon-nastaivayut-na-zakrytii-sayta-mirotvorec-332863_.html); Tetiana Popova, «Benjamin Moreau, jefe adjunto de la Misión de Supervisión de los Derechos Humanos de la ONU en Ucrania», *Diplomat*, 16 de febrero de 2019 (http://diplomat.media/es/2019/02/16/benjamin-moreau-deputy-head-of-un-human-rights-monitoring-mission-to-ukraine/); «La ONU exige cerrar "Mirotvorets", que llama a la persecución de la UOC», *Unión de Periodistas Ortodoxos, 17 de octubre de 2019*, (https://spzh.news/en/news/65761-v-oon-potrebovali-zakryty-mirotvorec-prizyvavshij-k-gonenijam-na-upc).

386.«Разумков ответил на призыв ООН закрыть сайт «Миротворец»» («Razumkov respondió al llamamiento de la ONU para cerrar el sitio web 'Peacemaker'»), zn.ua, 17 de octubre de 2019 (https://zn.ua/UKRAINE/razumkov-otvetil-na-prizyv-oon-zakryt-sayt-mirotvorec-332952_.html).

ucraniano, Henry Kissinger fue incluido en la lista negra de *Mirotvorets*.

Figura 52 - Henry Kissinger en la lista negra de Mirotvorets por sugerir negociaciones con Rusia en el FEM, 23 de mayo de 2022.

5.4.2.Respeto de los derechos humanos

A pesar de las afirmaciones de que Vladimir Putin atacó Ucrania porque estaba celoso del modelo democrático ucraniano y no podía «tolerar una democracia en sus fronteras», el historial democrático de Ucrania sigue siendo muy modesto, por decirlo suavemente.

A este respecto, el sitio web del Departamento de Estado de Estados Unidos sobre los derechos humanos en Ucrania habla por sí solo.

Entre las cuestiones significativas de derechos humanos figuraban informes creíbles de: homicidios ilegítimos o arbitrarios, incluidas ejecuciones extrajudiciales por parte del gobierno o sus agentes; tortura y casos de tratos o penas crueles, inhumanos o degradantes a detenidos por parte de las fuerzas de seguridad; condiciones penitenciarias duras y potencialmente mortales; detenciones o encarcelamientos arbitrarios; graves problemas con la independencia del poder judicial; graves abusos en el conflicto dirigido por Rusia en Donbás, incluidos malos tratos o castigos físicos a civiles y miembros de grupos armados recluidos en centros de detención; graves restricciones a la libertad de expresión y de los medios de comunicación, incluidas violencia o amenazas de violencia contra periodistas, detenciones o procesamientos injustificados de periodistas y censura; graves restricciones a la libertad en Internet; devolución de refugiados a un país donde su vida o su libertad corren peligro; graves actos de corrupción gubernamental; falta de investigación y rendición de cuentas por violencia de género; delitos, violencia o amenazas de violencia motivados por antisemitismo; delitos que impliquen violencia o amenazas de violencia contra personas con discapacidad, miembros de minorías étnicas y personas lesbianas, gays, bisexuales, transgénero, queer o intersexuales; y existencia de las peores formas de trabajo infantil.[387]

Poco después de la decisión de Zelensky de recuperar la integridad territorial de Ucrania recuperando Crimea y el Donbass, atacó a los partidos y medios de comunicación rusoparlantes. El objetivo es evitar una movilización similar a la de 2014, cuando todo el sur del país se sublevó. El número de acciones va en aumento: la detención de Viktor Medvetchouk, líder del principal partido de la oposición parlamentaria (*«Plataforma de*

387.https://www.state.gov/reports/2021-country-reports-on-human-rights-practices/ukraine/

Oposición - Por la Vida»)[388]; el cierre de tres canales de televisión de habla rusa; la prohibición de los medios de comunicación ucranianos pro-Moscú[389].

El 20 de marzo de 2022, el Consejo de Seguridad Nacional prohibió once partidos políticos (Plataforma de Oposición - Por la Vida, Partido de Sharij, Nashi, Bloque de Oposición, Oposición de Izquierda, Unión de Fuerzas de Izquierda, Derzhava, Partido Socialista Progresista de Ucrania, Partido Socialista de Ucrania, Los Socialistas y Bloque de Volodymyr Saldo)[390].

Además, el gobierno ucraniano no es ajeno a la elaboración de «listas negras» de personas que deben ser expulsadas o prohibidas. En julio de 2022, además de la lista *de Mirotvorets*, el gobierno ucraniano elaboró una lista negra de actores internacionales que «*promueven narrativas acordes con la propaganda rusa*», en la que figuran miembros del Congreso estadounidense, políticos, periodistas, ex agentes de los servicios de inteligencia occidentales y... el autor de este libro[391]. Estas listas, que pretenden eliminar cualquier opinión que se aparte del discurso oficial ucraniano, son características de los regímenes totalitarios. Es, sobre todo, una admisión de debilidad.

---

388. «Líder opositor ucraniano y aliado de Putin bajo arresto domiciliario tras ser acusado de traición», *euronews/Associated Press*, 13 de mayo de 2021.
389. «Ucrania: el Presidente prohíbe el medio de comunicación opositor Strana.ua y sanciona a su redactor jefe», *Federación Europea de Periodistas*, 26 de agosto de 2021.
390. «El NSDC prohíbe los partidos prorrusos en Ucrania», Ukrinform, 20 de marzo de 2022 (https://www.ukrinform.net/rubric-polytics/3434673-nsdc-bans-prorussian-parties-in-ukraine.html)
391. https://cpd.gov.ua/reports/спікери-які-просувають-співзвучні-ро/

Personalidades occidentales en la lista negra de Ucrania

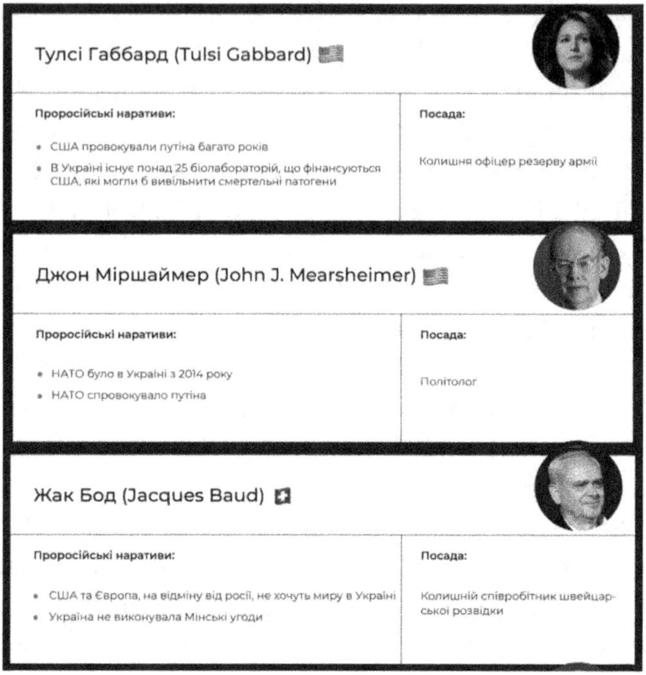

Figura 53 - La lista negra del gobierno ucraniano incluye a unas setenta personalidades internacionales críticas con la política occidental. Entre ellas se encuentran la excelente Tulsi Gabbard, miembro demócrata de la Cámara de Representantes y candidata sin éxito a la presidencia de Estados Unidos, y el profesor John Mearsheimer, de la Universidad de Chicago. También figuran varias personalidades del mundo político y académico, tanto de izquierdas como de derechas.

6. Gestión de las operaciones

6.1. Objetivos de Rusia

El 24 de febrero de 2022, Vladimir Putin sorprendió al mundo al declarar los dos objetivos de su operación: «desmilitarización» y «desnazificación». Eligió los dos primeros de los cuatro objetivos formulados por la Autoridad de Control Aliada en julio de 1945 en la Conferencia de Potsdam para Alemania.

Una de las muchas peculiaridades del conflicto ucraniano es que Occidente le ha atribuido objetivos sin escuchar lo que han dicho los propios rusos. De hecho, Occidente ha privilegiado la narrativa sobre la realidad sobre el terreno. La principal consecuencia fue que su reacción (y los consejos que dieron a Volodymyr Zelensky) se basaron en la retórica y no en la situación operativa.

Los objetivos de Rusia no están vinculados a un elemento fijo (territorio, ciudad, etc.), sino a un elemento dinámico (destrucción de fuerzas). Esto significa que todo lo que altere este elemento dinámico altera también la forma de alcanzar el objetivo. Evolución de la definición de los objetivos rusos.

	Eventos en Ucrania/Oeste	Adaptar los objetivos de Rusia
24/02/2022		En el discurso en el que explicó su decisión de atacar Ucrania, Putin indicó claramente los dos objetivos de su operación: la «desmilitarización» y la «desnazificación» de la amenaza para la población rusoparlante de Donbass. También dejó claro que no pretendía hacerse con el control de toda Ucrania.
25/02/2022	Zelensky insinúa que está dispuesto a negociar con Rusia[392].	
27/02/2022	La Unión Europea llegó entonces con un paquete de armas de 450 millones de euros para animar a Ucrania a luchar contra[393].	
07/03/2022		Aunque el objetivo de desmilitarización y desnazificación casi se ha alcanzado y las negociaciones con Ucrania no han avanzado, Rusia ha añadido a su lista de exigencias el reconocimiento de la devolución de Crimea a Rusia y la independencia de las dos repúblicas de Donbass. Señala que su posición podría cambiar si Ucrania no desea negociar.

392.Olga Rudenko, «Ucrania dispuesta a negociar con Rusia», *The Kyiv Independent*, 25 de febrero de 2022 (https://kyivindependent.com/national/ukraine-ready-to-negotiate-with-russia/)

393.Maïa de La Baume & Jacopo Barigazzi, «EU agreements to give €500M in arms, aid to Ukrainian military in 'watershed' move», Politico, 27 de febrero de 2022 (https://www.politico.eu/article/eu-ukraine-russia-funding-weapons-budget-military-aid/).

	Eventos en Ucrania/Oeste	Adaptar los objetivos de Rusia
21/03/2022	La oferta de Zelensky coincide con la de Rusia[394].	
23/03/2022	Como en febrero, la UE volvió dos días después con un paquete de 500 millones de euros para la compra de armas. Gran Bretaña y Estados Unidos presionaron a Zelensky para que retirara su oferta. Las negociaciones de Estambul se estancan[395].	
25/03/2022		El Coronel General Sergei Rudskoy, jefe del GOU, anunció que se habían alcanzado los objetivos de la Fase I[396].

394. «Russia, Ukraine 'close to agreement' in negotiations, says Turkey», *Aljazeera*, 20 de marzo de 2022 (https://www.aljazeera.com/news/2022/3/20/turkey-says-russia-ukraine-close-to-agreement); «After rejecting ultimatum, Zelensky insists 'meeting' with Putin needed to end war», *The Times of Israel*, 21 de marzo de 2022 (https://www.timesofisrael.com/liveblog-march-21-2022/).

395. «Ucrania: la UE duplica la ayuda militar a 1.000 millones de euros - tal y como ocurrió», *dw.com*, 23 de marzo de 2022 (https://www.dw.com/en/ukraine-eu-doubles-military-aid-to-1-billion-as-it-happened/a-61226171; https://p.dw.com/p/48tit)

396. Nathan Hodge, «Top Russian general claims military efforts now centered on eastern part of Ukraine», *CNN*, 25 de marzo de 2022.

	Eventos en Ucrania/Oeste	Adaptar los objetivos de Rusia
27/03/2022	Se desvela el contenido de la propuesta de Volodymyr Zelensky a Rusia. Ucrania se compromete a - ser neutral con las salvaguardias internacionales y permanecer libre de armas nucleares; - no recuperar los territorios de Crimea y Sebastopol por la fuerza, y declarar que esto sólo es posible mediante la negociación. Las regiones de Donetsk y Lugansk se consideran «zonas separadas»; - no unirse a alianzas militares; - renunciar al despliegue de bases y contingentes militares extranjeros y a la realización de maniobras militares en su territorio sin el consentimiento de los Estados garantes, incluida Rusia[397].	

397.«Zelensky says Ukrainian neutrality on the table ahead of fresh talks with Russia in Turkey», *France 24*, 27 de marzo de 2022 (actualizado el 28 de marzo de 2022) (https://www.france24.com/en/europe/20220327-live-kyiv-accuses-russia-of-destroying-fuel-and-food-storage-depots-in-ukraine); «Ukraine ready to discuss adopting neutral status in Russia peace deal, Zelenskiy says», *Reuters*, 28 de marzo de 2022 (https://www.reuters.com/world/europe/ukraine-prepared-discuss-neutrality-status-zelenskiy-tells-russian-journalists-2022-03-27/).

	Eventos en Ucrania/Oeste	Adaptar los objetivos de Rusia
28/03/2022		Rusia está interesada en la propuesta de Zelensky. Con la toma de Mariupol, considera que se ha alcanzado el objetivo de la «desnazificación». Lo retira de sus objetivos con vistas a las negociaciones[398]. No se opone al deseo de Ucrania de ingresar en la UE[399].
29/03/2022		Tras las propuestas ucranianas, Rusia ofrece reducir su presencia en torno a Kiev[400].
08/04/2022	En un tuit, Josep Borrell, Ministro de Asuntos Exteriores de la UE, declaró: *«Se van a liberar 500 millones de euros de ayuda adicional de la UE. Las entregas de armas se adaptarán a las necesidades de Ucrania. Esta guerra debe ganarse en el campo de batalla».*[401]	

398. «Russia no longer requesting Ukraine be 'denazified' as part of ceasefire talks», *Financial Times*, 28 de marzo de 2022.

399. Joe Walsh, «Russia-Ukraine Peace Talks: Russia Willing To Let Ukraine Join EU If It Stays Out Of NATO, Report Says», *Forbes*, 28 de marzo de 2022 (https://www.forbes.com/sites/joewalsh/2022/03/28/russia-ukraine-peace-talks-russia-willing-to-let-ukraine-join-eu-if-it-stays-out-of-nato-report-says/).

400. Jonathan Spicer & Gleb Garanich, «Russia pledges to reduce attack on Kyiv but U.S. warns threat not over», *Reuters*, 29 de marzo de 2022 (https://www.reuters.com/world/europe/ukraine-sets-ceasefire-goal-new-russia-talks-breakthrough-looks-distant-2022-03-29/).

401. https://www.courrierinternational.com/article/vu-de-russie-l-ue-veut-balayer-la-diplomatie-au-profit-de-la-guerre-estime-moscou

	Eventos en Ucrania/Oeste	Adaptar los objetivos de Rusia
09/04/2022	Durante una visita improvisada a Volodymyr Zelensky, Boris Johnson le lleva dos mensajes: *«Putin es un criminal de guerra. Tenemos que presionarle, no negociar con él. Y, en segundo lugar, si está dispuesto a firmar acuerdos de garantía con él, nosotros no».*[402]	
22/04/2022		Aunque no se ha avanzado en el proceso de negociación, los rusos están adaptando su objetivo. El Ministerio de Defensa ha anunciado que el nuevo objetivo es hacerse con el control del sur de Ucrania hasta Transnistria, donde la minoría rusoparlante está siendo maltratada.

Figura 50 - Evolución de los objetivos operativos y su impacto en los objetivos estratégicos rusos en Ucrania.

Por tanto, los objetivos rusos se ajustan a medida que evoluciona la situación. Incluso lo que parecen concesiones forman parte de un plan más general. Por ejemplo, la retirada de las tropas que rodean Kiev, anunciada el 29 de marzo de 2022 como gesto de buena voluntad en el contexto de las negociaciones de Estambul, muy probablemente llevaba planeándose mucho

---

402. Роман Романюк, "Від «капітуляції» Зеленського до капітуляції Путіна. Як ідуть переговори з Росією", *pravda.ua*, 5 de mayo de 2022 (https://www.pravda.com.ua/articles/2022/05/5/7344096/); Abdul Rahman, «Ukrainian news outlet suggests UK and US governments are primary obstacles to peace», *Peoples Dispatch*, 9 de mayo de 2022 (https://peoplesdispatch.org/2022/05/09/ukrainian-news-outlet-suggests-uk-and-us-governments-are-primary-obstacles-to-peace/).

tiempo. Sirvió para retirar tropas de una zona de importancia secundaria para Moscú con el fin de reforzar su posición en la región del Donbass, donde se encuentra su objetivo principal. Los rusos también intentan convertir sus éxitos operativos en éxitos estratégicos. Por ejemplo, la creación de un corredor entre Donbass y Crimea probablemente no era el objetivo inicial de la operación. Pero la «desmilitarización» de la amenaza ucraniana (en otras palabras, la destrucción de fuerzas) condujo gradualmente a la creación de este corredor. Es probable que si la UE y la extrema derecha ucraniana hubieran permitido a Zelensky negociar con Rusia el 25 de febrero, como era su deseo, Rusia no habría podido crear este corredor. La autoconvencimiento de Occidente de que la derrota de Rusia era inevitable ayudó a Ucrania a perder el sur del país.

Como recordó Serguei Lavrov en su *entrevista* con varios medios rusos el 20 de julio de 2022, los objetivos de Rusia no son geográficos ni territoriales. Como dijo Vladimir Putin el 24 de febrero, el objetivo es «desmilitarizar», es decir, neutralizar la amenaza militar que se cierne sobre el Donbass. Esto significa obviamente un avance sobre el terreno, pero el terreno no es el objetivo. Como dice Lavrov, si Occidente suministra a Ucrania misiles con un alcance de 300 km, para lograr su objetivo, las fuerzas rusas tendrán que avanzar 300 km para destruir esos misiles o disponer de una zona tampón de 300 km[403]. Lavrov no hace más que repetir lo que Vladimir Putin dijo a principios de

---

403. «Entrevista del Ministro de Asuntos Exteriores Serguéi Lavrov con la *te-levisión RT*, la *agencia Sputnik* y la *Agencia Internacional de Información Rossiya Segodnya*, Moscú, 20 de julio de 2022», *Embajada de la Federación Rusa en Alemania*, 21 de julio de 2022 (https://russische-botschaft.ru/de/2022/07/21/foreign-minister-sergey-lavrovs-interview-with-rt-television-sputnik-agency-and-rossiya-segodnya-international-information-agency-moscow-july-20-2022/)

julio de 2022: «*Cuanto más dure el conflicto, más difíciles serán las negociaciones*».[404]

En octubre de 2022, el General Surovikin, recién nombrado Comandante de la Fuerza de Tarea Conjunta en la zona de la operación militar especial en Ucrania, explica la estrategia rusa:

> *Tenemos una estrategia diferente. [...] No intentamos avanzar a gran velocidad, cuidamos a cada uno de nuestros soldados y «aplastamos» metódicamente al enemigo que avanza*[405].

El problema es que nuestros «expertos» y generales de la televisión tienen una visión muy occidental de la guerra. Para ellos, el objetivo es siempre material (petróleo, tierras, industrias, etc.). Así, vimos la guerra de Irak motivada por el petróleo y la de Afganistán por los gasoductos... Pero, contrariamente a lo que parece, rara vez son éstos los verdaderos objetivos de una guerra, y a veces se trata de ganancias colaterales: hay muchas formas más baratas y menos arriesgadas de apropiarse de la riqueza. Pero a los occidentales les cuesta ver los objetivos militares en términos que no sean cuantitativos. En lo que respecta a Ucrania, nuestros soldados de sillón cometen exactamente el mismo error. Los rusos han definido un objetivo cualitativo: la desaparición de una amenaza. Esto sólo puede lograrse de dos maneras: la negociación o la aniquilación total de la amenaza.

---

404. «Putin warns negotiations will get harder longer conflict in Ukraine continues», *Radio New Zealand*, 8 de julio de 2022 (https://www.rnz.co.nz/news/world/470559/putin-warns-negotiations-will-get-harder-longer-conflict-in-ukraine-continues)

405. «Суровикин: российская группировка на Украине методично «перемалывает» войска противника», TASS, 18 de octubre de 2022 (https://tass.ru/armiya-i-opk/16090805).

En noviembre de 2022, espoleado por el inminente fracaso de las elecciones de mitad de mandato, el gobierno estadounidense parece haber comprendido esta dinámica[406] y anima a Volodymyr Zelensky a negociar. A diferencia de las autoridades y los medios de comunicación europeos, él ve que la guerra no lleva a ninguna parte. El 14 de septiembre, en su discurso sobre el Estado de la Unión, Ursula von der Leyen declaró que «es el momento de la determinación, no del apaciguamiento»[407].

6.2. Dos formas de hacer la guerra

Es difícil hacerse una idea clara del curso del conflicto en Ucrania. Desde el principio, ha habido dos formas distintas de llevar a cabo las operaciones:

- Rusia está librando una guerra convencional de carácter militar. Las decisiones que se toman sobre el terreno corresponden claramente al Estado Mayor. Vladimir Putin parece seguir los consejos de los militares. Para un observador atento -y objetivo- del curso de las operaciones, el resultado es una impresión de coherencia entre los niveles operativo y estratégico.
- Ucrania está librando una guerra política. Su campo de acción es la infoesfera: no se trata de una victoria física, sino de dar la impresión de victoria. Como explicó Olekseï

---

406. Missy Ryan, John Hudson & Paul Sonne, «U.S. privately asks Ukraine to show it's open to negotiate with Russia», The Washington Post, 5 de noviembre de 2022 (https://www.washingtonpost.com/national-security/2022/11/05/ukraine-russia-peace-negotiations/)
407. «Discurso sobre el Estado de la Unión 2022» de la Presidenta von der Leyen, Comisión Europea, 14 de septiembre de 2022 (https://ec.europa.eu/commission/presscorner/detail/fr/speech_22_5493)

Arestovitch en marzo de 2019, el objetivo no es realmente preservar Ucrania: es derrotar a Rusia.

El resultado real de las operaciones ucranianas no concuerda con la retórica propagada en Occidente. De ahí la prohibición de que las tropas se retiren (como en la Primera Guerra Mundial). Durante la fase 1 de la operación rusa, las guarniciones fueron rodeadas una a una. En la fase 2, serán combatidas, a menudo sin mando y con sus líneas logísticas cortadas. Así que, por un lado, tenemos el enfoque metódico de Rusia, que comunica muy poco sobre sus operaciones. Esto se explica por el principio de seguridad operativa (OPSEC), cuyo objetivo es evitar poner en peligro el desarrollo de las operaciones divulgando detalles. De este modo también se evita crear falsas expectativas y se permite que las operaciones se lleven a cabo con mayor flexibilidad. Por otro lado, tenemos un estilo de comunicación más occidental, puntuado por las apariciones de Volodymyr Zelensky en los medios de comunicación. Estamos en una cultura del «*storytelling*», donde la sustancia está más en el envoltorio que en el contenido. Es la técnica del vendedor de coches usados. Los rusos no tienen esta cultura. Su comunicación es más directa, pero también más espartana. Menos atractiva pero más objetiva, la rusa tiene la ventaja de ser más creíble. Nuestros medios de comunicación, como *France 5*, *LCI* y *RTS,* han basado sistemáticamente su información en declaraciones -no verificadas- de Ucrania, descartando sistemáticamente la información procedente de Rusia como desinformación. Sin embargo, en retrospectiva, podemos ver que estos medios engañaron sistemáticamente a su audiencia, y que la información dada por Moscú era mucho más fiable. Si nuestros medios hubieran aplicado la Carta de Múnich, Ucrania probablemente habría sufrido menos...

6.3.Conducta rusa

6.3.1.Doctrina militar rusa

Los rusos siempre han concedido especial importancia a la doctrina. Más que en Occidente, han comprendido que *«una forma común de ver»* -como decía el mariscal Foch- permite infinitas variaciones en la concepción de las operaciones. La doctrina militar es una especie de «núcleo común» que sirve de referencia para diseñar las operaciones.

El problema de la gran mayoría de nuestros supuestos expertos militares es su incapacidad para comprender el enfoque ruso de la guerra. Ya vimos este fenómeno con los atentados terroristas: se demoniza al adversario hasta tal punto que nos negamos a comprender su forma de pensar. Periodistas sin escrúpulos, que trabajan con medios de comunicación que reflejan su imagen, contribuyen a atizar el odio y a aumentar nuestra vulnerabilidad[408]. En estas condiciones, ¡es imposible encontrar soluciones racionales y eficaces al problema!

Basándose en un artículo escrito por Valery Gherassimov, Jefe del Estado Mayor ruso, en 2013, titulado *«El valor de la ciencia en la prospectiva»*[409], los occidentales han imaginado el concepto de «guerra híbrida» como parte integrante de la doctrina rusa. Bautizada como «doctrina Gherassimov», la guerra híbrida reuniría supuestamente la ciberguerra, el terrorismo, la guerra clandestina, la guerra convencional y la guerra de la información. La revista Le *Point* afirma incluso que esta doctrina ha sido *«validada por el propio Vladimir Putin»*[410]. Se trata de desinformación.

---

408. https://oumma.com/jacques-baud-lancien-espion-qui-aimait-poutine/
409.Герасимов Валерий, «Ценность науки в предвидении», *vpk-news.ru*, 26 de febrero de 2013 (https://vpk-news.ru/articles/14632).
410.Marc Nexon, «Gerasimov, le général russe qui mène la guerre de l'informa-

Mark Galeotti, el especialista en Rusia que originalmente sugirió la existencia de esta «*doctrina Gherassimov*» y el concepto ruso de guerra híbrida[411], se da cuenta de que estaba equivocado. En 2018 pidió disculpas y, con valentía e inteligencia, escribió un artículo en la revista *Foreign Policy* titulado «*Siento haber creado la doctrina Gherassimov*»[412]:

> *Fui el primero en escribir sobre la infame estrategia militar rusa de alta tecnología. Un pequeño problema: no existe.*

La observación de las operaciones en Ucrania muestra que se están desarrollando de forma muy convencional. Los ejércitos occidentales se han preparado para un tipo de guerra que no existe.

La doctrina militar rusa se divide en tres componentes principales: *la táctica* (*taktika*), *el arte operativo* (*operativnoe iskoustvo*) y *la estrategia* (*strategiya*). Mientras que la táctica se considera una actividad esencialmente técnica y la estrategia una actividad esencialmente intelectual de carácter político, el «arte operativo» es el arte de diseñar operaciones.

El arte operacional no es ni un tipo de operación (como afirman algunos expertos) ni una forma de hacer la guerra, sino la parte de la doctrina militar que rige el nivel de conducta entre los niveles táctico y estratégico. Es el marco general en el que se conciben las operaciones militares. Cabe señalar que es un «arte», es decir, una actividad en la que se fomenta

---

tion», *Le Point*, 2 de marzo de 2017.

411.Mark Galeotti, «The "Gerasimov Doctrine" and Russian Non-Linear War», *inmoscowsshadows.wordpress.com*, 7 de junio de 2014.

412.Mark Galeotti, «Siento haber creado la 'doctrina Gerasimov'», *Foreign Policy*, 5 de marzo de 2018.

la imaginación y la creatividad, como señala la Enciclopedia Militar Rusa[413].

En Occidente, los términos «operativo» y «operacional» se confunden a menudo. Esto se debe a que la palabra «operative» no existe en inglés, donde se traduce como «operativo». En la terminología rusa, la palabra «operacional» expresa un estado técnico (por ejemplo, equipo operativo), mientras que «operativo» designa un nivel de conducta. En la terminología de la OTAN, la palabra «operativo» abarca ambos aspectos.

Desde mediados de los años noventa, los occidentales han librado guerras casi exclusivamente a nivel táctico. Esto ha provocado dos debilidades conceptuales que están afectando ahora a los ejércitos de la OTAN, y por lo tanto al ejército ucraniano, en su forma de llevar a cabo las operaciones:
- incapacidad para desarrollar estrategias, con el corolario de una tendencia a ver la estrategia como la yuxtaposición de acciones tácticas; y
- la incapacidad de pensar en la guerra en términos operativos.

Los rusos ven el arte operativo como un multiplicador de la acción táctica para alcanzar objetivos estratégicos. Por eso, desde el principio, la ofensiva rusa llevó la semilla de la victoria.

A los medios de propaganda occidentales les gusta utilizar el término *«Blitzkrieg»* («guerra relámpago») para crear una analogía entre la Rusia actual y la Alemania nazi. Sin embargo, muy pocos de los expertos y estrategas del momento que frecuentan nuestros estudios de televisión saben de qué están hablando. En Francia, el término *«Blitzkrieg»* se asocia a la

---

413.https://encyclopedia.mil.ru/encyclopedia/dictionary/details.htm?id=13724@morfDictionary

6. Gestión de las operaciones

propaganda antialemana y tiende a designar una forma brutal de hacer la guerra. Una forma de justificar los errores operativos de Francia en 1940...

De hecho, la «guerra relámpago» no es una forma de hacer la guerra, sino una manera de llevar a cabo operaciones enfrentándose a un adversario numéricamente superior con una mano de obra inferior. Es un enfoque dinámico de las operaciones que combina las sinergias entre las fuerzas terrestres mecanizadas y las fuerzas aéreas. Teorizado por Sir Basil Liddell Hart en los años veinte y treinta, y adoptado después por los alemanes, inspiró en los años treinta al general Mikhail Toukhatchevski, que desarrolló el concepto ruso de *«operaciones en profundidad»*, muy utilizado por el Ejército Rojo durante la Segunda Guerra Mundial.

Uno de los «secretos» del éxito ruso es su capacidad para utilizar sus activos de forma sinérgica. Se trata del concepto de «operación conjunta» (общевойсковая *операция*), que es uno de los fundamentos de su arte operacional pero que Occidente, en treinta años de guerras de estilo colonial, ha olvidado por completo.

Los rusos son maestros del arte operativo.Las fuerzas que desplegaron para su ofensiva de febrero eran inferiores a las de Ucrania desde el principio.

Así pues, según la noción occidental de *«equilibrio de fuerzas»*, los rusos no ganaban. En cambio, según la noción rusa de *«correlación de fuerzas»* (соотношение *сил*), los rusos tenían ventaja, a pesar de su inferioridad numérica. Este es el segundo «secreto» del éxito ruso: la maniobra.

Para atacar a una fuerza con medios inferiores en número, maniobran sus tropas para lograr superioridades limitadas en el tiempo y en el espacio, suficientes para obtener la ventaja, antes de redesplegar tropas para crear otra superioridad local en otro sector. Esta es la versión moderna del concepto de Tukhachevsky: el *Grupo de Maniobra Operativa* (OMG) *(Группа оперативного маневра - Gruppa operativnovo manevra)*.

A menudo confundido con la noción de «arte operativo» por ciertos «expertos»[414], el LDA es una fuerza *ad hoc*, muy móvil, que se adentra en la posición del enemigo según el principio del «agua que fluye»: sus puntos fuertes y sus localidades más importantes son circunvaladas sin que se produzcan verdaderos combates. De hecho, el objetivo del LDA no era destruir al enemigo, sino ganar posiciones favorables para la continuación de las operaciones.

6.3.2. El concepto operativo ruso en Ucrania

El 24 de febrero de 2022, Rusia lanzó su «*operación militar especial*» (*Spetsial'naya Voyennaya Operatsiya - SVO*) en Ucrania «con poca antelación». Poco se dice sobre su planificación. Sin embargo, la observación y el estudio de su doctrina militar permiten esbozar las grandes líneas de su pensamiento operativo.

Según cifras del Pentágono, los rusos han comprometido alrededor de 80 *Grupos de Combate (BTG)*, que suman entre 65.000 y 100.000 hombres[415], más las milicias de la DPR y la LPR. Las fuerzas ucranianas sumaban entonces entre 200.000 y 250.000 hombres[416]. En mayo de 2022, la coalición rusa (Rusia,

---

414. https://www.rts.ch/info/monde/13135499-bernard-wicht-le-succes-de-loperation-russe-cest-davoir-reussi-a-mystifier-tout-le-monde.html

415. «Senior Defense Official Holds a Background Briefing, April 18, 2022», *defense.gov*, 18 de abril de 2022 (https://www.defense.gov/News/Transcripts/Transcript/Article/3002867/senior-defense-official-holds-a-background-briefing-april-18-2022/)

416. Prasanta Kumar Dutta, Samuel Granados & Michael Ovaska, «Al borde de

DPR y LPR) tendrá entre 100.000 y 190.000 efectivos, mientras que Ucrania contará con 700.000[417].

Estas cifras muestran que los rusos iniciaron su operación con una fuerza tres o cuatro veces inferior a la de los ucranianos. En el Donbass, teniendo en cuenta las fuerzas de la República Popular de Donetsk (RPD) y de la República Popular de Lugansk (RPL), la proporción de fuerzas puede estimarse en 1-2 a 1 a favor de la coalición rusa.

Al igual que en Siria, Rusia está aplicando rigurosamente uno de los principios esenciales de la guerra: la economía de fuerzas. Este principio tiene implicaciones en la forma en que se llevan a cabo las operaciones. En efecto, parece contradecir las reglas del arte militar, ya que generalmente se acepta que un ataque requiere una superioridad de 3 a 1 para que tenga éxito. Para conciliar este principio con un ataque llevado a cabo con menos tropas que el ejército ucraniano, los rusos se basan en grupos de combate muy móviles que pueden desplazarse rápidamente para crear superioridades locales.

6.3.2.1. Fase 1

De acuerdo con la doctrina militar rusa, la SVO se divide en dos ejes:
- una ofensiva principal hacia el sur del país, en la región de Donbass y a lo largo de la costa del Mar de Azov. Está siendo dirigido por una coalición (Z) formada por fuerzas rusas del

---

la guerra», *Reuters*, 26 de enero de 2022 (https://graphics.reuters.com/RUSSIA-UKRAINE/dwpkrkwkgvm/)

417.«700.000 soldados defienden Ucrania ahora, dice Zelenskyy, mientras arrecian las batallas en el Donbás», *Euronews/AP/AFP*, 21 de mayo de 2022 (https://www.euronews.com/2022/05/21/live-sievierodonetsk-shelling-brutal-and-pointless-zelenskyy-says-as-russia-continues-offe)

Distrito Militar Sur a través de Járkov y Crimea, con -en el centro- fuerzas de las Repúblicas de Donetsk y Lugansk, así como una contribución de la Guardia Nacional chechena para los combates en la zona urbana de Marioupol; y
- un empuje secundario sobre Kiev, dirigido por fuerzas rusas de Bielorrusia (V) y Rusia (O).

Concepto resumido de la operación rusa (Fase 1)

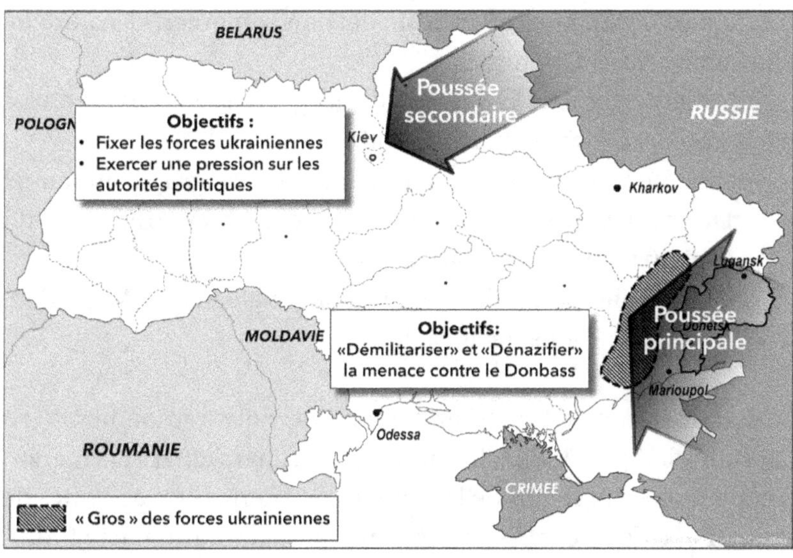

Figura 54 - La mecánica general de la operación especial rusa sigue fielmente su doctrina operativa. Consiste en un empuje principal y un empuje secundario. El papel del empuje secundario es crear las condiciones favorables para el desarrollo del empuje principal.

6.3.2.1.1. Los objetivos

La secuencia de las operaciones sigue los objetivos establecidos por Vladimir Putin en su discurso televisado del 24 de febrero. La intención de la Fase 1 es crear condiciones favorables para la Fase 2, que constituirá la «pièce de résistance» de lo que los rusos denominan «*Operación Militar Especial*» (*Специальная военная операция*) (SVO).

La mecánica de la operación se deriva del hecho de que las fuerzas de la coalición rusa atacan con una fuerza que, en general, es inferior a la de Ucrania. Para lograr sus objetivos, deben ser capaces de crear superioridades limitadas en el espacio y en el tiempo. Esto solo puede lograrse impidiendo que las fuerzas ucranianas en el oeste del país refuercen el grueso de sus fuerzas en el Donbass.

El objetivo final de la SVO puede desglosarse en dos objetivos a lo largo del eje principal: neutralizar

- las fuerzas armadas ucranianas se reagruparon en el Donbass con vistas a la ofensiva contra la DPR y la LPR (objetivo de «desmilitarización»), y
- las milicias paramilitares ultranacionalistas de Marioupol (objetivo de «desnazificación»).

Por lo tanto, es necesario empujar muy rápidamente en profundidad hacia Kiev durante la Fase 1, para «fijar» las fuerzas ucranianas en el sector de la capital y retenerlas con acciones de combate. Este es el objetivo del empuje secundario hacia Kiev.

¿Habían previsto los rusos que este empuje secundario atraería más atención occidental que el principal? No lo sabemos. Lo cierto es que la reacción de los países occidentales y la cobertura mediática de la defensa ucraniana centrada en Zelensky facilitaron la tarea de los rusos.

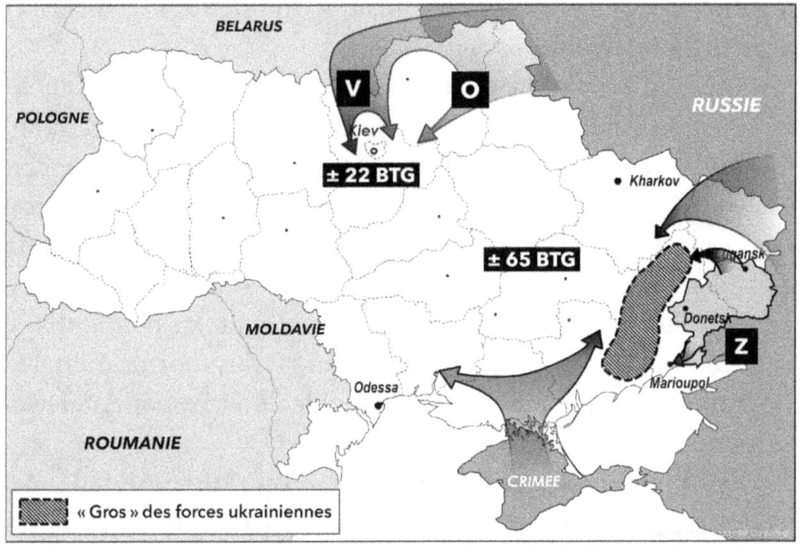

Figura 55 - Fase 1 de la operación rusa del 24 de febrero al 30 de marzo de 2022. Los números comprometidos por Rusia muestran que tomar Kiev nunca fue un objetivo. Con 22 grupos de combate (unos 20.000 hombres) era imposible tomar la ciudad. [Cifras: Departamento de Defensa de Estados Unidos].

Con las fuerzas ucranianas concentradas en el sur del país en preparación de una ofensiva contra Donbass, la frontera ruso-ucraniana estaba prácticamente indefensa. Las fuerzas V y O y la agrupación norte de la fuerza Z pudieron avanzar con bastante facilidad y rapidez hacia Kiev.

Escuchando sólo sus prejuicios, a los seudoexpertos y políticos occidentales se les ha metido en la cabeza que el objetivo de Rusia es apoderarse de Ucrania y derrocar a su gobierno. Esto es lo que Occidente ha pretendido sistemáticamente en las guerras que ha librado. Formado y asesorado por expertos de la OTAN, el Estado Mayor ucraniano aplicó previsiblemente la misma lógica. Atribuyeron a Rusia el objetivo de cambiar el régimen de Kiev y, por tanto, consideraron que la ciudad era el principal objetivo de los rusos.

Pero el discurso de Vladimir Putin no fue ambiguo: quiere erradicar la amenaza que pesa sobre la población rusoparlante de Donbass, y punto. El pensamiento militar ruso se inspira en Clausewitz, que definió el «centro de gravedad» (*Schwerpunkt)* como el objetivo primordial de una estrategia. El «centro de gravedad» es el elemento del que un beligerante extrae su fuerza y capacidad de acción. Para los rusos, en el contexto del Donbass, el centro de gravedad ucraniano son todas sus fuerzas militares y paramilitares que amenazan a la población rusoparlante. Este es, por tanto, el objetivo prioritario.

En un plano más técnico, para crear una superioridad local es necesario llevar fuerzas suficientes al sector deseado, impidiendo al mismo tiempo que el adversario refuerce su posición. Este es el papel de las *«shaping operations»* (en terminología estadounidense). Su objetivo es atraer o fijar las fuerzas del enemigo en determinados sectores, a fin de dejar el campo libre para las operaciones decisivas, es decir, las que permiten alcanzar los objetivos. Durante la fase 1 de la SVO, la acción en el Donbass fue una *«operación decisiva»*, mientras que las acciones alrededor de Kiev y en el sur hacia Zaporozhie fueron *«operaciones de conformación»*.

El Ministerio de Defensa ruso explica este mecanismo en un comunicado de prensa publicado el 30 de marzo[418].

El 28 de marzo, con el cerco de la última plaza de neonazis en Azovstal, el objetivo de la «desnazificación» se consideró

---

418. https://z.mil.ru/spec_mil_oper/news/more.htm?id=12415372@egNews

alcanzado y eliminado de la lista de objetivos rusos, según informó el *Financial Times*[419].

En esta fase, los rusos habían recibido una propuesta escrita de Zelensky como parte de las negociaciones de Estambul. Contenía elementos que se consideraron positivos pero, bajo la presión de Occidente, Zelensky retiró su propuesta. Por lo tanto, los combates continuaron y la posición rusa se fortaleció.

La captura de Marioupol permite a los rusos retirar fuerzas de este sector para pasar a la fase 2 y concentrar sus esfuerzos en el objetivo de la «desmilitarización» del Donbass. Ahora que disfruta de superioridad en su zona decisiva de operaciones, Rusia retira sus tropas del sector de Kiev para reforzar su posición en el sur del país. Hace pasar por un gesto de buena voluntad lo que en realidad es el reagrupamiento de sus fuerzas en el Donbass. Por su parte, Kiev hace pasar esta retirada por una victoria -lo que, por así decirlo, es bueno-, pero también tiene un efecto perverso, porque Occidente lo ve como una señal tangible de una derrota anunciada. Esto les anima a suministrar aún más armas a Ucrania, lo que provocará la muerte de miles de soldados ucranianos, sin mejorar la situación militar.

En mayo de 2022, Claude Wild, embajador suizo en Kiev, declaró en *RTS* que los rusos habían «*perdido la batalla de Kiev*»[420]. Esto demuestra que los occidentales han sido incapaces

---

419.«Russia no longer requesting Ukraine be "denazified" as part of ceasefire talks», *Financial Times*, 28 de marzo de 2022 (https://www.businessinsider.com/russia-nazi-demand-for-ukraine-dropped-in-ceasefire-talks-2022-3?r=US&IR=T)
420.«Nadie habría apostado un franco a tal resistencia, dice el embajador suizo en Ucrania», *RTS Info*, 24 de mayo de 2022 (https://www.rts.ch/info/monde/13121067-personne-naurait-parie-un-franc-sur-une-telle-resistance-estime-lambassadeur-suisse-en-ukraine.html)

de superar sus prejuicios para intervenir de forma constructiva en la resolución política del conflicto.

Por el contrario, los rusos buscan transformar sus éxitos operativos en éxitos estratégicos. Entienden la guerra desde una perspectiva Clausewitziana: la guerra es la persecución de la política por otros medios. Por eso pasan con fluidez de una a otra, adaptando sus objetivos operativos a los cambios de la situación militar. En el caso de Ucrania, sus objetivos evolucionan en función de sus éxitos operativos para animar a la parte ucraniana a entablar un proceso de negociación.

6.3.2.1.2. *¿Fracaso o éxito ruso?*

El éxito viene determinado por la consecución o no de los objetivos fijados. Está muy bien que los medios de comunicación occidentales hablen de derrota basándose en objetivos que no fueron formulados por Rusia, ¡sino por el propio Putin! Habiendo fijado nosotros mismos los objetivos, ¡ahora podemos decir que Putin no los ha alcanzado! Los «expertos» en nuestras pantallas de televisión nos aseguraron que Vladimir Putin estaba tratando de apoderarse de Kiev. El 2 de marzo de 2022, en *RTS,* un experto militar suizo afirmó que *«si Kiev no ha caído en las próximas 48 horas, habrá una "putrefacción" de las hostilidades»*[421].

Sin embargo, la coalición rusa nunca intentó tomar Kiev. Desde el comienzo de la ofensiva, Zelensky se mostró dispuesto a negociar con Rusia. Fue la Unión Europea la que echó por tierra los primeros intentos en la frontera bielorrusa el 25 de febrero. Los rusos saben que Zelensky está bajo la influencia de

---

421.«Alexandre Vautravers: "Rusia tiene un arma tan cruel como las armas químicas"», *RTS.ch,* 2 de marzo de 2022 (https://www.rts.ch/info/monde/12906989-alexandre-vautravers-la-russie-dispose-dune-arme-tout-aussi-cruelle-que-larme-chimique.html)

los elementos neonazis de su entorno, pero que está interesado en negociar. Así que no tienen ningún interés en intentar derrocarle, sino todo lo contrario. Según el Pentágono, los rusos sólo han desplegado entre 20.000 y 25.000 soldados en el sector de Kiev. En comparación, se calcula que desplegaron unos 40.000 hombres para tomar Marioupol, una ciudad considerablemente más pequeña.

El 9 de mayo de 2022, Marc Allgöwer, de *RTS*, explicó que Vladimir Putin era reacio a lanzar una movilización general a pesar de la falta de recursos en Ucrania, porque pondría en peligro su credibilidad[422]. Esto es desinformación.

En realidad, Vladimir Putin nunca dijo que quería tomar Kiev. Nunca dijo que quería tomar la ciudad en dos días. Nunca dijo que quería derrocar al presidente Zelensky. Nunca dijo que quería apoderarse de toda Ucrania[423]. Nunca dijo que aspiraba a la victoria el 9 de mayo. Nunca dijo que quería anunciar esta victoria durante el desfile del 9 de mayo. Nunca dijo que quería «declarar la guerra» el 9 de mayo para poder lanzar una movilización general[424].

Nuestros «periodistas» no analizan nada: ¡se lo inventan!

El discurso occidental sobre una ofensiva rusa empantanada y con escaso éxito forma parte de la guerra de la información. Por ejemplo, la secuencia de mapas operativos publicada por *Libération* entre el 24 de febrero y el 18 de marzo no mostraba prácticamente ninguna diferencia de un día para otro[425]. El 23

422.https://www.rts.ch/emissions/infrarouge/13079683-guerre-en-ukraine-la-russie-dans-limpasse.html
423. https://www.rts.ch/play/tv/redirect/detail/13086647?startTime=790
424.https://www.rts.ch/info/monde/13066001-poutine-prendratil-le-risque-de-declarer-la-mobilisation-generale-le-9-mai.html
425.Julien Guillot & Alice Clair, «Guerre en Ukraine: la carte de l'évolution des bombardements et de l'avancée russes», *Libération*, 24 de febrero de 2022 (ac-

de marzo, en *France 5*, la periodista Élise Vincent estimó el territorio tomado por la coalición rusa en el equivalente de Suiza o los Países Bajos (es decir, unos 41.000 km^2)[426].

Oficialmente, las contraofensivas ucranianas se sucedieron y las fuerzas de la coalición rusa siguieron retrocediendo. Sin embargo, a principios de junio de 2022, Volodymyr Zelensky admitió que Rusia controlaba el 20% del territorio ucraniano (unos 120.000 km^2)[427].

Autoconvencidos de que la ofensiva rusa tiene como objetivo ocupar Ucrania y derrocar al gobierno de Kiev, los expertos occidentales han llegado a la conclusión bastante lógica de que a) los rusos están dando largas y b) su ofensiva está condenada al fracaso porque no podrán mantener el país a largo plazo.

En medio de este coro de errores y mentiras, algunos observadores honestos señalaron que Rusia estaba en el camino del éxito. Por ejemplo, en abril, *The Times of London* informaba de que Rusia estaba en camino de derrotar a[428].

Sin embargo, el 15 de mayo de 2022, Jens Stoltenberg declaró que Ucrania aún podía ganar la guerra[429].

---

tualizado el 18 de marzo de 2022) (https://www.liberation.fr/international/europe/guerre-en-ukraine-la-carte-des-bombardements-russes-20220224_BULDIVVKBVGS5CBDLTMWWSVPO4/)

426. https://youtu.be/ThzBH5cbH0A?t=1372

427. «Rusia controla "cerca del 20 por ciento" de Ucrania, dice Zelensky», *France 24*, 3 de junio de 2022 (https://www.france24.com/en/video/20220603-russia-controls-about-20-percent-of-ukraine-says-zelensky)

428. George Grylls, «Guerra de Ucrania: Revitalised Russia can still win, western intelligence warns», The Times, 21 de abril de 2022 (https://www.thetimes.co.uk/article/ukraine-war-revitalised-russia-can-still-win-western-intelligence-warns-fvwc9cz0n)

429. «Ucrania "puede ganar" la guerra, según el Secretario General de la OTAN», *RTS.ch*, 16 de mayo de 2022 (https://www.rts.ch/info/monde/13095545-lukraine-peut-gagner-la-guerre-selon-le-secretaire-general-de-lotan.html)

Los «expertos militares» que aparecen en nuestras pantallas de televisión parecen haber olvidado lo que debería saber un subteniente: «¡Conoce a tu enemigo! Y no como nos gustaría que fuera, ¡sino como es!»

Un ejemplo típico es la comparecencia del coronel Michel Goya ante una comisión del Senado francés sobre las lecciones de la guerra de Ucrania. Sin ningún conocimiento de la doctrina militar rusa o de cómo funcionan las alianzas, ¡analizó la guerra en términos de lo que haría un soldado francés! Su enfoque consiste en pensar que la guerra sólo puede librarse según la lógica francesa. Esto es precisamente lo que llevó a Francia a implicarse en la Primera Guerra Mundial, a ignorar la amenaza alemana en 1940 y estuvo en el origen de la ola de terrorismo en Francia en 2015-2016. En este contexto, nos asombra la falta de retrospectiva y el mediocre nivel de conocimientos de los senadores que escuchan a nuestro «experto».

También hay que señalar que las fuerzas ucranianas no aparecen en ninguno de los mapas de situación presentados en nuestros medios de comunicación. Así, aunque el mapa del Ministerio de Defensa francés ofrece una imagen algo más honesta de la realidad, evita cuidadosamente mencionar a las fuerzas ucranianas en la zona de Donbass.

De hecho, las fuerzas ucranianas nunca aparecen en nuestros mapas, ya que esto demostraría que no estaban desplegadas en la frontera rusa en febrero de 2022, sino que se reagruparon en el sur del país para preparar la ofensiva, cuya fase preparatoria comenzó el 16 de febrero. Esto confirma que Rusia se limitó a reaccionar ante una situación iniciada por Occidente, a través de Ucrania, como veremos. Hoy, son estas fuerzas las que se ven rodeadas y metódicamente fragmentadas y neutralizadas poco a poco por la coalición rusa.

La vaguedad que rodea la situación de las fuerzas ucranianas en Occidente tiene otros efectos. En primer lugar, mantiene la ilusión de una posible victoria ucraniana. Así, en lugar de fomentar un proceso de negociación, Occidente busca prolongar la guerra. Por eso la Unión Europea y algunos de sus países miembros han enviado armas, animando a la población civil y a voluntarios de todo tipo a ir a luchar, a menudo sin entrenamiento y sin una verdadera estructura de mando, con consecuencias mortales.

Sabemos que, en un conflicto, cada parte tiende a proporcionar información para dar una imagen favorable de su acción. Sin embargo, la imagen que tenemos de la situación y de las fuerzas ucranianas se basa exclusivamente en los datos suministrados por Kiev. Enmascara las profundas deficiencias de los dirigentes ucranianos, a pesar de estar entrenados y asesorados por soldados de la OTAN.

Así, la lógica militar habría dictado que las fuerzas atrapadas en el Donbass deberían haberse retirado a una línea en el Dniéper, por ejemplo, para reagruparse y dirigir una contraofensiva; pero el presidente Zelensky les prohibió retirarse. Ya en 2014 y 2015, un examen detenido de las operaciones demostró que los ucranianos aplicaban planes «al estilo occidental» totalmente inadecuados a las circunstancias, frente a un adversario más imaginativo y flexible, con estructuras de mando más ligeras. Lo mismo está ocurriendo hoy. Al final, la visión parcial del campo de batalla proporcionada por nuestros medios de comunicación nos ha dejado incapaces de ayudar a los dirigentes ucranianos a tomar las decisiones correctas. Nos ha hecho creer que el objetivo estratégico evidente era Kiev, que la «desmilitarización» tenía como objetivo la adhesión de Ucrania a la OTAN y que la «desnazificación» pretendía derrocar a Zelensky. Esta leyenda fue alimentada por el llamamiento de Vladimir Putin a la desobediencia a los militares ucranianos, que se interpretó (con mucha imaginación y prejuicios) como un llamamiento a derrocar al gobierno. En realidad, el llamamiento iba dirigido a las fuerzas ucranianas desplegadas en el Donbass para que se rindieran sin combatir. La interpretación occidental llevó al gobierno ucraniano a juzgar mal los objetivos rusos y a abusar de su potencial para ganar.

No se gana una guerra con prejuicios: se pierde, y eso es lo que está ocurriendo. La coalición rusa nunca estuvo «contra las cuerdas» ni fue «detenida» por una resistencia heroica: ¡simplemente no atacó donde se esperaba que lo hiciera! No quisimos escuchar lo que Vladimir Putin nos había explicado tan claramente. Por eso nosotros (es decir, nuestros medios de comunicación y políticos) nos hemos convertido -*volens* nolens- en los principales artífices de la derrota ucraniana que está tomando forma. Paradójicamente, es probablemente debido a unos pocos autoproclamados expertos y estrategas ocasionales en nuestras pantallas de televisión que Ucrania se encuentra hoy en esta situación.

6.3.2.1.3. *La conducción del combate*

Los análisis presentados en nuestros medios de comunicación proceden de políticos o de pseudoexpertos militares, que explican la guerra basándose en su propia experiencia en contextos totalmente diferentes, y que acaban retransmitiendo la propaganda ucraniana.

Estos «estrategas de estudio» buscan claramente sobredramatizar la situación para descartar cualquier solución negociada[430].

430.«Guerra en Ucrania: Vladimir Putin "no quiere negociar nada, quiere ex-

Esta evolución ha llevado a algunas figuras militares occidentales a pronunciarse y ofrecer una evaluación más matizada. Por ejemplo, en *Newsweek*, un analista de la *Defense Intelligence Agency* (DIA) -el equivalente estadounidense de la *Direction du Renseignement Militaire* (DRM) francesa- señala que

> *En 24 días de conflicto, Rusia realizó unos 1.400 ataques y lanzó casi 1.000 misiles (a modo de comparación, Estados Unidos realizó más ataques y lanzó más misiles el primer día de la guerra de Irak en 2003).*[431]

Mientras que Occidente «prepara» el campo de batalla con ataques intensivos y prolongados antes de enviar sus tropas a la acción, los rusos prefieren un enfoque menos destructivo pero más intensivo en tropas. En *France 5*, la periodista Mélanie Tarvant presenta las muertes de generales en el campo de batalla como prueba de la desestabilización del ejército ruso[432]. Aparte de que se refiere a rumores ya *desmentidos*, demuestra un profundo desconocimiento de las tradiciones y los métodos operativos del ejército ruso. Mientras que los comandantes occidentales tienden a dirigir desde la retaguardia, sus homólogos rusos tienden a hacerlo desde el frente. En Occidente decimos: «¡Adelante!». En Rusia, decimos «Seguidme». Esto explica

---

terminar Ucrania", dice un experto en Europa», *franceinfo*, 12 de marzo de 2022 (https://www.francetvinfo.fr/monde/europe/manifestations-en-ukraine/guerre-en-ukraine-vladimir-poutine-ne-veut-rien-negocier-il-veut-extermi-ner-l-ukraine-affirme-un-specialiste-de-l-europe_5006026.html)
431.William M. Arkin, «Putin's Bombers Could Devastate Ukraine But He's Holding Back. Here's Why», *Newsweek*, 22 de marzo de 2022 (https://www.newsweek.com/putins-bombers-could-devastate-ukraine-hes-hol-ding-back-heres-why-1690494)
432. https://youtu.be/KV39YTyQpqQ?t=669

tanto las elevadas bajas en los escalones superiores de mando, observadas anteriormente en Afganistán, como la selección mucho más rigurosa de los mandos que en Occidente.

El analista de la DIA va más allá y señala que «*la gran mayoría de los ataques aéreos tienen lugar sobre el campo de batalla, con aviones rusos que proporcionan 'apoyo aéreo cercano' a las fuerzas terrestres. El resto -menos del 20%, según los expertos estadounidenses- tiene como objetivo aeródromos militares, cuarteles y depósitos de apoyo*». Así que la frase «*bombardeos indiscriminados [que] devastan la ciudad y matan a todo el mundo*» de la que se hacen eco los medios de comunicación occidentales parece contradecir al experto en inteligencia estadounidense, que afirma que «*si nos limitamos a convencernos de que Rusia bombardea indiscriminadamente, o de que no puede infligir más daño porque su personal no está a la altura del trabajo o es técnicamente inepto, entonces no estamos viendo el conflicto tal y como es*».

De hecho, las operaciones rusas difieren fundamentalmente del concepto occidental. La obsesión de Occidente por no causar bajas entre sus propias fuerzas ha llevado a que las operaciones se lleven a cabo principalmente mediante ataques aéreos muy letales. Las tropas terrestres sólo intervienen cuando todo ha sido destruido. Por eso, en Afganistán[433] o en el Sahel,[434]

---

433. Amy Woodyatt & Arnaud Siad, «Más civiles están siendo asesinados por las fuerzas afganas e internacionales que por los talibanes y otros militantes», *CNN*, 31 de julio de 2019 (https://edition.cnn.com/2019/07/30/asia/afghanistan-nato-taliban-intl-scli/index.html)

434. Nathanaël Charbonnier, «Les armées régulières seraient tout aussi meurtrières (voire plus) que les terroristes au Sahel», *radiofrance.fr*, 3 de mayo de 2021 (https://www.franceinter.fr/monde/les-armees-regulieres-seraient-tout-aussi-meurtrieres-voire-plus-que-les-terroristes-au-sahel)

Occidente mata a más civiles[435] que los terroristas. Por eso, los países occidentales implicados en Afganistán, Oriente Medio y el Norte de África ya no publican las víctimas civiles causadas por sus ataques. De hecho, los europeos implicados en regiones que sólo afectan marginalmente a su seguridad nacional, como los estonios en el Sahel, van allí a «hincar el diente». En Ucrania, la situación es muy diferente. Basta con mirar un mapa de zonas lingüísticas para ver que la coalición rusa está operando casi exclusivamente en la zona rusoparlante, en medio de poblaciones que en general simpatizan con ella. Esto explica también las declaraciones de un oficial de las Fuerzas Aéreas estadounidenses: «*Sé que las noticias no paran de repetir que Putin ataca a civiles, pero no hay pruebas de que Rusia lo haga intencionadamente*»[436].

A la inversa, es por la misma razón -pero de forma diferente- por la que Ucrania ha desplegado a sus combatientes paramilitares ultranacionalistas en ciudades importantes como Marioupol[437]. Al carecer de vínculos afectivos o culturales con la población local, estas milicias pueden combatir incluso a costa de numerosas bajas civiles. Estas atrocidades, que están saliendo ahora a la luz[438], siguen siendo ocultadas por los

---

435. «Sahel: les populations craignent plus les bavures des forces de protection que les attaques djihadistes», *RTBF.be*, 14 de abril de 2021 (https://www.rtbf.be/article/sahel-les-populations-craignent-plus-les-bavures-des-forces-de-protection-que-les-attaques-djihadistes-10740544)
436. William M. Arkin, «Putin's Bombers Could Devastate Ukraine But He's Holding Back. Here's Why», *Newsweek*, 22 de marzo de 2022 (https://www.newsweek.com/putins-bombers-could-devastate-ukraine-hes-holding-back-heres-why-1690494)
437. Roman Goncharenko, «El batallón Azov: extremistas defendiendo Mariupol», *dw.com*, 16 de marzo de 2022 (https://p.dw.com/p/48aCt)
438. Tim Lister, Celine Alkhaldi, Katerina Krebs & Josh Pennington, «Ukraine promises 'immediate investigation' after video surfaces of soldiers shooting

medios de comunicación francófonos por miedo a perder el apoyo a Ucrania, como han señalado medios próximos a los republicanos en Estados Unidos[439].

Tras los golpes de «decapitación»[440] en los primeros minutos de la ofensiva, la estrategia operativa rusa consistió en rodear los centros urbanos para envolver al ejército ucraniano «fijado» por las fuerzas de las repúblicas del Donbass. Conviene recordar que el objetivo de la «decapitación» no es destruir el cuartel general o el gobierno (como tienden a entender nuestros «expertos», empapados de historia francesa), sino cortar las estructuras de dirección para impedir la maniobra coordinada de las fuerzas. Al contrario, se trata de preservar las estructuras de dirección para poder negociar una salida a la crisis.

6.3.2.2. Fase 2

6.3.2.2.1. Los objetivos

Tras la fase 1, que consistió en situar las fuerzas, la fase 2 se dedica a «mordisquear» la posición ucraniana en las fronteras de la región de Donbass.

Russian prisoners», *CNN*, 27 de marzo de 2022 (https://edition.cnn.com/europe/live-news/ukraine-russia-putin-news-03-27-22/h_6e158d3fc5bc5efe-7fc3f10b69b7aeee)

439.«Zelenskyy Worried About Western Financial Support After Video Surfaces Showing Ukraine Military Torturing Russian POW's», *The Conservative Treehouse*, 27 de marzo de 2022 (https://theconservativetreehouse.com/blog/2022/03/27/zelenskyy-worried-about-western-financial-support-after-video-surfaces-showing-ukraine-military-torturing-russian-pows/?utm_source=rss&utm_medium=rss&utm_campaign=zelenskyy-worried-about-western-financial-support-after-video-surfaces-showing-ukraine-military-torturing-russian-pows).

440. https://military-history.fandom.com/wiki/Decapitation_strike

El objetivo de la Fase 2 es la desmilitarización real de la amenaza sobre el Donbass. En otras palabras, es la neutralización metódica del grueso de las fuerzas ucranianas, reagrupadas desde 2021 en el sur del país para preparar la ofensiva contra el Donbass.

Como se trata de destruir capacidades, no hay un objetivo geográficamente determinado. Por eso, la estrategia ucraniana de «mantener» el terreno a toda costa y suministrar tropas a las fuerzas en lugar de jugar con su movilidad facilita el trabajo de los rusos.

Fase 2 de la operación (a partir del 31 de marzo de 2022)

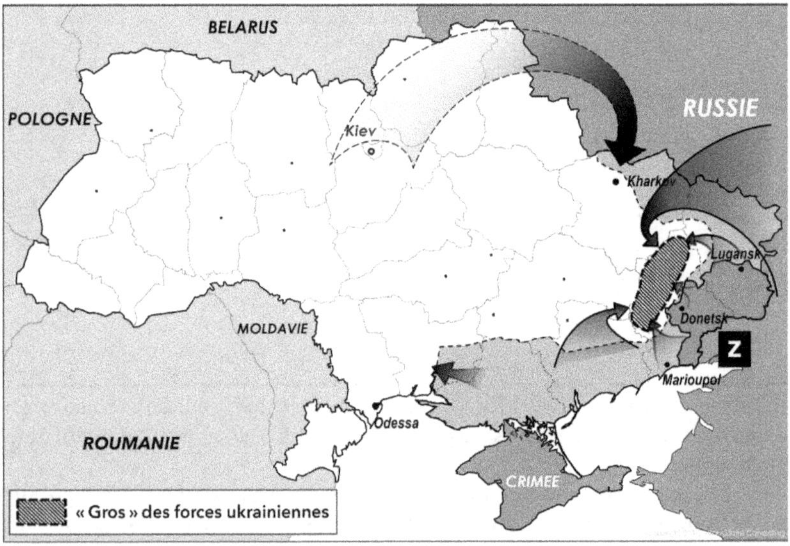

Figura 56 - La fase 2 consiste en el mordisqueo gradual de las fuerzas ucranianas cercadas en «calderas». Esta labor fue llevada a cabo principalmente por fuerzas de infantería mecanizada y en gran medida por milicias de las repúblicas de Donetsk y Lugansk.

6.3.2.2.2. *La conducción del combate*

Las acciones llevadas a cabo en el Donbass constituyen la operación decisiva. Se están llevando a cabo «mordisqueando» sucesivamente a las tropas cercadas en calderas secundarias, como Severodonetsk-Lissitchansk, en torno a la caldera principal de Slaviansk-Kramatorsk.

A continuación, los rusos aplicaron el mismo patrón operativo que en la fase 1, pero se limitaron al Donbass. Crearon superioridades locales haciendo «malabarismos» con los BTG:

- Las fuerzas que rodeaban Kiev en el norte y las que luchaban en Marioupol en el sur se redistribuyeron a la región de Donbass, donde tenían lugar la mayoría de los combates.
- Las operaciones de formación en los extremos de la zona de operaciones (Kharkov en el norte y Kherson en el sur) impiden cualquier refuerzo de las tropas ucranianas en las calderas.

6. Gestión de las operaciones

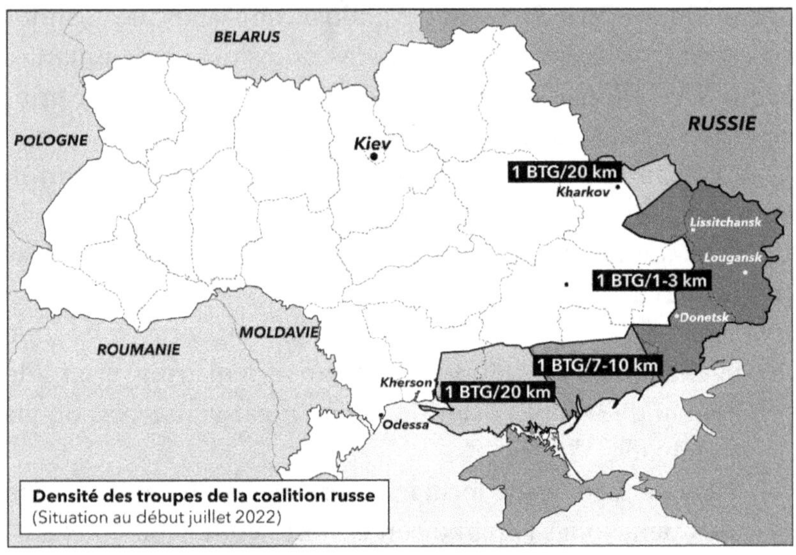

Figura 57 - La densidad de BTG es una indicación de los principales esfuerzos de Rusia. El 10 de junio de 2022, en los sectores de Kharkov y Kherson, la densidad es de 20 km por BTG. En el sector al oeste de Donetsk, la densidad es de 10 km por BTG. Pero en el sector de Lissitchansk, la densidad es de 3 km por BTG. En otras palabras, los rusos están llevando a cabo «operaciones de configuración» en los sectores de Kharkov y Kherson, operaciones defensivas en el sector Zaporozhie-Donetsk y una operación decisiva en el sector de Lissitchansk. La toma de Lissitchansk marcó la toma completa del óblast de Lugansk por la coalición rusa.

Las «contraofensivas» pregonadas por las autoridades de Kiev -y, por tanto, por nuestros medios de comunicación- en Kharkov y Kherson no son en realidad más que «contraataques» tácticos. Estos sectores, calificados de «estratégicos», no lo son para los rusos, al menos por el momento. La densidad de las tropas desplegadas allí es demasiado baja para realizar ataques a gran escala. De hecho, su función es «simplemente» fijar a las fuerzas ucranianas para que no refuercen a las tropas que la coalición rusa está «mordisqueando» en la región de Kramatorsk. Es exactamente el mismo patrón que en Kiev durante la Fase 1.

La complejidad de esta fase parece deberse al hecho de que Rusia no quiere aumentar significativamente el número de sus BTG en el teatro de operaciones ucraniano. Rusia sólo dispone de un número limitado de BTG y está claro que el mando ruso quiere mantener la mayor parte de este potencial como reserva en caso de una ofensiva intempestiva por parte de un país de la OTAN. Esto le obliga a renovar sus fuerzas por rotación, sin aumentarlas.

La ralentización del ritmo de avance de las fuerzas rusas durante la Fase 2 se debe a cinco factores principales.

En primer lugar, tuvieron que enfrentarse a los puntos fuertes que los ADL de la primera fase habían eludido inicialmente. Por tanto, los rusos esperaban claramente un cambio en el ritmo de las operaciones.

En segundo lugar, estos puntos fuertes se componen generalmente de redes de trincheras repartidas en profundidad o de localidades donde los defensores son difíciles de desalojar. A diferencia de los occidentales en Afganistán, Irak y Siria, que se enfrentaron a un adversario decidido y sin armas pesadas, la coalición rusa lucha contra un adversario de naturaleza equivalente. La decisión del mando ucraniano de luchar por cada metro cuadrado de terreno dificulta el avance, pero también le permite alcanzar su objetivo: destruir las capacidades militares ucranianas en el Donbass.

En tercer lugar, las tropas ucranianas desplegadas en el Donbass están altamente entrenadas y curtidas en combate.

En cuarto lugar, gran parte de los combates están siendo llevados a cabo por tropas de la DPR y la LPR, que son de la región, tienen conocidos o familiares en la zona de combate y -al contrario de lo que afirman nuestros medios de comunicación- intentan evitar causar víctimas civiles.

En quinto lugar, a diferencia de los ucranianos, esta gente no se considera realmente ucraniana. Lucharon contra ellos y los bombardearon durante ocho años. Para ellos, son el enemigo. En consecuencia, tienen muchos menos escrúpulos a la hora de obligar a los civiles a permanecer en sus pueblos el mayor tiempo posible.

Es probable que la ralentización del avance de la coalición haya defraudado las expectativas de algunos rusos. La narrativa occidental de una *Blitzkrieg es engañosa*, probablemente para crear expectativas poco razonables y señalar la incapacidad rusa. En realidad, esta ralentización no corresponde a una disminución de las capacidades operativas, sino a la naturaleza de los combates, que ha cambiado y que estaba prevista. Esto no quita nada a los caprichos de la guerra y a la valentía demostrada por las tropas ucranianas a pesar de la incompetencia de sus mandos.

6.3.2.3. *Fase 3*

El mando ruso no ha definido realmente con claridad el final de la fase 2 y las próximas etapas de su operación. A finales del verano de 2022, las operaciones de la coalición rusa se ralentizarán, pero el esfuerzo continuará en la región de Donbass.

6.3.2.3.1. *La victoria «trampantojo» de Ucrania en Járkov*

El 6 de septiembre de 2022, las fuerzas ucranianas lanzaron una ofensiva y retomaron la región de Járkov en cuestión de días. Los políticos y medios de comunicación occidentales se hicieron eco de la propaganda ucraniana para presentar este éxito como una prueba del debilitamiento de Rusia y la perspectiva de una inminente victoria final. La realidad es muy distinta, y un examen más detenido de las operaciones podría haber inducido a Ucrania a ser más prudente.

Desde hace varias semanas, algunos expertos occidentales cuestionan la presencia de los rusos en la zona de Járkov, porque es evidente que no tenían intención de combatir en la ciudad. En realidad, como hemos visto, las fuerzas de la coalición rusa sólo mantenían allí una presencia mínima, para fijar a las tropas ucranianas e impedirles avanzar hacia el Donbass, que es el verdadero objetivo operativo de los rusos. A principios de agosto, la prensa rusa ya planteaba la posibilidad de una ofensiva ucraniana en este sector[441].

Los ucranianos, por su parte, llevan desde agosto bajo presión para lograr éxitos sobre el terreno. Joe Biden necesita un éxito antes de las elecciones de mitad de mandato de noviembre y Volodymyr Zelensky teme que el apoyo occidental se esté agotando. Por ello, los estadounidenses están presionando a Ucrania para que intensifique las contraofensivas en el sector de Kherson. Desorganizadas y dirigidas por tropas inexpertas, fueron sistemáticamente rechazadas y causaron enormes pérdidas en las filas ucranianas, creando tensiones entre Zelensky y su personal.

En agosto, los informes indicaban que los rusos habían planeado abandonar el sector de Kharkov mucho antes del comienzo del ataque ucraniano. Por lo tanto, se retiraron en buen orden, junto con algunos civiles que podrían haber sido objeto de represalias. Como prueba de ello, el enorme depósito de

---

441. Алина Корнеева, «"СП": Президент Украины Зеленский собрал миллионную армию под Харьковом для вторжения в РФ», *RK-News*, 8 de agosto de 2022 (https://rk-news.com/2022/08/08/568521166248.html).

municiones de Balaklaya estaba vacío cuando los ucranianos lo descubrieron, lo que demuestra que los rusos llevaban ya varios días evacuando a todo el personal y los equipos sensibles. Los rusos habían abandonado incluso zonas que Ucrania no atacó posteriormente. Lo único que quedaba en la zona eran unos pocos soldados de la Guardia Nacional rusa y de la milicia de Donbass.

La reacción rusa se limita a ataques contra la infraestructura eléctrica. El objetivo es paralizar el flujo de refuerzos ucranianos por tren hacia el Donbass y facilitar así el redespliegue de las tropas rusas de coalición. Este abandono del terreno sin contraofensiva es interpretado como debilidad por Occidente.

6.3.2.3.2. *Motivos de la retirada rusa*

En agosto de 2022, los rusos se anticiparon a los resultados de los referendos en las provincias de Kherson, Zaporozhie, Donetsk y Lugansk. Se dieron cuenta de que la región de Járkov no era directamente útil para alcanzar sus objetivos, y que se encontraban en la misma situación que con la Isla de las Serpientes en junio: la energía necesaria para defender este territorio era superior a su importancia estratégica.

Cuando los servicios de inteligencia estadounidenses detectaron la salida de los rusos de la región de Járkov, vieron una oportunidad de éxito para los ucranianos y transmitieron la información. Así que Ucrania decidió de repente atacar una zona que ya estaba prácticamente vacía.

Al retirarse de Járkov, la coalición rusa pudo reagruparse dentro de las futuras nuevas fronteras de Rusia y densificar su línea de defensa a lo largo del río Oskol. Además, los efectivos liberados de este modo pudieron reforzar sus capacidades ofensivas en el Donbass. Gracias a estas tropas, la coalición rusa pudo avanzar significativamente en Bakhmout, un punto clave en el sector Slaviansk-Kramatorsk, que es el verdadero objetivo operativo de la coalición rusa.

Ocupados celebrando la victoria ucraniana en torno a Járkov, ninguno de los medios occidentales mencionó el avance ruso en el Donbass. Irónicamente, parece que los medios rusos habían recibido instrucciones de sus autoridades de no informar sobre este éxito para no llamar la atención de Occidente sobre este sector clave, donde el frente no se ha estabilizado. Esto es lo que ha ocurrido: ¡los medios occidentales han hecho el trabajo de los rusos!

La razón fundamental por la que las fuerzas de la coalición rusa no intentaron combatir la ofensiva ucraniana sobre Járkov fue que el mando ruso estaba en proceso de reestructuración.

La operación militar especial (OEV) lanzada en febrero de 2022 fue una acción conjunta de las fuerzas rusas y las fuerzas armadas de las repúblicas del Donbass. Como estas últimas eran oficialmente independientes, no estaban subordinadas al mando ruso. Así pues, el Estado Mayor ruso se limitó a garantizar la coordinación entre el ejército ruso y las fuerzas del Donbass.

Tras los referendos y la incorporación de las cuatro regiones del sur de Ucrania, todas las fuerzas de la coalición rusa pasaron a estar bajo la responsabilidad de Moscú. Se creó un mando especial, dirigido desde el 8 de octubre de 2022 por el general Sergei Sourovikin.

Llevar a cabo operaciones militares complejas al mismo tiempo que se ponían en marcha nuevas estructuras de liderazgo y se adaptaba toda la cadena de mando estratégico-operativa era una fuente de vulnerabilidad. Por eso el Estado Mayor ruso prefirió retirar sus tropas de la coalición, para preservar la vida de sus soldados (que no pueden ser reemplazados), y ceder sectores de importancia secundaria.

Irónicamente, los medios de propaganda occidentales, como RTS[442] en Suiza, *Figaro*[443] en Francia y *BBC*[444] en el Reino Unido, interpretaron estos cambios en la dirección de la SVO como un signo de crisis en el liderazgo ruso y del «fiasco» de la operación. Una vez más, a nuestros medios de comunicación les ha salido el tiro por la culata. En realidad, ocurre todo lo contrario. El mando ruso se ha reforzado y tiene más libertad de acción que antes, pero los análisis occidentales Estos «análisis» sólo llevaron a subestimar las capacidades rusas y a que los ucranianos bajaran la guardia, como vimos en los días posteriores.

Cabe señalar que ninguno de los medios de comunicación europeos mencionó la creación en Rusia del *Consejo de Coordinación* (SK)[445], bajo la dirección del Primer Ministro, destinado a coordinar todos los recursos civiles y militares para satisfacer las necesidades del SVO[446]. La creación del SK indica que Rusia está decidida a resolver la cuestión ucraniana por la fuerza, incluso si Occidente se implicara más de un modo u otro en el conflicto.

---

442. https://www.rts.ch/play/tv/redirect/detail/13449035

443. «En pleine mobilisation, la Russie limoge le général chargé de la logistique», *Le Figaro / AFP*, 24 de septiembre de 2022 (https://www.lefigaro.fr/flash-actu/en-pleine-mobilisation-la-russie-limoge-le-general-charge-de-la-logistique-20220924)

444. Matt Murphy, «Dmitry Bulgakov: Putin fires deputy defence chief amid supply failures», *BBC News*, 24 de septiembre de 2022, (https://www.bbc.com/news/world-europe-63021117)

445. «Putin ordena la creación de un consejo especial para las necesidades de las operaciones militares», *Tass*, 19 de octubre de 2022 (https://tass.com/politics/1524957)

446. http://en.kremlin.ru/catalog/keywords/91/events/69657

Para los ucranianos fue una victoria pírrica. Avanzaron hacia Járkov sin encontrar resistencia y prácticamente no hubo combates. En su lugar, la zona se convirtió en una enorme «bolsa de fuego» (o «zona de exterminio») («огневой мешок»), donde la artillería rusa pudo destruir a unos 4.000-5.000 ucranianos (unas 2 brigadas), mientras que la coalición rusa sólo sufrió pérdidas marginales al no haber combates.

Las pérdidas ucranianas se suman a las de las ofensivas de Kherson. Según el Ministro de Defensa ruso, Sergei Shoigu, los ucranianos perdieron unos 7.000 hombres en las tres primeras semanas de septiembre. Aunque estas cifras no han sido verificadas, su orden de magnitud corresponde a las estimaciones de algunos expertos occidentales. En esta hipótesis, los ucranianos habrían perdido alrededor del 25% de las 10 brigadas creadas y equipadas en los últimos meses con ayuda occidental. Esto está muy lejos del ejército de un millón de hombres al que se refieren los dirigentes ucranianos.

Desde un punto de vista militar, esta reconquista es una victoria táctica para los ucranianos y una victoria operativa/ estratégica para la coalición rusa. Para entender esto, tenemos que volver a los objetivos declarados de Vladimir Putin: «desmilitarización» y «desnazificación». No se trata de ganar territorio, sino de destruir la amenaza que pesa sobre el Donbass. En otras palabras, los ucranianos luchan por el territorio, mientras que los rusos buscan destruir capacidades. Siempre se puede recuperar territorio, pero no vidas humanas.

Desde un punto de vista político, esto podría considerarse una victoria estratégica para los ucranianos y una pérdida táctica para los rusos. Es la primera vez que los ucranianos recuperan tanto territorio desde 2014, y los rusos parecen estar perdiendo. Los ucranianos están aprovechando esta oportunidad para publicitar su victoria final, creando expectativas sin duda exageradas y mostrándose aún menos dispuestos a entablar negociaciones.

Occidente ve en ello la confirmación de lo que lleva diciendo desde marzo sobre una derrota rusa. Por eso Ursula von der Leyen ha declarado que «no es momento para el apaciguamiento»[447].

El problema no es tanto que Ucrania reclame la victoria, sino que Occidente está convencido de que Rusia es débil. Así que este éxito es un cáliz envenenado para Ucrania. Lleva a Occidente a sobrestimar las capacidades de las fuerzas ucranianas y a empujarlas a llevar a cabo nuevas ofensivas, en lugar de negociar.

En la creencia de que están debilitando a Rusia, nuestros medios de comunicación están fomentando la desaparición gradual de la sociedad ucraniana. Esto es coherente con la forma en que nuestros líderes ven a Ucrania. No reaccionaron ante las masacres de civiles en el Donbass entre 2014 y 2022, ni mencionan las pérdidas de Ucrania en la actualidad. De hecho, para nuestros medios de comunicación y nuestras autoridades, los ucranianos no son más que «subhumanos» cuyo único propósito en la vida es satisfacer los objetivos de nuestros políticos. De hecho, a ninguno de los medios de comunicación occidentales le interesan las pérdidas ucranianas, ya que esto podría animar a los países europeos a promover una solución negociada al conflicto.

6.3.2.3.4. *Referendos en el sur de Ucrania*

Entre el 23 y el 27 de septiembre de 2022 se celebraron referendos en cuatro oblasts del sur de Ucrania. Pero no todas las

---

447. https://www.francetvinfo.fr/monde/europe/manifestations-en-ukra-ine/guerre-en-ukraine-ursula-von-der-leyen-promet-la-solidari-te-avec-kiev-sans-convaincre-tous-les-eurodeputes_5362294.html

preguntas eran idénticas. En las autoproclamadas repúblicas de Donetsk y Lugansk, oficialmente independientes, la pregunta era si la población quería estar unida a Rusia. En los oblast de Kherson y Zaporozhie, que siguen formando parte oficialmente de Ucrania, la pregunta es si la población quiere seguir formando parte de Ucrania, si quiere ser independiente o si quiere estar unida a Rusia.

Como era de esperar, los resultados de los referendos han oscilado entre el 87% y el 99,2%[448]. Naturalmente, los occidentales consideran que estos referendos son «falsos» y no reconocen su validez. Los juristas podrán sin duda comentar la dimensión jurídica. En términos humanos, estos resultados son coherentes. Desde 2014, las autoridades de extrema derecha recién llegadas al poder han recortado sistemáticamente los derechos y libertades de las minorías lingüísticas, convirtiéndolas en ciudadanos de segunda clase.

Como resultado de la política ucraniana, los ciudadanos rusoparlantes ya no se sienten ucranianos. Esta situación se puso incluso de manifiesto en la ley sobre los derechos de las poblaciones autóctonas, aprobada en julio de 2021, que equivale en cierto modo a las leyes de Nuremberg de 1935, que otorgan diferentes derechos a los ciudadanos en función de su origen étnico[449]. Esto llevó a Vladimir Putin a escribir un artículo

---

448.«Ucrania 'referendums': Full results for annexation polls as Kremlin-backed authorities claim victory», *Euronews, AP, Reuters,* 28 de septiembre de 2022 (https://www.euronews.com/2022/09/27/occupied-areas-of-ukraine-vote-to-join-russia-in-referendums-branded-a-sham-by-the-west)

449.«Нардеп від "Слуги народу" Семінський заявив про "позбавлення конституційних прав росіян, які проживають в Україні"», *AP News,* 2 de julio de 2021 (https://apnews.com.ua/ua/news/nardep-vid-slugi-narodu-seminskii-zayaviv-pro-pozbavlennya-konstitutciinikh-prav-rosiyan-yaki-prozhivaiut-v-ukraini/)

el 12 de julio de 2021 en el que pedía a Ucrania que considerara a los rusoparlantes como parte de la nación ucraniana y no discriminara como proponía la nueva ley.

Naturalmente, ningún país occidental ha protestado contra esta discriminación, consecuencia de la abolición de la ley sobre lenguas oficiales en febrero de 2014, que provocó la secesión de Crimea y Donbass.

En segundo lugar, para combatir a los rusoparlantes que intentaban preservar sus derechos, los ucranianos nunca intentaron ganarse «los corazones y las mentes» de los insurgentes. Al contrario, hicieron todo lo posible para alejarlos aún más bombardeándolos, minando sus carreteras, cortándoles el agua potable, suspendiendo el pago de pensiones y salarios y paralizando todos los servicios bancarios. Esto es exactamente lo contrario de una estrategia eficaz de contrainsurgencia.

Durante los referendos de septiembre de 2022, ningún medio de comunicación ni gobierno occidental protestó contra los ataques con artillería y misiles dirigidos contra las colas de votantes en Donetsk y otras ciudades de las regiones de Zaporozhie y Kherson para intimidarles e impedirles votar[450]. Tras los referendos, Kiev prometió castigar severamente a quienes hubieran participado en su celebración[451].

Por tanto, nos encontramos en una situación en la que los países occidentales se niegan a reconocer estos referendos,

---

450.«Referendum in Kherson to continue despite deadly Ukrainian shelling», Al Mayadeen English, 25 de septiembre de 2022 (https://english.almayadeen.net/news/politics/referendum-in-kherson-to-continue-despite-deadly-ukrainian-s)

451.Isobel Koshiw, «Ukrainians involved in 'referendums' face prison terms, says Kyiv», The Guardian, 27 de septiembre de 2022 (https://www.theguardian.com/world/2022/sep/27/ukrainians-involved-in-russia-referendums-face-prison-terms-says-kviv)

pero no han hecho absolutamente nada para animar a Ucrania a adoptar una política más integradora hacia sus minorías. En última instancia, estos referendos demuestran que nunca ha existido realmente una nación ucraniana inclusiva. Además, los países occidentales han negado sistemáticamente la existencia de estas minorías y el trato desigual que reciben.

Desde un punto de vista político-estratégico, estos referendos congelarán la situación y harán irreversibles las conquistas rusas. Lo interesante es que si Occidente hubiera permitido a Zelensky continuar con la propuesta que hizo a Rusia a finales de marzo de 2022, Ucrania habría conservado más o menos su configuración anterior a febrero de 2022. Rusia estaba dispuesta a discutirlo, pero la Unión Europea presionó a Zelensky para que lo retirara ofreciéndole un segundo paquete armamentístico de 500 millones de euros. Entonces, como explica *Ukraïnskaya Pravda*, Boris Johnson telefoneó a Zelensky el 2 de abril[452] y le pidió que retirara su propuesta, de lo contrario Occidente cesaría su apoyo. Después, el 9 de abril[453], durante su visita a Kiev, «BoJo» repitió lo mismo al Presidente ucraniano. Por tanto, Ucrania estaba dispuesta a negociar con Rusia, pero Occidente no quería negociaciones, como dejó claro «BoJo» durante su última visita a Ucrania en agosto[454].

Paradójicamente, fue sin duda la perspectiva de que no hubiera negociaciones lo que impulsó a Rusia a embarcarse en la vía del referéndum. Hay que recordar que, hasta 2022, Vladimir

---

452.https://www.gov.uk/government/news/pm-call-with-president-zelens-kyy-of-ukraine-2-april-2022
453.https://peoplesdispatch.org/2022/05/09/ukrainian-news-outlet-sug-gests-uk-and-us-governments-are-primary-obstacles-to-peace/
454.Roman Romaniuk, «Possibility of talks between Zelenskyy and Putin came to a stop after Johnson's visit», *Ukrainskaya Pravda*, 5 de mayo de 2022 (ht-tps://www.pravda.com.ua/eng/news/2022/05/5/7344206/)

Putin siempre había rechazado la idea de integrar los territorios del sur de Ucrania en Rusia. Del mismo modo, si Occidente estuviera tan apegado a Ucrania y a su integridad territorial, Francia y Alemania habrían cumplido sin duda sus obligaciones en virtud de los Acuerdos de Minsk antes de febrero de 2022. Además, habrían permitido a Zelensky seguir adelante con su propuesta de acuerdo con Rusia en marzo de 2022.

6.3.2.3.5. *Movilización parcial*

Ya en febrero de 2022, los medios occidentales trataron de presentar a las fuerzas rusas como cuantitativa y cualitativamente insuficientes, explicando que sólo podían perder la guerra. Por eso nuestros «expertos» anunciaron una movilización general para el 9 de mayo de 2022[455]... que los rusos nunca mencionaron.

A finales de agosto de 2022, Vladimir Putin firmó un decreto autorizando un aumento de 137.000 hombres en las fuerzas armadas rusas[456]. Nuestros medios de comunicación ven en ello una señal de insuficiencia y debilidad de Rusia. En realidad, como indica la precisión de la cifra, se trataba simplemente de autorizar la futura integración de las fuerzas del Donbass tras los referendos y la adopción de medidas preparatorias.

El 21 de septiembre, Vladimir Putin anunció la movilización parcial de 300.000 reservistas[457]. Esto sólo afecta a los militares que ya han servido en las fuerzas armadas durante los diez años anteriores y que tienen funciones especializadas. Así que, a priori,

---

455.https://www.rts.ch/emissions/infrarouge/13079683-guerre-en-ukraine-la-russie-dans-limpasse.html

456.«Guerre en Ukraine: Vladimir Poutine signe un décret pour augmenter les effectifs de l'armée», *Euronews* / AFP, 26 de agosto de 2022, (https://fr.euronews.com/2022/08/26/guerre-en-ukraine-vladimir-poutine-signe-un-decret-pour-augmenter-les-effectifs-de-larmee)

457.https://объясняем.рф/mobilization/

no se trata de tropas destinadas a ser enviadas al frente, sino de personal con una función técnica fuera de las zonas de combate.

Para entender esta decisión, hay que recordar que Rusia intervino en Ucrania con bastantes menos tropas de las que Occidente considera necesarias para llevar a cabo una campaña ofensiva. Esto se debe a dos razones. En primer lugar, los rusos confían en su dominio del «Arte de la Operación» y juegan con sus módulos operativos en el teatro de operaciones como un jugador de ajedrez. Esto es lo que les permite ser eficaces con unos efectivos reducidos. En otras palabras, saben cómo llevar a cabo operaciones con eficacia.

La segunda razón, que nuestros medios ignoran deliberadamente, es que la inmensa mayoría de los combates en Ucrania los están llevando a cabo milicias del Donbass. Cuando dicen «los rusos», deberían (si fueran honestos) decir «la coalición rusa» o «la coalición rusoparlante». En otras palabras, el número de tropas rusas en Ucrania es relativamente pequeño. A esto se añade el hecho de que los rusos sólo mantienen sus tropas en la zona de operaciones durante un periodo limitado, y rotan sus tropas con más frecuencia que Occidente.

Además de estas consideraciones funcionales, existen consecuencias estructurales. La integración de los cuatro oblasts del sur de Ucrania en la Federación Rusa amplía la frontera rusa en casi 1.000 kilómetros. Esto implica una capacidad adicional para establecer un sistema de defensa más robusto, construir instalaciones logísticas y de mando permanentes, etcétera. Contrariamente a lo que nos quiere hacer creer la propaganda occidental, esta movilización parcial es simplemente una consecuencia lógica de los referendos.

En cuanto al calendario de esta movilización parcial, hay dos explicaciones importantes. En primer lugar, algunos de los militares rusos participaban en la operación con contratos de seis meses. Por tanto, sabíamos que a finales de agosto algunos de los soldados volverían a la vida civil. Por eso algunos generales rusos habían pedido que el reclutamiento comenzara en junio. El segundo punto es que, al parecer, las autoridades rusas no querían tomar la decisión de movilizar más soldados hasta tener una idea clara del impacto de las sanciones y de la situación económica. A principios de verano, la economía rusa está convaleciente y la preocupación de Vladimir Putin es no debilitarla en esta fase. Por eso se ha retrasado la decisión de movilizarse. Indirectamente, demuestra que la economía rusa va mejor de lo que esperaba Occidente.

En cuanto a la movilización parcial de 300.000 reservistas, nuestra imagen de la situación es muy imperfecta, incluso caricaturesca. Ciertamente, la decisión no contó con un apoyo unánime y fue criticada, incluso por los medios de comunicación oficiales. Está claro que no a todos los jóvenes les entusiasma salir a luchar, sea cual sea la causa. Además, este problema afecta mucho más masivamente a Ucrania, donde una parte muy importante de su personal movilizable puede verse en las grandes capitales europeas al volante de potentes coches deportivos alemanes... Por ello, Ucrania ha tenido que hacer un llamamiento masivo a los voluntarios extranjeros, incluidos los militantes de movimientos yihadistas[458] considerados terroristas en Occidente, como *Hayat Tahrir al-Sham*[459]!...

458.«Cientos de militantes de Al-Qaeda llegan a Ucrania desde Siria», The Cradle, 8 de marzo de 2022 (https ://thecradle.co/Article/news/7669)
459.https://www.state.gov/executive-order-13224/; https ://www.gov.uk/government/publications/proscribed-terror-groups-or-organisations--2/proscribed-terrorist-groups-or-organisations-accessible-version; https://www.publicsafety.gc.ca/cnt/ntnl-scrt/cntr-trrrsm/lstd-ntts/crrnt-lstd-ntts-en.aspx

Rusia no es ciertamente una excepción, y nuestros medios de comunicación se centran en la frontera georgiana para hablar de un éxodo masivo de rusos[460]. Esto demuestra que la sociedad rusa tiene un amplio acceso a los medios de comunicación occidentales.

Nuestros medios de comunicación hablan de catástrofe, pero no parece ser el caso. De hecho, a principios de octubre, 200.000 reservistas ya habían sido enviados a centros de entrenamiento para apoyar la operación en Ucrania. Es más, parece que la decisión de Vladimir Putin ha suscitado algunas vocaciones, ya que 70.000 voluntarios (que *no* forman parte de los reservistas retirados) se han anunciado espontáneamente para participar en la operación en Ucrania. Al final, un total de 370.000 militares se unirán a la operación especial en Ucrania.

6.3.2.3.6. *El ataque al puente de Kerch*

En la mañana del 8 de octubre de 2022, un camión explotó en el puente de Kerch que une la península de Crimea con territorio ruso. Rápidamente empezaron a circular imágenes de circuito cerrado de televisión que mostraban la explosión de un camión. Las imágenes recuerdan demasiado a los atentados del Estado Islámico de 2015-2016. Sin duda, por eso Radio-Télévision Suisse Romande describió modestamente el suceso como «*un gran incendio se declaró en el vasto puente automovilístico y ferroviario que une la Crimea ucraniana anexionada por Moscú*

460.«Des milliers de Russes traversent les frontières pour fuir la mobilisation», rts.ch, 28 de septiembre de 2022 (https://www.rts.ch/info/monde/13421767-des-milliers-de-russes-traversent-les-frontieres-pour-fuir-la-mobilisation.html); «Russian military call-up sparks major exodus», DW, 24 de septiembre de 2022 (https://www.dw.com/en/russian-military-call-up-sparks-major-exodus/a-63227879).

y el territorio ruso». Evidentemente, tras el atentado contra la periodista Darya Douguina, el ataque a los gasoductos Nord Stream 1 y 2 y las eliminaciones de políticos ucranianos partidarios de los referendos, Occidente evita señalar que Ucrania y sus aliados occidentales recurren al terrorismo.

Este ataque demuestra varias cosas. En primer lugar, nuestra incapacidad para analizar la situación. El puente de Kerch tenía una importancia estratégica antes de marzo de 2022. La toma del sur de Ucrania por la coalición rusa ha cambiado las cosas. La importancia actual del puente de Kerch se debe esencialmente a su componente ferroviario, que no se vio afectado por el ataque.

En segundo lugar, el atentado, que fue preparado por los servicios especiales ucranianos SBU, según el *Washington Post*[461], fue un atentado suicida siguiendo el modelo de los atentados del Estado Islámico. Exactamente igual que lo observado en Siria e Irak, es posible que el conductor del camión bomba no se diera cuenta y que el atentado se activara a distancia, aunque aparentemente no hay pruebas de ello.

El medio de investigación estadounidense *Grayzone* ha hecho públicos documentos que ha obtenido y que demuestran que los británicos han contribuido al menos al diseño y entrenamiento de militantes para llevar a cabo atentados terroristas, en particular contra el puente de Kerch[462].

---

461. Missy Ryan, Natalia Abbakumova & Kostiantyn Khudov, «Amid Ukrainian taunts, Russia scrambles to salvage Crimean Bridge after fiery explosion», *The Washington Post*, 8 de octubre de 2022 (https://www.washingtonpost.com/world/2022/10/08/crimea-kerch-bridge-attack-explosion-russia-ukraine/)
462. https://thegrayzone.com/2022/10/10/ukrainian-kerch-bridge/

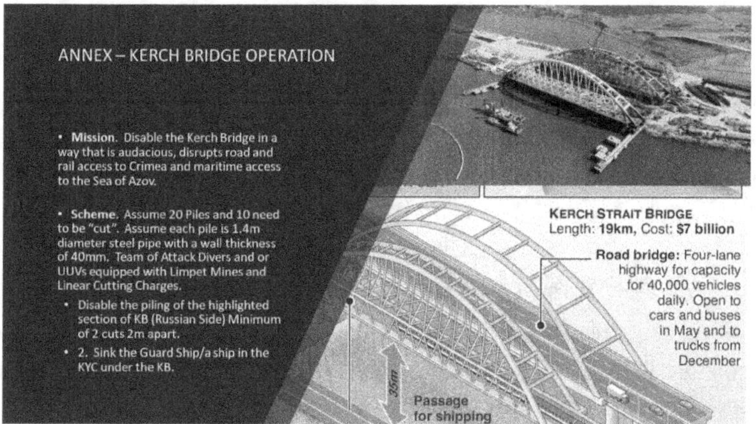

Figura 58 - Diapositiva de una presentación de los servicios de inteligencia británicos en abril de 2022, que demuestra la implicación de los países occidentales en la organización de atentados terroristas [reproducida con la amable autorización de The Grayzone].

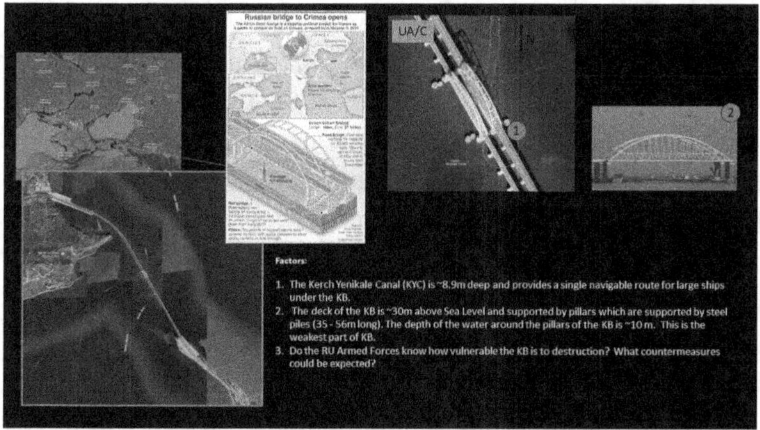

Figura 59 - El objetivo del ataque era derrumbar la parte suspendida del puente, considerada por los servicios británicos como la parte más vulnerable de la estructura. La destrucción de esta parte habría interrumpido el tráfico terrestre entre Rusia y Crimea, así como el tráfico marítimo entre el Mar de Azov y el Mar Negro. De hecho, el camión suicida explotó demasiado pronto y los daños fueron limitados. [Reproducido con la amable autorización de The Grayzone].

263

No existe el terrorismo bueno o el terrorismo malo. El terrorismo es un método. No nos gusta (y con razón) cuando se utiliza contra nosotros, pero lo toleramos -por no decir lo alentamos- cuando se utiliza contra otros. Nótese que ni un solo medio de comunicación o gobierno occidental ha condenado el método utilizado.

6.3.2.3.7. *Retirada de Kherson*

Desde junio de 2022, la ciudad de Kherson ha sido el objetivo de multitud de «contraofensivas» ucranianas infructuosas. Éstas fueron sistemáticamente rechazadas por los rusos, con el resultado de enormes pérdidas para las fuerzas ucranianas[463]. Sin embargo, el 8 de noviembre de 2022, el mando ruso anunció la retirada de sus tropas de la ciudad situada en la orilla oriental del Dniéper.

Occidente vio enseguida los frutos de las ofensivas ucranianas, pero Volodymyr Zelensky se muestra más reservado. Al fin y al cabo, los ucranianos saben lo que ocurrió en Járkov dos meses antes, cuya reconquista resultó extremadamente costosa a pesar de la ausencia de combates. Como dice el refrán, «una vez mordido, dos veces tímido». De hecho, el análisis del Estado Mayor ruso de la situación es muy similar al de Kharkov. El objetivo de los rusos no era inicialmente conquistar territorio. La unión entre el territorio ruso y la península de Crimea se produjo al ser destruidas las fuerzas ucranianas, pero está claro que los rusos no tienen intención de emprender operaciones de estabilización. A principios de octubre, el general Sourovikine había anunciado que estaba dispuesto a tomar decisiones difíciles, incluida la evacuación de

---

463. Jeremy Bowen, «Guerra Rusia-Ucrania: At the front line of Ukraine's struggle for Kherson», *BBC News*, 4 de noviembre de 2022 (https://www.bbc.com/news/world-europe-63489081)

Kherson. Durante el mes de octubre, las fuerzas rusas evacuaron a civiles, monumentos y obras de arte que recuerdan la historia rusa, y trasladaron los restos del príncipe Potemkin, fundador de Kherson, para enterrarlos en el este.

A diferencia de los ucranianos, y como señaló el general Sourovikine, la prioridad de Rusia es preservar la vida de sus combatientes. En Kherson, en noviembre de 2022, los rusos se encuentran en la misma situación que en la Isla de la Serpiente en junio o en Kharkov en agosto: la energía para defender estas zonas es mayor que el interés estratégico de conservarlas. Lo que parece una derrota no es más que la expresión de un equilibrio entre el objetivo estratégico y el coste de alcanzarlo. Como hemos visto desde el comienzo de la SVO, la conducción rusa de las operaciones es extremadamente eficiente. El problema es explicar esto de forma convincente a la opinión pública rusa.

Al parecer, esta retirada ha sido objeto de un largo debate en Rusia desde finales de septiembre. Los militares la pedían, pero los políticos se oponían más bien, por dos razones. La primera era que el territorio en cuestión, aunque sólo represente el 40% del oblast de Kherson, es formalmente ruso; la segunda era que la retirada daría a Ucrania una victoria fácil que sería explotada por la propaganda occidental. Al final, los militares se impusieron. Incluso «halcones» como Ramzan Kadirov acogieron con satisfacción la retirada[464]. Por otro lado, los rusos aprendieron las lecciones de Kharkov y comunicaron mejor la retirada de Kherson, que finalmente fue bien aceptada por la opinión pública rusa.

---

464. Mark Trevelyan, «Russia's war hawks rally behind decision to abandon Ukrainian city of Kherson», *Reuters*, 10 de noviembre de 2022 (https://www. reuters.com/world/europe/russias-war-hawks-rally-behind-decision-aban-don-ukrainian-city-kherson-2022-11-09/)

Hay que recordar que ninguna «contraofensiva» ucraniana en Kherson consiguió romper las defensas rusas. El 10 de noviembre, cuando las fuerzas rusas se retiraban, fue rechazada una última contraofensiva ucraniana. De hecho, los rusos tenían una fuerza muy grande en Kherson, que habría sido más útil en otro lugar. Además, al retirarse a la orilla izquierda del Dniéper, acortaron su frente y ganaron una posición fuerte gracias al río. Esto es lo que en el lenguaje corriente se conoce como una «retirada estratégica».

Se trata de una retirada, no de un repliegue. Una retirada es un movimiento realizado bajo presión y en contacto constante con el enemigo. Una retirada es una operación destinada a reagrupar fuerzas, estrechar una línea de frente o prepararse para una acción posterior.

Por tanto, Rusia se retira por decisión propia y no bajo la presión de las fuerzas ucranianas. Hay que recordar que el objetivo de Rusia no es territorial sino de seguridad, a diferencia de Ucrania, que da prioridad a la reconquista del territorio sobre la vida de sus hombres. Esto hace de la retirada una victoria compartida por ambas partes.

Lo que demuestra esta retirada es que la dirección rusa de las operaciones es menos política que militar, y que son los militares quienes fijan los objetivos operativos y tácticos. Esto contrasta con Ucrania, donde la dirección de las operaciones es totalmente política, lo que explica las enormes pérdidas y la ineficacia. Esta ineficacia (es decir, la cantidad de recursos utilizados para alcanzar un objetivo determinado) puede medirse por la velocidad con la que los ucranianos pierden el material suministrado por Occidente.

Dicho esto, la decisión rusa no carece de consecuencias en términos de política exterior e interior. En el frente exterior, es evidente que Ucrania y Occidente se apresuraron a dar publicidad a la «victoria» ucraniana. El riesgo es que sigan sobrestimando las capacidades de Ucrania y rechacen así la idea de negociar. En el frente interno, cabía esperar que la decepción se tradujera en desconfianza hacia los gobernantes. Pero el Estado Mayor ruso ha aprendido la lección de la retirada de Kharkov: en lugar de explicar los motivos de la decisión a posteriori, el general Sourovikine lo comunicó por adelantado. De este modo, las autoridades rusas no parecen haber perdido la confianza de la opinión pública.

Además, aunque sus tropas han abandonado Kherson, Rusia sigue considerando que Kherson es territorio ruso[465]. Por tanto, cabe esperar una ofensiva rusa en este sector más adelante.

6.3.3. El estado final

En agosto de 2022, podría decirse que la coalición rusa ha alcanzado los objetivos fijados en febrero. El ejército ucraniano tal y como era en febrero ya no existe y ha sido sustituido por fuerzas menos experimentadas cuyo equipamiento principal ha sido parcialmente sustituido por material occidental.

Sin embargo, los acontecimientos de agosto y octubre fueron vistos por Occidente como signos de la debilidad e incapacidad de Rusia para regenerar sus fuerzas. Expertos militares han aparecido en televisión para explicar que Rusia carece de misiles, equipos y tropas, y que la moral del ejército ruso está por los suelos.

---

465. «Peskov afirma que "Kherson sigue siendo rusa" mientras las fuerzas ucranianas entran en la ciudad», *The Kyiv Independent*, 11 de noviembre de 11 (https://kyivindependent.com/news-feed/peskov-says-kherson-remains-rus-sian-as-ukrainian-forces-enter-city)

6. Gestión de las operaciones

Gracias a estos análisis propagandísticos, y obsesionados con una quimérica victoria ucraniana, Occidente concentra sus entregas de armas en material ofensivo (blindaje y artillería) y descuida el suministro de material de defensa. Por eso, tras los ataques a las infraestructuras rusas, Rusia tomó represalias con repetidos y brutales ataques con misiles, que destruyeron gran parte de las infraestructuras energéticas de Ucrania. Estos ataques demuestran dos cosas.

En primer lugar, que esta infraestructura no había sido destruida antes, lo que subraya que el objetivo inicial de los rusos era, en efecto, destruir las fuerzas y no a Ucrania. En segundo lugar, que la determinación de Ucrania y Occidente de prolongar la guerra sólo sirve para animar a Rusia a intensificar la presión.

La naturaleza de los objetivos fijados para la operación rusa hace imposible determinar con precisión en un mapa el aspecto que tendrá Ucrania al final de los combates. Dado que los objetivos se adaptan constantemente en función de la evolución de la situación, y en ausencia de un proceso de negociación, es difícil decir dónde se detendrán las fuerzas de la coalición rusa. También es difícil decir qué imagen del estado final de la guerra tienen en mente Vladimir Putin, por un lado, y Volodymyr Zelensky, por otro.

Está bastante claro que, para Vladimir Putin, el avance se detendrá cuando se neutralice físicamente la amenaza militar o como resultado de un acuerdo. Desde este punto de vista, las ganancias territoriales no son decisivas. Para Volodymyr Zelensky, es más difícil imaginar qué estado final busca. Desde luego, es fácil imaginar que le gustaría ver desaparecer a los rusos del territorio ucraniano y recuperar así su propio territorio en su totalidad, pero la idea de una victoria total sobre Rusia de la que hablan él y su entorno no parece muy realista.

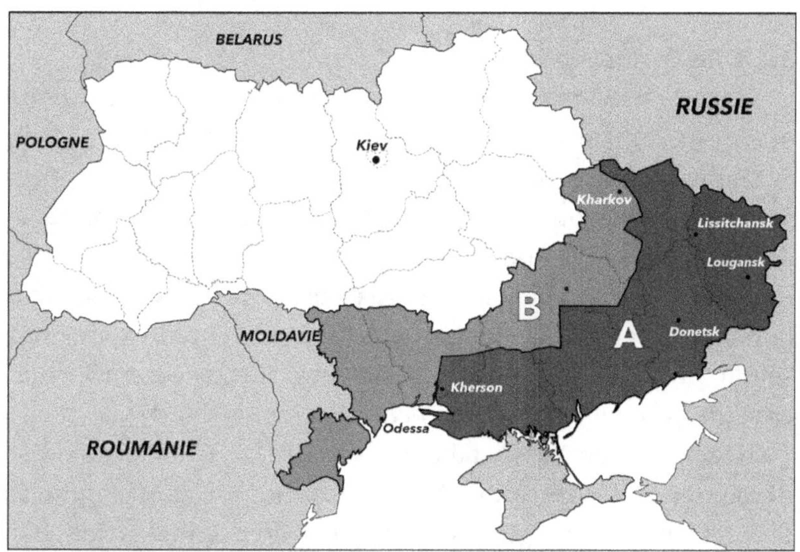

Figura 60 - Podemos imaginar que el estado final del conflicto sobre el terreno podría ser un territorio cuya extensión se situaría entre la zona A (situación de las fuerzas rusas en agosto de 2022) y la zona B (extensión de las zonas con fuerte representación rusoparlante). Es poco probable que los rusos se hayan planteado ir más allá de la zona B. Pero, en realidad, no lo sabemos. El suministro de armas de largo alcance por parte de Occidente podría empujar a los rusos a ir más allá de la zona B.

El problema es que los dirigentes ucranianos parecen centrarse en la idea de una derrota rusa, sin tener realmente una visión para Ucrania en el caso -probable- de que quede aislada de parte de su territorio.

6.4.Conducta ucraniana

6.4.1.Resistencia popular

Cuando hablamos de «resistencia», debemos distinguir entre dos cosas: las estructuras de resistencia y la voluntad de resistir.

El primero se refiere a los instrumentos institucionales para llevar a cabo y coordinar las actividades de resistencia contra un agresor armado. Desde 2014-2015, aunque no se ha observado ningún entrenamiento militar ruso en Ucrania, y las fuerzas ucranianas -en consecuencia- no se han enfrentado a ninguno, se han creado estructuras de resistencia. Praviy Sektor incluso creó un «*Movimiento de Liberación Nacional*» (NVR).

La segunda está esencialmente vinculada a la determinación de la población a resistir la agresión exterior. Desde el comienzo de la ofensiva rusa, nuestros medios de comunicación han aplaudido la determinación del pueblo ucraniano. El embajador suizo en Kiev, Claude Wild, llegó a declarar en *RTS* que «*nadie habría apostado un franco*» por la capacidad de Ucrania para resistir al ejército ruso[466]. No ha leído a Sun Tzu.

> *Si conoces al enemigo y te conoces a ti mismo, en cien batallas nunca tendrás problemas.*
>
> *Si no conoces al enemigo pero te conoces a ti mismo, tus posibilidades de ganar o perder son iguales.*
>
> *Si no conoces al enemigo ni a ti mismo, estás abocado al fracaso en todas las batallas.*[467]

466.«Nadie habría apostado un franco a tal resistencia, dice el embajador suizo en Ucrania», *RTS Info*, 24 de mayo de 2022 (https://www.rts.ch/info/monde/13121067-personne-naurait-parie-un-franc-sur-une-telle-resistance-estime-lambassadeur-suisse-en-ukraine.html)
467.Centro de Inteligencia Técnica de Defensa (https://apps.dtic.mil/sti/cita-

Por tanto, es necesaria una visión más matizada y menos partidista.

En primer lugar, Ucrania es un país complejo. Contrariamente a la retórica occidental, no existe una nación ucraniana, sólo ucranianos. Desesperados por que la revolución de Maïdan sea la del pueblo ucraniano en su conjunto, los occidentales han borrado las diferencias étnicas y culturales entre la parte occidental y central del país, por un lado, y la parte sudoriental, por otro. Han escondido bajo la alfombra el carácter racista de las nuevas autoridades. Sin embargo, las diversas encuestas sobre las relaciones con la OTAN y Rusia ilustran esta división[468]. La parte sudoriental del país es predominantemente rusoparlante y partidaria de mejorar las relaciones con Rusia. Por tanto, era de esperar que, en caso de invasión, las distintas regiones se comportaran de forma diferente.

Con el golpe de 2014, llegaron al poder fuerzas que no buscan unificar la nación ucraniana, sino expulsar a los no ucranianos para convertirla en un país étnicamente homogéneo. No buscan la unidad nacional mediante la cooperación, sino mediante la purga[469]. Esto es muy diferente. Esto explica dos cosas. En primer lugar, la negativa categórica de los distintos gobiernos ucranianos a aplicar los Acuerdos de Minsk, que habrían concedido cierta autonomía al Donbass y a las demás comunidades lingüísticas del país. En segundo lugar, el despliegue de milicias de voluntarios

---

tions/ADA440962)

468. «Actitudes hacia la adhesión de Ucrania a la UE y la OTAN, actitudes hacia las conversaciones directas con Vladimir Putin y percepción de la amenaza militar de Rusia: resultados de una encuesta telefónica realizada del 13 al 16 de diciembre de 2021», *Instituto Internacional de Sociología de Kiev*, diciembre de 2021 (https://www.kiis.com.ua/?lang=eng&cat=reports&id=1083&page=1).
469. «Perfil: el ultranacionalista Sector Derecho de Ucrania», *BBC*, 28 de abril de 2014 (https://www.bbc.com/news/world-europe-27173857).

ultranacionalistas en el sur del país y en la región del Donbass, y sus abusos contra la población, mayoritariamente rusoparlante.

La elección de Zelensky parecía demostrar que Ucrania había superado esta división: su programa era resolver la disputa entre Ucrania y Rusia. Pero, por diversas razones, no tuvo éxito. La principal fue que las fuerzas neonazis o «ukrofascistas» le impidieron aplicar su programa[470].

Por eso, en el sur del país, los rusos tienden a ser vistos como liberadores[471] y por eso no existe ningún movimiento de resistencia. También por eso las fuerzas ucranianas siguen bombardeando poblaciones civiles como Donetsk. El objetivo es demostrarles que los rusos no son capaces de protegerles y cambiar así su actitud hacia ellos.

Esto explica también por qué, el 17 de julio de 2022, Volodymyr Zelensky ordenó unas 651 investigaciones por *«traición y colaboración con el enemigo»* contra funcionarios y miembros de las fuerzas de seguridad[472]. Muchos de los acusados son funcionarios del gobierno regional.

De hecho, el mito de esta resistencia ucraniana se basa en reportajes de las zonas occidental y central de Ucrania, porque nuestros periodistas no viajan a las zonas rusoparlantes. Y cuando

---

470.Лилия Рагуцкая, «Ярош: если Зеленский предаст Украину - потеряет не должность, а жизнь», *Obozrevatel*, 27 de mayo de 2019, (https://incident. obozrevatel.com/crime/dmitrij-yarosh-esli-zelenskij-predast-ukrainu-poter-yaet-ne-dolzhnost-a-zhizn.htm).

471.Siobhán O'Grady, Serhii Korolchuk & Anastacia Galouchka, «In Slovyansk, conflicted loyalties as Russian forces approach», *The Washington Post*, 18 de junio de 2022 (https://www.washingtonpost.com/world/2022/06/18/ukraine-slovyansk-divided-loyalties-russia/)

472.Max Hunder, «Ukraine's President Fires Spy Chief and Top State Prosecutor», *Reuters/US News*, 17 de julio de 2022 (https://www.usnews.com/news/world/articles/2022-07-17/ukraines-president-fires-security-service-chief-and-prosecutor-general)

lo hacen, son penalizados, como la periodista alemana Alina Lipp[473] o el periodista freelance británico Graham Philipps[474].

6.4.2. Desarrollo de las operaciones

Los estados mayores ucranianos han sido entrenados por la OTAN durante ocho años para responder a una ofensiva rusa. Los ejes de penetración utilizados por las fuerzas rusas en febrero de 2022 eran los mismos que los entrenados durante los ejercicios de la OTAN. Sin embargo, el ejército ucraniano fue incapaz de contener la ofensiva rusa. Este fracaso se debió a dos factores:

- Una estrategia inadecuada. Ucrania se había preparado para atacar el Donbass, razón por la cual el grueso de sus fuerzas se concentró en esta zona y por la que fueron rodeadas con tanta facilidad.
- La forma de dirigir sus fuerzas. Mientras los rusos dirigen las operaciones, la dirección ucraniana se divide en dirección política de las operaciones y dirección táctica sobre el terreno. No existe un verdadero liderazgo operativo.

En términos prácticos, esto significa que la conducción de la guerra se divide entre el trabajo de Volodymyr Zelensky para gestionar la percepción de la comunidad internacional y el trabajo de los soldados que luchan sobre el terreno. El trabajo de Estado Mayor y las maniobras no forman parte de la ecuación.

---

473. Lars Wienand, «Behörden ermitteln wegen Kriegspropaganda gegen Alina Lipp», *t-online.de*, 16 de junio de 2022 (https://www.t-online.de/nachrichten/ausland/id_92326694/putins-deutsches-sprachrohr-alina-lipp-behoerden-ermitteln-wegen-kriegspropaganda-.html)

474. Matt Mathers, «British vlogger accused of being 'Kremlin mouthpiece' sanctioned by UK over work in Ukraine», *The Independent*, 27 de julio de 2022 (https://www.independent.co.uk/news/world/europe/graham-phillips-sanction-russia-ukraine-b2131509.html)

En 2014-2015, las autoridades de Kiev legitimaron la lucha contra la insurrección en el sur del país por la presencia de fuerzas rusas. Puede que esta narrativa funcionara para la comunidad occidental, pero no podía funcionar contra los rebeldes, que sabían que no había tropas rusas. En otras palabras, ¡al gobierno le resultó imposible crear un clima de confianza con unos insurgentes que ni siquiera intentaban separarse del país! Esto demuestra una incapacidad para dirigir la guerra a nivel operativo. En 2022, como en 2014, los dirigentes ucranianos están atrapados entre los niveles estratégico y táctico.

La ausencia del nivel operativo en el pensamiento militar ucraniano puede explicarse en gran medida por el hecho de que los estados mayores ucranianos fueron adiestrados por la OTAN. Satisfecho con unos éxitos militares más verbales que operativos, Occidente no ocultó la importancia de la formación impartida a los militares ucranianos:

Pero uno de los componentes de su éxito en el campo de batalla es que han sido entrenados para luchar según los estándares de la OTAN. Lo han hecho tanto la Alianza como aliados individuales: canadienses, británicos, estadounidenses, polacos, rumanos, etc.[475]

En realidad, durante más de veinte años los ejércitos de la OTAN han estado luchando contra adversarios tácticos. En otras palabras, sus guerras se han librado a nivel táctico, pero no realmente a nivel operativo. El resultado es que la conducción ucraniana del combate se centra en el enfrentamiento de

---

475.«El Vicesecretario General de la OTAN respondió a las críticas de Kiev: os enseñamos soluciones al estilo de la OTAN», *European Pravda*, 27 de junio de 2022 (https://www.eurointegration.com.ua/eng/news/2022/06/27/7142077/)

pequeñas unidades tácticas, con énfasis en la protección y sin capacidad real de maniobra. Los ucranianos han cometido los mismos errores que en 2014 y 2015, antes de las derrotas que les obligaron a concluir los Acuerdos de Minsk. Hoy se encuentran en una situación muy parecida a la del ejército francés en 1940, frente a un ejército alemán no siempre más poderoso, pero sí considerablemente más móvil.

El servicio de inteligencia militar ruso (GRU) comprendió claramente esta debilidad ucraniana. Por eso, la primera fase de la ofensiva consistió en grandes embestidas en profundidad, sorteando los puntos fuertes de la defensa ucraniana, sin detenerse en ellos.

Los objetivos fijados por Vladimir Putin el 24 de febrero de 2022 indicaban claramente que la prioridad de la coalición rusa sería destruir fuerzas, no tomar territorio. Se trata de un enfoque Clausewitziano de la guerra: la destrucción de las fuerzas adversarias antes que la conquista de territorio.

Al enterrarse y resistir en posiciones y localidades fortificadas, los ucranianos asociaron el objetivo ruso con la captura de territorio.

Sintomáticamente, en *France 5*, Pierre Haroche, del Instituto de Investigación Estratégica de la École Militaire, ve la guerra en Ucrania como una especie de competición en el número de proyectiles de artillería intercambiados, cuyo objetivo es *«infligir sufrimiento a los rusos»* y ser *«capaces de resistir»*[476]. Eso es exactamente lo que pensaban los generales de la Primera Guerra Mundial. Y eso es exactamente lo que dicen los líderes ucranianos.

476.«Ucrania en Europa: ¿qué hará Putin? #cdanslair 25.06.2022», France 5/ YouTube, 25 de junio de 2022 (10'54") (https://youtu.be/Rgy2Bbe3HYE?t=654)

En lugar de liderar de forma dinámica y utilizar la movilidad operativa, Ucrania -y Zelensky en particular- pidió a sus tropas que mantuvieran el terreno a toda costa. Era el equivalente al *«Durchhaltebefehl»* del ejército alemán, que Hitler había dado al Mariscal de Campo von Paulus, comandante del 6º Ejército alemán en Stalingrado. Fue un ejemplo de incompetencia en su momento, y lo sigue siendo hoy en Ucrania...

Esta forma de conducir la guerra explica las elevadas pérdidas sufridas por las fuerzas ucranianas. Occidente se resiste a hablar de ello, porque es necesario mantener la ilusión de victoria sobre Rusia, que justifica las entregas de armas. A principios de junio de 2022, el presidente Zelensky mencionó pérdidas diarias de 60 a 100 hombres[477]. El 9 de junio, Mykhailo Podoliak, asesor de Zelensky, declaró a la BBC que las fuerzas ucranianas estaban perdiendo entre 100 y 200 hombres al día[478]. A mediados de junio, David Arakhamia, principal negociador y estrecho asesor de Zelensky, habló de 200 a 500 muertos al día y cifró las pérdidas totales (muertos, heridos, capturados, desertores) en 1.000 hombres al día[479]. No está claro si estas cifras son exactas. Por un lado, los expertos cercanos a los servicios de inteligencia creen que estas cifras están muy por debajo de la realidad. Por otro lado, las cifras ucranianas son superiores a las estimaciones dadas por el ejército ruso. Algunos afirman que las fuerzas

---

477.Mazurenko Alona, «Подоляк: Щодня гине 100-200 українських захисників», *Ukrayinska Pravda,* 9 de junio de 2022 (https://www.pravda.com.ua/news/2022/06/9/7351600/).
478.«У війні гине 100 - 200 українських військових щодня - Офіс президента», *BBC News,* 9 de junio de 2022 (https://www.bbc.com/ukrainian/news-61752749).
479.Dave Lawler, «Ukraine suffering up to 1,000 casualties per day in Donbas, official says», Axios, 15 de junio de 2022 (https://www.axios.com/2022/06/15/ukraine-1000-casualties-day-donbas-arakhamia)

ucranianas han sufrido 60.000 muertos y 50.000 desaparecidos. Según *Business Insider*, Ucrania perdió el equivalente de toda la infantería británica. En realidad, no lo sabemos, pero estas estimaciones ilustran las preguntas que se hacen en los círculos militares anglosajones[480].

Desde finales de abril de 2022, para compensar estas pérdidas, el mando ucraniano empezó a desplegar unidades territoriales del oeste del país en el frente del Donbass. Con un entrenamiento muy rudimentario y sin experiencia real, estos combatientes fueron incapaces de contener la ofensiva rusa. El resultado han sido manifestaciones de las madres y esposas de estos soldados. El mito occidental de la unidad ucraniana detrás de su gobierno se desmorona poco a poco, pero el fenómeno se atribuye a la desinformación rusa[481].

Según algunos, la proporción de soldados profesionales en el ejército ucraniano ha descendido al 20% en el espacio de unas pocas semanas. Esto no se puede verificar, pero los informes procedentes del frente tienden a confirmar este cambio cualitativo en las fuerzas ucranianas[482].

Una diferencia esencial entre Ucrania y Rusia es que en Ucrania las operaciones son dirigidas por los dirigentes políticos, mientras que en Rusia son asunto de los militares. En junio

---

480. Katie Anthony, «Ukraine has lost more troops during the Russian invasion than there are infantry in the British army, defence expert says», *Business Insider*, 28 de junio de 2022 (https://www.businessinsider.com/ukraine-has-lost-more-troops-than-there-are-in-the-british-army-expert-2022-6?r=US&IR=T)
481. Paul Waldie, «In the small Ukraine city Khust, a rare public display of dissent over war with Russia», *The Globe and Mail*, 2 de mayo de 2022 (https://www.theglobeandmail.com/world/article-russia-ukraine-war-conscription-protest/)
482. Alexander Savitsky, «En primera línea: los voluntarios defienden Kiev», *dw.com*, 26 de marzo de 2022 (https://p.dw.com/p/49553)

de 2022, por ejemplo, David Arakhamia, diputado de la mayoría y estrecho asesor de Zelensky, justificó la necesidad de una contraofensiva para recuperar los territorios perdidos:

> *Nuestra posición negociadora es en realidad bastante débil, así que no queremos sentarnos a la mesa si estamos en esta posición. Tenemos que invertirla de alguna manera.*[483]

Ganar terreno a los rusos sólo pretendía ponernos en mejor posición para negociar con ellos más tarde. Se trata de un enfoque estrictamente político de la guerra, sin tener en cuenta la vida de los soldados. Un enfoque que apoyan los países occidentales y nuestros servicios diplomáticos, pero que también es la fuente del fracaso militar de Ucrania.

6.4.3. El «Durchhaltebefehl»

A mediados de abril de 2022, Mariupol está casi totalmente en manos de la coalición rusa. Solo quedan en pie la 36ª Brigada de Infantería de Marina, en el complejo industrial Azovmash, y los combatientes del Regimiento Azov, en el complejo Azovstal.

En Azovstal, la resistencia de la OZSP AZOV simboliza el heroísmo de la resistencia ucraniana frente al régimen de Kiev. Cuando toda la ciudad había caído, la coalición rusa ofreció a los combatientes la posibilidad de rendirse[484].

---

483. Dave Lawler, «Ukraine suffering up to 1,000 casualties per day in Donbas, official says», *Axios*, 15 de junio de 2022 (https://www.axios.com/2022/06/15/ukraine-1000-casualties-day-donbas-arakhamia)

484. «Kyiv refuses demands to surrender Mariupol», *NBC News*, 21 de marzo de 2022 (https://www.nbcnews.com/news/world/blog/ukraine-russia-war-live-updates-kyiv-refuses-demands-surrender-mariupol-n1292442); Anna Myroniuk, «Defenders of besieged Mariupol plead for help, criticize commandment», *The Kyiv Independent*, 11 de abril de 2022 (https://kyivindepen-

Volodymyr Zelensky se dirige a los ucranianos:

Un día difícil. Pero este día, como todos los demás, se trata de salvar a nuestro país y a nuestra gente. En cuanto a la situación en Marioupol. Gracias a los esfuerzos de los militares ucranianos, las Fuerzas Armadas de Ucrania, los servicios de inteligencia, el equipo negociador, el Comité Internacional de la Cruz Roja y las Naciones Unidas, esperamos poder salvar la vida de nuestros hombres. Algunos de ellos están gravemente heridos y están recibiendo asistencia médica. Me gustaría subrayar que Ucrania necesita héroes ucranianos vivos. Ese es nuestro principio. Creo que cualquier persona razonable entenderá estas palabras.[485]

La respuesta no se hizo esperar. En Twitter, los combatientes de Azov se pronunciaron:

Este hombre [el comandante en Marioupol] que está defendiendo nuestra patria, Ucrania, y que está dispuesto a dar su vida por ello y que ya ha recibido un disparo en el brazo (...), está completamente furioso por la forma en que ellos -nuestros defensores- están siendo tratados por la gente que nos dirige, quiero decir, por nuestro gobierno. Me pidió airadamente que le dijera a Arestovitch, y no puedo personalmente, pero sí así: «Si los combatientes supervivientes del Regimiento Azov que oyen todas las gilipolleces, todas las tonterías que salen de su boquita, si consiguen salir de allí y se encuentran con él», y

---

dent.com/national/defenders-of-besieged-mariupol-plead-for-help-critici-ze-commandment)
485. https://t.me/V_Zelenskiy_official/1671

cito: «Le van a partir la cara, le van a partir la cara». Así que, chicos...[486]

En *Telegram*, un militante explica cómo limpiarán Kiev tras derrotar a Rusia:

Y entonces «limpiaremos el pantano». Eso es seguro. Nadie cuenta hoy, para que lo entiendan, con que simplemente vamos a echarlos [a los rusos], y luego ustedes, funcionarios corruptos, van a robarnos. No. Os vamos a matar a todos. Entiendan, nadie va a entregar sus armas, vamos a limpiarlos. ¿Entendéis? Vamos a limpiar todo de ustedes. Eso es lo que pienso, funcionarios corruptos y todos los que nos han estado robando durante años. Será mejor que corráis. Será mejor que corran.[487]

En Ucrania, este tipo de rendiciones se consideran traición. Por eso, a finales de abril de 2022, el comandante de la 36ª brigada de infantería de marina, atrincherada en el complejo Azovmash de Marioupol, aceptó rendirse a condición de ser trasladado a un tercer país[488].

Desde mediados de mayo de 2022, y especialmente tras la rendición del regimiento Azov en Marioupol, muchas unidades del ejército ucraniano se amotinaron y se negaron a combatir. Curiosamente, el formato de su anuncio parece seguir siempre el mismo patrón: en un vídeo en el que aparece un grupo de soldados armados, el líder de la unidad lee una proclama en

---

486. https://twitter.com/Ukraine66251776/status/1526292915433230337
487. https://t.me/UkraineHumanRightsAbuses/3922
488. «Las tropas ucranianas en Mariupol piden ser evacuadas a un tercer país», *A News*, 20 de abril de 2022 (https://www.anews.com.tr/world/2022/04/20/ukrainian-troops-in-mariupol-ask-to-be-evacuated-to-a-third-country)

la que declara que ya no se dan las condiciones para seguir luchando y que su mando les ha abandonado a su suerte.

De hecho, siguieron un protocolo descrito con precisión en folletos diseminados en proyectiles de artillería por las tropas rusas, que establecían un procedimiento de cinco puntos:

1. Abandone su posición y salga de la zona de combate. Esto debe hacerse con su formación. Cuantos más, mejor. Un soldado individual puede ser acusado de traición, pero no una unidad.
2. Aislar a los nacionalistas y a los soplones del SBU.
3. Grabe un mensaje de vídeo para su mando en Ucrania. Este vídeo debe mostrar a todo el personal de la formación militar que decidió abandonar sus posiciones. Esto debería evitar la acusación de soldados individuales y demostrar que fue un abandono de toda la unidad.
4. En el vídeo, diga que ha sido abandonado por sus mandos, que se ha quedado sin munición y sin combustible, que tiene muchos heridos, que ya no puede recibir órdenes de sus superiores y que las condiciones morales y psicológicas ya no le permiten seguir combatiendo. En estas condiciones te ves obligado a abandonar tus posiciones y salir de la zona de combate, para salvarte a ti mismo y a tu formación como unidad de combate.
5. Venid en formación compacta, sin armas colectivas pero con vuestras armas personales que demuestren que sois una unidad de combate. Tened cuidado de no toparos con nacionalistas cuyo trabajo es impedir que os rindáis o que os retiréis ejecutándoos.

En julio de 2022, la incapacidad de los ucranianos para contener eficazmente la ofensiva rusa tendió a provocar el cansancio en Estados Unidos. Por ello, la administración Biden presionó a Zelensky para que impusiera un *«Durchhaltebefehl»* a las tropas ucranianas y dirigiera una vasta contraofensiva en el sector de Kherson. Se está dramatizando la situación para no perder apoyo político...

6.4.4. Una percepción diferente del campo de batalla

A diferencia de los rusos, los dirigentes ucranianos están más preocupados por presentar una imagen de guerra que por librar la guerra en sí. Esto explica, por un lado, el *«Durchhaltebefehl»* antes mencionado y, por otro, las tensiones entre la dirección política del país y el Estado Mayor de las fuerzas armadas.

6.4.4.1. Protección de la población civil

Nuestros medios de comunicación nunca pierden la oportunidad de mencionar -a menudo sin pruebas- el salvajismo de las fuerzas rusas hacia la población civil. Sin embargo, observadores bien informados señalan que los rusos avanzan con cautela y evitan víctimas civiles[489] por dos razones principales.

- En primer lugar, tendemos a olvidar que las «fuerzas rusas» son en realidad una coalición y que las tropas que combaten en las ciudades del Donbass proceden principalmente de las autoproclamadas repúblicas del Donbass. Es decir, no sólo conocen a los habitantes de las ciudades y pueblos, sino que a menudo son amigos o familiares. Nada que incite al salvajismo.

---

489. William M. Arkin, «Putin's Bombers Could Devastate Ukraine But He's Holding Back. Here's Why», *Newsweek*, 22 de marzo de 2022 (https:// www.newsweek.com/putins-bombers-could-devastate-ukraine-hes-holding-back-heres-why-1690494)

- En segundo lugar, la parte meridional y oriental de Ucrania es mayoritariamente rusoparlante. Es en esta enorme región donde la coalición rusa tiene más apoyo. Por consiguiente, no tiene ningún interés en alienar a la población civil. Además, no hay signos de rebelión contra la coalición.

Por el contrario, desde 2014, las fuerzas ucranianas han recurrido ampliamente a voluntarios y extremistas políticos, a menudo procedentes del extranjero, y hoy a tropas de la parte occidental de Ucrania, que no sienten empatía alguna por los habitantes de Donbass y los reprimen brutalmente. Es más, las autoridades de Kiev, aunque reclaman el territorio de Donbass, nunca han considerado a sus habitantes como ucranianos de pleno derecho. Se calcula que entre febrero de 2014 y febrero de 2022, el conflicto de Donbass ha causado la muerte de entre 13.000 y 14.000 personas, y no solo civiles. Las autoridades ucranianas son bastante parcas en cifras, y las organizaciones internacionales se reducen a hacer estimaciones: *«Al menos 3.350 civiles, unos 4.100 miembros de las fuerzas ucranianas y unos 5.650 miembros de grupos armados»*[490]. Esto significa que -según estas estimaciones- el gobierno ucraniano ha matado al menos a 9.000 de sus ciudadanos. Un gobierno que no se preocupa más por sus ciudadanos que por sus soldados, ya que, en 2018, alrededor de 2/3 de ellos murieron fuera de combate, como hemos visto.

Esto no es de extrañar, ya que la estrategia de contrainsurgencia ucraniana nunca ha pretendido crear una nación inclusiva. Al contrario, ha buscado excluir a los ciudadanos que no encajan en la «Idea de Nación». En lugar de animar a la

---

490.https://www.ohchr.org/Documents/Countries/UA/29thReportUkraine_ES.pdf

población a permanecer leal a Kiev, el objetivo ha sido castigarla por apoyar a los rebeldes. Los ucranianos luchan contra sus conciudadanos de Donbass del mismo modo que los israelíes luchan contra los palestinos. Es lo contrario de las estrategias de contrainsurgencia aplicadas por los británicos en Asia en la década de 1950, o por los estadounidenses al comienzo del conflicto de Vietnam, en las que se intentaba ganarse «los corazones y las mentes» de las poblaciones locales para disociarlas de los insurgentes.

Nuestros medios de comunicación son muy discretos sobre este aspecto de la guerra, lo que iría en detrimento de la narrativa que cínicamente están sirviendo. Para muchos periodistas y medios de comunicación, el fin justifica los medios: denunciar los abusos de Rusia es una cosa, ¡pero mencionar esas mismas fechorías cuando implican a un país occidental o a uno de sus aliados está fuera de toda discusión! Es una ética de geometría variable, que no pestañea cuando se trata de restar importancia a los crímenes de las milicias de extrema derecha[491]. Sin embargo, hay abundante información sobre crímenes de guerra cometidos por Ucrania desde 2014[492] y se han multiplicado desde el inicio de la ofensiva rusa[493]. En cuanto a la eliminación y mutilación sistemática de prisioneros de guerra por parte de los ucranianos, está documentada desde hace tiempo[494].

491.https://www.hrw.org/news/2022/04/03/ukraine-apparent-war-crimes-zonas controladas por rusia
492.https://www.osce.org/files/f/documents/e/7/233896.pdf
493.Rasmus Tantholdt & Mikkel Secher, «Russiske krigsfanger bliver henrettet i Ukraine, fortæller dansker», *TV2*, 7 de abril de 2022 (https://nyheder.tv2.dk/udland/2022-04-07-russiske-krigsfanger-bliver-henrettet-i-ukraine-fortaeller-dansker)
494.Haley Willis, «A video shows Russian prisoners of war in Ukraine being beaten and shot in their legs», *The New York Times*, 28 de marzo de 2022.

Desde 2022, la intervención rusa parece haber cambiado la naturaleza del conflicto que Ucrania ha venido librando hasta ahora. Las víctimas parecen ser más militares que civiles. En marzo de 2022, Peter Maurer, presidente del Comité Internacional de la Cruz Roja (CICR), declaró a la revista suiza Die Weltwoche:

Observamos que ambas partes hacen verdaderos esfuerzos para que este conflicto no degenere por completo. Existen medidas cautelares contra la población civil.[495]

Se acusa a los rusos de practicar una estrategia de tierra quemada[496] o de utilizar a civiles como «escudos humanos». Se atribuyen a las fuerzas rusas estrategias utilizadas por los defensores: destruir instalaciones abandonadas para impedir que el atacante las utilice, y aprovechar la presencia de civiles para impedir que el atacante utilice sus armas.

De hecho, las fuerzas ucranianas intentan compensar su inferioridad táctica situando a sus tropas cerca o en el centro de objetivos civiles. Como dice William Schabas, catedrático de Derecho Internacional de la Universidad Middlesex de Londres:

---

495. «El presidente de Roten Kreuzes, Peter Maurer, afirma: "Der Ukraine-Krieg markiert eine Trendwende". Das humanitäre Völkerrecht werde wieder stärker beachtet. Die Rolle des neutralen Vermittlers bleibe unverzichtbar. Friede sei nur durch Gespräche möglich», Die Weltwoche, 7 de octubre de 2022 (https://weltwoche.ch/daily/praesident-des-roten-kreuzes-peter-maurer-sagt-der-ukraine-krieg-markiert-eine-trendwende-das-humanitaere-voelkerrecht-werde-wieder-staerker-beachtet-die-rolle-des-neutralen-vermittlers/)

496. «La stratégie future de l'armée russe en Ukraine analysée par des experts», *rts.ch*, 24 de abril de 2022 (https://www.rts.ch/info/monde/13040980-la-strategie-future-de-larmee-russe-en-ukraine-analysee-par-des-experts.html)

Soy muy reacio a decir que Ucrania es responsable de las víctimas civiles, porque Ucrania está luchando para defender a su país contra un agresor, pero en la medida en que Ucrania lleva el campo de batalla a zonas civiles, aumenta el peligro para los civiles[497].

En Mariupol, sabíamos que los ucranianos impedían a los civiles abandonar la ciudad a través de los corredores humanitarios habilitados por los rusos[498], pero los llamamientos de ayuda de la población de Donbass fueron completamente ignorados por nuestros medios de comunicación[499].

En Kherson, nada más entrar en la ciudad, los ucranianos iniciaron una purga[500]. Se elaboraron listas de «colaboradores»[501], incluidos los que habían ayudado a organizar el referéndum de septiembre. Se inició la caza, con el apoyo de los medios de comunicación occidentales, que callaron las atrocidades y crímenes ucranianos.

497.Sudarsan Raghavan, «Rusia ha matado a civiles en Ucrania. Kyiv's defense tactics add to the danger», *The Washington Post*, 28 de marzo de 2022 (https://www.washingtonpost.com/world/2022/03/28/ukraine-kyiv-russia-civilians/)
498. https://youtu.be/kdYUbVaFNRw
499. https://www.youtube.com/watch?v=f4qAXEjHCZA
500.Louise Callaghan, «Russian 'collaborators' rounded up as Ukraine reasserts control over tense, divided region», The Sunday Times, 13 de noviembre de 2022 (https://www.thetimes.co.uk/article/russian-collaborators-rounded-up-as-ukraine-reasserts-control-over-tense-divided-region-d3r28vkgj)
501. https://t.me/s/Kherson_kolaborant

Figura 61 - Extracto de la base de datos de «traidores y colaboradores», puesta en línea inmediatamente después de la llegada de las tropas ucranianas a Kherson. Al igual que su hermana mayor, Mirotvorets, esta base de datos está diseñada para mostrar a periodistas, profesores, funcionarios y otras personas acusadas de ayudar a Rusia a merced del pueblo. En Suiza, ni los medios de comunicación estatales (como RTS) ni los tradicionales han condenado estas prácticas y se han callado... [Fuente : https://t.me/s/Kherson_kolaborant]

6.4.4.2. *La noción de victoria*

Las operaciones en Ucrania tienden a ser asimétricas. Rusia entiende la victoria como la destrucción de la amenaza militar («desmilitarización») y paramilitar («desnazificación») para la población de Donbass. Ucrania asocia la victoria con el mantenimiento y la recuperación de su soberanía territorial. En otras palabras, Rusia busca destruir capacidades, mientras que Ucrania lucha por el territorio.

Esto explica por qué Ucrania no está llevando a cabo sus operaciones de forma dinámica y se está «aferrando» al terreno a costa de enormes pérdidas. Por el contrario, Rusia, que intervino con menos tropas que Ucrania, intenta preservar sus recursos humanos, al igual que intenta preservar a las poblaciones locales, que son rusoparlantes. Se puede recuperar la tierra, pero no las personas.

Una segunda diferencia fundamental es que el liderazgo político ucraniano parece conceder más importancia a la derrota de Vladimir Putin que a su propia victoria[502]. Por eso las sanciones son tan importantes para Occidente, aunque se espera que tengan efectos a medio plazo como mucho, mientras que a corto plazo mueren soldados ucranianos. La declaración de Volodymyr Zelensky a finales de septiembre de 2022 de que sólo aceptaría negociar con Rusia a condición de que Vladimir Putin dejara de estar en el poder ilustra esta visión cuasi milenarista[503]. Esta declaración ha reforzado el apoyo popular a Vladimir Putin al confirmar lo que el Kremlin lleva años diciendo.

---

502. David J. Kramer, «Derrotar a Putin en Ucrania es vital para el futuro de la democracia», Journal of Democracy, mayo de 2022 (https://www.journalofdemocracy.org/defeating-putin-in-ukraine-is-vital-to-the-future-of-democracy/)
503. «Ucrania no negociará con Rusia mientras Putin esté en el poder: Zelensky», Barron's/AFP, 30 de septiembre de 2022.

En Ucrania y en Occidente, la atención sigue centrada en objetivos qui-métricos que tienen muy pocas posibilidades de alcanzarse[504], mientras que en el lado ruso, los objetivos son muy concretos y ya se han logrado en gran medida.

El resultado de esta diferencia de percepción es una situación asimétrica en la que cuanto más presiona Occidente a Ucrania para que continúe la guerra, más anima a Rusia a consolidar su posición y más débil se vuelve Ucrania. Esta es la paradoja de las armas suministradas por Occidente a Ucrania: animan a Rusia a continuar su metódica destrucción de las fuerzas ucranianas.

504. Shahin Berenji, «Arms Alone Cannot Win the Peace in Ukraine», The National Interest, 2 de agosto de 2022 (https://nationalinterest.org/feature/arms-alone-cannot-win-peace-ukraine-203913)

7. La guerra de la información

La guerra es un teatro de combate en el espacio físico, pero también en el espacio informacional (infosfera).

Desde la noche de los tiempos, los protagonistas de un conflicto han tratado de valorizar sus acciones y denigrar las de su adversario. Esto puede implicar explicar las derrotas, realzar las victorias, legitimar las acciones frente al propio bando o frente a terceros, o incluso frente al enemigo.

Hay varias herramientas disponibles:
- propaganda, que destaca un punto positivo de uno mismo o un punto negativo de un adversario;
- la desinformación, cuyo objetivo es inducir a error a un adversario o a un amigo; y
- la ocultación, que pretende esconder una debilidad o disimular una intención.

Contrariamente a lo que afirman organizaciones como *Conspiracy Watch*, no toda la información falsa tiene por objeto inducir a error. En el fragor de la batalla y la confusión del combate, nuestra imagen del campo de batalla puede ser fragmentaria o incluso distorsionada porque los sensores son imperfectos o no hay tiempo suficiente para comprobarlo. Es lo que Clausewitz denominó «niebla de guerra».

7.1.Comunicación

Desde el comienzo de la ofensiva, las comunicaciones de Rusia diferían fundamentalmente de las de Ucrania.
- La prioridad de Ucrania es glorificar sus acciones y maximizar las pérdidas de Rusia.
- Rusia centra sus comunicaciones en las manifestaciones de «rusofobia» y en lo absurdo de las sanciones occidentales.

En general, la comunicación ucraniana es esencialmente ofensiva. Se basa en la omnipresencia de Zelensky, con un vestuario y un tono que marcan la voluntad de lucha y la determinación. Por el contrario, la comunicación rusa es menos «occidental», más sobria y más defensiva.

En términos de contenido, sin embargo, la comunicación ucraniana parece menos sólida: su objetivo es moldear las mentes más que informar. Zelensky parece ser la piedra angular del sistema de comunicación.

Por parte rusa, la comunicación es más convencional, más académica, pero más factual y más fiable. La comunicación operativa corre a cargo de los militares, mientras que la comunicación política y estratégica es responsabilidad del equipo presidencial.

Por lo general, en un conflicto ambas partes comunican según sus intereses. Ambas partes utilizan exageraciones, encubrimientos e información falsa, y este conflicto no es una excepción. Todos lo sabemos. Sin embargo, nuestros medios de comunicación informan exclusivamente a partir de fuentes ucranianas: las pérdidas rusas, las «contraofensivas» ucranianas, los ataques contra objetivos civiles, etc., reflejan sistemáticamente el discurso ucraniano.

Los dos países tienen enfoques muy diferentes de la guerra: Zelensky lucha en el espacio informativo; Vladimir Putin lucha en el espacio material. Zelensky parece pensar que todo lo que hay que hacer para ganar es convencer a la comunidad internacional de que se está ganando. Leyendo nuestros medios de comunicación, podemos ver que no está del todo equivocado. Sin embargo, llega un momento en que las palabras y la realidad entran en contacto, y ahí es donde radica la dificultad. Después de tanto afirmar que Ucrania estaba ganando esta guerra, las crecientes derrotas que están «consumiendo» cada vez más hombres están creando tensiones entre los militares y la cúpula política, es decir, Zelensky. Esto es lo que vimos a principios de julio de 2022 y explica -en parte- las purgas llevadas a cabo en la administración ucraniana.

7.2.Ciberguerra

El 15 de febrero, los medios de comunicación informaron de un ciberataque de denegación de servicio dirigido contra los principales bancos e instituciones ucranianos[505]. Al día siguiente, en «*C dans l'air*», Alain Bauer, criminólogo (pero claramente no estratega), explicaba una compleja estrategia de «*pequeños pasos*» por la que Vladimir Putin pretendía hacer la guerra sin hacer la guerra, y que el ataque era un mensaje para

---

505.Maggie Miller, «Ukrainian Ministry of Defense websites hit by cyberattack», *politico.com*, 15 de febrero de 2022.

indicar que la guerra se libraría tanto sobre el terreno como en el ciberespacio[506]. Sin embargo, el día del ataque, *Reuters* señaló:

Cloudflare, con sede en San Francisco, un destacado proveedor de protección contra denegaciones de servicio, afirmó que no había visto indicios de «grandes actividades DDoS» en Ucrania contra sus centros de datos o sus clientes allí.[507]

Tatyana Bolton, directora de políticas del equipo de *Ciberseguridad y Amenazas Emergentes del R Street Institute*, también planteó estas dudas, afirmando que «*no hay indicios directos de que entidades rusas sean responsables*»[508].

En apoyo de estas alegaciones, Tatiana Kastouéva-Jean, investigadora y directora del Russia Centre del IFRI, pone el ejemplo de Colonial *Pipeline*, un oleoducto que, en mayo de 2021, fue objeto de un ciberataque en Texas con petición de rescate. Sin embargo, el 10 de mayo de 2021, Joe Biden declaró: «*No hay pruebas de que el gobierno ruso estuviera implicado en el ataque ransomware a Colonial Pipeline*»[509]. Por su parte, el FBI atribuyó el ataque a «*DarkSide, un grupo de hackers criminales con base en Europa del Este*»[510]. Así pues, nuestros supuestos expertos han

---

506.Alain Bauer, en el programa «C dans l'air» del 16 de febrero de 2022 («Ukraine: mais à quoi joue Poutine? #cdanslair 16.02.2022», *France 5/YouTube*, 18 de febrero de 2022) (16'45")

507.«Ukraine defence ministry website, banks, knocked offline», *Reuters*, 15 de febrero de 2022.

508.Mark Pomerleau, «Experts urge caution in assessing Ukraine cyberattacks», *C4ISR.net*, 16 de febrero de 2022 (https://www.c4isrnet.com/cyber/2022/02/16/experts-urge-caution-in-assessing-ukraine-cyberattacks/)

509.Lauren Egan, «Biden says no evidence Russian government was involved in pipeline hack», *NBC News*, 10 de mayo de 2021.

510.Sara Morrison, «How a major oil pipeline got held for ransom», *Vox*, 8 de junio de 2021.

construido una realidad ficticia. Es suficiente para preguntarse por la calidad de la investigación en Francia...

Lo que no nos dicen nuestros pseudoexpertos es que la guerra de la información comenzó inmediatamente después de la intervención rusa del 24 de febrero, pero del lado ucraniano, no del ruso. Investigadores de la Universidad de Adelaida (Australia)[511] descubrieron que en las primeras semanas de la intervención, el 80% de los tuits sobre la guerra procedían de «bots», cuentas falsas generadas como parte de una campaña de propaganda clandestina. También descubrieron que el 90,2% de los 5 millones de tuits (reales y bots) estudiados procedían de cuentas proucranianas, mientras que sólo el 7% procedía de cuentas prorrusas.

Desde el comienzo de la operación rusa, el 24 de febrero, el hashtag #IS-tandWithUkraine se utilizó en 38.000 tuits por hora, alcanzando un máximo de 50.000 tuits por hora el tercer día de la guerra. Sólo al cabo de una semana empezaron a aparecer tuits «prorrusos» a razón de unos cientos por hora[512]. Mientras que las operaciones cibernéticas ucranianas parecen haber estado preparadas durante mucho tiempo, las rusas «que hemos visto no llevan mucho tiempo preparadas y parecen más bien fortuitas», según el Dr. Lennart Maschmeyer, del Centro

---

511.Bridget Smart, Joshua Watt, Sara Benedetti, Lewis Mitchell & Matthew Roughan, «#IStandWithPutin versus #IStandWithUkraine: The interaction of bots and humans in discussion of the Russia/Ukraine war», The University of Adelaide, 15 de agosto de 2022 (actualizado el 20 de agosto de 2022) (https://arxiv.org/abs/2208.07038)
512.Peter Cronau, «Massive Anti-Russian 'Bot Army' Exposed by Australian Researchers», Declassified Australia, 3 de noviembre de 2022 (https://declassifiedaus.org/2022/11/03/strongmassive-anti-russian-bot-army-exposed-by-australian-researchers-strong/)

de Estudios de Seguridad de la Escuela Politécnica Federal de Zúrich[513].

La intensidad de las ciberactividades inmediatamente después del inicio de la ofensiva rusa sugiere la existencia de una maquinaria cuidadosamente preparada de antemano. Esto tiende a confirmar la idea de una provocación por parte de Ucrania para empujar a Rusia a intervenir, y luego provocar su colapso mediante sanciones masivas. A continuación se observa una disminución de la actividad de estos bots, probablemente como consecuencia de los ataques rusos. Los investigadores australianos también descubrieron que la actividad de los bots rusos nunca alcanzó el nivel de los bots ucranianos.

Uso de #IStandWithUkraine y #IStandWithRussia

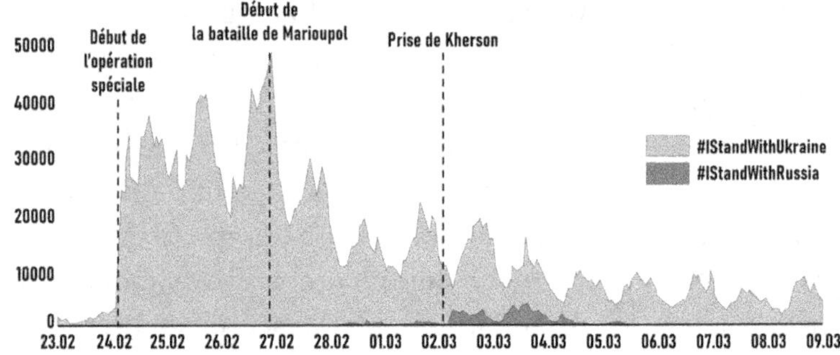

Figura 62 - Actividad de bots en Twitter por horas durante la primera semana de la ofensiva rusa. Podemos ver que #IStandWithUkraine se activó inmediatamente el 24 de febrero, con más de 30.000 visitas por hora. Los bots prorrusos sólo entraron en juego muy tarde, al cabo de unos días, con sólo unos cientos de visitas por hora. [Según el informe de la Escuela de Matemáticas de la Universidad de Adelaida (https ://arxiv.org/abs/2208.07038)].

---

513. Dan Milmo, «Russia unleashed data-wiper malware on Ukraine, say cyber experts», The Guardian, 24 de febrero de 2022 (https://www.theguardian.com/world/2022/feb/24/russia-unleashed-data-wiper-virus-on-ukraine-say-cyber-experts)

Por último, podemos ver que la guerra cibernética parece estar desempeñando un papel modesto en Ucrania. Las acciones en las redes informáticas son muy numerosas, pero las llevan a cabo actores no estatales, grupos de individuos o individuos aislados, que participan a su manera en la guerra de ambos bandos. Más espectaculares que eficaces, estas acciones no parecen afectar al curso de los combates. Desempeñan esencialmente un papel de influencia. Con el apoyo complaciente de los medios de comunicación, que repiten la información de Kiev sin verificarla, las acciones en el ciberespacio han contribuido a hacer aceptables las sanciones y a movilizar a la opinión pública occidental en favor de una guerra contra Rusia. Estos resultados demuestran que la guerra sigue siendo -por desgracia- un fenómeno esencialmente concreto, hecho de sangre, sudor y lágrimas. Esto ilustra el hecho de que la amenaza de una «guerra híbrida» (cuyo contenido nadie conoce) sigue siendo un concepto tan abstracto como oscuro, por no decir inexistente.

7.3. Desinformación

Declaraciones gratuitas

Pensar...	... ha permitido decir
Ucrania es un solo pueblo	que Ucrania se levantaría unida contra Rusia. que no hubo genocidio ucraniano en el Donbass. que la coalición rusa no tendría partidarios en las zonas que ocupa.
El pueblo ucraniano se opone unánimemente a Rusia	que Rusia también lucha contra los civiles en Ucrania.
Rusia quiere destruir Ucrania	que Rusia está bombardeando poblaciones civiles.

Pensar...	... ha permitido decir
Vladimir Putin quería tomar Kiev en dos días Rusia quería ganar el 9 de mayo de 2022	que Ucrania se resiste a Rusia. que los objetivos rusos eran poco realistas. que los servicios de inteligencia rusos juzgaron mal la situación.
Vladimir Putin quiere apoderarse de Ucrania	que hay que fomentar y apoyar la resistencia popular. que tenemos que enviar más armas y mantener el conflicto.
Vladimir Putin quiere reconstituir la URSS Putin quiere restablecer el imperio ruso[514]	que los Estados bálticos están directamente amenazados por Rusia.
Ucrania es democrática	que Rusia envidia la democracia ucraniana. que Vladimir Putin odia la democracia.
Putin afirma que la nación ucraniana no existe[515]	que Rusia considera legítimo anexionársela.

Irónicamente, la afirmación de que Ucrania estaba ganando la guerra llevó a Occidente a elogiar la calidad de la formación que había proporcionado a Ucrania en liderazgo táctico, maniobras operativas y conducción de operaciones. Como dijo el portavoz del Pentágono John Kirby en mayo de 2022:

Lo que se está viendo ahora no es sólo el efecto de las armas, sino las destrezas y habilidades que [los ucranianos] están ejerciendo en el campo de batalla. Esto no es casual. Han pasado de un sistema militar de la era soviética, dominado por Rusia, vertical, con una doctrina rígida, a un sistema mucho más occidentalizado en cuanto a su forma de pensar y actuar, y fomentando eso en el campo de batalla. Una vez más, esto no

---

514. https://youtu.be/Rgy2Bbe3HYE?t=3630
515. https://youtu.be/Rgy2Bbe3HYE?t=3623.

es un accidente, sino el resultado del trabajo de Estados Unidos y varios aliados.[516]

Así que la desinformación occidental se está volviendo contra Occidente. Occidente se ha implicado tanto en Ucrania, proclamando tan llamativa y ruidosamente que Rusia cedería rápidamente, que el fracaso de Ucrania se parece cada vez más al fracaso de Occidente en su conjunto. Tras el espectacular fracaso de la OTAN en Afganistán, éste es el ejemplo de un Occidente que ya no es capaz de actuar racionalmente.

De hecho, como reveló el medio de comunicación estadounidense Mint Press News, los estadounidenses han creado una red de unas 150 empresas de relaciones públicas para dar forma a la narrativa contra Rusia. Así es como se crea la narrativa ucraniana, que luego se transmite a nuestros medios de comunicación[517].

7.3.1. La amenaza nuclear

Desde el comienzo de la ofensiva rusa, la propaganda occidental ha intentado amplificar la amenaza nuclear rusa y darle una dimensión continental. Esta retórica tiene varios objetivos:
- para justificar la magnitud de la reacción occidental;
- movilizar a la opinión pública contra Rusia y alimentar una narrativa de odio;
- alimentar el mito de un adversario más duro de lo esperado (en *RTS,* el «periodista» Alexis Favre hablaba de 40 millones

---

516. https://youtu.be/v5OanupYl94
517. Dan Cohen, «Ukraine's Propaganda War: International PR Firms, DC Lobbyists and CIA Cutouts», Mint Press News, 22 de marzo de 2022 (https://www.mintpressnews.com/ukraine-propaganda-war-international-pr-firms-dc-lobbyists-cia-cutouts/280012/)

de resistentes[518]) para postular que las armas nucleares eran el único medio de Rusia para lograr la victoria.

A principios de marzo de 2022, mientras las tropas rusas avanzaban rápidamente hacia la central nuclear de Zaporozhie para impedir cualquier acto de sabotaje de consecuencias dramáticas, se declaró un incendio en uno de los edificios de la administración. Atropellado por un tanque ruso según unos, víctima de un intento de sabotaje ucraniano según otros, no sabemos realmente lo que pasó, aunque la versión rusa parece confirmarse. Pero la emoción es considerable. Jugando con el acontecimiento, Volodymyr Zelensky declaró:

Si hay una explosión, es el fin de todo. El fin de Europa.[519]

Se afirmó que Vladimir Putin pretendía activar la amenaza nuclear. *France 5* dedicó un programa de «*C dans l'air*» al incidente, bajo el título «*Centrales nucleares, gas... las otras armas de Putin*»[520]. Rusia invitó al Organismo Internacional de la Energía Atómica a inspeccionar las instalaciones pero, a petición de Volodymyr Zelensky, el organismo declinó la invitación. El 20 de julio de 2022, la planta fue atacada por cuatro «drones suicidas» ucranianos, cuyas «*potentes explosiones*» se oyeron en toda la ciudad, hiriendo a «*una docena de empleados*»[521]. Sin embargo,

---

518. https://www.rts.ch/play/tv/redirect/detail/12908299?startTime=381

519. «Ukraine nuclear plant: Russia in control after shelling», *BBC News*, 4 de marzo de 2022 (https://www.bbc.com/news/world-europe-60613438)

520. «Centrales nucleares, gas... las otras armas de Putin #cdanslair 08.03.2022», *France 5 / YouTube*, 9 de marzo de 2022 (https://youtu.be/8Ub97_37vkg)

521. Nataliya Vasilyeva, «'Kamikaze drones' strike Russian-controlled Zaporizhzhia nuclear power plant», *The Telegraph*, 20 de julio de 2022 (https://www.telegraph.co.uk/world-news/2022/07/20/ukrainian-kamikaze-drones-strike-russian-controlled-zaporizhzhia/)

a excepción del *Telegraph* británico, ningún medio de comunicación occidental informó del atentado. El «fin de Europa» no llegó hasta marzo...

De hecho, Vladimir Putin no mencionó las armas nucleares hasta después de los líderes occidentales, y los expertos informados -que son muchos- señalan que es muy poco probable que el uso de armas nucleares figure en la agenda del Kremlin[522].

	Declaraciones occidentales	La respuesta de Rusia
24 de febrero de 2022	El ministro francés de Asuntos Exteriores, Jean-Yves Le Drian, dice a Rusia que la OTAN podría utilizar armas nucleares[523].	
27 de febrero de 2022	Liz Truss, Ministra de Asuntos Exteriores británica, habló de la destrucción del complejo militar-industrial ruso y de la posibilidad de un enfrentamiento directo entre la OTAN y Rusia[524].	

---

522. Susan D'Agostino y François Diaz-Maurin, «Will Putin go nuclear? An updated timeline of expert comments», *Bulletin of the Atomic Scientists*, 6 de junio de 2022 (https://thebulletin.org/2022/06/will-putin-go-nuclear-an-updated-timeline-of-expert-comments/)

523. Anthony Audureau/AFP, «Ucrania: Le Drian recuerda a Putin que "la Alianza Atlántica es también una alianza nuclear"», *BFM TV*, 24 de febrero de 2022 (https://www.bfmtv.com/international/ukraine-le-drian-rappelle-a-poutine-que-l-alliance-atlantique-est-aussi-une-alliance-nucleaire_AD-202202240685.html)

524. Stephen Mcilkenny, «Liz Truss: Kremlin says decision to put nuclear bases on high alert due to comments made by Foreign Secretary | What did she say about Ukraine crisis?», The Scotsman, 28 de febrero de 2022 (https://www.scotsman.com/news/politics/kremlin-says-nuclear-bases-on-high-alert-due-to-comments-made-by-liz-truss-3589463)

	Declaraciones occidentales	La respuesta de Rusia
27 de febrero de 2022		Vladimir Putin anuncia que ha puesto sus fuerzas nucleares en «*alerta especial de* combate»[525] y[526].
28 de marzo de 2022	El Presidente Biden decide abandonar la política de «no ser el primero en utilizar» las armas nucleares [527]	
5 de mayo de 2022		Vladimir Putin aumenta el riesgo de un conflicto nuclear[529]
24 de agosto de 2022	Liz Truss se declara dispuesta a utilizar armas nucleares, aunque ello suponga la «aniquilación mundial».[528]	
21 de septiembre de 2022		Vladimir Putin advierte contra el uso de armas nucleares y precisa que Rusia dispone de otras armas muy potentes, pero no menciona el uso de armas nucleares.[530]

---

525. Andrew Roth, Shaun Walker, Jennifer Rankin y Julian Borger, «Putin signals escalation as he puts Russia's nuclear force on high alert», *The Guardian*, 28 de febrero de 2022.

526. Runai Tairov, «Путин приказал перевести силы сдерживания в особый режим боевого дежурства», *Forbes.ru*, 27 de febrero de 2022 (https://www.forbes.ru/society/457237-putin-prikazal-perevesti-sily-sderzivania-v-osobyj-rezim-boevogo-dezurstva).

527. Daryl G. Kimball, «Biden Policy Allows First Use of Nuclear Weapons», *Arms Control Today*, abril de 2022 (https://www.armscontrol.org/act/2022-04/news/biden-policy-allows-first-use-nuclear-weapons).

528. https://www.independent.co.uk/news/uk/politics/liz-truss-nuclear-button-ready-b2151614.html; https://youtu.be/IvH7cgbdazU

529. Alain Barluet, «Vladimir Putin utiliza la amenaza nuclear como instrumento de su estrategia de línea dura», *Le Figaro*, 5 de mayo de 2022 (https://www.lefigaro.fr/international/vladimir-poutine-agite-la-menace-nucleaire-comme-un-instrument-de-sa-strategie-jusqu-au-boutiste-20220505)

530. http://en.kremlin.ru/events/president/news/69390

A finales de febrero de 2022, por ejemplo, *RTS* declaró que Putin estaba *«blandiendo claramente la amenaza nuclear»*[531]. Pero, como de costumbre, nuestros medios de comunicación utilizan la desinformación para sembrar el pánico. De hecho, Rose Gottemoeller, ex subsecretaria de Control de Armamento de la administración Obama, pone las cosas en perspectiva:

La orden de Putin supondría la incorporación de «tres a seis personas más» a los puestos de mando nucleares, en los que normalmente trabajan unas seis personas.[532]

Una vez más, los medios de comunicación y los «expertos» intentan presentar a Vladimir Putin como un individuo irracional. Según ellos, el callejón sin salida al que han llegado las fuerzas rusas en Ucrania podría llevarle a cometer atentados nucleares. A principios de mayo, poco después del disparo de prueba de un misil ruso RS-28 SARMAT[533], nuestros medios de comunicación esgrimieron (una vez más) la amenaza de un uso irracional de armas nucleares[534].

---

531. https://www.rts.ch/play/tv/redirect/detail/12908299?startTime=683

532. Stephanie Cooke, «¿Utilizará Putin armas nucleares en Ucrania?», *Energy Intelligence*, 17 de marzo de 2022 (https://www.energyintel.com/0000017f-94cd-d81c-a9ff-9ecf7ccf0000)

533. Lateshia Beachum, Mary Ilyushina & Karoun Demirjian, «Russia's 'Satan 2' missile changes little for U.S., scholars say», *The Washington Post*, 20 de abril de 2022 (https://www.washingtonpost.com/world/2022/04/20/satan-2-icbm/)

534. «Amenaza nuclear rusa: "Putin ya ha demostrado que es capaz de tomar decisiones ilógicas y autodestructivas", dice Mitt Romney», *La Libre*, 23 de mayo de 2022 (https://www.lalibre.be/international/europe/guerre-ukraine-russie/2022/05/23/menace-nucleaire-russe-poutine-a-deja-prouve-quil-etait-capable-de-decisions-illogiques-et-autodestructrices-estime-mitt-romney-XAKAPL257BHALGDTIAA3V423JQ/)

De hecho, lo que *ninguno de los medios de comunicación informó* fue que a finales de abril de 2022, el presidente Joe Biden decidió un importante cambio en la política nuclear estadounidense al abandonar el principio de *«no ser el primero en utilizar»* las armas nucleares. En otras palabras, mientras que Estados Unidos había considerado anteriormente el uso de armas nucleares únicamente con fines disuasorios (la política del *«único propósito»*), Biden aprobó una política *«que deja abierta la opción de utilizar armas nucleares no sólo en represalia a un ataque nuclear, sino también para responder a amenazas no nucleares[535]»*. En otras palabras, EEUU se permite utilizar armas nucleares en cualquier momento.

En resumen, desde finales de abril, Estados Unidos se ha dado el derecho de lanzar una guerra nuclear. Además, para lograr sus fines, no duda en adoptar medidas -como las sanciones- que perjudican tanto a sus aliados como a Rusia. Por eso, los dirigentes rusos están preocupados por el cambio de doctrina estadounidense y advierten de que el uso de armas nucleares también tendría un precio para Estados Unidos.

La doctrina rusa no ha cambiado: Rusia no será la primera en utilizar armas nucleares. Una vez más, una información esencial relativa a Occidente ha sido ocultada, y explotada por los medios de comunicación poco honestos para hacer creer que Vladimir Putin es irracional, y generar así el pánico entre la población[536].

---

535. Daryl G. Kimball, «Biden Policy Allows First Use of Nuclear Weapons», *Arms Control Association,* 29 de abril de 2022 (https://www.armscontrol.org/act/2022-04/news/biden-policy-allows-first-use-nuclear-weapons)
536. «¿Debemos temer la amenaza nuclear?», *RTS.ch,* 21 de mayo de 2022 (https://www.rts.ch/info/suisse/13105385-podcast-doiton-craindre-la-menace-nucleaire.html)

A diferencia de nuestros medios de comunicación, los servicios de inteligencia estadounidenses parecen más confiados, y Avril Haines, Directora de Inteligencia Nacional, declaró en una comparecencia ante el Congreso: «No hay ninguna posibilidad inminente de que Putin utilice armas nucleares. El Presidente Putin probablemente sólo autorizaría el uso de armas nucleares si percibiera una amenaza existencial para el Estado o el régimen ruso».[537]

Así que la pelota está claramente en el tejado de Occidente.

Tras el discurso de Vladimir Putin del 21 de septiembre[538], nuestros medios de comunicación hablaron del riesgo de una escalada nuclear. Naturalmente, los medios conspirativos (es decir, los que construyen narrativas a partir de información no relacionada) hablaron inmediatamente de «amenazas nucleares»[539].

En realidad, esto es falso. Si lees el texto del discurso de Putin, verás que no amenazó con utilizar armas nucleares. De hecho, nunca lo ha hecho desde el inicio del conflicto en 2014. Por otra parte, ha advertido a Occidente contra el uso de tales armas. ¡El 24 de agosto, por ejemplo, Liz Truss dijo que era aceptable golpear a Rusia con armas nucleares, y que estaba dispuesta a hacerlo, incluso si eso significaba la «aniquilación global»[540]! No es la primera vez que hace una declaración de este tipo, lo que provocó las advertencias del Kremlin en febrero[541].

537.https://twitter.com/therecount/status/1524034365075992576
538.http://en.kremlin.ru/events/president/news/69390
539.https://www.rts.ch/info/monde/13410803-les-scenarios-possibles-apres-les-menaces-nucleaires-de-vladimir-poutine.html
540. https://www.independent.co.uk/news/uk/politics/liz-truss-nuclear-button-ready-b2151614.html
541.https://www.itv.com/news/2022-02-28/not-naming-names-but-it-was-liz-truss-minister-blamed-for-putin-nuclear-move

Así pues, es evidente que Vladimir Putin desconfía de un comportamiento occidental totalmente irracional e irresponsable, dispuesto a sacrificar a sus propios ciudadanos para alcanzar objetivos guiados por el dogmatismo y la ideología. Esto es lo que está ocurriendo actualmente en el ámbito de la energía y las sanciones. Putin está ciertamente preocupado por las reacciones de nuestros dirigentes, que se encuentran en situaciones cada vez más incómodas debido a la catastrófica situación económica y social que han creado con su incompetencia. Esta presión sobre nuestros dirigentes podría llevarles a una escalada del conflicto simplemente para evitar quedar mal...

En su discurso del 21 de septiembre, Vladimir Putin no amenazó con utilizar armas nucleares, sino otro tipo de armas. Naturalmente, estaba pensando en armas hipersónicas, que no necesitan ser nucleares para ser eficaces. Además, contrariamente a lo que dicen nuestros medios de comunicación, el uso de armas nucleares tácticas no forma parte de la doctrina de empleo rusa desde hace muchos años.

En otras palabras, son los occidentales y su comportamiento errático la verdadera causa de la inseguridad...

7.3.1.1. *Ataques a la central nuclear de Zaporozhie*

En julio de 2022, la central nuclear de *Zaporozhie* (ZNPP), en Energodar, fue víctima de disparos de artillería, que ucranianos y rusos atribuyeron al bando contrario.

Las fuerzas de la coalición rusa ocupan el emplazamiento de la ZNPP desde el 4 de marzo. La coalición rusa se apoderó rápidamente del emplazamiento para evitar que se viera envuelto en combates y evitar así un incidente nuclear.

Durante la toma de la central, se declaró un incendio en un edificio administrativo. Atropellado por un tanque ruso según algunos, víctima de un intento de sabotaje ucraniano según otros, no sabemos realmente lo que pasó, aunque los hechos parecen confirmar la versión rusa, que es la más probable. El objetivo de Volodymyr Zelensky en aquel momento era conseguir que Occidente estableciera una zona de exclusión aérea. Habló de un peligro para Europa[542]. Los medios de comunicación estatales, como *France 5*, echan leña al fuego afirmando que Vladimir Putin pretende utilizar la NFZ como arma[543]. Se trata de desinformación, porque el mismo día, en una conferencia de prensa en Viena, Rafael Grossi, director del Organismo Internacional de Energía Atómica (OIEA), declaró que no había problemas de seguridad en la central y que funcionaba con normalidad[544].

De hecho, los rusos desplegaron inmediatamente unidades de la guardia nacional (*Rosgvard*) para asegurar el emplazamiento y evitar que fuera objeto de sabotajes o acciones de comandos. El personal técnico ucraniano permaneció en el emplazamiento y sigue trabajando bajo la supervisión del operador ucraniano *Energoatom* y la *Agencia Ucraniana de Seguridad Nuclear* (SNRIU).

Todo fue bien hasta julio. La planta es entonces atacada por drones «kamikazes» suministrados por Estados Unidos, como hemos visto.

Pero a finales de agosto aumentó el fuego de artillería y misiles sobre la ZNPP. Occidente sólo escuchó a los ucranianos,

542.«Ukraine nuclear plant: Russia in control after shelling», *BBC News*, 4 de marzo de 2022 (https://www.bbc.com/news/world-europe-60613438)
543. «Centrales nucleares, gas... las otras armas de Putin #cdanslair 08.03.2022», *France 5 /YouTube*, 9 de marzo de 2022 (https://youtu.be/8Ub97_37vkg)
544. Margaret Besheer, «IAEA Chief: Ukraine's Zaporizhzhia Nuclear Plant Safe After Russian Strike», *voanews*, 4 de marzo de 2022 (https://www.voanews.com/a/iaea-chief-ukraine-s-zaporizhzhia-nuclear-plant-safe-after-russian-strike-/6470760.html)

cuyas versiones cambiaron y afirmaron que respondían a fuego de artillería procedente de la propia central. Pero las unidades de Rosgvard desplegadas en el lugar no son unidades de combate y no están equipadas con material pesado. Así que no es cierto.

Se acusa a Rusia de querer presionar a Europa. ¿Con qué fin? Sin respuesta. En la televisión francesa, un «experto» francés declaró que los rusos disparaban contra la central para cortar la electricidad a Ucrania[545]. Sin embargo, los propios ucranianos afirman que hay tropas rusas en el perímetro del emplazamiento[546], por lo que es difícil entender por qué los rusos bombardearían una central nuclear bajo su control[547].

Disparar contra la central podría provocar un incidente nuclear. Pero está situada en una zona donde la población está generalmente a favor de los rusos, y es difícil ver por qué correrían el riesgo de contaminar nuclearmente la región.

Por otra parte, los ucranianos parecen tener razones más serias para crear un incidente. En primer lugar, la ZNPP se encuentra en una zona rusoparlante ocupada por la coalición rusa. Los ucranianos han evacuado por la fuerza a la población civil ucraniana y la contaminación sólo afectaría a los rusoparlantes, a los que consideran sus enemigos[548].

A continuación, los ucranianos tuvieron que demostrar a Occidente que eran capaces de recuperar la iniciativa. En julio, anunciaron una gran contraofensiva sobre Kherson con un

---

545. https://youtu.be/KZDbFcYAbVE?t=1578
546 https://theins.ru/en/news/253868
547.https://www.rts.ch/info/monde/13302505-kiev-et-moscou-saccu-sent-a-nouveau-de-tirs-sur-la-centrale-nucleaire-de-zaporijjia.html
548.«El Ministerio de Reintegración de Ucrania nombra otros tres oblasts que serán objeto de evacuación obligatoria», The New Voice of Ukraine, 26 de agosto de 2022 (https://english.nv.ua/nation/three-more-oblasts-to-be-subject-to-compulsory-evacuation-50265936.html).

millón de hombres[549], para retomar el sur del país, pero fueron incapaces de llevarla a cabo. Por eso llevaron a cabo numerosos contraataques, que nuestros medios de comunicación denominaron «contraofensivas», pero que sistemáticamente acabaron en fracaso, con enormes pérdidas de vidas humanas.

En segundo lugar, en varias zonas de habla rusa tomadas por la coalición, las autoridades han declarado que quieren celebrar referendos de autonomía. Los resultados de éstos podrían suponer un serio revés para Kiev, ya que podrían demostrar que los habitantes del sur del país no se sienten ucranianos.

Una explicación más probable es que los ucranianos pretendan desmilitarizar la zona alrededor de la central para poder recuperar su control y devolver la ZNPP a Ucrania, lo que supondría un éxito político y operativo para Zelensky. Por lo tanto, es concebible que estén tratando deliberadamente de provocar un incidente nuclear para crear una «tierra de nadie» y hacer que la zona sea inutilizable para los rusos.

Sin embargo, lo más probable es que los ucranianos busquen crear tensión y generar enfrentamientos «en torno a la central[550] « para demostrar que el lugar no es seguro y que es necesario desmilitarizar la zona o enviar una fuerza internacional. De hecho, con el bombardeo de la central, Ucrania pretende presionar a Occidente para que intervenga en el conflicto[551]. Esta estrategia podría explicar la incursión de unos 300 comandos ucranianos que cruzaron el Dniéper a primera hora de la mañana

---

549.«Ucrania ataca Kherson, controlada por Rusia, y planea un contraataque», aljazeerah, 12 de julio de 2022 (https://www.aljazeera.com/news/2022/7/12/ukraine-strikes-russian-held-kherson-as-kyiv-plans-counterattack)
550.https://www.rts.ch/info/monde/13342432-combats-intenses-dans-la-quasi-totalite-de-la-region-de-kherson.html
551.https://www.theguardian.com/world/live/2022/aug/19/russia-ukraine-war-putin-is-losing-information-war-in-ukraine-uk-spy-chief-says-live

del 1 de septiembre, día de la llegada de los expertos del OIEA, para atacar la ZNPP. El concepto de este ataque fue sugerido por los británicos, pero no ha sido confirmado. Naturalmente, ninguno de nuestros medios de comunicación mencionó este ataque, que podría demostrar que Ucrania está chantajeando a los europeos.

Las pruebas actualmente disponibles sugieren que los ataques contra Energodar fueron ucranianos. Los restos de proyectiles disparados desde el otro lado del Dniéper son de origen occidental. Parecen ser cohetes HIMARS y proyectiles británicos[552] del tipo BRIMSTONE[553], que son misiles de precisión cuyo disparo es supervisado por los británicos. Al parecer, Occidente está al corriente de los ataques contra la central de Energodar.

Los ucranianos temen que el OIEA confirme el origen ucraniano de esta provocación. Por eso han hecho todo lo posible para impedir la visita de los expertos del OIEA[554].

7.3.1.2. La «bomba sucia»

En octubre de 2022, las ofensivas de Ucrania han acabado todas en fracaso, con enormes pérdidas. Por tanto, podría tratar de intensificar el conflicto y crear una situación en la que la OTAN se viera obligada a intervenir.

El 6 de octubre apareció en las redes sociales información sobre el uso de un arma nuclear fabricada en Ucrania y transportada en tren a Rusia para ser activada. Todo indicaba

---

552.https://t.me/milinfolive/88735

553.https://mezha.media/en/2022/05/12/brimstone-in-ukraine/

554.https://www.ilfattoquotidiano.it/2022/06/07/energoatom-contro-il-direttore-dellaiea-grossi-mai-invitato-a-zaporizhzhya-vuole-legittimare-la-permanenza-degli-occupanti/6618145/

que se trataba de una «bomba sucia». Es decir, una bomba convencional cuya explosión diseminaría material radiactivo. Una bomba sucia no es propiamente un arma nuclear. No tiene la capacidad destructiva de un arma nuclear. Sin embargo, al diseminar polvo radiactivo, podría tener el mismo efecto que los proyectiles utilizados en la antigua Yugoslavia por los tanques estadounidenses M-1 y los aviones de apoyo terrestre A-10, que utilizaban proyectiles con núcleos de uranio empobrecido, cuyos restos contaminaban zonas enteras. La bomba sucia es un arma que ya había sido utilizada por los terroristas chechenos[555]. Dada la orientación de la estrategia ucraniana y la de sus aliados occidentales, y el creciente número de atentados terroristas contra personalidades e instalaciones públicas, las acusaciones de Rusia son probables, pero no verificables.

Probable o no, eso es lo que creen los rusos. En una entrevista divulgada por el sitio web de la oposición rusa *Meduza*, el recién nombrado general Sergei Surovikin afirmó tener «*información de que Kiev podría estar utilizando métodos ilegales de guerra*»[556]...

Pocos días después, Sergei Choigou, Ministro de Defensa ruso, se puso en contacto directo con sus homólogos estadounidense, británico, turco y francés. El 24 de octubre, Francia, Estados Unidos y Gran Bretaña emitieron una declaración conjunta en la que rechazaban las acusaciones rusas. No obstante, las Naciones Unidas enviaron una delegación a Kiev

---

555. Jeffrey Bale, «The Chechen Resistance and Radiological Terrorism», *Center for Nonproliferation Studies*, 1 de abril de 2004. (https://www.nti.org/analysis/articles/chechen-resistance-radiological-terror/)

556. «'Puede que tengamos que tomar algunas decisiones difíciles en Kherson' Resumen de *Meduza* de la primera entrevista concedida por el nuevo alto comandante ruso en Ucrania», *Meduza*, 19 de octubre de 2022 (https://meduza.io/en/feature/2022/10/19/we-may-have-to-make-some-difficult-decisions-in-kherson)

para aclarar la situación[557]. Esto demuestra que Francia, Gran Bretaña y Estados Unidos (FUKUS) han reaccionado -una vez más- sin conocer el estado exacto de la situación.

Lo interesante de esta declaración conjunta es que no condena el uso de una bomba sucia (la use quien la use). Sin embargo, no se trata de condenar a Ucrania, sino el método. Pero está claro que los occidentales aceptan una equivalencia entre el método y el autor. En otras palabras, esto demuestra que los FUKUS, que no han condenado ninguno de los atentados terroristas contra Rusia o sus intereses, apoyan el terrorismo como método...

El 2 de noviembre, *France 5*, citando un artículo del New York Times, afirmó que los generales rusos habían discutido el uso de armas nucleares tácticas en Ucrania[558]. Naturalmente, los expertos presentes elaboraron teorías basadas en la idea de que Rusia, al perder la guerra, podría utilizar armas nucleares para «compensar» sus reveses tácticos. En realidad, la CNN, un medio de comunicación estadounidense, tiene una visión más matizada de estas afirmaciones. Según la CNN, *«la evaluación, elaborada por el Consejo Nacional de Inteligencia, no es un producto de alta confianza y no es inteligencia bruta sino análisis»*[559]. En otras palabras, es el resultado de una interpretación, no de un hecho.

---

557. «IAEA preparing to inspect two sites in Ukraine over 'dirty bomb' claims», *Reuters*, 25 de octubre de 2022 (https://www.reuters.com/world/europe/iaea-preparing-inspect-two-sites-ukraine-over-dirty-bomb-claims-2022-10-24/)

558. https://youtu.be/fmGQfXwJzsc?t=1131

559. Natasha Bertrand, Katie Bo Lillis y Zachary Cohen, «US officials divided over new intelligence suggesting Russian military discussed scenarios for using nuclear weapons», *CNN*, 2 de noviembre de 2022 (https://www.cnn.com/2022/11/02/politics/us-russia-nuclear-weapon-intelligence/index.html)

La insistencia de Occidente en que Rusia pretende utilizar armas nucleares tácticas en Ucrania es preocupante. Los rusos ven en ello el riesgo de un incidente de bandera falsa, que podría servir de pretexto para una intervención de la OTAN. Un incidente provocado por una «bomba sucia» podría ser un paso hacia la creación de tal escenario. Por eso los rusos se pusieron inmediatamente en contacto con sus homólogos occidentales para aclarar posiciones y evitar una escalada provocada por una mala interpretación de una u otra parte.

7.3.2. Crímenes de guerra

Los crímenes de guerra son una parte desafortunada del drama de la guerra. Los cometen ambos bandos, deliberadamente o no. La diferencia radica en su explotación mediática y con fines militares.

Los crímenes atribuidos a Rusia responden a una estrategia de comunicación bien perfeccionada basada en el principio: «¡Calumnia! ¡Calumnia! Siempre quedará algo». Los que se atribuyen a Ucrania se ignoran, y las *publicaciones* -en *Twitter*, *Facebook* o *YouTube*- sobre ellos se borran sistemáticamente con el pretexto de ser «incitación al odio».

De hecho, la cobertura mediática de estos crímenes se ha convertido en un arma de guerra. Los occidentales creen tan ciegamente, sin comprobar nunca las acusaciones de la propaganda ucraniana, que cualquier crimen de guerra se atribuye automáticamente a Rusia. Esto hace que sea muy tentador para la otra parte -Ucrania- utilizar esos crímenes para debilitar la posición de Rusia.

Desde el comienzo de la ofensiva rusa, a pesar de la retórica occidental, el ejército ucraniano fracasó. Nuestros medios de comunicación no se dieron cuenta hasta cuatro meses después, pero Zelensky ya lo sabía. Su fuerza aérea fue destruida sobre el terreno en las primeras horas de la ofensiva y, sin ella, Ucrania tiene pocas posibilidades de recuperar la ventaja. Por ello, Zelensky pidió a Occidente que estableciera una zona de exclusión aérea sobre Ucrania, pero no estaban dispuestos a intervenir militarmente. Por tanto, la tentación de que Ucrania repitiera el escenario de Bengasi en Libia era muy fuerte. En febrero de 2011, Bernard-Henri Lévy afirmó que las fuerzas armadas libias habían perpetrado allí una masacre[560]. Basándose en estas alegaciones, el Consejo de Seguridad de las Naciones Unidas autorizó el establecimiento de una zona de exclusión aérea sobre Libia, lo que condujo al derrocamiento de Gadafi. Como era de esperar, ¡la información era falsa! Los servicios de inteligencia estadounidenses no habían observado ninguna masacre en Bengasi, pero ningún político quiso escucharles[561]. En marzo de 2022, las cosas no parecían ir según lo previsto para Occidente. En Estados Unidos, el presidente Biden tenía problemas por la situación económica y el escándalo del *portátil* de su hijo; en Francia, Emmanuel Macron estaba en el punto de mira por el escándalo McKinsey justo antes de las elecciones presidenciales, mientras que los líderes de la UE empezaban a sentir que sus sanciones estaban siendo contraproducentes para la economía europea.

En Ucrania, tras el avance ruso, están apareciendo en las redes sociales vídeos que muestran crímenes cometidos por los militares ucranianos. Muestran a prisioneros de guerra rusos

---

560. Steven Erlanger, «By His Own Reckoning, One Man Made Libya a French Cause», *The New York Times*, 1 de abril de 2011.

561. Kelly Riddell y Jeffrey Scott Shapiro, «Hillary Clinton's 'WMD' moment: U.S. intelligence saw false narrative in Libya», *The Washington Times*, 29 de enero de 2015.

golpeados, torturados, mutilados por disparos en las rótulas o los genitales, o incluso con los ojos arrancados. Esta publicidad malsana es aplaudida por todos nuestros medios de comunicación, antes de ser tachada de propaganda rusa. *Facebook, YouTube, TikTok* y *Twitter* reformulan apresuradamente sus normas de uso: alabar a una milicia neonazi o llamar a la violencia contra los rusos está ahora permitido en el contexto de la guerra, mientras que los contenidos favorables a Rusia se bloquean[562].

Pero estos crímenes ucranianos son muy reales. Zelensky teme que su revelación ponga en entredicho el apoyo occidental[563]. La mención de una masacre en Boutcha llega en el momento justo, el 2 de abril de 2022. ¿Qué ocurrió allí exactamente? Nadie lo sabe con exactitud. Pero algunos civiles fueron ejecutados, mientras que otros parecen haber sido víctimas colaterales de los combates. En cuanto a quién fue el responsable, Ucrania acusa al ejército ruso, mientras que Rusia afirma que se trató de una falsificación.

Sin embargo, una serie de incoherencias arrojaron rápidamente dudas y sospechas sobre las acusaciones ucranianas y, por tanto, occidentales.

---

562. Will Oremus, «Las redes sociales no estaban preparadas para esta guerra. It needs a plan for the next one», *The Washington Post*, 25 de marzo de 2022 (https://www.washingtonpost.com/technology/2022/03/25/social-media-ukraine-rules-war-policy/)

563. «Zelenskyy Worried About Western Financial Support After Video Surfaces Showing Ukraine Military Torturing Russian POW's», www.theconservativetreehouse.com, 27 de marzo de 2022 (https://theconservativetreehouse.com/blog/2022/03/27/zelenskyy-worried-about-western-financial-support-after-video-surfaces-showing-ukraine-military-torturing-russian-pows/?utm_source=rss&utm_medium=rss&utm_campaign=zelenskyy-worried-about-western-financial-support-after-video-surfaces-showing-ukraine-military-torturing-russian-pows)

Desarrollo de los acontecimientos

Fecha	Evento/hecho
29 de marzo	El mando ruso decidió retirar las tropas al oeste de Kiev hacia el Donbass, para iniciar la fase 2 de la operación.
30 de marzo	Los rusos se van.
31 de marzo	Anatoliy Fedoruk, alcalde de Boutcha, anuncia en el telegrama[564] con satisfacción que los rusos se han marchado. No menciona cadáveres ni masacres: «El 31 de marzo pasará a la historia de nuestra comunidad de Boutcha como el Día de la Liberación. La liberación por nuestras fuerzas armadas de Ucrania de los «orcos» rusos, los ocupantes rusos. Así que hoy lo declaro un día alegre. ¡Feliz, y una gran victoria en la región de Kiev! Y sin duda estaremos esperando una gran victoria en toda Ucrania».[565]
31 de marzo 1 de abril	El medio de comunicación ucraniano *Unian* confirma la salida de las fuerzas rusas e informa de las palabras del alcalde de Boutcha, sin mencionar la presencia de cadáveres o masacres en la ciudad[566]. Las fuerzas ucranianas están peinando la zona en busca de saboteadores y colaboradores rusos (un vídeo ucraniano muestra a paramilitares ucranianos pidiendo que se les permita disparar a cualquiera que no lleve brazaletes azules).
1 de abril	Un vídeo muestra cadáveres en la calle que no llevan allí tres semanas, pero cuya posición es similar a la de las imágenes de satélite del 11 de marzo. Algunos llevan brazaletes blancos, otros tienen las muñecas atadas con tela blanca, otros tienen paquetes de ayuda rusos, otros han sido ejecutados en un sótano.

---

564. https://t.me/vityzeva/52988.

565. «Bucha liberada de los invasores rusos - alcalde», *ukrinform.net*, 1 de abril de 2022 (https://www.ukrinform.net/rubric-ato/3445989-bucha-liberated-from-russian-invaders-mayor.html)

566. Violetta Orlova, «Мер Бучі підтвердив звільнення міста від російських військ», *Unian*, 1 de abril de 2022 (https://www.unian.ua/war/bucha-novini-mer-buchi-zayavlyaye-pro-zvilnennya-mista-vid-okupantiv-novini-vtorgnennya-rosiji-v-ukrajinu-11769010.html).

Operación Z

Fecha	Evento/hecho
2 de abril	El bloguero ucraniano Dimitry Komarov recorre la ciudad y muestra los daños causados tras la marcha de las tropas rusas. No menciona ni cadáveres ni masacres[567]. Ese mismo día, el sitio web de noticias ucraniano *Unian* informó de que unidades especiales habían *«limpiado la ciudad de saboteadores y colaboradores de las tropas rusas»*[568]. La unidad SAFARI de la policía ucraniana entra en la ciudad para llevar a cabo operaciones de desminado y de colocación de trampas, en caso de que los rusos hayan colocado trampas explosivas en la ciudad. El vídeo[569] filmado por la unidad no muestra ninguna masacre, pero el acceso a él en YouTube es limitado.
3 de abril	Ucrania acusa a las fuerzas rusas de cometer una masacre en las calles de Boutcha. De hecho, los informes sobre una fosa común están relacionados con el enterramiento de una fosa previamente registrada en el cementerio de la iglesia el 13 de marzo.

El 4 de abril, el *New York Times* publicó una foto de satélite del lugar de los hechos, fechada el 11 de marzo de 2022, casi tres semanas antes del «descubrimiento» de los cuerpos[570] (cuya fecha se cambió posteriormente -sin motivo alguno- al 19 de marzo). Sorprenden dos hechos: que los rusos mantuvieran los cuerpos en la carretera durante tres semanas, cuando se habían ocupado de enterrar a otras víctimas en la zona durante ese periodo, y que los cuerpos permanecieran estrictamente en la misma posición durante todo ese periodo.

---

567. «Буча после ухода русских военныхQ», *Kedrov Talks/YouTube*, 2 de abril de 2022 (https://youtu.be/72TZbAeKPSE)

568. Violetta Orlova, «У звільненій Бучі розпочали зачистку території від диверсантів та російських пособників», Unian, 2 de abril de 2022 (https://www.unian.ua/war/bucha-u-zvilnenomu-misti-rozpochali-zachistku-teritoriji-vid-diversantiv-ta-rosiyskih-posobnikiv-novini-kiyeva-11770498.html).

569. https://youtu.be/Z7yIyNBMpQY.

570.Carole Landry, «El horror en Bucha», *The New York Times*, 4 de abril de 2022 (https://www.nytimes.com/2022/04/04/briefing/russia-ukraine-war-briefing-bucha-warcrimes.html)

También sabemos que la imagen del *New York Times* fue suministrada por Maxar, una empresa que trabaja para el gobierno estadounidense. También sabemos qué satélites utiliza Maxar, conocemos su trayectoria, su posición en un momento dado y sus horas de paso. A partir de estos elementos, y midiendo las sombras proyectadas, podemos determinar con precisión el día en que se tomó la foto. Un grupo de analistas rusos independientes pudo determinar que la foto fue tomada el 1 de abril a las 11:57 GMT (14:57 hora local de verano)[571]. Así lo confirman los rastros de una violenta tormenta que azotó la ciudad en la noche del 31 de marzo al 1 de abril. Curiosamente, Maxar no proporciona imágenes de la zona correspondientes a los días 21 y 23 de marzo, aunque están incluidas en el catálogo.

Sin embargo, otros hechos llaman a la cautela:

- El 4 de abril, el Pentágono declaró que no podía confirmar la responsabilidad de Rusia en el asunto Boutcha[572].

- El diputado socialista ucraniano Ilya Kiva[573] revela en *Telegram* que la tragedia de Boutcha fue planeada por los servicios especiales británicos MI6 y ejecutada por el SBU[574].

- En junio de 2022, el canal de televisión italiano *TG24* investigó las eliminaciones y crímenes contra civiles que supuestamente habían colaborado con las fuerzas rusas y descubrió que ese había sido el caso de Boutcha[575].

---

571. https://t.me/rybar/30599

572.«Pentagon can't independently confirm atrocities in Ukraine's Bucha, official says», *Reuters*, 4 de abril de 2022 (https://www.reuters.com/world/pentagon-cant-independently-confirm-atrocities-ukraines-bucha-official-says-2022-04-04/?taid=624b43bd3225ef0001288ec4)

573. https://en.wikipedia.org/wiki/Illia_Kyva

574. https://t.me/intelslava/24353

575.Jacopo Arbarello, «Guerra in Ucraina, la questione dei collaborazionisti fi-

- Otras imágenes de Maxar, en el mismo sector, tomadas en otra fecha «pesan» 100MB, mientras que la imagen de la «masacre» contiene apenas 50MB, lo que sugiere que ha sido degradada para ocultar manipulaciones.

Nada de esto prueba nada en sí mismo, pero sí demuestra que lo que se nos presenta como incontrovertible dista mucho de estar claro. Como dice Ignazio Cassis, Ministro suizo de Asuntos Exteriores:

No son crímenes de guerra hasta que un tribunal de justicia diga que lo son.[576]

Parecería, por tanto, que estos hechos deberían ser objeto de una investigación internacional, imparcial y a varias bandas, con el fin de establecer con certeza quién es responsable de este crimen de guerra antes de que se impongan sanciones. Pero esto no es lo que ha ocurrido.

Gran Bretaña, que ocupaba entonces la presidencia del Consejo de Seguridad de las Naciones Unidas, se negó tres veces a celebrar una sesión para solicitar una comisión internacional de investigación de los crímenes de Boutcha[577].

---

lorussi», *Sky TG24*, 7 de junio de 2022 (https://tg24.sky.it/mondo/2022/06/06/guerra-russia-ucraina-filorussi)

576. «Ignazio Cassis: «No son crímenes de guerra hasta que un tribunal lo dictamine»», *rts.ch*, 7 de abril de 2022 (https://www.rts.ch/info/suisse/13002882-ignazio-cassis-ce-ne-sont-pas-des-crimes-de-guerre-tant-quun-tribunal-ne-la-pas-decrete.html)

577. «El Consejo de Seguridad de la ONU rechazó la petición de Rusia de celebrar una reunión sobre la "flagrante provocación de los radicales ucranianos en Bucha"», *Front News Ukraine*, 4 de abril de 2022 (https://frontnews.eu/en/news/details/25750).

Así que probablemente nunca sabremos más sobre este suceso, pero eso no importa realmente, porque su objetivo era poder lanzar una acusación contra Rusia. Como siempre, nuestros medios de comunicación no cuestionan el contexto de esta «masacre» y condenan a Rusia, incluso antes de que se encargue una comisión internacional de investigación.

El 12 de mayo de 2022, miembros del Congreso de Estados Unidos enviaron una carta a *Meta*, *Twitter*, *YouTube* y *TikTok*, pidiéndoles que retuvieran información y metadatos sobre posibles crímenes de guerra rusos en Ucrania. No se hace mención -obviamente- a posibles crímenes de guerra ucranianos[578]. Este es el problema: la lucha contra los crímenes de guerra o por los derechos humanos no puede llevarse a cabo unilateralmente. Debe ser imparcial para ser creíble y dar frutos.

Sin embargo, desde 2014, nuestros medios de comunicación ocultan sistemáticamente los crímenes ucranianos con el objetivo de promover la imagen del «villano» ruso en una opinión dispuesta a creerse cualquier cosa. Esta política de condena sistemática de Rusia -generalmente sin pruebas- tiene el efecto perverso de crear un sentimiento de impunidad entre los ucranianos, que saben que pueden salir impunes de cualquier crimen y que nunca serán molestados por Occidente. Demasiado para nuestros valores...

578.«Oversight and Foreign Affairs Committees Call on Social Media Companies to Preserve Evidence of Possible War Crimes in Ukraine», *Comité de Supervisión y Reforma de la Cámara de Representantes de Estados Unidos*, 12 de mayo de 2022 (https://oversight.house.gov/news/press-releases/oversight-and-foreign-affairs-committees-call-on-social-media-companies-to).

7.3.3. Laboratorios biológicos

En mayo de 2022, las autoridades rusas revelaron documentos que atestiguarían actividades de investigación de armas bacteriológicas en Ucrania. A pesar de los reiterados desmentidos, parece probado que había una treintena de laboratorios de investigación biológica en Ucrania, donde el Departamento de Defensa estadounidense apoyó numerosos programas de investigación[579]. La cuestión no es tanto la existencia de estos laboratorios como la naturaleza de sus investigaciones. Hasta qué punto estaban (o están) relacionados con las armas biológicas sigue sin estar claro.

En apoyo de las acusaciones rusas, se menciona la supresión de ciertos documentos de la página web de la embajada estadounidense en Kiev. Pero si el programa era tan delicado -y, por tanto, presumiblemente clasificado-, ¿por qué se pusieron en línea esos documentos? Y si estaban en línea -y por tanto presumiblemente inofensivos- ¿por qué se borraron? Los documentos de la empresa turca Baykar (que fabrica los aviones no tripulados Bayraktar-2 utilizados por Ucrania) muestran que en diciembre de 2021, los ucranianos trataron de adquirir la capacidad de rociar aerosoles utilizando aviones no tripulados. ¿Se trataba de armas biológicas o químicas? Podemos suponer que sí. Sin embargo, los drones Bayraktar no parecen tener esta capacidad.

Sin embargo, lo cierto es que Victoria Nuland, Subsecretaria de Estado para Asuntos Políticos[580], Richard Burns, Director de

---

579. «Fact Sheet on WMD Threat Reduction Efforts with Ukraine, Russia and Other Former Soviet Union Countries», *Departamento de Defensa*, 9 de junio de 2022, (https://www.defense.gov/News/Releases/Release/Article/3057517/fact-sheet-on-wmd-threat-reduction-efforts-with-ukraine-russia-and-other-former/)
580. https://youtu.be/ydSf57SRtcQ

la CIA[581], y Avril Haines, Directora de Inteligencia Nacional[582], al ser interrogados por una comisión del Senado, no dieron una explicación clara. Victoria Nuland reconoce que estos laboratorios contienen sustancias que no deberían caer en manos rusas, pero no es seguro que sepa mucho más. Esto no basta para justificar ninguna sospecha.

La financiación de la investigación bacteriológica por parte del Departamento de Defensa estadounidense en Ucrania es un hecho constatado. Sin embargo, existe incertidumbre sobre la naturaleza de esta investigación. Esto se debe a dos razones. En primer lugar, es probable que los proyectos financiados fueran de interés para el Departamento de Defensa estadounidense. En segundo lugar, aunque las armas nucleares y químicas no son armas de «doble uso», no hay nada que distinga un agente patógeno «militar» de un agente patógeno «civil». Sin embargo, puede aceptarse que no se trataba de «armas» en el sentido estricto de la palabra.

Sin embargo, el hecho es que estos laboratorios -cuyo trabajo nos gustaría creer que tiene fines estrictamente pacíficos- no son muy transparentes sobre sus actividades. Estados Unidos restringe mucho el acceso a ellos. Esto podría tener una explicación.

Al parecer, estos laboratorios -o algunos de ellos- han estado trabajando en proyectos para determinar hasta qué punto determinados genes pueden impedir el desarrollo de agentes patógenos, o -en otras palabras- si los agentes patógenos tienen efectos diferentes en función de la composición genética de la persona afectada.

---

581. https://youtu.be/YkGTwArDmFQ
582. https://youtu.be/2lUt6DMfrBg

Esta investigación recuerda a la llevada a cabo en Sudáfrica en los años 80 por el doctor Wouter Basson, que intentó desarrollar agentes patógenos que pudieran afectar a la población negra sin afectar a la blanca. Conocido como «Proyecto COAST» y clasificado SECRETO, salió a la luz con la caída del apartheid y fue objeto de gran controversia[583], y alimentó las críticas a la política exterior suiza de la época, sobre todo por los vínculos de Basson con el servicio de inteligencia suizo[584]. Al parecer, en Israel también se llevaron a cabo investigaciones similares, con el fin de obtener agentes patógenos que ataquen de forma diferente a los individuos en función de su etnia[585].

Dicha investigación no sería incompatible con la «Idea de Nación», tal y como la definen -o entienden- quienes ostentan el poder en Kiev.

¿Hasta qué punto ha intentado Ucrania desarrollar este tipo de herramientas? No lo sabemos. Si es así, ¿podemos vincular esta investigación a las *armas* bacteriológicas? Son preguntas a las que no podemos responder en este momento. Suponiendo que se hubieran llevado a cabo tales investigaciones, esto explicaría la admisión de Victoria Nuland de que ciertos productos de la investigación no deberían caer en manos rusas, al tiempo

583.Miles Jackson, «Una conspiración para cometer genocidio: Anti-Fertility Research in Apartheid's Chemical and Biological Weapons Programme», *Journal of International Criminal Justice*, volumen 13, número 5, diciembre de 2015, páginas 933-950, 14 de noviembre de 2015 (https://doi.org/10.1093/jicj/mqv060).
584.NdA: durante el apartheid, Suiza no era miembro de las Naciones Unidas, por lo que no aplicaba el embargo decretado por la Organización, y los servicios secretos suizos mantenían vínculos privilegiados con los servicios sudafricanos.
585. Salim Muwakkil, «Double Standards Haunt America's Foreign Policy», Chicago Tribune, 23 de noviembre de 1998 (https://www.chicagotribune.com/news/ct-xpm-1998-11-23-9811230089-story.html)

que justificaría la negativa estadounidense a los proyectos de armas biológicas.

A principios de noviembre de 2022, la propuesta de Rusia de investigar actividades «biológicas militares» en Ucrania fue previsiblemente rechazada por el Consejo de Seguridad de las Naciones Unidas[586]. Es probable que las investigaciones que se están llevando a cabo no respondan a la definición estricta de armas bacteriológicas, sino que impliquen cuestiones éticas bastante más preocupantes. Es posible que la embajadora estadounidense Linda Thomas-Greenfield se arrepienta algún día de haber defendido este proyecto...

7.3.4. *La violación como arma de guerra*

La violación se ha practicado y se sigue practicando en todos los conflictos, por todas las fuerzas enfrentadas y desde la noche de los tiempos. Durante mucho tiempo se consideró una especie de «recompensa» para el vencedor o una forma de marcar la «sumisión» del vencido, según la región del mundo y la cultura.

La «violación como arma de guerra» es un concepto diferente y bastante nuevo. Se repite regularmente en el discurso de las organizaciones humanitarias y en la retórica propagandística occidental para poner de relieve una práctica sistemática y planificada. Pero, como ocurre a menudo, se trata más de demonizar a un adversario que de abordar el problema con eficacia.

Para que sea un «arma de guerra», la violación debe perseguir un objetivo que vaya más allá del simple placer del violador, y responder a una orden dada por una autoridad

---

586. Edith M. Lederer, «UN Security Council denies Russia call for bio weapons probe», The Washington Post, 2 de noviembre de 2022 (https://www.washingtonpost.com/world/russia-calls-vote-on-unfounded-ukraine-bio-weapons-claims/2022/11/02/6ed16064-5a6b-11ed-bc40-b5a130f95ee7_story.html)

superior. Durante la guerra de los Balcanes, algunas personas se refirieron a esta práctica como una forma de acabar con una entidad étnica produciendo hijos de la «raza» del vencedor. Se trata de una forma (bastante primitiva) de «purificación» o «limpieza» étnica. El 24 de mayo de 1994, en su carta al Consejo de Seguridad, Boutros Boutros-Ghali, Secretario General de las Naciones Unidas, declaró:

> *La práctica de lo que se conoce como «limpieza étnica», y las violaciones y agresiones sexuales en particular, han sido perpetradas de forma tan sistemática por algunas de las partes que parecen firmemente el producto de una política.*[587]

Casos documentados de «violación como arma de guerra», es decir, en los que la cadena de mando ha quedado claramente establecida, son los practicados por Estados Unidos en la prisión iraquí de Abu Ghraib y, en Europa, con países que participaron en el programa de torturas de la CIA (Lituania, Polonia y Rumanía). El objetivo era «doblegar la voluntad» de los interrogados sometiéndolos a abusos sexuales. ¡Son países deshonrosos que tienen en alto los valores de Europa!

En el caso de la guerra de Ucrania, aunque es probable que se produjeran violaciones, no hay pruebas de que se utilizaran como arma de guerra, como afirma *RTS*[588]. De hecho, los medios de comunicación están difundiendo información que no han verificado. Se limitan a transmitir el rumor difundido

---

587.https://www.icty.org/x/file/About/OTP/un_commission_of_experts_informe1994_es.pdf

588.«Les viols de civils font partie de l'arsenal de guerre russe en Ukraine», *rts.ch*, 12 de abril de 2022 (https://www.rts.ch/info/monde/13005321-les-viols-de-civils-font-partie-de-larsenal-de-guerre-russe-en-ukraine.html)

por Lyudmila Denissova, delegada ucraniana para los derechos humanos, en el marco de una vasta campaña de propaganda llevada a cabo por Ucrania.[589]

Pero en mayo, tras la rendición de los combatientes del regimiento AZOV en Marioupol, los documentos descubiertos en sus teléfonos móviles parecen contar una historia completamente distinta. Los diputados ucranianos se asustaron y decidieron despedir a Denissova[590]. The *Wall Street Journal* señala:

> *El enfoque poco claro del trabajo mediático de la Sra. Denissova sobre los numerosos detalles de «crímenes sexuales contra natura» y «violaciones de niños» en los territorios ocupados, que no podían confirmarse con pruebas, sólo perjudicó a Ucrania. (...)*
>
> *El diputado Pavlo Frolov dijo que Denissova también fue acusada de hacer declaraciones precipitadas y no verificables sobre supuestos delitos sexuales rusos, y de pasar demasiado tiempo en Europa Occidental durante la invasión.[591]*

Este ejemplo nos remite al caso Boutcha, en el que todos los medios de comunicación occidentales repitieron las

---

589. «Foreign Minister Accuses Russian Soldiers of Rape in Ukrainian Cities», *US News/Reuters*, 4 de marzo de 2022 (https://www.usnews.com/news/world/articles/2022-03-04/foreign-minister-accuses-russian-soldiers-of-rape-in-ukrainian-cities)

590. Eugenie Loutsenko, «Депутати зібрали підписи за відставку омбудсменки Денісової. Вона називає можливе звільнення незаконним», *hromadske.ua*, 31 de mayo de 2022 (https://hromadske.ua/posts/deputati-zibrali-pidpisi-za-vidstavku-ombudsmenki-denisovoyi-vona-nazivaye-mozhlive-zvilnennya-nezakonnim).

591. Peter Saidel, «Ukraine's Parliament Dismisses Human-Rights Chief», *The Wall Street Journal*, 31 de mayo de 2022 (https://www.wsj.com/livecoverage/russia-ukraine-latest-news-2022-05-31)

declaraciones de las autoridades ucranianas sin ningún análisis...

7.3.5. Isla de la Serpiente

El 25 de febrero de 2022, *RTS* informó de la «masacre» de trece guardias fronterizos ucranianos en la Isla de la Serpiente[592]. Sin embargo, nunca fueron asesinados. El medio centenar de guardias fronterizos de la guarnición fueron capturados y llevados sanos y salvos a tierra por la armada rusa[593].

No hay indicios de que se produjeran combates para apoderarse de la isla, pero probablemente abrumados por la información procedente de todos los bandos el primer día de la ofensiva rusa, los ucranianos se dejaron engañar por rumores que no pudieron verificar. El punto de partida de este incidente fue sin duda la «niebla de guerra». Esto explica sin duda el desmentido bastante sincero del Estado Mayor ucraniano en Facebook el 28 de febrero[594].

Los medios honestos, como *Euronews*[595], mencionarán esta rectificación ucraniana, pero los que no lo son -como *RTS*[596]- no informarán de ella. El incidente tuvo una repercusión mundial y fue «tragado» sin pestañear por los acríticos medios occidentales. Esto es probablemente lo que dio a los ucranianos la idea

---

592. https://web.archive.org/web/20220226004357/https://www.rts.ch/info/monde/12895433-larmee-russe-poursuit-son-offensive-en-direction-de-kiev.html

593. https://t.me/intelslava/20649

594. https://www.facebook.com/navy.mil.gov.ua/posts/324444389723150

595. Matthew Holroyd, «Guerra en Ucrania: Snake Island border guards are alive and well, says Ukrainian navy», *Euronews*, 28 de febrero de 2022

596. https://www.rts.ch/info/monde/12895433-larmee-russe-poursuit-son-offensive-en-direction-de-kiev.html

de que podían sacar provecho de esta falsa información. Se editó un sello para conmemorar el (no)acontecimiento.

Este mito totalmente falaz se ha convertido en emblemático y sigue alimentando la narrativa de una posible victoria de Ucrania, y empujando así a Ucrania a continuar la lucha contra Rusia. El 1 de julio de 2022, en *France 5*, Bruno Tertrais habló de un «acto de heroísmo» como ejemplo de la resistencia ucraniana...

A principios de mayo, Ucrania intentó retomar la isla. Según el *Jerusalem Post*[597] y el medio estadounidense *The National Interest*[598], se trataba de una operación de comunicación para registrar una victoria ucraniana en vísperas de las celebraciones del 9 de mayo en Rusia. Fue un fracaso. Según el Jerusalem *Post*, que cita fuentes rusas, los ucranianos perdieron cuatro aviones de combate, una decena de helicópteros, tres lanchas de asalto y más de 50 miembros de las fuerzas especiales.

El 30 de junio, Rusia anunció que retiraba las tropas desplegadas en la isla «como *gesto de buena voluntad*». Los últimos ocupantes rusos se habían retirado el día anterior. Al igual que hizo con Kiev a finales de marzo, Rusia está convirtiendo un simple movimiento táctico en un gesto político.

RTS afirma que las tropas rusas «*se retiraron el jueves tras ser expulsadas por los ucranianos*»[599]. Esto no es cierto. La isla no fue

---

597.Aaron Reich, «Russia-Ukraine War: Ukraine tried, failed retaking Snake Island, says Russia», *The Jerusalem Post*, 11 de mayo de 2022 (https://www.jpost.com/international/article-706374)
598.Mark Episkopos, «Ukraine Fails to Retake Snake Island in New Military Assault», *The National Interest*, 11 de mayo de 2022 (https://nationalinterest.org/blog/buzz/ukraine-fails-retake-snake-island-new-military-assault-202362)
599.«L'Ukraine accuse les Russes d'avoir tiré des bombes au phosphore sur l'île aux Serpents», *rts.ch*, 3 de julio de 2022 (https://www.rts.ch/info/monde/13214212-lukraine-accuse-les-russes-davoir-tire-des-bombes-au-phosphore-sur-lile-aux-serpents.html)

retomada por Ucrania, que no emprendió ninguna acción en esa fecha, y Rusia se retiró por su propia voluntad, como afirmaba.

Para dar credibilidad a esta derrota rusa, se afirma que la isla tiene una importancia estratégica. Pero no es así. Situada a 140 km de Odessa y a 30 km de la costa ucraniana y rumana, la isla tiene muy poca utilidad para prevenir un posible ataque a Odessa desde el mar. Además, con su superficie de 18 hectáreas y un terreno muy llano, no permite el despliegue seguro de sistemas de armas sofisticados. Anteriormente, la isla sólo había estado ocupada por un puñado de guardias fronterizos ucranianos, y los rusos ni siquiera tuvieron que luchar para tomarla. La captura rusa de la isla parece haber sido casi más accidental que otra cosa. De hecho, los rusos se dieron cuenta de que la vulnerabilidad de un contingente desplegado en esta isla y su apoyo logístico son desproporcionados con respecto al beneficio estratégico de poseer la isla. Es demasiado pequeña para albergar y proteger instalaciones de defensa aérea o de inteligencia electrónica.

De hecho, el 30 de junio, un día después de la partida del pequeño contingente ruso, Ucrania atacó la isla con su único ejemplar de obús autopropulsado 2S22 de 155 mm, el único con alcance suficiente[600]. Ese mismo día, la aviación rusa lanzó dos bombas sobre la isla para inutilizar la infraestructura.

Contradiciendo las afirmaciones de «expertos» y otros falsos periodistas, Ucrania no tomó ninguna decisión[601] para desplegar

---

600.David Axe, «Ukraine's Weirdest Howitzer Drove Russian Troops Off Snake Island», *Forbes*, 30 de junio de 2022 (https://www.forbes.com/sites/davidaxe/2022/06/30/ukraines-weirdest-howitzer-drove-russian-troops-off-snake-island/)
601.Ivan Boïko, «Звільнення Зміїного: у Генштабі розповіли, коли відправлять війська на острів», *unian.ua*, 30 de junio de 2022 (https://www.unian.ua/war/ostriv-zmijiniy-u-genshtabi-zsu-rozpovili-koli-vidpravlyat-tudi-viyska-novi-

tropas en la isla[602]. Esto no impidió que *Le Figaro*[603] y *RTS* afirmaran el 4 de julio de 2022 que *«la bandera ucraniana ondea de nuevo en la isla de la Serpiente»*[604]. Una vez más, se trata de desinformación. ¡En realidad, Ucrania simplemente *dejó caer* una bandera en la isla desde un avión, como confiesan los propios medios ucranianos[605]! Una confirmación más de que nuestros medios de comunicación no son más que órganos de propaganda.

---

ni-vtorgnennya-rosiji-v-ukrajinu-11885682.html).

602. Marina Pavertaylo, «Українські військові ще не висаджувалися на Зміїний. Росіяни могли залишити "сюрпризи"», 30 de junio de 2022 (https://suspilne.media/255840-ukrainski-vijskovi-se-ne-visadzuvalisa-na-zmiinij-rosiani-mogli-zalisiti-surprizi/)

603. «L'Ukraine affirme avoir remis son drapeau sur l'île aux Serpents», *Le Figaro/AFP*, 4 de julio de 2022 (https://www.lefigaro.fr/flash-actu/l-ukraine-affirme-avoir-remis-son-drapeau-sur-l-ile-aux-serpents-20220704)

604. https://www.rts.ch/info/monde/13217239-poutine-ordonne-la-poursuite-de-loffensive-russe-apres-la-prise-de-la-region-de-lougansk.html#timeline-anchor-1656936216336

605. «Official: Ukrainian flag dropped on Snake Island but not raised yet», *The Kiyv Independent*, 4 de julio de 2022 (https://kyivindependent.com/uncategorized/official-ukrainian-flag-dropped-on-snake-island-but-not-raised-yet)

8. Reacciones occidentales

8.1. Sanciones

Las sanciones no son un nuevo instrumento de política exterior, pero parecen haberse convertido en la norma cuando hay una disputa entre dos países. Es una nueva forma de ver las relaciones internacionales, en detrimento de las herramientas diplomáticas tradicionales.

Figura 63 - Número de sanciones aplicadas a Rusia por país. Sorprendentemente para un país neutral, Suiza encabeza la lista de países que sancionan a Rusia desde mayo de 2022. [Fuente: https://www.castellum.ai/russia-sanctions-dashboard]

Tienen dos problemas principales. El primero es que no resuelven nada. Al contrario, tienden a polarizar la situación. El segundo es que son interminables. De hecho, para que sean inevitables, deben incluir un mecanismo que obligue a terceros países a imponerlas también. Por eso Estados Unidos no duda en amenazar a sus propios aliados cuando pretende aplicar el tratado con Irán o completar el proyecto *Nord Stream 2*. El sistema internacional ya no está dictado por el derecho, sino por normas impuestas por el país más poderoso.

De hecho, bajo la presión de los estadounidenses, hemos pasado de un «orden internacional *basado en el derecho*» a un «*orden internacional basado en normas*». En otras palabras, un orden internacional basado en normas establecidas por un grupo de países (occidentales) ha sustituido al orden internacional regido por el derecho internacional, establecido al final de la Segunda Guerra Mundial.

La finalidad de las sanciones no es «castigar», como suele creerse, sino «causar dolor». Esto es conceptualmente diferente. El objetivo es crear una situación insostenible para las poblaciones civiles, de modo que se rebelen contra su gobierno, o incluso lo derroquen. Este principio lo describe claramente Richard Nephew, jefe de sanciones del Departamento de Estado bajo Obama y delegado para Irán bajo Joe Biden, en un libro titulado «El arte de las sanciones», cuyo espíritu puede describirse como repugnante[606]. Es este espíritu el que anima a Bernard Guetta en France 5, cuando declara que «el nivel de vida no deja de bajar en Rusia en parte, pero sólo en parte, a causa de las sanciones -o gracias a las sanciones occidentales»[607]; o a Bruno

---

606. Richard Nephew, *The Art of Sanctions - A View from the Field*, Columbia University Press, Nueva York, 2018.
607. ¡Bernard Guetta en «Le 5 sur 5! - C à Vous - 03/02/2021», *France 5/YouTu-*

Le Maire que declara que quiere que «el pueblo ruso sufra»[608] (frase a la que -contrariamente a las acusaciones oficiales- no volvió). En resumen, el pueblo ruso es rehén para influir en la política interior de Rusia.

En términos de estrategia de acción, las sanciones tienen exactamente la misma función que los bombardeos de poblaciones civiles en Alemania ya en 1943, en Serbia en 1990, en Irak en 2003, en Líbano en 2006, en Gaza en 2014 y -de forma inesperada- los atentados terroristas del Estado Islámico en Francia en 2015-2016[609]. El objetivo es infligir sufrimientos a las poblaciones para que se rebelen contra sus autoridades y las inciten a capitular o a cesar sus acciones militares. También se utilizan contra Irán, Bielorrusia y Venezuela para promover un cambio de régimen en la misma línea.

Resulta curioso que, en un momento en que Francia aplica sanciones contra Rusia para «*hacer sufrir al pueblo ruso*», juzgue a los terroristas que han aplicado la misma estrategia contra ella, utilizando armas diferentes. Las sanciones pueden ser mortales: se dice que las impuestas a Irak han causado la muerte de 500.000 niños iraquíes[610]. Madeleine Albright, entonces embajadora de

---

be, 3 de febrero de 2021 (17'10")

608.«Guerra en Ucrania: "Vamos a provocar el hundimiento de la economía rusa", afirma Bruno Le Maire», *Radio France*, 1 de marzo de 2022.

609.Abu Tayssir al-Faransi en el vídeo «Francia de rodillas», *Estado Islámico*, 21 de noviembre de 2015.

610.Cifras del Fondo Internacional de Emergencia de las Naciones Unidas para la Infancia. «UNICEF - Results of the 1999 Iraq Child and Maternal Mortality Surveys», Federation of American Scientists, (https://fas.org/news/iraq/1999/08/990812-unicef.htm); Jeremy Bowen, «Iraqis blame sanctions for child deaths», BBC News, 12 de agosto de 1999. Estas cifras han sido objeto de debate, con estimaciones que varían entre 170.000 y 567.000 según el autor. Según R. Garfield, al menos 227.000 niños murieron a consecuencia de las sanciones (R. Garfield, Morbidity and Mortality among Children from 1990 to

Estados Unidos ante las Naciones Unidas en Nueva York, no se conmovió ante esta cifra:

Es una elección difícil, pero creemos que el precio merece la pena.[611]

En la misma línea, en noviembre de 2018, Mike Pompeo presentó las sanciones estadounidenses bromeando con que el Gobierno iraní tendrá que hacer lo correcto *«si quiere que su pueblo coma»*[612].

Aparentemente, la idea de causar sufrimiento a una población civil parece perfectamente compatible con nuestros valores...

8.1.1. Una estrategia insensata, decidida por insensatos

El objetivo *declarado de* las sanciones contra Rusia es cortar sus fuentes de financiación para la guerra. En realidad, el objetivo es provocar el colapso del Estado ruso para provocar un cambio de régimen.

El punto débil de la estrategia occidental es que se basa en el supuesto de que Rusia necesita a Europa más que Europa a Rusia. Esto es sencillamente infantil. Porque si bien es cierto que Rusia necesita a Europa para los bienes de consumo que no produce, Europa necesita las materias primas para producir esos bienes.

1998, Assessing the Impact of Economic Sanctions, Occasional Papers Series 16:OP:3. Documento encargado por el Joan B. Kroc Institute for International Peace Studies de la Universidad de Notre Dame y el Fourth Freedom Forum, marzo de 1999).
611. Madeleine Albright, Sesenta Minutos, *CBS*, 12 de mayo de 1996
612. «Entrevista con Hadi Nili de BBC Persian», *Michael R. Pompeo - Secretario de Estado*, Washington D.C., 7 de noviembre de 2018; Brendan Cole, «Mike Pompeo Says Iran Must Listen To U.S. "If They Want Their People To Eat"», *Newsweek*, 9 de noviembre de 2018.

En última instancia, es Europa la que depende de Rusia. Para ser más precisos, Europa depende de las materias primas que Rusia le suministra. Para que las sanciones funcionen, deben aplicarse con discernimiento y -como cualquier arma de guerra- deben adaptarse al adversario. Los estadounidenses ya han demostrado la ineficacia de las sanciones en Irak, Irán y Venezuela, donde reforzaron la autoridad de los gobiernos que intentaban derrocar. En su discurso ante el Foro Económico Internacional de San Petersburgo, el 17 de junio de 2022, Vladimir Putin dijo con razón:

Al planear su blitzkrieg económico, no se dieron cuenta de nada, simplemente ignoraron la realidad de cómo ha cambiado nuestro país en los últimos años.[613]

La narrativa occidental de minimizar y ridiculizar los resultados de Rusia ha dado lugar a una subestimación de las capacidades de la economía rusa. Los «expertos» que sólo conocen cifras y estadísticas, pero no tienen una visión holística de la economía, comparan la economía de Rusia con la de Italia[614] (o España[615]). Basándose en el PIB nominal expresado en dólares[616], sitúan a Rusia en el undécimo lugar entre las economías del mundo, lo que parece bajo para el tamaño del país.

Por ello, resulta tentador señalar con el dedo la mala gestión, las consecuencias de la corrupción o las malas decisiones

---

613. http://en.kremlin.ru/events/president/news/68669
614. https://youtu.be/Rgy2Bbe3HYE?t=3799
615.Jim Edwards, «Russia's Economy Has Shrunk So Much It's Now Only Small As Spain», *Business Insider*, 7 de diciembre de 2014.
616.Philippe Dessertine en el programa «C dans l'air» el 17 de octubre de 2021 («Poutine, maître du jeu #cdanslair 17.10.2021», *France 5/YouTube*, 18 de octubre de 2021) (1h47'03")

estratégicas. Sin pretender que la gestión de la economía rusa sea perfecta, estos juicios generales han resultado ser erróneos en la mayoría de las ocasiones. Convencidos de que la economía rusa era tan vulnerable como la italiana, los occidentales pensaron que las sanciones bastarían para hacerla ceder rápidamente.

Sin embargo, para tener una visión más realista de la economía rusa, debemos compararla con la de los países occidentales, teniendo en cuenta la paridad del poder adquisitivo (PPA). De hecho, el coste de la vida es considerablemente inferior en Rusia, lo que se refleja en la paridad del poder adquisitivo (PPA). Undécima economía mundial en términos de PIB nominal, Rusia es la sexta economía mundial en términos de PPA.A menudo presentado como inferior al de Francia o Italia en términos nominales, el PIB ruso expresado en términos de PPA es alrededor de un 30% superior al de Francia y un 65% superior al de Italia.

Cuando sólo te fijas en los puntos débiles de tu adversario, no ves sus puntos fuertes. Rusia es uno de los países menos endeudados del mundo. En 2021, la relación entre su deuda y su producto interior bruto (PIB) será del 13,79% (en comparación, será del 99,20% para Francia y del 106,7% para Estados Unidos[617]). Esto explica sin duda la notable estabilidad del rublo frente al dólar, a pesar de las fluctuaciones del precio de los hidrocarburos. Desde marzo de 2022, el rublo es tan fuerte que el banco central ruso intenta hacerlo bajar. Así, a diferencia de los países occidentales, que suben sus tipos de interés oficiales para combatir la inflación, los rusos los están bajando.

Además, los occidentales subestiman enormemente la resistencia de su pueblo. Vivió en una economía de guerra durante

---

617.Ratio deuda/PIB por país 2021, (https://worldpopulationreview.com/countries/countries-by-national-debt)

toda la Guerra Fría y está culturalmente acostumbrada a hacer mucho con poco. Las sanciones aplicadas a Rusia desde 2014 han tenido tres efectos principales:

- animar a Rusia a desarrollar una base industrial de productos de consumo que antes no tenía,
- empujarla a desarrollar nuevos vínculos con China, y
- reducir su dependencia del capital extranjero. El fomento del desarrollo de la capacidad autóctona en muchos ámbitos ha contribuido a mejorar la gestión del empleo.

En la actualidad, Rusia exporta productos que antes importaba. Es más, aunque se tiende a ver a Rusia principalmente como un proveedor de productos petrolíferos, la parte de estos productos en su PIB es sólo de alrededor del 15%[618], mientras que la parte de los servicios ronda el 63%.

En otras palabras, la economía rusa no es espectacular, pero es considerablemente más robusta y resistente que la de los países occidentales. Se ha hecho en gran medida autosuficiente en recursos naturales, tecnología y defensa. Es probable que su reciente asociación con China -también amenazada por las sanciones- contribuya a su fortalecimiento.

En *Euro Intelligence*, Wolfgang Münchau confiesa:

Las sanciones occidentales se basaban en una premisa formalmente correcta pero engañosa, que yo mismo creía al menos hasta cierto punto: Que Rusia depende más de nosotros que nosotros de Rusia.(...)

618.Charles Kennedy, «Oil & Gas Share Of Russia's GDP Dropped To 15% In 2020», *oilprice.com*, 13 de julio de 2021

Rusia es el mayor exportador mundial de gas, con algo menos del 20% de las exportaciones mundiales. Rusia es el mayor exportador de petróleo, después de Arabia Saudí, y representa el 11% de las exportaciones mundiales. Es el mayor exportador de fertilizantes y trigo. Rusia y Ucrania juntas representan casi un tercio de las exportaciones mundiales de trigo. Rusia es el mayor exportador mundial de paladio, un metal fundamental en la producción de catalizadores y pilas de combustible. Rusia es también el mayor exportador mundial de níquel, que se utiliza en baterías y en la producción para coches híbridos. La industria alemana advierte de que depende no sólo del gas ruso, sino de otros suministros críticos procedentes de Rusia.[619]

A principios de mayo de 2022, la revista británica *The Economist* señalaba que la economía rusa había vuelto a funcionar con normalidad[620] y que volvía a registrar superávits comerciales[621].

La exclusión de los bancos rusos del sistema de pagos SWIFT (que permite intercambios más rápidos de información entre instituciones financieras) sería sin duda dramática para un país europeo como Francia o Suiza. Pero Rusia tiene alternativas: su propio sistema (SPFS) denominado en rublos y el sistema chino (CIPS) denominado en yuanes, que son más modestos

---

619. Wolfgang Münchau, «Occidente y el resto», *Euro Intelligence*, 22 de mayo de 2022 (https://www.eurointelligence.com/column/the-west-and-the-rest)
620. «Russia's economy is back-on-its-feet», *The Economist*, 7 de mayo de 2022 (https://www.economist.com/finance-and-economics/2022/05/07/russias-economy-is-back-on-its-feet)
621. «Russia is on track for a record trade surplus», *The Economist*, 14 de mayo de 2022 (https://www.economist.com/finance-and-economics/2022/05/14/russia-is-on-track-for-a-record-trade-surplus)

que SWIFT. Conectan 400 y 1.280 instituciones financieras respectivamente, lo que no es mucho, pero la exigencia de pagar el gas en rublos ha reforzado la credibilidad de la moneda rusa, y el SPFS parece ganar en importancia. En cuanto a la exclusión de Rusia del mercado de bonos, el bajo nivel de su deuda soberana la hace mucho menos dependiente que sus homólogos occidentales.

En Estados Unidos, Biden está enfrentado a los activistas del cambio climático que quieren reducir la dependencia del petróleo y el gas. Pero la realidad exige lo contrario, y las sanciones han creado una contracción del mercado energético en Occidente. Biden se ve reducido a culpar a Putin y a las compañías petroleras.

Al final, las sanciones no parecen haber animado a los ciudadanos rusos a derrocar a su gobierno, sino todo lo contrario. La percepción occidental de que Alexeï Navalny, encarcelado por complicidad en el fraude y la corrupción en Rusia, representa la opinión de la mayoría de la población contra Vladimir Putin está muy lejos de la realidad. En enero de 2022, el índice de aprobación de Alexei Navalny había caído del 3% al 2%, completamente eclipsado por el de Vladimir Putin, que había subido del 33% en enero al 43% en mayo de 2022. El índice de popularidad de Vladimir Putin, que era del 65% en diciembre de 2021, era del 83% en junio de 2022[622], según el Centro Levada (considerado un «agente extranjero» por las autoridades rusas).

---

622. https://www.levada.ru/en/

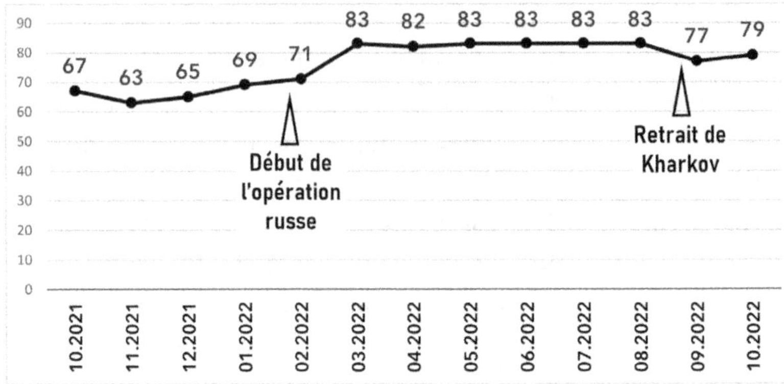

Figura 64 - Índices de popularidad de Vladimir Putin. En general, la operación en Ucrania estuvo acompañada de un aumento de la popularidad de Vladimir Putin. La mala comunicación en torno a la retirada de Járkov a principios de septiembre provocó un descenso en la curva. [Fuente: https://www.levada.ru/ indikatory/]

No sólo eso, sino que la lluvia de sanciones -incluidas, sobre todo, las más infantiles- ha reforzado la vieja afirmación del gobierno ruso de que los occidentales son irracionales y odian a los rusos. En Francia, las cuentas bloqueadas por un nombre que «suena a eslavo» y los actos de vandalismo[623] sólo han servido para reforzar la credibilidad del gobierno ruso y agrupar a la población en torno a Vladimir Putin en un reflejo defensivo.

Cuando *RTS* habla de la «*votación en la Asamblea General de la ONU condenando la invasión rusa*»[624], los medios nos

---

623. Angélique Négroni, «Cuentas bancarias bloqueadas, insultos, vandalismo... Le quotidien des Russes de France», *le Figaro*, 22 de abril de 2022 (https://www.lefigaro.fr/international/comptes-bancaires-bloques-insultes-vandalisme-le-quotidien-des-russes-de-france-20220422)

624. «Contra Rusia, "las sanciones ocupan el lugar del compromiso armado"», *RTS.ch*, 19 de marzo de 2022 (https://www.rts.ch/info/monde/12944278-con-

mienten, porque la propia palabra «condenar» fue rechazada por la mayoría de los países miembros de la Organización. Se prefirió la palabra «deplorar», a pesar de la insistencia de los países occidentales[625].

La comunidad internacional... una visión etnocéntrica del mundo

Figura 65 - Los países que han impuesto sanciones a Rusia (en gris) distan mucho de representar al conjunto de la comunidad internacional. Aunque los que no han adoptado sanciones son menos influyentes que el mundo occidental, no dejan de ser clientes de Rusia.

Por último, como señaló Sylvie Bermann, ex embajadora de Francia en Rusia, en BFMTV, «*el 82% de la población mundial se niega a condenar a Vladimir Putin*»[626]. Así que la «comunidad

---

tre-la-russie-les-sanctions-se-substituent-a-lengagement-arme.html)

625. Hala Kodmani, Léa Masseguin y François-Xavier Gomez, «L'impossible 'condamnation' de la Russie à l'ONU», *Libération*, 2 de marzo de 2022 (https://www.liberation.fr/international/limpossible-condamnation-de-la-russie-a-lonu-20220302_7NJ7K5YS5REAPDPJVC7T225XV4/)

626. https://twitter.com/Malbrunot/status/1521547132808871938; https://ne-np.facebook.com/Soninkara-TV-24-115045376537305/videos/guerre-rus-

internacional» que aplica sanciones contra Rusia se limita a... los países occidentales. A principios de junio de 2022, Vladimir Putin recibió la visita de Moussa Faki Mahamat, presidente de la *Comisión de la Unión Africana* (UA). Unos días más tarde, para no dejar esta exclusividad a Rusia, Occidente organizó un discurso de Volodymyr Zelensky ante la UA. Tuvo lugar el 20 de junio en Addis Abeba y se invitó a 55 jefes de Estado, pero sólo 4 asistieron a[627]. Está claro que Zelensky no cuenta con el apoyo unánime de África.

En resumen, la oposición que las cancillerías occidentales estaban capitalizando para el cambio de régimen no existe. Esto demuestra la incapacidad de los dirigentes occidentales para ir más allá de sus ilusiones y actuar de acuerdo con los hechos. Al tomar sus deseos por realidades, han agravado una situación económica que se hizo más precaria con las medidas tomadas durante la crisis de la CoViD. Al dejarse guiar por su dogmatismo, al fijar objetivos al pie de la letra, como un jugador de ajedrez que no piensa en las próximas jugadas, los dirigentes occidentales -y la UE en particular- han puesto en peligro sus propias economías.

Según Eurostat, los 19 países que comparten el euro registraron un déficit comercial, sin desestacionalizar, de 16.400 millones de euros en marzo de 2022, frente a un superávit de 22.500 millones de euros en marzo de 2021[628].

sieukraine-82-de-la-population-mondiale-refuse-de-condamner-vladimir-p/1105355363729532/

627.Shifaan Ryklief, «Zelensky says Africa is a 'hostage' of Russia's war on Ukraine», *Independent Online*, 21 de junio de 2022 (https://www.iol.co.za/news/world/watch-zelensky-says-africa-is-a-hostage-of-russias-war-on-ukraine-e7209002-889f-45cd-a52e-57b98e5d0506)

628.«Euro zone trade plunges into record deficit in March on energy», *Reuters*, 16 de mayo de 2022 (https://www.reuters.com/world/europe/euro-zone-tra-

Por tanto, la lógica imperante para adoptar sanciones contra Rusia parece desafiar todo sentido común. Animo a los lectores a ver el excelente vídeo realizado por *Trouble Fait* en *YouTube*[629].

8.1.2. Materiales estratégicos

Rusia es fuente de numerosos materiales estratégicos[630], como el escandio, el neón (necesario para grabar microprocesadores)[631], el titanio (utilizado en aeronáutica) y otras materias primas estratégicas[632] que podrían paralizar la industria occidental[633]. Otros materiales más comunes, como el níquel (esencial para el acero inoxidable), vieron aumentar su precio un 250% en marzo de 2022, afectando a toda una serie de producciones industriales[634].

---

de-plunges-into-record-deficit-march-energy-2022-05-16/)

629.Trouble Fait, «[Ucrania] El cómico fracaso de las sanciones occidentales contra Rusia», *YouTube*, 16 de julio de 2022 (https://youtu.be/3EDUc7A8QEg)

630.Sharon E. Burke, «Russia is a mineral powerhouse - and its war with Ukraine could affect global supplies», *Boston Globe*, 9 de marzo de 2022 (https://www.bostonglobe.com/2022/03/09/opinion/russia-is-mineral-powerhouse-its-war-with-ukraine-could-affect-global-supplies/)

631.Alexandra Alper, «Exclusive: Russia's attack on Ukraine halts half of world's neon output for chips», *Reuters*, 11 de marzo de 2022 (https://www.reuters.com/technology/exclusive-ukraine-halts-half-worlds-neon-output-chips-clouding-outlook-2022-03-11/)

632.Nick J. Adam, «Striking back: Putin has his own card to play after being hit by sanctions», *techilive.in*, 23 de febrero de 2022.

633.Alexandra Alper y Karen Freifeld, «Russia could hit U.S. chip industry, White House warns», *Reuters*, 11 de febrero de 2022.

634.Thomas Gualtieri, «Nickel-Price Surge Adds Pressure Onto Stainless-Steel Products», *Bloomberg*, 17 de marzo de 2022 (https://www.bloomberg.com/news/newsletters/2022-03-17/supply-chains-latest-nickel-surge-adds-pressure-onto-stainless-steel-products)

Materiales estratégicos suministrados por Rusia

Material	Producción [t]	Cuota mundial [%]
Paladio	2 600 000	40
Neón		30
Escandio		26
Gas natural		17
Titanio	27 000	15
Fertilizantes	50 000 000	13
Petróleo		12,1
Oro	3 500	10
Plato giratorio	18,2	10
Níquel	2 700 000	7
Aluminio	3 800 000	6
Carbón	400 000 000	5
Acero	76 000 000	4
Cobalto	7 600	4
Cobre	920 000	3,5

Figura 66 - Importancia de Rusia en el mercado mundial de materiales estratégicos[635]

Además, Rusia, principal proveedor de cohetes propulsores de Estados Unidos hasta febrero de 2022, está lejos de ser una simple «estación de servicio».

Los medios de comunicación se han centrado en los hidrocarburos, pero los occidentales también dependen en gran medida de Rusia cuando se trata de la cadena del combustible nuclear. Aunque Rusia sólo extrae el 6% del uranio mundial, controla el 40% del mercado mundial de enriquecimiento.

---

635. «Factbox: Commodity supplies at risk after Russia invades Ukraine», Reuters, 4 de marzo de 2022 (https://www.reuters.com/business/commodity-supplies-risk-after-russia-invades-ukraine-2022-03-04/); https://www.statista.com/topics/5399/russian-oil-industry/#dossierKeyfigures

Sólo el isótopo 235 del uranio puede utilizarse para producir energía (fisión). El uranio natural sólo contiene un 0,7% de este isótopo. Por tanto, el uranio debe enriquecerse para obtener el contenido de U-235 del 3 al 5% necesario para el funcionamiento de los reactores nucleares. Para ello, el uranio pasa por un proceso conocido como conversión: el uranio bruto se tritura en óxido de uranio (U3O8), después se trata para obtener un polvo amarillo («*torta amarilla*»), que se transforma en hexafluoruro de uranio (UF6), que puede utilizarse en el proceso de enriquecimiento. Rusia posee el 40% de la capacidad mundial de conversión y el 46% de la capacidad mundial de enriquecimiento de uranio. La gran mayoría de los 439 reactores del mundo y todos los reactores estadounidenses necesitan uranio enriquecido[636]. Por consiguiente, Francia, que se enorgullece de su escasa dependencia del gas natural ruso, podría verse obligada a depender de otros materiales.

8.1.3. El bloqueo de las exportaciones de cereales

En junio de 2022, los precios de los cereales en el mercado internacional aumentan rápidamente. Esta situación se atribuye a la guerra que libra Rusia, pero se trata esencialmente de una maniobra política del gobierno ucraniano para incitar a Occidente a acudir en ayuda de su ejército derrotado. Se acusa a Rusia de bloquear Ucrania e impedir que los barcos salgan del puerto de Odessa.

636.Matt Bowen & Paul Dabbar, «What's at risk due to Russia's nuclear power dominance?», *The Hill*, 12 de junio de 2022 (https://thehill.com/opinion/energy-environment/3519264-whats-at-risk-due-to-russias-nuclear-power-dominance/)

En contra de lo que dicen nuestros políticos y medios de comunicación, las exportaciones de fertilizantes y cereales no las impide Rusia, sino las sanciones europeas y... Ucrania.

En teoría, el transporte marítimo de cereales y fertilizantes no se ve afectado por las sanciones. No ocurre lo mismo con los pagos, que pueden bloquearse en bancos europeos o estadounidenses. Los compradores no confían en las decisiones occidentales, que fluctúan de forma irracional. Por miedo a que les bloqueen o embarguen los pagos, dudan en hacer pedidos. Las sanciones occidentales complican aún más las cosas: impiden tanto la compra de cereales a Rusia, al bloquear los medios de pago, como su entrega, al prohibir a las compañías de seguros y reaseguros cubrir los envíos rusos.

Los puertos del Mar Negro de la parte rusa están operativos, incluido el de Marioupol, que ha empezado a reanudar sus operaciones. En cuanto al puerto de Odessa, no está bloqueado por Rusia, que ha dejado abiertos corredores de acceso para los suministros a la ciudad. Estos corredores están permanentemente abiertos y sus coordenadas geográficas se comunican a intervalos regulares en frecuencias internacionales.

Fueron los ucranianos quienes, temiendo un desembarco en Odessa, minaron ellos mismos la costa con antiguas minas de oro. Estas minas mal colocadas tienden a ir a la deriva, poniendo en peligro toda la navegación[637]. Ya en marzo de 2022, la marina turca tuvo que desactivar minas que habían alcanzado el Bósforo[638]. Además, a mediados de junio de 2022,

---

637.Hilmi Hacaloglu, Umut Colak y Ezel Sahinkaya, «Amid Russia-Ukraine War, Turkey Worries About Floating Mines in Black Sea», *Voice of America News*, 8 de abril de 2022 (https://www.voanews.com/a/amid-russia-ukraine-war-turkey-worries-about-floating-mines-in-black-sea/6521222.html).
638.Yoruk Isik & Azra Ceylan, «Turkey defuses mine after Russia warns of

David Arakhamia, un estrecho asesor de Zelensky, declaró que los militares ucranianos se oponían «*firmemente a la idea de limpiar de minas los puertos ucranianos del Mar Negro a cambio de permiso para exportar grano a través de Rusia*»[639].

Esto no fue suficiente para evitar que *RTS* escribiera el 27 de junio que «*los buques de transporte están bloqueados en puerto desde febrero debido a las minas marinas y a los buques de guerra rusos frente a la costa*»[640].

Para los militares ucranianos, el único objetivo de las acusaciones sobre un bloqueo ruso parece ser justificar una posible intervención occidental en el Mar Negro, como informa el *Washington Post*[641]. Para los políticos ucranianos, el objetivo es utilizar este argumento para debilitar a los rusos en futuras negociaciones. Para Occidente, en cambio, la crisis se está utilizando para presionar a los países africanos para que se sumen a su política de sanciones, como explica el periodista de *RTS* Laurent Burkhalter[642]. Nuestros medios de comunicación participan así en una empresa criminal cuyo único objetivo es hacer imposible una solución diplomática.

---

strays from Ukraine ports», *Reuters*, 26 de marzo de 2022 (https://www.reuters.com/world/middle-east/turkey-finds-mine-like-object-floating-off-black-sea-2022-03-26/)

639.Dave Lawler, «Ukraine suffering up to 1,000 casualties per day in Donbas, official says», *Axios*, 15 de junio de 2022 (https://www.axios.com/2022/06/15/ukraine-1000-casualties-day-donbas-arakhamia)

640.https://www.rts.ch/info/monde/13202280-un-missile-russe-touche-un-centre-commercial-du-centre-de-lukraine-faisant-craindre-un-lourd-bilan.html

641.Karoun Demirjian, Alex Horton & Stefano Pitrelli, «Russia's grain blockade may require U.S. intervention, general suggests», *The Washington Post*, 26 de mayo de 2022 (https://www.washingtonpost.com/national-security/2022/05/26/russia-ukraine-grain-blockade/)

642.https://www.rts.ch/info/monde/13202280-un-missile-russe-touche-un-centre-commercial-du-centre-de-lukraine-faisant-craindre-un-lourd-bilan.html

Ucrania podría plantearse exportar sus cereales por ferrocarril. El problema es que las estaciones de transbordo de la frontera ucraniana (debido a las diferentes normas de ancho de vía) están saturadas y, para descargarlas, habría que transportar la mercancía a través de Bielorrusia. Eso sí, a condición de que se levanten las sanciones contra Bielorrusia, ¡cosa que Occidente se niega a hacer! Estamos cayendo de Escila a Caribdis...

En julio de 2022, *BBC News* reveló que las cosechas de cereales occidentales no gozaban de buena salud, debido principalmente a las condiciones climáticas, pero también al acceso a los fertilizantes. Un estudio realizado por *EarthDaily*, a partir de imágenes infrarrojas de satélite, ha permitido evaluar el nivel de las cosechas en 2022 y compararlas con la media de los cinco años anteriores[643].

Variación de la cosecha de cereales prevista para 2022 con respecto a la media de los cinco años anteriores [%].

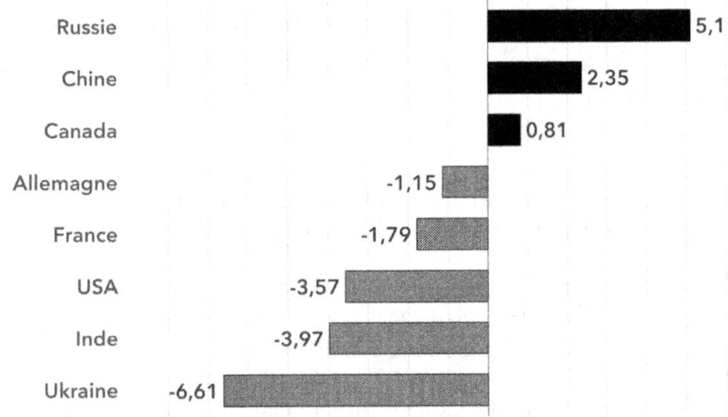

Figura 67 - Solo Rusia y China (y, en menor medida, Canadá) tendrán una cosecha mayor que la media del periodo 2016-2021. [Fuente: BBC News]

---

643. Stephanie Hegarty, «Satellites give clues about the coming global harvest», *BBC News*, 15 de julio de 2022 (https://www.bbc.com/news/world-62149522)

Así pues, los satélites y las cifras parecen confirmar la afirmación de Vladimir Putin de que la crisis alimentaria que se avecina es esencialmente el resultado de una mala gestión de nuestros recursos.

Por lo tanto, nos encontramos en una situación totalmente creada -una vez más- por Occidente, mucho antes de la guerra de Ucrania. Lo que la UE no supo prever ni ver, el mundo no occidental lo ha identificado muy claramente. A pesar de la presión, tiende a ponerse del lado de Rusia. Explotar artificialmente la crisis alimentaria para culpar a Rusia tiende a socavar la credibilidad de Occidente. Como señaló Josep Borrell en la reunión del G20 de julio de 2022:

> *El G7 y otros países de ideas afines están unidos a la hora de condenar y sancionar a Rusia e intentar que su régimen rinda cuentas. Pero otros países, y podemos decir aquí que la mayoría de los países del «Sur Global», adoptan a menudo una postura diferente. La batalla mundial de las narrativas está en pleno apogeo y, por el momento, no la estamos ganando.*[644]

Occidente no está ganando la batalla de las narrativas porque está mintiendo. Tras acusar a Rusia de ser la causante de la escasez de alimentos en todo el mundo, vemos que los «corredores de solidaridad» creados por la UE están llegando a su fin... en Europa[645]...

644.Aparna Shandilya, «Josep Borrell Says EU Is «not Winning Global Battle Of Narratives» On Ukraine», *republicworld.com*, 11 de julio de 2022 (https://www.republicworld.com/world-news/russia-ukraine-crisis/josep-borrell-says-eu-is-not-winning-global-battle-of-narratives-on-ukraine-articleshow.html)
645.Yaroslava Bukhta, «Ukrainian grain barely reaches countries in need via «solidarity lanes», Commission says», *EURACTIV.com*, 12 de julio de 2022 (actualizado el 13 de julio de 2022) (https://www.euractiv.com/section/agricultu-

Luego, empujada por la realidad de la situación, la UE tuvo que reconocer que las dificultades de abastecimiento se debían efectivamente a sus sanciones. Por eso, el 19 de julio de 2022, se plantea discretamente *«modificar sus sanciones»* a las exportaciones de cereales y fertilizantes[646]. Está claro que los medios de comunicación estatales occidentales, como *France 5*, o los medios de pura propaganda, como *LCI*, nos han estado alimentando con una retórica mendaz.

Es más, nuestros medios de comunicación engañan con las cifras. El 23 de julio de 2022, por ejemplo, *RTS* informó de la firma de un acuerdo entre Rusia y Ucrania para reanudar las exportaciones de grano. Los medios informan de que los firmantes representan *«el 30% del comercio mundial de trigo entre ellos»* y que el acuerdo permitirá *«sacar unos 25 millones de toneladas amontonadas en* los *silos de Ucrania»*[647]. Como de costumbre, los medios de comunicación desinforman.

En primer lugar, el 22 de julio se firmaron en Estambul no uno, sino al menos dos acuerdos destinados a facilitar la exportación de cereales, en particular mediante la creación de un corredor marítimo. El primero es un memorándum válido durante 3 años, que levanta ciertas sanciones aplicadas a Rusia por la exportación de cereales y fertilizantes rusos. Este memorándum no fue mencionado por *RTS*, porque demuestra que las dificultades de abastecimiento de cereales y fertilizantes se debían a las sanciones occidentales. Pero el memorándum va más allá y

<hr>

re-food/news/ukrainian-grain-barely-reaches-countries-in-need-via-solida-rity-lanes-commission-says/)

646.«UE: vers des sanctions sofouies contre les banques russes pour faciliter le commerce alimentaire», *Reuters*, 19 de julio de 2022 (https://www.reuters.com/article/ukraine-crise-ue-alimentation-idFRKBN2OU0ZJ)

647.https://www.rts.ch/info/monde/13261947-washington-annonce-une-nou-velle-aide-militaire-de-270-millions-de-dollars-a-lukraine.html

abarca también el transporte de petróleo a terceros países, así como el suministro de piezas de recambio para aviones civiles.

El segundo acuerdo, válido durante 120 días, pretende facilitar la salida de cereales a través de los puertos controlados por Ucrania. También es un éxito ruso, ya que obliga a Ucrania a limpiar sus puertos de minas (algo que se había negado a hacer anteriormente). Establece un mecanismo conjunto de control de los buques para comprobar que no llevan armas a Ucrania, y Turquía garantiza el libre paso de los barcos por el Bósforo.

En segundo lugar, las cifras dadas por *RTS son engañosas*. En primer lugar, según el sitio web *World's Top Exports*, Rusia representa el 13,1% y Ucrania el 8,5%, lo que da un total del 21,6% del comercio de cereales, no el 30%[648]. En segundo lugar, el sitio web especializado *World-Grain.com* da cifras muy diferentes para las exportaciones ucranianas de cereales. Para la campaña 2021-2022, Ucrania había exportado 47,2 millones de toneladas de trigo a 5 de junio de 2022, mientras que había previsto exportar 63,7 millones de toneladas, una diferencia de 16,5 millones de toneladas[649]. Dado que exportó 2 millones de toneladas en junio, lo que representa su capacidad mensual en la crisis actual[650], podemos estimar que ha exportado entre 3 y 4 millones de toneladas desde el 5 de junio. Por tanto, podemos estimar que las existencias de trigo pendientes en ese momento

648. Daniel Workman, «Wheat Exports by Country», *World's Top Exports*, mayo de 2022 (https://www.worldstopexports.com/wheat-exports-country/)

649. John Reidy, «Ukraine grain exports reach 47.2 million tonnes so far for 2021-22», *world-grain.com*, 6 de junio de 2022 (https://www.world-grain.com/articles/16997-ukraine-grain-exports-reach-472-million-tonnes-so-far-for-2021-22)

650. Natalia Zinets, «Ukraine's grain exports to reach 2 mln tonnes in June - deputy minister», *Reuters*, 20 de junio de 2022 (https://www.reuters.com/article/ukraine-crisis-grain-export-idUKL8N2Y7470)

8. Reacciones occidentales

en los silos ucranianos representan entre 12,5 y 13,5 millones de toneladas, es decir, la mitad de la cifra anunciada por *RTS*.

Esta cifra es importante porque, si Ucrania consigue exportar 2-3 millones de toneladas al mes, habrá exportado toda su producción en 4 meses, o 120 días. Este es el plazo que, al parecer, Rusia insistió en fijar en el acuerdo. ¿Por qué? Quizás porque está planeando una ofensiva en el sector de Odessa entre finales de 2022 y principios de 2023. Esta es también la razón por la que se formó la Brigada ODESSA en julio de 2022. Es una de las 16 brigadas compuestas por ciudadanos del sur de Ucrania, formada en marzo de 2022 y que debería estar operativa en septiembre, con la ambición de «liberar» las ciudades desde Nikolaïev hasta Odessa.

En resumen, estos dos acuerdos constituyen un notable éxito de la diplomacia rusa. Probablemente por eso nuestros medios de comunicación se mantienen tan discretos al respecto. La UE ya había admitido en voz baja que sus sanciones eran inapropiadas y poco meditadas.

Este episodio muestra el papel perjudicial que desempeñan nuestros medios de comunicación en nuestra percepción de la crisis ucraniana. Suiza es el país que más sanciones ha impuesto a Rusia (a mediados de julio de 2022). El papel de *RTS*, como medio de comunicación estatal, es obviamente apoyar la acción política del gobierno. En la cuestión de la exportación de cereales, nuestros medios de comunicación han tomado en cierto modo como rehén a la población del hemisferio sur para difundir el odio a Rusia. Este es el problema al que se enfrenta actualmente Occidente. Los países del «resto del mundo» han comprendido perfectamente que Occidente libra una guerra irracional que sirve a sus intereses en detrimento de los del resto del planeta. Tras la visita de Joe Biden a Arabia Saudí, los estadounidenses empiezan a comprender que están perdiendo pie. Por eso Occidente retrocede con cautela.

Pero el 29 de octubre de 2022, el problema resurgió con un ataque ucraniano contra el puerto de Sebastopol. Fue llevado a cabo por un enjambre de 9 drones aéreos y 7 navales, que fueron destruidos por las defensas rusas, causando daños aparentemente menores, según las autoridades rusas. El ataque se llevó a cabo bajo la vigilancia de un avión no tripulado estadounidense *RQ-4B Global Hawk* (nombre en clave FORTE10), que navegaba a gran altura frente a Crimea.

Está abierto a debate si el ataque puede calificarse de «terrorista», como afirman las autoridades rusas. El hecho es que los drones aéreos fueron disparados desde buques comerciales, que utilizaron para su aproximación el corredor marítimo garantizado por el acuerdo de julio. Por tanto, los ucranianos no han respetado los términos del acuerdo, razón por la cual Rusia suspende su participación.

Es importante señalar que Rusia nunca ha bloqueado los puertos ucranianos, y su retirada del acuerdo de julio no implica ninguna restricción a la circulación de los buques comerciales ucranianos. La decisión de Rusia significa «simplemente» que el tráfico marítimo ucraniano podrá continuar, pero que la marina rusa podrá intervenir en el corredor marítimo para inspeccionar buques sospechosos o incluso combatirlos.

Hay que recordar que el mercado de cereales está dominado principalmente por Rusia, y que el acuerdo de Estambul también pretendía facilitar el transporte de cereales y otros productos agrícolas a Rusia. Pero a pesar de las promesas occidentales, no se ha hecho nada. Hasta el 21 de septiembre de 2022, Lloyds Insurance Company of London, especializada en transporte marítimo, no recibió aclaraciones sobre la aplicación de las sanciones europeas y estadounidenses al transporte ruso[651]. Aunque la UE no ha sancionado formalmente el transporte de cereales y fertilizantes, surgen problemas cuando terceros (países, empresas o instituciones financieras) pueden verse afectados por las sanciones estadounidenses. Occidente ha sido incapaz de armonizar sus sanciones, lo que ha creado el caos en el comercio internacional y ha contribuido al aumento general de los costes.

Naturalmente, se acusó a Rusia de utilizar el «arma del hambre». En realidad, la gran mayoría de las exportaciones ucranianas se destinan a Europa y a países de renta alta, según la nomenclatura de la ONU.

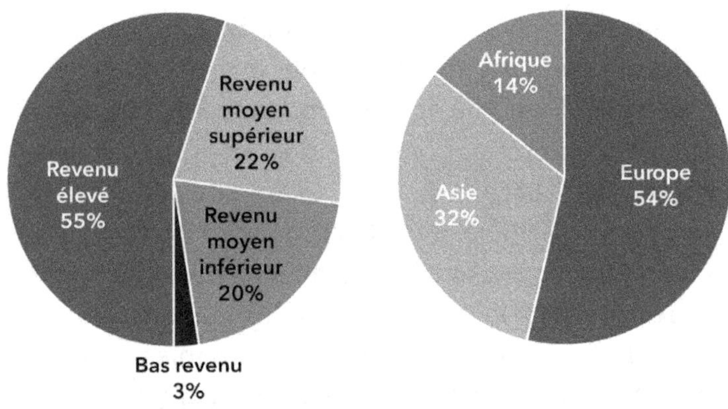

a) Part des tonnages en fonction du revenu des pays destinataires

b) Part des tonnages en fonction des continents destinataires

Figura 68 - Transporte marítimo entre el 2 de agosto de 2022 y el 30 de octubre de 2022 desde Ucrania. [Fuente: https://www.un.org/en/ black-sea-grain-initiative/vessel-movements]

---

651. Michelle Wiese Bockmann, «UK amends sanctions guidance on Russian food and fertiliser exports», Lloyd's list, 21 de septiembre de 2022 (https://lloydslist.maritimeintelligence.informa.com/LL1142305/UK-amends-sanctions-guidance-on-Russian-food-and-fertiliser-exports)

De hecho, debido a la inflación provocada por las diversas sanciones y a su capacidad financiera, los países occidentales han podido desviar hacia sí el flujo de materias primas y cereales destinados inicialmente a los países en desarrollo.

8.1.4. El «bloqueo» de Kaliningrado

El 17 de junio de 2022, Lituania anunció, con efecto a partir del 18 de junio, que cerraba su frontera al transporte ferroviario entre Rusia y su enclave de Kaliningrado, en el mar Báltico[652], a las mercancías sometidas a sanciones de la UE.

Primero, la UE aplaude. Luego reflexiona.

Tras intentar encubrirlo durante un tiempo afirmando que había aplicado las directivas de Bruselas, la UE reconoce que Lituania ha interpretado la palabra «tránsito» en sentido amplio y ha ido más allá de las sanciones previstas, con el riesgo de desencadenar una crisis mayor. El 23 de junio, Josep Borrell, responsable de Asuntos Exteriores de la UE, retuiteó[653], afirmando que «*nosotros [la UE] no queremos bloquear ni impedir el tráfico entre Rusia y Kaliningrado*»[654]. La UE intenta dar un giro de 180 grados sin desautorizar a Lituania ni quedar mal[655]. De

---

652. «Lithuania enforces EU sanctions on goods to Russia's Kaliningrad», *Ajazeera*, 18 de junio de 2022 (https://www.aljazeera.com/news/2022/6/18/lithuania-enforces-eu-sanctions-on-goods-to-russias-kaliningrad)

653. Jakob Hanke Vela, Luanna Muniz y Suzanne Lynch, «European officials scramble to douse Kaliningrad tensions», *politico.eu*, 23 de junio de 2022 (https://www.politico.eu/article/europe-official-scramble-de-escalate-tension-kaliningrad-russia-lithuania/)

654. «EU aims to de-escalate tensions over Russian trade to Kaliningrad», *Financial Times*, 23 Jun 2022 (https://www.ft.com/content/dcbb-1dbd-5e43-4822-a58f-4d301b6f5b0b)

655. Jakob Hanke Vela, Luanna Muniz y Suzanne Lynch, «European officials scramble to douse Kaliningrad tensions», *politico.eu*, 23 de junio de 2022 (https://www.politico.eu/article/europe-official-scramble-de-escalate-ten-

hecho, las sanciones europeas pretenden «*reducir efectivamente la capacidad de Rusia para proseguir su agresión*[656]». Esto significa restringir la importación y exportación de determinados bienes hacia y desde la UE, así como los bienes en tránsito hacia otros países (China, EE.UU., etc.). La palabra «tránsito» se refiere a las exportaciones a terceros países y no al tráfico intra-ruso, que obviamente no se ve afectado por estas sanciones. El texto que explica las sanciones en el sitio web de la UE también afirma que «*esta medida no afecta a los servicios postales ni a las mercancías en tránsito entre el oblast de Kaliningrado y Rusia*».

La UE y Alemania expresaron su descontento con la actuación de Lituania[657], pero Lituania se negó a dar marcha atrás en su decisión, revelando que la unidad europea era sólo una fachada. El 13 de julio, la Comisión Europea dictaminó que el tránsito intrarruso no se veía afectado por las sanciones[658]. En definitiva, esta medida no es más que otro acto hostil de Lituania hacia Rusia. Esto no es realmente sorprendente. De hecho, los dirigentes lituanos están cegados por una rusofobia que se ha sumado a su tradicional antisemitismo. Porque, al igual que Ucrania, Lituania tiene una larga historia de colaboración criminal con la Alemania nazi[659], que hoy tiende a glorificar. Por eso fue ocupada por la URSS en 1945, como los otros dos países bálticos.

sion-kaliningrad-russia-lithuania/)
656. https://www.consilium.europa.eu/en/policies/sanctions/restrictive-measures-against-russia-over-ukraine/sanctions-against-russia-explained/
657.«Sanktionen gegen Russland Brüssel und Berlin wollen Transitverbot nach Kaliningrad beenden», *Der Spiegel*, 30 de junio de 2022 (https://www.spiegel.de/ausland/bruessel-und-berlin-wollen-transitverbot-nach-kaliningrad-beenden-a-4b6663c0-4a99-4eed-aa63-cbaacbfb610b)
658.«EU says Russia can transit sanctioned goods to Kaliningrad by rail», *dw.com*, 13 de julio de 2022 (https://p.dw.com/p/4E4dE)
659.Artículo «Lituania», *Enciclopedia del Holocausto* (https://encyclopedia.ushmm.org/content/en/article/lithuania)

El problema es que los «expertos» que se supone que deben ayudarnos a entender acontecimientos a veces complejos no hablan desde los hechos, sino desde sus creencias. Prefieren mentir antes que admitir que hubo un error en la forma de actuar de la UE y que Rusia tenía razón. Por ejemplo, el 25 de junio, en el programa «*C dans l'air*», Pierre Haski, columnista de *France Inter* y *L'Obs*, declaró que no se trataba de una iniciativa individual lituana, sino que había «*evidentemente una acción concertada*»[660]. Sin embargo, desde hacía al menos dos días sabíamos que no era así...

8.2. Suministro de armas

8.2.1. Contratos bien adaptados y armas mal adaptadas

Estados Unidos está suministrando armas a Ucrania en virtud de la Ley de Préstamo y Arriendo de 2022, aprobada -muy oportunamente- el 19 de enero de 2022, que

> *Autoriza al Gobierno de los Estados Unidos a prestar o arrendar artículos de defensa al Gobierno de Ucrania o a los gobiernos de los países de Europa Oriental afectados por la invasión de Ucrania por parte de la Federación Rusa, con el fin de ayudar a reforzar las capacidades de defensa de estos países y proteger a sus poblaciones civiles contra una posible invasión o agresión en curso por parte de las fuerzas armadas del Gobierno de la Federación Rusa.*

---

660. «Ucrania en Europa: ¿qué hará Putin? #cdanslair 25.06.2022», *France 5/YouTube*, 25 de junio de 2022 (38'42") (https://youtu.be/Rgy2Bbe3H-YE?t=2322)

Las armas suministradas por Occidente a Ucrania están en gran medida obsoletas o en proceso de quedar obsoletas. Es poco probable que marquen la diferencia en el campo de batalla. Es más, las pocas unidades enviadas no sustituirán a los miles de armas ucranianas equivalentes que ya han sido destruidas. Al contrario, animarán a Ucrania a seguir luchando y a enviar tropas para ser destruidas. Recordemos que el objetivo de Rusia no es tomar territorio, sino «desmilitarizar», es decir, destruir las capacidades militares ucranianas. En cierto modo, Occidente está facilitando la consecución de este objetivo: los rusos no necesitan ir en busca de tropas para destruir, vienen a ellas.

Aunque las armas suministradas a Ucrania son más modernas, no siempre se adaptan a la naturaleza de los combates. Es el caso de los obuses remolcados estadounidenses M777, aclamados por los medios de comunicación occidentales. En primer lugar, no fueron diseñados para este tipo de guerra, sino para conflictos como el de Afganistán, donde los estadounidenses han desarrollado el concepto de *«artillería de francotiradores»*, que utiliza piezas de artillería aisladas para disparar con precisión. Diseñadas para ser manejadas por soldados estadounidenses, no son adecuadas para ser utilizadas por soldados con una formación limitada. Según el general de brigada Volodymyr Karpenko, jefe de logística de las fuerzas terrestres ucranianas, los M777 son muy frágiles y sufren frecuentes averías. El 30% de ellos tienen que ser retirados sistemáticamente del campo de batalla después de haber sido desplegados[661].

661.Stew Magnuson, «Ukraine to U.S. Defense Industry: We Need Long-Range, Precision Weapons», *National Defense Magazine*, 5 de junio de 2022 (https://www. nationaldefensemagazine.org/articles/2022/6/15/ukraine-to-us-defense-industry-we-need-long-range-precision-weapons)

El mismo fenómeno puede observarse con los misiles Javelin, presentados por nuestros medios de comunicación y vistos por los ucranianos como los «*Wunderwaffen*» tan queridos por sus amos. Los testimonios de los soldados ucranianos[662] informan de frecuentes averías y de su incapacidad para utilizar correctamente armas demasiado complicadas, diseñadas para soldados profesionales y con ciclos de entrenamiento muy largos. ¡Mal entrenados, los soldados ucranianos tienen sin embargo derecho a manuales que obviamente no están escritos en ucraniano, lo que les obliga a traducirlos con *Google Translate* para poder entenderlos[663]!

A esto se añade el hecho de que estas armas se suministran «tal cual», sin piezas de repuesto ni personal capaz de repararlas cerca del campo de batalla[664].

8.2.2. *Armas con un futuro incierto*

La decisión de la UE de suministrar armas a Ucrania nada más comenzar la ofensiva rusa preocupa a los expertos. Se están distribuyendo sin control entre la población ucraniana del oeste del país, con la esperanza de que Kiev sea tomada por asalto. Muy pronto se vio que estaban llegando a manos de individuos y organizaciones criminales, y que ya empezaban a plantear un problema de seguridad para las propias autoridades de Kiev. Por no hablar de que las armas pregonadas como eficaces contra la

---

662. https://t.me/HersonVestnik/5489

663. Thomas Gibbons-Neff y Natalia Yermak, «Potent Weapons Reach Ukraine Faster Than the Know-How to Use Them», *The New York Times*, 6 de junio de 2022 (https://www.nytimes.com/2022/06/06/world/europe/ukraine-advanced-weapons-training.html).

664. Alex Horton, «For Ukrainian troops, a need arises: Javelin customer service», *The Washington Post*, 14 de junio de 2022 (https://www.washingtonpost.com/national-security/2022/06/14/ukraine-javelin-assistance/)

aviación rusa podrían llegar a amenazar nuestra aviación militar y civil... No ha habido un verdadero análisis de la situación, y está claro que Rusia no atacará Kiev. La población lo sabe y las armas se venden muy rápidamente.

El hecho es que las armas entregadas a Ucrania no están llegando a los combatientes de primera línea. Esto se debe a varias razones.

En primer lugar, algunas de las armas que llegan a Polonia para ser enviadas a Ucrania son desviadas en suelo europeo. Por ejemplo, los misiles antitanque FGM-148 Javelin, las armas de esperanza de Occidente[665] contra las fuerzas rusas, están siendo revendidos en la darknet por 30.000 dólares cada uno[666] por elementos del gobierno ucraniano. También hay misiles anti-tanque NLAW por 15.000 dólares y drones suicidas Switchblade 600 por 7.000 dólares.

En segundo lugar, no existe un verdadero mecanismo de distribución de estas armas, las mejores de las cuales se entregan a las unidades del oeste del país, en detrimento de los comba-tientes del frente.

En tercer lugar, las existencias ucranianas están cayendo rápidamente en manos rusas. Los rusos han recuperado grandes cantidades de misiles antitanque FGM-148 Javelin y los han entregado a las milicias del Donbass, donde ahora se aprovi-sionan[667]. Los helicópteros ucranianos que intentaban evacuar

665.https://www.rts.ch/audio-podcast/2022/audio/le-meme-de-la-sainte-ja-velin-permet-de-recolter-1-500-000-francs-pour-l-ukraine-25819753.html
666.Boyko Nikolov, «Location Kyiv: Javelin ATGM is sold for $30K on the dar-knet», bulgarianmilitary.com, 2 de junio de 2022 (https://bulgarianmilitary.com/2022/06/02/location-kyiv-javelin-atgm-is-sold-for-30k-on-the-darknet/)
667.Linda Kay, «Russia to Hand Over Western Weapons seized in Ukraine to Donetsk and Lugansk Militias», *Defense World*, 11 de marzo de 2022 (https://www.defenseworld.net/2022/03/11/russia-to-hand-over-western-weapons-

a los combatientes de Marioupol fueron derribados por misiles antiaéreos Stinger suministrados por los estadounidenses... Según el abogado francés Régis de Castelnau[668], dos sistemas de artillería CAESAR donados por el gobierno francés a Ucrania llegaron a la fábrica rusa Uralvagonzavod. El Estado Mayor de las Fuerzas Armadas ha desmentido la información. Los detalles de esta operación no se conocen ni se han confirmado... Sin embargo, a mediados de julio de 2022, se cree que un sistema estadounidense de lanzacohetes múltiples HIMARS también llegó a Rusia, tras haber sido vendido por «funcionarios» ucranianos. La información no fue confirmada en su momento, pero unos días más tarde, el 17 de julio, Volodymyr Zelensky suspendió de sus cargos a Ivan Bakanov, jefe del SBU, y a Iryna Venediktova, fiscal general de Ucrania, e inició investigaciones contra 651 personas por *«traición y colaboración con el enemigo»*[669].

No es seguro que estas personas estén vinculadas a la transferencia de los HIMARS (si se demuestra), pero el asunto es la gota que colma el vaso y compromete la confianza de Occidente en el régimen ucraniano. Este es el caso de los estadounidenses. Aunque tenían previsto suministrar cuatro drones MQ-1C Gray Eagle, se echaron atrás en junio de 2022. ¿La razón aducida? El riesgo de fuga de tecnología[670]. Temían que miembros de la clase dirigente ucraniana pudieran vender uno a los rusos. Esto

---

seized-in-ukraine-to-donetsk-and-lugansk-militias.html)
668.https://twitter.com/R_DeCastelnau/status/1538841005612572674
669.Matt Murphy, «Ukraine war: Zelensky suspends security chief and top prosecutor», *BBC News*, 18 de julio de 2022 (https://www.bbc.com/news/world-europe-62202078)
670.Inder Singh Bisht, «Pentagon Postpones Armed MQ-1C Drone Sale to Ukraine», *The Defense Post*, 21 de junio de 2022 (https://www.thedefensepost.com/2022/06/21/pentagon-postpones-mq1c-drone-ukraine/)

tendería a confirmar que los rusos pudieron adquirir equipos occidentales gracias a ucranianos corruptos.

El problema es que ni siquiera los servicios de inteligencia estadounidenses saben adónde van a parar las armas entregadas a Ucrania[671]. Esta situación alarma a Juergen Stock, Secretario General de Interpol, que teme que estas armas vayan a parar a organizaciones criminales[672]. Sin embargo, esto está ocurriendo con la complicidad de los gobiernos occidentales, que se niegan a establecer mecanismos de salvaguardia y verificación[673] sobre la distribución y el uso de estas armas[674]. Es probable que tales mecanismos revelaran el profundo nivel de corrupción del aparato ucraniano.

Las armas occidentales se suministraron con vistas a una guerra de guerrillas popular contra el ejército ruso de ocupación, que no parece desarrollarse. Pero las armas permanecen.

En julio de 2022, el *Financial Times* dio la voz de alarma. Las armas suministradas por Occidente estaban siendo enviadas a Polonia, desde donde se suponía que iban a ser transportadas a Ucrania en coches particulares. El problema, como señala el

---

671.Katie Bo Lillis, Jeremy Herb, Natasha Bertrand y Oren Liebermann, «¿Qué ocurre con las armas enviadas a Ucrania? The US doesn't really know», CNN, 19 de abril de 2022 (https://edition.cnn.com/2022/04/19/politics/us-weapons-ukraine-intelligence/index.html)
672.«Interpol Warns of Flood of Illicit Arms After Ukraine War», thedefensepost.com/AFP, 2 de junio de 2022 (https://www.thedefensepost.com/2022/06/02/interpol-illicit-arms-ukraine/)
673.Andrew Desiderio, Lara Seligman & Connor O'Brien, «Pentagon *vs.* Congress tension builds over monitoring billion in Ukraine aid», *Politico*, 2 de junio de 2022 (https://www.politico.com/news/2022/06/02/congress-pentagon-ukraine-aid-oversight-00036463)
674.Dave DeCamp, «Pressure Mounts on Pentagon Over Lack of Oversight for Ukraine Military Aid,» *antiwar.com*, 2 de junio de 2022 (https://news.antiwar.com/2022/06/02/pressure-mounts-on-pentagon-over-lack-of-oversight-for-ukraine-military-aid/)

Financial Times, es que no hay forma de rastrear estas armas. Nadie sabe dónde están llegando[675]. Como muestran los vídeos en Twitter, algunas armas acaban en manos de organizaciones albanesas[676]...

Nuestros medios de comunicación explican estas anomalías por la desinformación rusa. En agosto de 2022, CBS News emitió un reportaje en el que afirmaba que solo el 60-70% de las armas suministradas por Occidente llegaban al campo de batalla[677], pero tras las protestas de Ucrania, los pasajes incriminatorios se retiraron rápidamente al día siguiente[678].

A principios de noviembre, el superintendente Christer Ahlgren de la Keskusrikospoliisi (KRP), el servicio de seguridad finlandés, confirmó que ciertas armas entregadas a Ucrania habían llegado a Suecia, Dinamarca y los Países Bajos para abastecer a bandas criminales[679]. En un comunicado de prensa, el KRP afirma que estas armas no han sido vistas (todavía) en Finlandia.[680]

675.«Nato and EU sound alarm over risk of Ukraine weapons smuggling», *Financial Times,* 12 de julio de 2022 (https://www.ft.com/content/bce78c78-b899-4dd2-b3a0-69d789b8aee8)
676.https://twitter.com/i/status/1547041520963960832
677.Adam Yamaguchi & Alex Pena, «Why military aid in Ukraine may not always get to the front lines», CBS News, 7 de agosto de 2022 (https://www.cbsnews.com/news/ukraine-military-aid-weapons-front-lines/)
678.Sinéad Baker, «CBS partially retracts documentary that outraged Ukraine by claiming that US weapon shipments were going missing», Business Insider, 8 de agosto de 2022 (https://www.businessinsider.com/cbs-partially-retracts-ukraine-docuemtnary-alleging-missing-us-weapons-2022-8?r=US&IR=T)
679.«El NBI sospecha que las armas enviadas a Ucrania podrían estar en manos de delincuentes», Yle News, 30 de octubre de 2022 (modificado el 31 de octubre de 2022) (https://yle.fi/news/3-12670239)
680. «NBI has no evidence on donated weapons delivered to Finland», poliisi.fi, 1 de noviembre de 2022 (https://poliisi.fi/en/-/nbi-has-no-evidence-on-donated-weapons-delivered-to-finland)

De hecho, el informe de 2019 de la RAND Corporation ya advertía al Gobierno estadounidense y predecía que «también existe cierto riesgo de que las armas suministradas a los ucranianos acaben en las manos equivocadas[681]». Esta afirmación se basa en un estudio realizado por el think tank a petición del Gobierno ucraniano en 2016[682]. En otras palabras, Occidente sabía perfectamente que existía un importante riesgo de desvío al suministrar armas a Ucrania....

8.2.3. Capacidades occidentales inadecuadas

Además de estos problemas de distribución, existe el problema de la capacidad de Occidente para apoyar este esfuerzo de suministro. En marzo de 2022, en *France 5*, Sylvie Matelly, directora adjunta de IRIS, explicó que Rusia no estaba a la altura de la capacidad industrial occidental[683]. De hecho, está recitando propaganda ucraniana. En junio, el Royal United Services Institute (RUSI), un *think tank* afiliado al gobierno británico, publicó un análisis muy diferente, afirmando que Occidente no tiene capacidad industrial para mantener el conflicto ucraniano[684]. Utiliza el ejemplo de los misiles antitanque Javelin.

681. James Dobbins, Raphael S. Cohen, Nathan Chandler, Bryan Frederick, Edward Geist, Paul DeLuca, Forrest E. Morgan, Howard J. Shatz, Brent Williams, «Extending Russia: Competing from Advantageous Ground», RAND Corporation, 2019, p. 101.
682. Olga Oliker, Lynn E. Davis, Keith Crane, Andrew Radin, Celeste Gventer, Susanne Sondergaard, James T. Quinlivan, Stephan B. Seabrook, Jacopo Bellasio, Bryan Frederick, et al, «Security Sector Reform in Ukraine», RAND Corporation, 2016 (https://doi.org/10.7249/RR1475-1)
683. «Guerra en Ucrania: ¿el punto de inflexión? #cdanslair 25.03.2022», *France 5/YouTube*, 26 de marzo de 2022 (10:25) (https://youtu.be/g5SHrW_QPtc?t=625)
684. Alex Vershinin, «The Return of Industrial Warfare», *Royal United Services Institute*, 17 de junio de 2022 (https://rusi.org/explore-our-research/publica-

¡Estados Unidos produce 2.100 al año, mientras que Ucrania utiliza 500 al día[685]! En otras palabras, Estados Unidos no sólo ha suministrado a Ucrania un tercio de sus propias existencias, ¡sino que su capacidad de producción anual sólo corresponde a las necesidades de cuatro días de combate! Incluso suponiendo que las cifras ucranianas sean exageradas, la capacidad industrial occidental era suficiente para luchar contra los talibanes, pero no para alimentar un conflicto convencional.

RUSI señala que la capacidad de producción de municiones de EE.UU. sólo es suficiente para mantener el ritmo de Rusia durante 2-3 semanas, ¡a pesar de que Rusia está comprometida en el teatro de operaciones ucraniano sólo con fuerzas relativamente limitadas!

De hecho, los ucranianos están perdiendo sus equipos mucho más rápidamente de lo que Occidente esperaba. Los inventarios occidentales se han fundido literalmente para ayudar a Ucrania y, en otoño de 2022, Occidente se da cuenta de que ya no puede suministrar a Ucrania sin poner en peligro sus propias capacidades[686].

Los modernos equipos suministrados a Ucrania al comienzo de la ofensiva rusa están dejando paso poco a poco a viejos equipos diseñados en la década de 1960, que Occidente ya no puede utilizar por ser inadecuados u obsoletos. Es el caso de

---

tions/commentary/return-industrial-warfare)

685. Zachary Cohen & Oren Liebermann, «Ukraine tells the US it needs 500 Javelins and 500 Stingers per day», *CNN*, 24 de marzo de 2022 (https://edition.cnn.com/2022/03/24/politics/ukraine-us-request-javelin-stinger-missiles/index.html)

686. «Sabrina Singh, Vicesecretaria de Prensa del Pentágono, celebra una rueda de prensa», Departamento de Defensa de EEUU, 10 de noviembre de 2022 (https://www.defense.gov/News/Transcripts/Transcript/Article/3216785/sabrina-singh-deputy-pentagon-press-secretary-holds-a-press-briefing/)

los misiles antiaéreos MIM-23 HAWK, que los estadounidenses no utilizan desde 2002 y que necesitan modernizar para poder enviarlos a Ucrania[687].

8.2.4. Débil beneficio de explotación

En términos estratégicos, los rusos han declarado en repetidas ocasiones que su objetivo es «desmilitarizar» la amenaza de Donbass, no conquistar territorio. Al suministrar continuamente armas e incitar a los ucranianos a luchar, Occidente y nuestros medios de comunicación han llevado a los rusos a perseguir su objetivo. Así que, lógicamente, Occidente no hace más que prolongar el conflicto, como declaró el coronel general Serguei Rudskoï en marzo de 2022[688]. En consecuencia, la prolongación de la guerra perjudica sin duda a Rusia, pero también, y en mucha mayor medida, a Ucrania. Como hemos visto, Rusia ha tenido que ajustar sus objetivos en función de su éxito. Si su objetivo se hubiera expresado en términos de territorio, podría determinarse el fin de su intervención, pero el objetivo estratégico de «desmilitarización» se ha flexibilizado gracias al flujo de armas occidentales. El problema es que, mientras que las armas pueden renovarse de un modo u otro, los recursos humanos no. Así que los ucranianos están en proceso de agotar su propio potencial humano.

---

687. Valerie Insinna, «Refurbished Soviet tanks, HAWK missiles and more Phoenix Ghost drones coming soon to Ukraine», Breaking Defense, 4 de noviembre de 2022 (https://breakingdefense.com/2022/11/refurbished-soviet-tanks-hawk-missiles-and-more-phoenix-ghost-drones-coming-soon-to-ukraine/)
688. «Discurso del Jefe de la Dirección Operativa Principal del Estado Mayor de las Fuerzas Armadas de la Federación Rusa, Coronel General Sergei Rudskoy, *Ministerio de Defensa de Rusia*, 25 de marzo de 2022 (https://eng.mil.ru/en/special_operation/news/more.htm?id=12414735@egNews)

A esto se añade el hecho de que las armas occidentales se utilizan para atacar a poblaciones civiles. Es el caso de los cañones CAESAR[689] y de los drones kamikaze estadounidenses utilizados contra la central nuclear de Zaporojie[690].

Las armas suministradas por Occidente representan sólo una décima parte de las que tenían los ucranianos en febrero y que fueron destruidas. Pensar que Ucrania va a poder dar la vuelta a la situación con armas difíciles de mantener, cuya munición depende de líneas logísticas difíciles de proteger y que son servidas por soldados que tienen que traducir las instrucciones con Google es sencillamente estúpido. Por ejemplo, France Info afirma que los lanzamisiles HIMARS suministrados por Estados Unidos «cambiarán las reglas del juego» en Ucrania. Aparte del hecho de que es sorprendente que haya necesidad de «cambiar el juego» cuando los medios de comunicación estatales franceses repiten una y otra vez que Ucrania está ganando, uno se pregunta por qué milagro esto es así. Ucrania ha recibido 20 sistemas. En mayo, Polonia encargó 500[691], para combatir una posible invasión de Rusia (¡cuyo ejército ya ha perdido prácticamente todo su material principal en Ucrania, según la propaganda occidental!)

Somos totalmente incoherentes. Todo esto demuestra que los dirigentes occidentales han estado más interesados en

---

689.https://lecourrierdesstrateges.fr/2022/06/14/guerre-dukraine-jours-106-109-les-canons-caesar-et-leurs-munitions-livrees-par-la-france-a-larmee-ukrainienne-tuent-des-civils-ukrainiens-a-donetsk-et-gorlovka/
690.https://www.telegraph.co.uk/world-news/2022/07/20/ukrainian-kamikaze-drones-strike-russian-controlled-zaporizhzhia/
691.Jaroslaw Adamowski, «Poland eyes 500 American rocket launchers to boost its artillery forces», Defense News, 27 de mayo de 2022 (https://www.defensenews.com/global/europe/2022/05/27/poland-eyes-500-us-himars-launchers-to-boost-its-artillery-forces/)

«anotarse puntos» contra Rusia que en encontrar una solución al conflicto. Al empezar muy deprisa y muy fuerte, Occidente se ha encontrado sin capacidad para resolver el conflicto, aparte de la intervención militar, que no está en condiciones de llevar a cabo. Además, en ningún momento la Unión Europea se implicó en un proceso diplomático. Desde los primeros días del conflicto, se comprometió a suministrar armas. Sin embargo, no había ninguna razón objetiva para hacerlo, ya que el ejército ucraniano estaba intacto en aquel momento e incluso disponía de más equipamiento que el atacante ruso.

8.3.Gas natural

8.3.1.El problema

Si bien la crisis entre Rusia y Ucrania lleva desarrollándose desde 2014, a ella se ha sumado otra fuente de tensión que probablemente fue la que precipitó los acontecimientos de febrero de 2022. En 2019, la finalización del gasoducto *Nord Stream 2* (NS2) desató las iras de la Administración Trump, que advirtió del riesgo de dependencia energética de Rusia. Estados Unidos pidió a Alemania que se retirara del proyecto y abandonara su puesta en marcha, amenazando con imponer sanciones[692]. Sin embargo, ni Rusia ni la URSS utilizaron nunca su suministro de gas como medio de presión sobre Occidente. Fue Occidente quien utilizó el gas y el petróleo como medio de presión sobre Rusia. De hecho, incluso desde el inicio de su ofensiva, Rusia nunca ha dejado de canalizar su gas a través de Ucrania y de pagarle *«royalties»*, contradiciendo así la propaganda occidental

---

692.https://www.state.gov/imposition-of-further-sanctions-in-connection-with-nord-stream-2/

que afirma que su objetivo era «destruir» Ucrania. En efecto, es Occidente quien, desde 2019, militariza la energía para intentar debilitar a Rusia.

De hecho, desde la Guerra Fría, Estados Unidos ha creído que los vínculos energéticos entre Europa y Rusia podrían afectar a la disposición de Alemania y otros europeos a luchar contra la URSS en caso de conflicto[693]. Esto se expuso en una Estimación Especial de Inteligencia Nacional presentada al presidente Ronald Reagan en 1982, que sirvió de base para una orden ejecutiva que autorizaba a la CIA a sabotear gasoductos en la Unión Soviética.

Esta idea es una constante en la política exterior estadounidense. En mayo de 2014, Condoleeza Rice, entonces ex ministra de Asuntos Exteriores de EE.UU. declaró[694]:

A largo plazo, simplemente tenemos que cambiar la estructura de nuestra dependencia energética. Tenemos que depender más de la plataforma energética norteamericana, de la tremenda riqueza de petróleo y gas que encontramos en Norteamérica. Necesitamos oleoductos que no pasen por Ucrania y Rusia. Llevamos años intentando que los europeos estudien otras rutas para los oleoductos. Ahora es el momento de hacerlo.

En primer lugar, hay que recordar que Europa no depende de Rusia, sino de la energía. Los vínculos económicos en este ámbito se construyeron cuando el régimen soviético era mucho

---

693.«The Soviet Gas Pipeline in Perspective», Special National Intelligence Estimate, SNIE 3-11/2-82, Agencia Central de Inteligencia, 3 de septiembre de 1982.
694.https://youtu.be/btk_Ldd3NF0

más terrible que Rusia, en un clima de tensión mucho más grave que el actual. Por tanto, es el punto de vista occidental el que ha cambiado.

Al principio, tras el inicio de la ofensiva rusa, los europeos se mostraron reacios a imponer sanciones contra su principal fuente de energía. Ante la amenaza de que Occidente confiscara el producto de sus ventas de gas, Rusia impuso el pago en rublos. Este mecanismo no supuso ninguna diferencia para los compradores occidentales, como veremos, pero Polonia decidió que no pagaría, por lo que Gazprom suspendió las entregas a Polonia a través del gasoducto de *Yamal*.

La ironía de esta historia es que Polonia tenía un contrato a largo plazo con Gazprom, basado en un precio medio flotante del gas. En un momento en que los precios del gas eran muy bajos, el precio pagado por Polonia era superior al del mercado. En 2019, tras un procedimiento judicial y por recomendación de la UE, Polonia deberá pagar el precio de mercado por el gas ruso[695]. Pero el precio de los hidrocarburos subió entonces drásticamente, y Polonia se encontró «cautiva» del mercado, mientras que el contrato que tenía anteriormente le habría protegido de estas subidas. En 2022, después de que Gazprom dejara de suministrarle gas, Polonia compró a Alemania gas suministrado por Rusia, por el que pagó menos (porque los alemanes tenían un contrato a largo plazo con Gazprom). El problema es que este gas procede de las reservas que Alemania pensaba tener antes del invierno de 2022...

En abril de 2022, el gobierno alemán decidió confiscar la filial de Gazprom en Alemania y crear una nueva empresa,

---

695.«Arbitrage Gazprom/PGNiG: le gazier polonais crie victoire et demande 1,5 milliards de dollars», *Le Figaro /AFP*, 30 de marzo de 2020.

Securing Energy for Europe GmbH (SEFE)[696], que se activó en junio de 2022. El problema es que apropiarse de las terminales de Gazprom no da acceso a las fuentes de energía. India, por ejemplo, tenía un contrato con la filial de Gazprom para el suministro de 2,5 millones de toneladas de GNL al año a un precio de 500 dólares por 1.000 m³. Pero desde mayo no se ha suministrado GNL a India[697], que se ve por tanto obligada a abastecerse en el mercado al contado, pagando 1.350 dólares por 1.000 m³. Esta situación ha provocado un tira y afloja diplomático entre Alemania e India[698]. ¡La paradoja es que Occidente presiona cada vez más a India para que no compre petróleo y gas rusos[699]!

Volodymyr Zelensky, que buscó a toda costa provocar la implicación directa de Occidente en Ucrania. A principios de mayo de 2022, ordenó el cierre del gasoducto Soyuz, uno de los dos que atraviesan Ucrania, cortando así alrededor del 30% de los recursos de gas de Europa[700].

---

696. https://www.sefe-group.com/en/company.html

697. Joseph P Chacko, «India faces shortage as Germany diverts GAIL LNG shipments from Russia», Frontier India, 3 de agosto de 2022 (https://frontierindia.com/india-faces-shortage-as-germany-diverts-gail-lng-shipments-from-russia/)

698. «Germany, India in escalating tussle over cancelled LNG supply», Bloomberg/The Economic Times, 12 de noviembre de 2022 (https://economictimes.indiatimes.com/industry/energy/oil-gas/germany-india-in-escalating-tussle-over-canceled-lng-supply/articleshow/95467334.cms)

699. Frédéric Grare, «A question of balance: India and Europe after Russia's invasion of Ukraine», Consejo Europeo de Relaciones Exteriores, 16 de mayo de 2022 (https://ecfr.eu/publication/a-question-of-balance-india-and-europe-after-russias-invasion-of-ukraine/)

700. Pavel Polityuk & Susanna Twidale, «Ukraine to halt key Russian gas transit to Europe, blames Moscow», *Reuters*, 10 de mayo de 2022 (https://www.reuters.com/business/energy/ukraine-gas-system-operator-declares-force-majeure-sokhranivka-entry-point-2022-05-10/)

En mayo, los europeos decidieron seguir el ejemplo de Estados Unidos y liberarse del gas ruso[701]. Tras un breve periodo de euforia, se dieron cuenta de que no podían interrumpir totalmente sus importaciones de gas natural y decidieron reducirlas gradualmente. Por su parte, los rusos -al igual que los chinos- se oponen al principio de las sanciones y no han adoptado ninguna contramedida a las decisiones europeas. El cierre del mercado por la UE ha hecho subir el precio del gas, y Rusia se beneficia de estas sanciones. Pero el coste de la logística necesaria para abastecer a Europa es cada vez más elevado en relación con la cantidad suministrada. Es probable que Rusia decida no renovar sus contratos con los países europeos, lo que precipitará la interrupción de las entregas. Esto permitirá a Rusia dedicar toda su atención al mercado asiático, más estable y prometedor.

8.3.2. Las alternativas

El gas natural es una fuente de energía barata y relativamente respetuosa con el clima.

El gas natural se suministra en dos formas posibles: en forma gaseosa a través de gasoductos (principalmente desde Rusia) o en forma líquida (GNL) a través de buques procedentes de ultramar. Para llegar a los usuarios, el GNL requiere instalaciones de licuefacción, transporte en buques especiales e instalaciones de regasificación. Estas infraestructuras son costosas y escasas en Europa, que solía recibir la mayor parte de su gas por gasoducto.

Año tras año, la demanda europea de gas es de 400.000 millones de m^3, de los cuales el 45% procede de Rusia (2021).

---

701. Jorge Liboreiro, «¿Cuál es el gran plan de la UE para prescindir del petróleo y el gas rusos?», *Euronews*, 19 de mayo de 2022 (https://fr.euronews.com/my-europe/2022/05/19/en-quoi-consiste-le-grand-plan-de-l-ue-visant-a-se-passer-du-petrole-et-du-gaz-russes)

Alrededor del 26% de este gas se utiliza para generar electricidad, el 23% es utilizado directamente por la industria, mientras que alrededor del 50% se destina a calefacción. Actualmente recibimos 320.000 millones de m3 en forma gaseosa (principalmente de Rusia), mientras que 80.000 millones de m^3 se transportan en forma licuada (GNL).

Sustituir el gas natural ruso por GNL en Europa significa que el GNL tendría que suministrar 33.000 millones de m^3/mes año tras año. Sin embargo, Estados Unidos y Qatar sólo pueden suministrar 7.000 millones de m^3/mes, y el resto de su producción se destina a otros lugares del mundo.

La solución es, pues, aumentar la capacidad de producción de GNL. Pero para ello es necesario construir instalaciones de licuefacción que cuestan varios miles de millones de dólares. Sin embargo, las incertidumbres sobre el mercado energético a largo plazo -sobre todo con la apuesta de los países europeos por la energía verde- hacen que los inversores se muestren reacios a considerar nuevas instalaciones.

El GNL también significa construir instalaciones de regasificación en Europa. Alemania es el principal importador de gas natural, con 140.000 millones de m^3 anuales, exclusivamente en forma gaseosa. Por ello, carece de infraestructuras para recibir GNL y ha tenido que encargar buques regasificadores a Noruega y Grecia, que sólo le suministrarán el 55% de sus necesidades anuales de gas.

A esto se añade el hecho de que el 25% del GNL que importa Europa lo transporta la empresa estadounidense Freeport. Sin embargo, en junio de 2022 explotó una de sus terminales en el Golfo de Texas. No volverá a estar operativa hasta finales de año. Como vemos, las alternativas de suministro de Europa son muy frágiles.

Por estas razones, la UE ha configurado sus paquetes de sanciones y ha mantenido las compras de gas y petróleo para que las economías de sus miembros no se vean demasiado afectadas. En otras palabras, la excusa de no querer financiar la guerra en Ucrania no es más que un pretexto. Por eso, el 4 de junio de 2022, en el *Foro GLOBSEC 2022 de Bratislava*, Subrahmanyam Jaishankar, ministro indio de Asuntos Exteriores, respondió al moderador que le acusaba de financiar la guerra de Ucrania comprando petróleo ruso:

No quiero parecer que estoy discutiendo, pero dime, ¿la compra de gas ruso no está financiando la guerra? Quiero decir, ¿por qué es sólo el dinero indio y el petróleo que entra en India lo que financia la guerra, pero no el gas que entra en Europa?[702]

La inteligencia definitivamente no es europea...

El 15 de junio de 2022, Ursula von der Leyen anunció con orgullo que había firmado un acuerdo para acceder al gas natural a través del gasoducto EastMed[703]. Ella tuiteó:

Con este acuerdo, trabajaremos por un suministro estable de gas natural a la UE desde el Mediterráneo Oriental.

702.«"If You Can Be Considerate To Yourself": Jaishankar Slams EU Criticism Over India's Russian Oil Imports», *News18.com*, 4 de junio de 2022 (https://youtu.be/ZWi9t-JX_VU?t=2009)

703.«Mettre un terme à la dépendance de l'UE aux énergies fossiles russes: Protocole d'accord gazier avec Israël et l'Egypte», *La Libre Éco* / AFP, 15 de junio de 2022 (https://www.lalibre.be/economie/conjoncture/2022/06/15/mettre-un-terme-a-la-dependance-de-lue-aux-energies-fossiles-russes-protocole-daccord-gazier-avec-israel-et-legypte-4KPCAH2JYNFUPO2U3ZBRCA-VOQE/)

Esto contribuirá a nuestra seguridad energética.[704]

A primera vista, parece una solución a un problema insoluble. Sin embargo, según *Wikipedia*, «*en enero de 2022, Estados Unidos anunció que retiraba su apoyo, ya que el proyecto no se consideraba económicamente viable ni respetuoso con el medio ambiente, lo que significa que el proyecto probablemente se cancelará*»[705].

De hecho, la consecuencia previsible de la decisión europea de prescindir del gas ruso es un aumento del precio del gas natural y del gas natural licuado (GNL). Por eso resulta muy sorprendente ver a los europeos, encabezados por Francia y Alemania[706], quejarse del precio entre 3 y 4 veces superior que piden los estadounidenses por su GNL[707].

Pero el verdadero problema es que el GNL sólo está disponible en cantidades limitadas, e insuficientes para cubrir las necesidades energéticas de Europa. El resultado es una carrera por la energía que hace subir los precios en el mercado al contado, que los países del Tercer Mundo ya no están en condiciones de pagar. En otras palabras, los países occidentales están drenando los recursos energéticos destinados a los países pobres... Este es uno de los factores que explican la creciente desconfianza del

---

704.https://twitter.com/vonderleyen/status/1536984358619435008
705.https://en.wikipedia.org/wiki/EastMed_pipeline
706.Holly Ellyatt, «German minister criticises U.S. over 'astronomical' natural gas prices», CNBC, 5 de octubre de 2022 (https://www.cnbc.com/2022/10/05/german-minister-criticizes-us-over-astronomical-natural-gas-prices.html)
707.Steven R. Miles y Anna Mikulska, «¿Quién tiene la culpa de los desorbitados precios del gas natural en Europa? Hint: Maybe Not Who You Think», *Forbes*, 26 de octubre de 2022 (https://www.forbes.com/sites/thebakersinstitute/2022/10/26/whos-to-blame-for-exorbitant-natural-gas-prices-in-europe-hint-maybe-not-who-you-think/)

«resto del mundo» hacia Occidente, que está serrando lentamente la rama sobre la que está sentado.

8.3.3. El asunto de la turbina

El 14 de junio de 2022, Gazprom redujo el flujo de gas a Alemania en un 40%. *RTS* informa de que «*Rusia utiliza cada vez más el arma del gas para presionar a los europeos*»[708]. ¿Presión para qué? Los medios no lo dicen, por supuesto, ni explican la razón de esta reducción. El objetivo es demostrar que Rusia libra una guerra económica contra Occidente para «*tensar el mercado de las materias primas y hacer subir los precios*».

Lo que ocultan los medios de comunicación suizos es que Siemens, la empresa encargada del mantenimiento de las turbinas del gasoducto *Nord Stream 1* (NS1), tuvo que hacer reparar una de esas turbinas en uno de sus talleres de Canadá. El problema es que Canadá se niega a devolver la turbina a Alemania debido a las sanciones contra Rusia. Sin esta turbina, Gazprom no puede explotar el gasoducto con normalidad y está reduciendo su capacidad en un 40% por razones técnicas[709]. En otras palabras, no sólo Canadá impone sanciones a Alemania, sino que la reducción de los suministros rusos es el resultado

---

708. https://www.rts.ch/info/monde/13181278-le-robinet-de-gaz-russe-pour-leurope-est-progressivement-coupe.html#timeline-anchor-1655470920416

709. «Russia cuts gas flows to Europe with part stuck in Canada», *The Associated Press*, 14 de junio de 2022 (https://apnews.com/article/russia-ukraine-canada-business-baltic-sea-8558b02f065d79bd5d9f725188239c98); Huileng Tan, «Russia is cutting 40% of one key pipeline's natural-gas supply to Germany because a piece of equipment is stuck in Canada due to sanctions», *Business Insider*, 15 de junio de 2022 (https://www.businessinsider.com/russia-cuts-gas-supply-germany-siemens-equipment-stuck-canada-sanctions-2022-6?r=US&IR=T).

-una vez más- de problemas dentro del campo occidental. Así que los medios suizos mienten.

Finalmente, tras largas negociaciones, a mediados de julio Canadá accedió a la petición de Alemania de devolver la turbina, lo que provocó la ira de Zelensky, que convocó al embajador canadiense para amonestarle[710]. Pero el problema no acabó ahí. A pesar del acuerdo canadiense, la turbina tardó mucho en llegar y los rusos no tenían ninguna garantía de volver a verla. El problema seguía para las demás turbinas, que debían someterse a trabajos de mantenimiento. Por eso, el 14 de julio de 2022, Gazprom envió una carta a las autoridades alemanas anunciando que podría invocar «fuerza mayor» tras los trabajos de mantenimiento previstos en la NS1 entre el 11 y el 21 de julio. De hecho, parece que los rusos temen que los canadienses saboteen la turbina antes de devolverla. Por eso han pedido a *Siemens* que les facilite toda la documentación sobre los trabajos realizados antes de reinstalar la turbina en la estación de compresión. A falta de estos documentos, Rusia no permite la devolución de la turbina. Evidentemente, el problema de esta turbina no es aislado, ya que otras turbinas deben someterse a trabajos de mantenimiento en Canadá a partir de finales de julio de 2022, y Rusia no tiene ninguna garantía de volver a verlas.

Los rusos sospechan con razón. En enero de 1982, el presidente Ronald Reagan aprobó un plan de la CIA para sabotear gasoductos en Rusia[711]. El software que controlaba una turbina

---

710.«L'ambassadeur du Canada à Kiev convoqué à la suite du transfert «inacceptable» de turbines», *Le Figaro / AFP*, 11 de julio de 2022 (https://www.lefigaro.fr/flash-actu/l-ambassadeur-du-canada-a-kiev-convoque-a-la-suite-du-transfert-inacceptable-de-turbines-20220711)
711.Roman Kupchinsky, «Analysis: The Recurring Fear Of Russian Gas Dependency», *Radio Free Europe/Radio Liberty*, 11 de mayo de 2006.

del gasoducto de Brastvo (*Fraternidad*) *fue* modificado para provocar su sobrecalentamiento y explosión.

8.3.4. *El sabotaje de Nord Stream 1 y 2*

Los días 26 y 27 de septiembre de 2022, tras una serie de explosiones, se detectaron fugas en los gasoductos Nord Stream 1 y 2, cerca de la isla danesa de Bornholm.

Rápidamente surgió un consenso en Occidente para condenar un acto de sabotaje[712]. La pregunta es ¿quién fue el responsable? A pesar de la falta de hechos, todas las miradas apuntan a Rusia. ¡En el canal de televisión francés LCI, el general francés Michel Yakovleff llegó a afirmar que Rusia podría haber saboteado sus propios gasoductos, que de todas formas ya no servían para nada, para demostrar que era capaz de hacerlo[713]! El razonamiento es idiota: ¿por qué, entonces, los rusos no destruyeron el gasoducto Soyuz en Ucrania, cerrado por Zelensky en mayo? Es un error pensar que los rusos son tan estúpidos como nosotros: este general haría bien en releer a Sun Tzu.

Esta línea de razonamiento ilustra la mentalidad conspirativa que reina en Occidente.

En primer lugar, Rusia nunca ha utilizado sus suministros de gas como medio de presión desde los años sesenta. Ya en 1982, los estadounidenses sabotearon el gasoducto ruso de Bratsvo[714]. Cuarenta años después, fueron los occidentales quienes anunciaron que querían dejar de importar gas y productos petrolíferos rusos, para no depender más de su vecino. En marzo, fue porque

---

712.«Nord Stream leaks: Sabotage to blame, says EU», *BBC News*, 28 de septiembre de 2022 (https://www.bbc.com/news/world-europe-63057966)
713. https://youtu.be/EMD47FFBvTs
714.Roman Kupchinsky, «Analysis: The Recurring Fear Of Russian Gas Dependency», *Radio Free Europe/Radio Liberty*, 11 de mayo de 2006.

Canadá no quiso devolver una turbina para Nord Stream 1, y luego se negó a dar garantías para la devolución de otras turbinas, que Rusia se vio obligada a interrumpir sus entregas.

En segundo lugar, si quisiera presionar a Occidente, podría jugar con el grifo para controlar el mercado e imponer su voluntad. Este es el principio del chantaje: poder dar marcha atrás. Al destruir los gasoductos, excluye automáticamente toda capacidad de acción y de chantaje sobre los países europeos. Así que no tiene ningún sentido. La acusación contra Rusia es tanto más absurda cuanto que Rusia y Turquía han anunciado su intención de crear un «eje energético» para suministrar gas a Europa[715].

En un plano más técnico, la isla de Bornholm está situada en el centro del estrecho entre Suecia y Polonia. Desde la Guerra Fría, se ha utilizado para vigilar el paso de submarinos nucleares rusos entre el mar Báltico y el Atlántico Norte. Denominado BALTAP en la terminología de la OTAN, este estrecho está cubierto por la mayor densidad de sensores electrónicos submarinos y dispositivos electrónicos de escucha de todo el Báltico. Resulta difícil imaginar que las acciones de los submarinos rusos hubieran podido tener lugar tan cerca de Bornholm sin desencadenar una alerta. Rusia no habría tenido ni el interés ni la oportunidad de cometer semejante sabotaje.

Entre los otros posibles culpables, probablemente podamos excluir a Alemania. El gasoducto Nord Stream 1 se construyó a petición de Gerhard Schröder, y el Nord Stream 2 a petición de Angela Merkel, con el fin de alejarse de la energía nuclear y el carbón. Además, Alemania es el país que más sufre las sanciones occidentales a los combustibles fósiles.

---

715. https://www.reuters.com/business/energy/erdogan-says-he-agreed-with-putin-form-natural-gas-hub-turkey-2022-10-19/

Por otro lado, Estados Unidos y Polonia se han opuesto al proyecto Nord Stream desde el principio. En febrero de 2022, el Presidente Biden declaró que, en caso de ofensiva rusa, «*no habrá más Nord Stream 2*». A la pregunta de cómo se haría, respondió: «*Le prometo que podremos hacerlo*[716]». Durante la construcción del gasoducto, la marina polaca interfirió repetidamente de forma peligrosa e irresponsable con los barcos rusos responsables de la obra[717]. Desde el comienzo de la operación rusa, los polacos han mostrado un comportamiento político muy inmaduro, por lo que muchos analistas militares anglosajones piensan que Polonia está implicada en este ataque.

Ya en 2015, la marina sueca interceptó un dron submarino cargado de explosivos cerca del gasoducto Nord Stream 2[718]. Las autoridades suecas no especificaron la nacionalidad del vehículo submarino, pero parece haber sido de construcción occidental. Además, dado que este suceso tuvo lugar justo después de la crisis ucraniana y teniendo en cuenta el ambiente de la época, es muy probable que si el vehículo submarino hubiera sido ruso, ¡Suecia lo hubiera dicho!

Entre abril y octubre de 2022, la US Navy desplegó el USS Kearsarge y su grupo anfibio[719], que realizaron una serie de

---

716. «If Russia invades Ukraine, there will be no Nord Stream 2, Biden says», *Reuters*, 8 de febrero de 2022 (https://www.reuters.com/business/energy/if-russia-invades-ukraine-there-will-be-no-nord-stream-2-biden-says-2022-02-07/)
717. «Poland Denies "Provocative" Naval Maneuvers Near Nord Stream 2», *The Maritime Executive*, 2 de abril de 2021 (https://maritime-executive.com/article/poland-denies-provocative-naval-maneuvers-near-nord-stream-2)
718. Mark Iden, «Explosive-Laden Drone Found Near Nord Stream Pipeline», *Pipeline Technology Journal*, 13 de noviembre de 2015 (https://www.pipeline-journal.net/news/explosive-laden-drone-found-near-nord-stream-pipeline).
719. Sargento Brittney Vella, «22nd MEU Returns from Seven-Month Deployment», *marines.mil*, 11 de octubre de 2022 (https://www.marines.mil/News/

ejercicios (con unidades de sabotaje y especialistas en demolición submarina) durante un periodo de seis meses en el mar Báltico[720]. Los sitios web *ads-b.nl* y *Flightradar24* disponen de una base de datos de movimientos de helicópteros estadounidenses en el Mar Báltico y muestran numerosos movimientos de helicópteros estadounidenses MH-60S en la zona del sabotaje unos días antes de las filtraciones observadas[721].

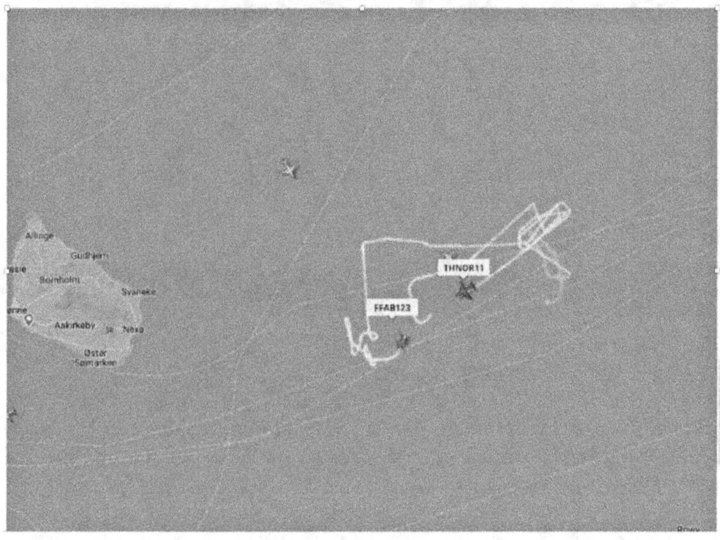

Figura 69 - Movimientos aéreos estadounidenses en la zona donde se produjo el sabotaje de los gasoductos.

News-Display/Article/3184121/22nd-meu-returns-from-seven-month-deployment/)

720. https://www.fehmarn24.de/fehmarn/us-navy-passiert-fehmarn-belt-grosser-flottenverband-der-91809308.html

721.https://www.moonofalabama.org/2022/09/whodunnit-facts-related-to-the-sabotage-attack-on-the-nord-stream-pipelines.html

Figura 70 - Movimientos aéreos frente a la isla de Bornholm, con helicópteros MH-60 equipados para detectar objetos submarinos, incluidos gasoductos, exactamente en las zonas donde se observaron los sabotajes.

La hipótesis de la responsabilidad estadounidense gana terreno en los círculos de inteligencia europeos y en los círculos intelectuales anglosajones. ¡Un análisis del economista de la Universidad de Columbia Jeffrey Sachs[722] ha sido calificado de *«teoría de la conspiración»* por el *Neue Zürcher Zeitung* (NZZ), un diario suizo antaño respetable, que lanza acusaciones sin ninguna base factual[723]! De hecho, el NZZ se basa en un artículo

722. https://youtu.be/nbt-CsSRJl8?t=6695

723.Lia Pescatore, «Nord-Stream-Lecks: kaum Fakten, dafür umso wildere Spekulationen», *NZZ*, 18 de octubre de 2022 (https://www.nzz.ch/amp/

publicado el día anterior[724] por el *Center for European Policy Analysis* (financiado por la industria armamentística estadounidense, la *National Endowment for Democracy* (NED) y los gobiernos de Estados Unidos y Estonia). Una fuente que es juez y parte, y que demuestra que el NZZ no trabaja según los principios de la Carta de Munich...

También es interesante observar que el NZZ atribuye el atentado a Rusia, ¡mientras que ni Estados Unidos, ni la Unión Europea, ni Alemania han atribuido el sabotaje a Rusia ni a ningún otro país! Un medio conspirativo denunciando una teoría conspirativa...

El NZZ está cubriendo lo que tiene todos los visos de ser un atentado terrorista, sin aportar ningún tipo de información objetiva. Es cierto que sólo pruebas circunstanciales permiten sacar conclusiones en esta fase. Neutralizar el Nord Stream 2 ha sido uno de los principales ejes de la política exterior estadounidense durante casi diez años, y en particular bajo Donald Trump.

Además de las declaraciones de Joe Biden, que pueden interpretarse de diferentes maneras, es cierto que este sabotaje no podría haber tenido lugar sin el conocimiento y la aprobación de Dinamarca y Suecia, que tienen el control técnico del espacio submarino en este lugar. También es cierto que este sabotaje no podría haber tenido lugar sin el acuerdo político de Estados Unidos.

---

wirtschaft/nord-stream-lecks-kaum-fakten-dafuer-umso-wildere-spekulationen-ld.1706600)
724.Mary Blankenship & Bill Echikson, «Conspiracy Theorists, Right-wing Politicians Fuel Nord Stream Disinformation», *Center for European Policy Analysis (CEPA)*, 17 de octubre de 2022 (https://cepa.org/article/conspiracy-theorists-right-wing-politicians-fuel-nord-stream-disinformation/)

Además, el contexto en Alemania tendería a confirmar la hipótesis de la responsabilidad estadounidense. El sabotaje se produce en un momento en que el Parlamento alemán de izquierdas pide al Gobierno que entable negociaciones con Rusia y anima a la población a salir a la calle para exigir la reapertura del Nord Stream[725], que Alemania (y no Rusia) ha cerrado.

Desde principios de septiembre se multiplican las manifestaciones en Alemania[726] que exigen el fin de las sanciones contra Rusia y el restablecimiento del suministro de gas natural[727]. De estas manifestaciones no informan los medios de comunicación europeos, que tratan de mantener un estado de tensión. Al mismo tiempo, Alemania está llevando a cabo negociaciones secretas con Rusia para encontrar soluciones[728].

Por tanto, Alemania podría haberse inclinado a favor de la «normalización» con Rusia. Por ello, Estados Unidos habría intentado hacer irreversible la situación actual. Al parecer, la CIA advirtió a las autoridades alemanas de un posible sabotaje de los gasoductos[729]. Es difícil interpretar esta advertencia, pero parece que la agencia estadounidense se oponía a tal sabotaje,

---

725.Sevim Dagdelen, «Sturm statt Burgfrieden», *Junge Welt,* 5 de septiembre de 2022 (https://www.jungewelt.de/artikel/433948.sturm-statt-burgfrieden.html)

726.«Miles de personas protestan en el este de Alemania por la subida de los precios de la energía», *aa.tr,* 27 de septiembre de 2022 (https://www.aa.com.tr/en/environment/thousands-march-in-eastern-germany-to-protest-soaring-energy-prices/2696034)

727.Philip Oltermann, «Germany's Die Linke on verge of split over sanctions on Russia», *The Guardian,* 19 de septiembre de 2022 (https://www.theguardian.com/world/2022/sep/19/germanys-die-linke-on-verge-of-split-over-sanctions-on-russia)

728.Pepe Escobar, «¿Quién se beneficia del terror de los oleoductos?», *La Cuna,* 29 de septiembre de 2022 (https://thecradle.co/Article/Columns/16307)

729.https://www.spiegel.de/politik/nord-stream-gasleitungen-cia-warnte-bundesregierung-vor-anschlag-auf-ostsee-pipelines-a-3ab0a183-8af6-4fb2-bae4-d134de0b3d57

que podría haber puesto en peligro la cohesión de la OTAN. En cualquier caso, parece que el BND, el servicio de inteligencia estratégica de Alemania, no fue informado... Así que todo parece una operación llevada a cabo por ciertos países de la OTAN contra Alemania.

Rusia solicitó formar parte del Equipo Conjunto de Investigación (ECI) del incidente, que iba a ser creado por Dinamarca, Suecia y Alemania. Como era de esperar, su solicitud fue denegada. Después, tras una investigación preliminar, Suecia se negó a participar en el ECI alegando que no podía compartir información con Alemania debido al nivel de clasificación. El 6 de octubre, la policía sueca anunció que había completado su investigación y concluido que se había producido un «sabotaje grave»[730], pero se negó a compartir sus conclusiones por motivos de «seguridad nacional». Este fue también el tenor de la respuesta del gobierno alemán a la pregunta de los parlamentarios. A finales de octubre, el gobierno sueco anunció una nueva investigación por parte de las fuerzas armadas suecas.

Al mismo tiempo, Rusia acusó a Gran Bretaña de participar en el sabotaje.

Evidentemente, si la investigación hubiera confirmado la responsabilidad de Rusia, se habrían sucedido las reuniones de emergencia en Europa y en el seno de la OTAN. Pero no fue así. No sabemos con certeza quién llevó a cabo realmente este ataque, pero los alemanes saben que no fue Rusia y que fue uno de sus aliados de la OTAN...

Añádase a esto el hecho de que Anthony Blinken, Secretario de Estado estadounidense, describió el atentado como una

---

730.https://sakerhetspolisen.se/ovriga-sidor/nyheter/nyheter/2022-10-06-starkt-misstanke-om-grovt-sabotage-i-ostersjon.html

«*oportunidad increíble*»[731], algo que ningún occidental habría dicho tras los atentados de septiembre de 2001, y se tendrá una idea de la especial categoría de este sabotaje.

El 13 de octubre de 2022, en un momento en que Rusia proponía a Turquía la creación de un «polo energético», se interceptó un intento de sabotaje del gasoducto *TurkStream*[732]. No conocemos a los autores de este intento, pero podemos suponer que formaba parte del mismo proyecto, que consiste en aislar a Rusia total e irreversiblemente.

Todos estos elementos no son pruebas fácticas, sino indicios circunstanciales de la implicación de Estados Unidos en este sabotaje, con la complicidad de los países europeos. Esto plantea la cuestión del fondo de las relaciones entre los países occidentales: ¿se basan estas relaciones en el chantaje permanente del uso de la fuerza, o incluso del terrorismo?

Estos sabotajes ilustran el hecho de que a los servicios de inteligencia occidentales les cuesta integrarse y siguen sirviendo a intereses nacionales o a intereses que no les son necesariamente favorables[733]. Ya en 2021, Dinamarca fue criticada por permitir que los servicios estadounidenses espiaran a sus socios de la OTAN y la UE.[734]

731.https://www.state.gov/secretary-antony-j-blinken-and-canadian-foreign-minister-melanie-joly-at-a-joint-press-availability/
732.https://www.aa.com.tr/en/politics/several-arrested-after-attempt-to-blow-up-turkstream-pipeline-russia/2710880
733.Charlie Duxbury, «Nord Stream investigation tests EU intelligence sharing around the Baltic», *Politico*, 28 de octubre de 2022 (https://www.politico.eu/article/sweden-denmark-germany-nord-stream-investigation-tests-eu-intelligence-sharing-around-the-baltic/)
734.Charlie Duxbury & Laurens Cerulus, «Vestager dodges tough questions on US spy scandal», *Politico*, 3 de junio de 2021 (https://www.politico.eu/article/margrethe-vestager-unsolved-spy-mystery-nsa-surveillance-edward-snowden/)

Pero también cuestiona la esencia de la democracia alemana, cuyos dirigentes aceptan que sus propios aliados les presenten hechos consumados contra su propio pueblo. ¿Qué valores defiende Alemania? Si los alemanes aceptan tales autoridades, no deberían quejarse del desastre económico que les amenaza...

8.3.5. Suicidio económico

Se habla de «chantaje» a Rusia, pero en realidad nunca ha utilizado ni amenazado con utilizar sus exportaciones de gas para presionar a Europa. En 2022, fue la convergencia de dos determinaciones occidentales la que creó el problema: la de Estados Unidos para debilitar a Rusia y la de los europeos para aplicar políticas medioambientales impopulares. Europa está entonces dirigida por gobiernos de izquierdas y «verdes», como en Alemania, que ven la oportunidad de aprovechar la guerra de Ucrania para imponer sanciones y obligar así a la economía europea a cumplir sus objetivos climáticos, como señala un informe de la *Agencia Internacional de la Energía* (AIE)[735]. Es una forma de culpar a Rusia de la impopularidad de estas medidas.

Sorprendentemente, esta energía abundante y barata, que había permitido a Europa prosperar manteniendo su competitividad internacional, sobre todo frente a China, está siendo sustituida voluntariamente por una energía más cara y más difícil de transportar.

---

735. Dr. Fatih Birol, «Coordinated actions across Europe are essential to prevent a major gas crunch: here are 5 immediate measures», *Agencia Internacional de la Energía*, 18 de julio de 2022 (https://www.iea.org/commentaries/coordinated-actions-across-europe-are-essential-to-prevent-a-major-gas-crunch-here-are-5-immediate-measures).

El coste que pagará Europa no le permitirá recuperar la competitividad imprescindible para competir con Asia, como señala el *Wall Street Journal*[736].

8.3.6. *Ventas de gas natural en rublos*

Las sanciones adoptadas contra Rusia preveían el bloqueo de las cuentas rusas en bancos europeos. De este modo, el gas ruso se ingresaría en las cuentas de Gazprom en bancos europeos; las sumas quedarían entonces congeladas hasta que Occidente se saliera con la suya. Los rusos respetarían el contrato entregando el gas; los occidentales, por su parte, respetarían sus obligaciones de pago pero se reservarían el derecho a recuperar lo que hubieran pagado. Es una forma de robo. Ni más ni menos. Es más, con la confiscación (que no congelación) de los fondos soberanos rusos de reserva en los bancos occidentales, la perspectiva de confiscación de los beneficios de las ventas de gas era un riesgo real.

Por ello, Rusia se comprometió a transferir las transacciones financieras a una jurisdicción rusa para eliminar el riesgo de interrupción de pagos y congelación de sus cuentas. Por eso, en marzo de 2022, tras las sanciones occidentales a las transacciones en dólares y euros, Rusia anunció que ya no aceptaría el pago del gas natural en esas divisas. Exige el pago en rublos. Esta medida cogió por sorpresa a las cancillerías occidentales.

En un principio, la UE se opuso, afirmando que ello supondría una violación de las sanciones[737].

736.Matthew Dalton, «Some European Factories, Long Dependent on Cheap Russian Energy, Are Shutting Down», *The Wall Street Journal*, 13 de junio de 2022 (https://www.wsj.com/articles/some-european-factories-long-dependent-on-cheap-russian-energy-are-shutting-down-11655112927)
737.«EU Says Pay for Russian Gas in Euros to Avoid Breaching Sanctions», *Re-*

De hecho, en virtud de la Ley de Control de Divisas, las empresas rusas exportadoras de hidrocarburos debían cambiar parte de sus ingresos a rublos. La proporción que debía convertirse en rublos variaba de vez en cuando. El decreto de Vladimir Putin de 28 de febrero de 2022[738], «*Sobre la aplicación de medidas económicas especiales en relación con los actos inamistosos de los Estados Unidos de América y los Estados extranjeros y organizaciones internacionales que se han unido a él*», fija esta proporción en el 100%.

El mecanismo definido por Rusia es bastante sencillo y, de hecho, no cambia mucho respecto al que estaba en vigor antes de las sanciones occidentales:

1 Se pide al comprador que abra dos cuentas en Gazprombank: una primera cuenta denominada en euros o dólares y una segunda cuenta denominada en rublos.

2 En el momento de la compra, el cliente abona la suma acordada en euros o dólares en su primera cuenta.

3 A continuación, ordena la transferencia de esta suma a su cuenta en rublos.

4 A continuación, paga a Gazprom.

5 Al final de esta última operación, la transacción se da por concluida.

La ventaja de este sistema para Rusia es doble. En primer lugar, evita que el producto de su venta sea objeto de sanciones,

---

uters/US News, 22 de abril de 2022 (https://money.usnews.com/investing/news/articles/2022-04-22/eu-says-gas-payments-may-be-possible-under-russian-roubles-proposal-without-breaching-sanctions)

738. Указ Президента РФ от 28.02.2022 N 79 (ред. от 23.05.2022) «О применении специальных экономических мер в связи с недружественными действиями Соединеннных Штатов Америки и примкнувших к ним иностранных государств и международных организаций» (http://www.consultant.ru/document/cons_doc_LAW_410417/)

o incluso confiscado, como hacen regularmente los bancos occidentales. En segundo lugar, crea demanda de rublos, lo que contribuye a la apreciación de la moneda rusa.

Enfrentada a la disyuntiva de aplicar el mecanismo definido por los rusos o dejar de recibir gas natural, la Unión Europea, atrapada en su propio juego, pide a sus miembros que ingresen las sumas en la primera cuenta y luego las transfieran a la otra, sin dar la orden de convertirlas en rublos y declarando luego la transacción concluida[739]. Este es exactamente el proceso exigido por los rusos, con la diferencia de que los occidentales no especifican que la suma se ha convertido en rublos. En realidad, esta operación se realiza automáticamente sin orden alguna, pasando de la primera cuenta a la segunda. La UE se reduce a este truco para intentar salvar la cara con un ejercicio de patio de colegio...

Diferencia entre el proceso ruso y el propugnado por la UE

	Proceso decidido por las autoridades rusas	**Proceso recomendado por la UE**
1	El comprador abre en Gazprombank: una cuenta denominada en euros o dólares, y una cuenta denominada en rublos.	Idem
2	El comprador ingresa la suma acordada en su cuenta en euros o dólares.	Lo mismo digo, pero el comprador ha emitido un comunicado de prensa en el que afirma que considera que la transacción se ha completado.
3	Esta suma se transfiere a su cuenta en rublos y se convierte automáticamente.	Idem

---

739. Ewa Krukowska & Alberto Nardelli, «EU Drafts Plan for Buying Russian Gas Without Breaking Sanctions», *Bloomberg*, 14 de mayo de 2022 (https://www.bloomberg.com/news/articles/2022-05-14/eu-drafts-plan-for-buying-russian-gas-without-breaking-sanctions)

	Proceso decidido por las autoridades rusas	Proceso recomendado por la UE
4	A continuación, el importe convertido se transfiere a una cuenta en rublos de Gazprom.	Idem
5	A partir de ese momento, Gazprom considerará que la transacción se ha completado.	Idem

Este sistema también permite a Rusia controlar el tipo de cambio del rublo y obtener así un beneficio de la transacción. Por eso podemos esperar que, con el tiempo, los importadores extranjeros abandonen gradualmente el uso de sus cuentas en euros o dólares y paguen directamente en rublos. También podemos esperar que otras materias primas se vendan utilizando este sistema.

Según Bruno Le Maire, ministro francés de Economía, la estrategia occidental consistía en provocar una depreciación masiva de su moneda, con el fin de crear una inflación catastrófica en Rusia y provocar así el hundimiento de la economía rusa[740]. La decisión rusa, que evidentemente no había sido prevista por Occidente, restableció rápidamente la confianza en el rublo y lo estabilizó. Tanto es así que, en marzo, el rublo fue la divisa que mejor se comportó en el mercado[741], y el medio financiero Bloomberg la nombró «divisa del año[742]». Mientras

---

740. «Guerra en Ucrania: "Vamos a provocar el colapso de la economía rusa", afirma Bruno Le Maire», *Radio France*, 1 de marzo de 2022.
741. Krishna Kant, «Ruble becomes best-performing currency in March; soars to 83 to the dollar», *Business Standard*, 29 de marzo de 2022.
742. Davison Santana, «Ruble Surpasses Brazil's Real as Year's Best-Performing Currency», *Bloomberg*, 11 de mayo de 2022 (https://www.bloomberg.com/news/articles/2022-05-11/russian-ruble-surpasses-brazilian-real-as-world-s-best-currency)

que antes de la ofensiva rusa cotizaba a 80 rublos por dólar, en mayo de 2022 lo hacía a 60-63 rublos por dólar y en julio a 59-60.

8.4. El embargo del petróleo ruso

Occidente impuso sus sanciones en contra del consejo del mundo económico, en particular de la Fed estadounidense, y del mundo financiero, basando su juicio en la idea de que Rusia no era más que una estación de servicio cuyo comercio de petróleo había que impedir.

En abril de 2022, Janet Yellen, ex directora de la Reserva Federal y actual Secretaria del Tesoro a las órdenes de Joe Biden, advirtió a los europeos de que no impusieran un embargo al petróleo ruso para evitar desestabilizar el mercado.

Según la UE, el objetivo de las sanciones es reducir la capacidad de financiación de la ofensiva rusa en Ucrania. En realidad, impedir que Rusia venda su petróleo y gas en Occidente ha provocado una reducción de la oferta, lo que tiene dos consecuencias: un aumento relativo de la demanda y el uso de fuentes alternativas más caras. Gracias al cierre del mercado europeo, los ingresos de Rusia han aumentado considerablemente. Según *Business Insider*, aumentaron un 50% en mayo de 2022[743]. En junio de 2022, según *Oilprice.com*, Rusia espera unos ingresos adicionales de 6.400 millones de dólares[744].

---

743. Brian Evans, «Russia is earning $20 billion per month in oil sales as higher crude prices lift export revenue 50%, says IEA», *Business Insider*, 12 de mayo de 2022 (https://markets.businessinsider.com/news/commodities/russian-oil-sales-20-billion-month-export-revenue-jumps-iea-2022-5)
744. Tsvetana Paraskova, «Russia Sees Extra $6.4 Billion Oil Revenue In June As Prices Rally», *oilprice.com*, 3 de junio de 2022 (https://oilprice.com/Energy/Oil-Prices/Russia-Sees-Extra-64-Billion-Oil-Revenue-In-June-As-Prices-Rally.html)

De ello pueden extraerse dos conclusiones. En primer lugar, el objetivo de las sanciones no es reducir las capacidades militares de Rusia y mejorar así la situación en Ucrania, sino desconectar a Rusia de Europa. En segundo lugar, Occidente parece haber ignorado el hecho de que, a diferencia de ciertos productos manufacturados para los que el mercado tiene una dimensión finita, las materias primas energéticas tienen un mercado muy dinámico. Lo que no va a Europa encuentra rápidamente un comprador en otra parte. Las sanciones occidentales tendrían sentido si la «comunidad internacional» no se limitara a Occidente. Por eso los estadounidenses han intentado presionar a China[745] y a India[746] amenazándoles con sanciones.

En julio de 2022, el informe de la Agencia Internacional de la Energía (AIE) muestra que, a pesar de una caída de sus exportaciones de petróleo de 250.000 barriles/día, los ingresos de Rusia han aumentado en 700 millones de dólares, alcanzando los 20.400 millones para junio de 2022[747].

La ecuación es sencilla. Al imponer un embargo a la compra de petróleo ruso, los europeos han provocado una reducción de la oferta, lo que a su vez está haciendo subir los precios. Por tanto, las sanciones europeas van en contra de su objetivo, que era eliminar las fuentes de financiación de Rusia para la guerra de Ucrania. Para que esto funcionara, tendría que haber

---

745.Michael Martina, «U.S. says China could face sanctions if it supports Russia's war in Ukraine», *Reuters*, 6 de abril de 2022 (https://www.reuters.com/world/us-says-china-could-face-sanctions-if-it-supports-russias-war-ukraine-2022-04-06/)
746.«US Warns India of "Consequences" Over Avoiding Sanctions On Russia», NDTV.com, 1 de abril de 2022 (https://www.ndtv.com/india-news/us-warns-india-of-consequences-over-avoiding-us-sanctions-on-russia-2855569)
747.«Oil Market Report - July 2022», *iea.org*, 7 de julio de 2022 (https://www.iea.org/reports/oil-market-report-july-2022)

unanimidad mundial contra Rusia, pero ésta no existe. Los demás países exportadores de petróleo se frotan las manos, porque ellos también se benefician de esta ganancia providencial.

En cuanto a China, sabe que sea cual sea el resultado del conflicto en Ucrania, es el siguiente en el punto de mira de Occidente. Por tanto, no tiene ningún interés en alinearse con Occidente. Lo mismo puede decirse de India, que está sometida a fuertes presiones de Estados Unidos para que se alinee con las sanciones occidentales[748].

Así, mientras Occidente critica a Rusia por influir en la política de seguridad de Ucrania, ésta intenta imponer su política exterior por la fuerza al resto del mundo. Este fenómeno ha sido muy mal percibido por el «resto del mundo». Países como Arabia Saudí saben que Occidente no cumple sus promesas y están dispuestos a declarar «enemigos» a quienes se niegan a alinearse con su política.

La magnitud de las sanciones contra Rusia ha tenido efectos colaterales que Occidente no esperaba. En particular, ha demostrado a los demás países del mundo que no están protegidos por el Derecho internacional. Les ha hecho darse cuenta de que su estabilidad económica depende exclusivamente de la buena voluntad de los países occidentales. En otras palabras, deben liberarse poco a poco de su dependencia de Occidente. Por eso Arabia Saudí, Brasil e India han empezado a estrechar lazos con China y Rusia.

Un acontecimiento importante que ha recibido poca cobertura mediática es la decisión de Arabia Saudí de vender su petróleo en yuanes. Puede parecer insignificante, pero podría

---

748. Mujib Mashal, «As World Rebukes Russia, India Tries to Stay Above the Fray», *The New York Times*, 1 de marzo de 2022 (https://www.nytimes.com/2022/03/01/world/asia/india-russia-united-states-ukraine.html)

significar el fin inminente del petrodólar, con enormes repercusiones para la economía estadounidense a largo plazo.

El «petrodólar» es un sistema desarrollado por los estadounidenses e impuesto a Arabia Saudí (a cambio de protección militar) y después a todos los países productores de petróleo a partir de 1975, para que el petróleo se pagara exclusivamente en dólares. En aquella época, los estadounidenses ya no podían financiar su guerra en Vietnam y se vieron obligados a aumentar su masa monetaria, con el riesgo de inflación. El sistema del «petrodólar» obligó a otros países del mundo a comprar dólares para pagar su petróleo. El resultado es un aumento de la demanda de dólares, lo que permite a Estados Unidos «imprimir dinero» sin verse atrapado en un bucle inflacionista. Se trata de un «esquema Ponzi»[749] por el que la economía estadounidense -que es esencialmente una economía de consumo- se sostiene gracias a las economías de otros países del mundo. La desaparición del petrodólar supondría un duro revés para la economía estadounidense, si no su colapso, como ha advertido el senador republicano Ron Paul[750].

Tras el fracaso de las sanciones contra el gas natural ruso, la UE cambia de táctica y propone un embargo sobre el petróleo ruso. Janet Yellen, Secretaria del Tesoro estadounidense, advirtió a los europeos de que tal embargo desestabilizaría el mercado y desencadenaría una subida prohibitiva de los precios del crudo[751], con consecuencias desastrosas para la economía mundial.

749.Wikipedia: Un esquema Ponzi es un acuerdo financiero fraudulento en el que las inversiones de los clientes se remuneran principalmente con fondos aportados por nuevos participantes.
750.Addison Wiggin, «No Iran Deal, No Petrodollar», *The Daily Reckoning,* 18 de agosto de 2015. (https://dailyreckoning.com/no-iran-deal-no-petrodollar/)
751.Sylvan Lane, «Yellen: European ban on Russian energy may do more harm than good», *The Hill,* 21 de abril de 2022 (https://thehill.com/policy/finance/3275829-yellen-european-ban-on-russian-energy-may-do-more-harm-than-good/?rl=1)

Los intentos occidentales de influir en el precio del petróleo imponiendo un tope de precios o exigiendo un aumento de la producción han sido muy mal recibidos en el mundo no occidental. La propaganda europea lo explica como un deseo de aprovecharse de la crisis en Occidente y «ganar más dinero», pero eso es un poco simple.

La OPEP es un cártel que decide los niveles de producción en función del mercado y de los intereses de sus miembros. Los intentos de Occidente -y de Estados Unidos en particular- de influir en las decisiones de la organización no son más que una forma de manipular el mercado. Al limitar el precio sólo para Rusia, es posible comprar petróleo a un precio más bajo y luego revenderlo al precio del mercado. Así pues, esta manipulación no sólo es contraria a las reglas del mercado, sino que también es una forma de eludir a la OPEP y pisotear sus intereses.

En respuesta a la subida de los precios de la energía, Alemania ha decidido liberar 200.000 millones de euros para ayudar a los hogares a pagar sus facturas. Nos encontramos, pues, en una situación en la que se reduce la oferta mediante sanciones, mientras se estimula la demanda mediante subvenciones. Esto es exactamente lo contrario de lo que necesitamos para frenar la presión inflacionista.

Las sanciones occidentales contra Rusia se han sumado a las impuestas contra el petróleo iraní y venezolano. Occidente -y los europeos en particular- se han atrapado a sí mismos. Esperan que la OPEP acuda en su rescate cuando han tomado decisiones que eluden las reglas del mercado, ¡y exigen que los estadounidenses les suministren gas a un precio inferior al del mercado resultante de la escasez creada por las sanciones!...

8.5. Ucrania en la UE

El 23 de junio de 2022, la UE concede oficialmente -y a bombo y platillo- a Ucrania el estatuto de país candidato a la adhesión. El tono victorioso del anuncio recuerda al de la película *Le Dîner de cons*, cuando François Pignon (Jacques Villeret) exclama orgulloso: «¡Tenemos los derechos! Hacéis algo que no tiene ninguna repercusión en la resolución de la crisis, y que sabéis de antemano que no conducirá a nada; pero lo veis como una victoria. Porque, de hecho, el objetivo de esta medida es consolidar el aislamiento de Rusia en lugar de hacer avanzar a Ucrania.

Un aspecto bastante extraño de la reacción europea desde 2014 es la creencia de que Rusia intenta impedir la adhesión de Ucrania a la UE. Sin embargo, está demostrado que, en 2013, fue la UE la que vetó la posibilidad de una solución que hubiera acomodado los intereses de la UE, Ucrania y Rusia al mismo tiempo. Impuesta a Ucrania por José-Manuel Barroso, esta disyuntiva la llevó a retrasar la decisión del Gobierno de Yanukóvich, que fue el detonante de los sucesos de Maïdan.

En 2019, Ucrania había incluido en su Constitución el objetivo de adherirse a la UE[752]. Ya en febrero de 2022, la UE esgrimió la adhesión de Ucrania como una forma de represalia a la ofensiva rusa. Sin embargo, como señala *Reuters*, Rusia no tiene ningún problema con esto[753].

---

752. «El presidente de Ucrania firma una enmienda sobre el ingreso en la OTAN y la UE», *AP News*, 19 de febrero de 2019 (https://apnews.com/article/cb742d45ae394798bbc7891d30efaa71)

753. «Putin dice que Rusia no tiene "nada en contra" de que Ucrania se una a la UE Acceso», *Reuters*, 18 de junio de 2022 (https://www.euronews.com/2022/06/18/uk-ukraine-crisis-eu-russia)

De hecho, el *Acuerdo de Asociación entre la Unión Europea y la Comunidad Europea de la Energía Atómica* (CEEA), que se negoció en 2013 y finalmente entró en vigor en 2017, no fue favorable para Ucrania. Hubo dos razones principales para ello. La primera es que la UE no está preparada para asociarse con países cuyas economías se encuentran en tal estado. Sus herramientas *«se desarrollaron para que las economías de mercado avanzadas formaran un mercado único, y no para países que luchan por modernizar sus economías y su gobernanza, como Ucrania»*[754]. Como hemos visto desde 2017, la UE es incapaz de abordar los retos institucionales y estructurales, como una administración incapacitada, un Estado de Derecho débil, corrupción y una economía débil[755]. En 2020, ¡Ucrania es el único país de la antigua URSS cuyo PIB es inferior al de 1991! En febrero de 2021, según una encuesta de *Interfax Ucrania*, casi el 70% de los ucranianos cree que el país va por mal camino[756].

La segunda es que el Acuerdo de Libre Comercio Amplio y Profundo (DCFTA), que forma parte de la CEEA, afecta al norte del país de forma diferente a su sur industrial, que tradicionalmente ha mirado a Rusia. Es el caso de algunas de las joyas de la corona de la industria ucraniana, como el fabricante de aviones

---

754. Balázs Jarábik, Gwendolyn Sasse, Natalia Shapovalova & Thomas de Waal, «The EU and Ukraine: Taking a Breath», *The Carnegie Endowment for Peace*, 27 de febrero de 2018 (https://carnegieendowment.org/2018/02/27/eu-and-ukraine-taking-breath-pub-75648)

755. Timothy Ash, Janet Gunn, John Lough, Orysia Lutsevych, James Nixey, James Sherr & Kataryna Wolczuk «The Struggle for Ukraine», *Chatham House*, 18 de octubre de 2017 (https://www.chathamhouse.org/2017/10/struggle-ukraine#european-integration).

756. «El 69% de los ucranianos considera que la situación económica es mala y el 32% espera que empeore, según una encuesta», *Interfax-Ucrania*, 9 de febrero de 2021.

Antonov, que estaba vinculado a la industria aeronáutica rusa[757], o los astilleros Nikolaïev del Mar Negro, que quebraron[758]... De hecho, la CEEA ha provocado una desindustrialización gradual de Ucrania. Esta es una de las razones por las que el sur del país no estuvo de acuerdo con la firma de un acuerdo con la UE en 2014.

Desde 2014, Vladimir Putin ha comprendido que el objetivo de los europeos no era desarrollar Ucrania, sino alejarla de Rusia. Obligada a reestructurar su economía por las sanciones occidentales, Rusia ya no tiene vínculos económicos con Ucrania. Los productos que antes compraba a Ucrania ahora se fabrican allí. En otras palabras, Rusia es indiferente a los vínculos entre Ucrania y la UE[759].

De hecho, Ucrania es un cáliz envenenado para la UE. Con un PIB per cápita que es el segundo más bajo de Europa[760], Ucrania es un coste neto para la UE. Es un país cuya población lleva desertando desde 1991, y es probable que el proceso se acelere, empujando al país aún más al marasmo. Por este motivo, Dinamarca y los Países Bajos habían expresado su desacuerdo con la solicitud de adhesión de Ucrania a la UE[761]. Pero, al parecer,

757. Artículo «Antonov (aeronáutica)», Wikipedia

758. «Ucrania ha perdido el astillero que construyó la corbeta "Vladimir el Grande"», *metallurgprom.org*, 29 de junio de 2021 (https://metallurgprom. org/en/news/ukraine/8859-ukraina-poterjala-sudostroitelnyj-zavod-ko-toryj-stroil-korvet-vladimir-velikij.html)

759. Elena Teslova, «Russia not worried about Ukraine's EU candidate status: Putin», *aa.com.tr*, 17 de junio de 2022 (https://www.aa.com.tr/en/world/rus-sia-not-worried-about-ukraines-eu-candidate-status-putin/2616606)

760. https://statisticstimes.com/economy/european-countries-by-gdp-per-ca-pita.php

761. Anastasia Kalatur, «Bloomberg: Данія і Нідерланди проти кандидатства України на вступ в ЄС», *Ukraïnska Pravda*, 10 de junio de 2022 (https://www. pravda.com.ua/news/2022/06/10/7351618/).

la política primó sobre la economía, la política fiscal, la lucha contra la corrupción[762] o el respeto de los derechos humanos...

8.6.La adhesión de Suecia y Finlandia a la OTAN

A mediados de mayo de 2022, en medio de la emoción y el frenesí desatados por la ofensiva rusa en Ucrania, Suecia y Finlandia declararon su intención de solicitar el ingreso en la OTAN lo antes posible.

A principios de los años noventa, cuando Suiza se planteaba la posibilidad de incorporarse a la Asociación para la Paz (APP) de la OTAN, una de nuestras primeras visitas fue a Moscú para calibrar su percepción de la neutralidad suiza en esta nueva situación.

En 2022, la oposición de Turquía demuestra el increíble diletantismo de los dirigentes suecos y finlandeses, que se olvidaron por completo de consultar a los distintos miembros de la Alianza -y a Turquía en primer lugar- para calibrar su apoyo.

El 26 de mayo de 2022, al término de las conversaciones en Ankara, el representante turco insiste en que Suecia y Finlandia deben resolver las cuestiones relacionadas con el terrorismo para poder ingresar en la OTAN. Afirma que el proceso de adhesión de Suecia y Finlandia a la OTAN no continuará hasta que se cumplan las exigencias de Turquía. Entre ellas figuran :
- la extradición a Turquía de miembros del PKK sospechosos de terrorismo; y
- la supresión inmediata de las restricciones al suministro de productos a la industria de defensa.

762.«EC Set To Back Ukraine's EU Candidate Status Despite Objections from Denmark, Netherlands», *Radio Free Europe/Radio Liberty*, 10 de junio de 2022 (https://www.rferl.org/a/ec-set-to-back-ukraine-eu-candidate-status-despite-objections/31892207.html)

Por último, para obtener el consentimiento de Tayyip Erdogan, Suecia tendrá que extraditar a 73 personas que Turquía considera terroristas por sus vínculos con la organización terrorista PKK y la red Gülen. Se encuentran bajo la protección política de Suecia, que no los considera terroristas y ha rechazado previamente todas las solicitudes de extradición.

Se trata de una situación cuando menos paradójica, en la que un país «democrático» entrega a un país «autocrático» a individuos a los que ha concedido protección en nombre de la lucha contra la autocracia. Esto demuestra la importancia que Suecia concede a sus «valores», que perdió cuando vendió su alma al diablo.

Desde un punto de vista estratégico, la decisión de Suecia y Finlandia pone de manifiesto la debilidad analítica de sus gobernantes y de los europeos. Estos gobiernos de la «generación X» cometen el mismo error que los países del antiguo bloque del Este al pensar que la energía nuclear estadounidense les protegería en caso de conflicto. Cometen dos errores de razonamiento.

En primer lugar, se basan en la idea de que Rusia pretende atacar a sus vecinos sin motivo. Esto es obviamente falso, como hemos visto. La decisión de Rusia de intervenir en Ucrania dista mucho de ser irracional, aunque no estemos de acuerdo con ella. Nuestra desafortunada costumbre de no escuchar lo que nos dicen los rusos y sustituirlo por nuestro propio razonamiento nos ha llevado sistemáticamente a tomar decisiones equivocadas.

En segundo lugar, no tienen en cuenta la estrategia nuclear estadounidense. Estados Unidos no sacrificará su propio suelo nacional golpeando suelo ruso por el bien de Suecia o Finlandia. En otras palabras, estos dos países, que cumplían los criterios de neutralidad que Rusia desearía para sus vecinos directos, se han puesto deliberadamente en el punto de mira nuclear de Rusia. Para Rusia, la principal amenaza procede del teatro de guerra centroeuropeo. En caso de un hipotético conflicto en Europa, las fuerzas rusas estarían comprometidas en primer lugar en Europa Central, y podrían utilizar sus ejércitos nucleares del teatro de operaciones para «flanquear» sus operaciones golpeando a los países nórdicos, prácticamente sin riesgo de una respuesta nuclear estadounidense.

En junio de 2022, los medios de comunicación ucranianos *ZN,UA* declararon:

> *Algunos aliados de la OTAN pueden malinterpretar las lecciones de esta guerra, dadas las perspectivas a largo plazo de la seguridad europea. Rusia no desaparecerá como rival estratégico, y su ejército no es tan «Potemkin» como parece.*[763]

A nuestros pseudoexpertos les gusta citar el ejemplo de la guerra ruso-finlandesa de 1939-1940 para explicar que Ucrania bien podría derrotar a Rusia. Sin embargo, como señala *The Economist*, Finlandia resistió entonces con éxito el ataque soviético. Pero generalmente se olvida que el mando alemán de la época no aprendió las lecciones pertinentes para su ataque a la URSS en 1941, que fue la causa de su derrota[764].

---

763. «The Economist: Україні вдається борися з армією Росії, але це не означає, що НАТО теж зможе», *ZN,UA*, 10 de junio de 2022 (https://zn.ua/ukr/WORLD/the-economist-ukrajini-vdajetsja-borisja-z-armijeju-rosiji-ale-tse-ne-oznachaje-shcho-nato-tezh-zmozhe.html).
764. «NATO should avoid learning the wrong lessons from Russia's blunder in Ukraine, says Michael Kofman», *The Economist*, 7 de junio de 2022 (actualizado el 9 de junio de 2022) (https://www.economist.com/by-invitation/2022/06/07/nato-should-avoid-learning-the-wrong-lessons-from-russias-blunder-in-

A finales de octubre de 2022, el Gobierno finlandés elaboró un proyecto de ley que autoriza el despliegue de fuerzas nucleares en su territorio[765]. Este proyecto de ley aún debe ser aprobado por el Parlamento. Dado el clima político de 2022, es probable que el proyecto de ley sea aprobado. En este escenario, Finlandia está tomando una decisión histórica, ya que aumenta el riesgo de verse atrapada en un conflicto nuclear, sin mejorar significativamente su postura estratégica en caso de conflicto en Europa...

ukraine-says-michael-kofman)
765.Lauri Nurmi, «Hallituksen esitys Nato-jäsenyydestä: ei rajoituksia ydina-seille Suomessa», Iltalehti, 26 de octubre de 2022 (https://www.iltalehti.fi/po-litiikka/a/79b81501-689d-4ad8-bf69-c6aabab71985).

9. El ridículo no mata

9.1. Las enfermedades de Vladimir Putin

En mayo de 2022, Sir Richard Dearlove, ex jefe del Servicio Secreto de Inteligencia (SIS), el servicio de inteligencia exterior británico (también conocido como MI-6), declaró que el estado de salud de Vladimir Putin requeriría su hospitalización en un sanatorio en 2023[766].

La lista de enfermedades que padece Vladimir Putin parece aumentar cada día. Cada foto del Presidente ruso es escrutada por periodistas que, sin duda, habrían dedicado la misma energía a los Acuerdos de Minsk. Cada temblor, cada cambio de color de piel, cada gesto es un pretexto para un nuevo diagnóstico médico. Tras dos años de pandemia en los que nuestros medios de comunicación nos instaban -con razón- a «seguir a la ciencia», se han convertido en el Diafoirus de la política.

---

766. David Propper, «Putin aterrizará en un sanatorio y perderá el poder en 2023: ex jefe del MI6», The New York post, 22 de mayo de 2022 (https://nypost.com/2022/05/22/putin-will-be-sent-to-sanatorium-by-2023-ex-mi6-chief/)

RTS lo califica de «megalómano paranoico»[767] que sin duda tiene «cáncer de tiroides»[768]. En realidad, se trata sólo de conjeturas utilizadas con fines propagandísticos. En julio de 2022, en el Foro de Seguridad de Aspen, el director de la CIA, William Burns, declaró que Putin estaba *«demasiado sano»*[769] y que no había *«ningún dato de inteligencia que sugiera que goza de mala salud»*[770].

¡Estos son los mismos medios que llaman a otros teóricos de la conspiración!

9.2.El destino de Marina Ovsyannikova

El 14 de marzo de 2022, Marina Ovsyannikova provocó el aplauso internacional al interrumpir el programa de noticias ruso First Channel con una pancarta en la que pedía el fin de la guerra en Ucrania[771]. Fue detenida y multada con 280 dólares.

767.«Megalómano, con cortisona, paranoico: la salud mental de Vladimir Putin analizada por un psiquiatra», *rts.ch*, 19 de marzo de 2022 (https://www.rts.ch/info/monde/12951473-megalomane-sous-cortisone-parano-la-sante-mentale-de-vladimir-poutine-analysee-par-un-psychiatre.html)

768.«Selon une enquête, Vladimir Poutine aurait un cancer de la thyroïde, mais devrait en guérir», *rts.ch*, 13 de junio de 2022 (https://www.rts.ch/info/monde/13162992-selon-une-enquete-vladimir-poutine-aurait-un-cancer-de-la-thyroide-mais-devrait-en-guerir.html)

769.Nahal Toosi, «Director de la CIA: Putin 'demasiado sano'», *Politico*, 20 de julio de 2022 (https://www.politico.com/news/2022/07/20/cia-putin-health-00047046)

770.Gordon Corera y George Wright, «Guerra de Ucrania: CIA chief says no intelligence that Putin is in bad health», *BBC News*, 21 de julio de 2022 (https://www.bbc.com/news/world-europe-62246914)

771.Pjotr Sauer, «"They're lying to you": Russian TV employee interrupts news broadcast», The Guardian, 14 de marzo de 2022 (https://www.theguardian.com/world/2022/mar/14/russian-tv-employee-interrupts-news-broadcast-marina-ovsyannikova)

Francia le ofreció asilo político. Ella lo rechazó y prefirió quedarse en Rusia[772]. Esto demuestra dos cosas: que el gobierno francés no tiene una comprensión clara de la situación en Rusia, y que no puede entender el enfoque de la periodista. Ella hace campaña contra la guerra, no contra Rusia. Es el mismo etnocentrismo que le reprochan, con razón, países como Malí.

Sin embargo, Marina Ovsyannikova aceptó una oferta del periódico alemán *Die Welt para trabajar* en Alemania[773]. Hasta entonces, todo parecía permanecer dentro del ámbito de la racionalidad. Pero las cosas cambiaron rápidamente. En Berlín, activistas proucranianos se manifestaron para exigir a la redacción del diario que abandonara su colaboración con la periodista rusa[774]. ¡El medio de comunicación *Político* sugiere incluso que podría ser una agente del Kremlin[775]!

Así que se traslada de nuevo al extranjero, a Odessa, su ciudad natal, donde vive desde principios de junio de 2022. ¡Por fin a salvo en una democracia real!

Pero aquí, en lugar del reconocimiento que legítimamente podía esperar, se vio amenazada por nacionalistas y militantes

---

772.Richard Luscombe, «Marina Ovsyannikova, Russian TV protester, decries Putin propaganda», *The Guardian*, 20 de marzo de 2022 (https://www.theguardian.com/world/2022/mar/20/marina-ovsyannikova-russian-journalist-refuses- france-asylum)

773.«Marina Ovsyannikova: un medio alemán contrata a una manifestante rusa», *BBC News*, 11 de abril de 2022 (https://www.bbc.com/news/world-asia-61071163)

774.https://twitter.com/dw_ukrainian/status/1514860587393720323; «Украинцы в Берлине требовали от издания Die Welt не сотрудничать с Овсянниковой», *European Pravda*, 15 de abril de 2022 (https://www.eurointegration.com.ua/rus/news/2022/04/15/7137880/).

775.Zoya Sheftalovich, «El misterioso caso de Marina O.», *Politico*, 1 de mayo de 2022 (https://www.politico.com/news/magazine/2022/05/01/the-mysterious- case-of-marina-o-00029150)

neonazis, que la consideraban enemiga de Ucrania. A su vez, fue incluida en la lista negra del sitio web *Mirotvorets*, donde la acusaron de traición, *«participación en las operaciones especiales de información y propaganda del Kremlin»* y *«complicidad con los invasores»*[776]. De este modo, los extremistas neonazis ucranianos aplican exactamente la misma lógica que medios occidentales como *Heidi.News* y *Conspiracy Watch*, que acusan de conspiracionismo a quienes intentan ofrecer una información más equilibrada, menos polarizada y más favorable al diálogo, sin tomar partido contra Rusia.

No es muy sorprendente...

9.3. Prohibición de la letra Z

De hecho, el uso de la letra «Z» en cualquier combinación que recuerde a las abreviaturas de la época nazi está prohibido desde hace tiempo en las matrículas alemanas. Con el inicio de la ofensiva rusa en Ucrania, algunos estados federados fueron aún más lejos y prohibieron el uso llamativo de la letra «Z»[777].

En abril, Lituania prohibió la exhibición de la letra «Z» y de la Cinta Naranja y Negra de San Jorge[778], por considerar que incitan a la *«agresión militar, los crímenes contra la humanidad*

---

776. https://myrotvorets.center/criminal/ovsyannikova-marina-vladimirovna/
777. Rachel Treisman, «German states outlaw displays of the letter 'Z' a symbol of Russia's war in Ukraine», *npr.org*, 28 de marzo de 2022 (https://text.npr.org/1089229499)
778. «Lituania prohíbe el uso de la letra «Z» en protesta por la guerra de Rusia en Ucrania», *Reuters*, 19 de abril de 2022 (https://www.reuters.com/world/europe/lithuania-bans-using-letter-z-show-support-russias-war-ukraine-2022-04-19/)

y los crímenes de guerra»[779]. Letonia[780] y Moldavia[781] también han prohibido el uso de las letras «Z» y «V».

Aunque se trate de una prohibición del uso de las letras de manera ostensiblemente favorable a la ofensiva rusa, es un poco difícil comprender la lógica de tales decisiones en los países democráticos, porque han dado lugar a aberraciones.

«Z» no es el nombre de la operación. Los occidentales lo han utilizado como nombre simbólico, pero no lo emplean los organismos oficiales rusos. Quienes ven una conexión con «zapad» (oeste) o «Zelensky» obviamente no han tenido en cuenta que la letra «Z» no existe en el alfabeto cirílico y que estas palabras se escriben con la letra «З», que en alemán, por ejemplo, se traduce como la letra «S».

De hecho, los rusos utilizaron las letras «O», «V» y «Z» para identificar los diferentes componentes de su ofensiva, y para distinguir entre el equipo ruso y el ucraniano. La elección de estas letras se debió probablemente al hecho de que, como el ejército ucraniano había sido entrenado por instructores de la OTAN, los rusos podían esperar que utilizara las marcas vistas en las operaciones occidentales: la «V-invertida», el «>» y el «<».

Pero nuestra insistencia en luchar contra Rusia en todos los frentes ha convertido sin duda la letra «Z» en un símbolo, hasta el absurdo. Por ejemplo, en marzo de 2022, la compañía de seguros

---

779. Matthew Holroyd, «Lithuania's parliament approves ban on Russian military 'Z' symbol», *Euronews*, 19 de abril de 2022 (https://www.euronews.com/2022/04/19/lithuania-s-parliament-approves-ban-on-russian-military-z-symbol)
780. «El Parlamento letón aprueba la prohibición de los símbolos militares rusos "V" y "Z"», *Euronews*, 31 de marzo de 2022 (https://www.euronews.com/2022/03/31/latvian-parliament-approves-ban-on-russian-military-symbols-v-and-z)
781. «Moldovan President Signs Law Banning Symbols Of Russia Aggression; Lithuanian Parliament Passes Similar Ban», *rferl.org*, 19 de abril de 2022 (https://www.rferl.org/a/moldova-bans-russian-symbols-sandu-ukraine/31811318.html)

suiza Zurich cambió su logotipo (una «Z») para mostrar que no apoyaba la guerra en Ucrania[782].

Lo mismo ocurre con la compañía aérea japonesa Zipair (filial de Japan Air Lines). ¡Ha decidido cambiar la «Z» que adorna la cola vertical de sus aviones para no parecer «prorrusa»[783]!

Por su parte, el ejército ucraniano utiliza cruces blancas para identificar sus tanques, ¡igual que hizo la Wehrmacht entre junio y octubre de 1939 para la invasión de Polonia!...

9.4.Prohibición de árboles y gatos rusos

El *New York Times* señala que «*¡hasta los árboles son políticos ahora!*» Los árboles rusos han sido prohibidos en el concurso europeo «*Árbol Europeo del Año*»[784]. ¡Lo mismo ocurre con los gatos rusos, prohibidos en las exposiciones felinas internacionales[785]!

Entre las decenas de sanciones aplicadas por instituciones privadas, éstas son particularmente emblemáticas del ambiente reinante, alentado por nuestros gobiernos. Por un lado, ilustran la voluntad de Occidente de afectar a toda la población rusa y

782.«Zurich Insurance retira el símbolo Z tras una carta utilizada para mostrar apoyo a la guerra de Ucrania», *Reuters*, 26 de marzo de 2022 (https://www.reuters.com/world/europe/zurich-insurance-removes-z-symbol-after-letter-used-show-support-ukraine-war-2022-03-26/)
783.«Japanese airline Zipair ditches "Z" logo to avoid pro-Russia misunderstanding», *Japan Today*, 16 de junio de 2022 (https://japantoday.com/category/national/japanese-airline-ditches-z-logo-to-avoid-misunderstanding)
784.Jenny Gross, «Even Trees Are Political Now», *The New York Times*, 24 de marzo de 2022 (https://www.nytimes.com/2022/03/24/world/europe/european-tree-of-the-year-russia.html)
785.Marlene Lenthang, «International Cat Federation bans Russian felines from competitions», *NBC News*, 3 de marzo de 2022 (https://www.nbcnews.com/news/us-news/international-cat-federation-bans-russian-felines-competitions-rcna18595)

«hacerla sufrir», como desea el Ministro de Economía Bruno Le Maire. Por otro, refuerzan la idea de que existe una «rusofobia» latente que va mucho más allá de la política. Después de todo, ¿cómo es posible que estas sanciones puedan llevar al derrocamiento de Vladimir Putin? De hecho, refuerzan su afirmación, tantas veces repetida, de que a Occidente no le gusta Rusia, demostrando que está lejos de ser un mentiroso...

9.5. El arte

El arte suele considerarse un puente entre culturas y sociedades. Para los occidentales, no es así: es un arma y un instrumento de dominación.

A principios de abril de 2022, la *National Gallery* de Londres decidió rebautizar el cuadro «Bailarinas rusas» de Egdar Degas (1834-1917) como «Bailarinas ucranianas»[786].

Desde el comienzo de la ofensiva, se prohibió la entrada de artistas rusos en Occidente a determinados actos e instituciones[787]. En Milán, la Universidad de Milano-Bicocca retiró de su plan de estudios el estudio del escritor ruso Fiódor Dostoievski[788]. El cineasta Michel Gondry se ha visto obligado a

---

786. Paul Bérat, «La National Gallery renomme les 'Danseuses russes' d'Edgar Degas en 'Danseuses ukrainiennes'», *Le Journal des Arts*, 5 de abril de 2022 (https://www.lejournaldesarts.fr/actualites/la-national-gallery-renomme-les-danseuses-russes-dedgar-degas-en-danseuses-ukrainiennes)

787. Ève Beauvallet, «*Boicots* - Artistes russes: des *boycotts* jusqu'à l'absurde?», *Libération*, 12 de marzo de 2022 (https://www.liberation.fr/international/artistes-russes-des-boycotts-jusqua-labsurde-20220312_XYWLMFY6PFDNPG2ZIVB3WZPLOU/)

788. Alexandre Plumet, «Guerre en Ukraine: Milan censure l'étude de Dostoïevski et, à Florence, on veut déboulonner sa statue», *Le Figaro*, 9 de marzo de 2022 (https://www.lefigaro.fr/culture/guerre-en-ukraine-milan-censure-l-etude-de-dostoievski-et-a-florence-on-veut-deboulonner-sa-statue-20220309)

cambiar el título de su película *Coupez! (¡Corten!), que* originalmente iba a llamarse *Z (de Z)...*[789]

El despido de ciertos artistas considerados «próximos a Putin», sin que quede claro lo que esto significa[790], es un signo de un cambio preocupante en la sociedad. En primer lugar, es una forma de politizar el arte[791]. En segundo lugar, es una forma de imponer -o prohibir, que viene a ser lo mismo- una opción política a un artista[792]. Por último, es la expresión de una tentación muy actual entre nuestros periodistas[793] con tendencias extremistas: la «cultura de la cancelación[794]. En otras palabras, intentan borrar todo lo que no les gusta.

En mayo de 2022, Ucrania se comprometió a «limpiar» sus bibliotecas retirando los libros rusos o publicados en Rusia. El Ministerio de Cultura y Política de la Información emitió una orden relativa a la *«desrusificación, descomunización y descolonización»*. En ella se restringe el acceso a libros en ruso o publicados en Rusia, y se pide la destrucción de libros que puedan perjudicar a Ucrania. La purga va dirigida a *«obras que promuevan la guerra y la liquidación del Estado ucraniano, glorifiquen a*

789. https://www.masculin.com/culture/500767-coupez-critique/

790. Gaby Reucher, «Are bans against Russian arts targeting the right people?», *dw.com*, 3 de marzo de 2022 (https://p.dw.com/p/47xCR)

791. «The Metropolitan Opera says it won't work with pro-Putin artists», *CNN*, 4 de marzo de 2022 (https://edition.cnn.com/style/article/metropolitan-opera-putin-supporters-ukraine-cec/index.html)

792. Richard Morrison, «Ban Valery Gergiev and Anna Netrebko, but don't cancel all Russian artists», *The Times*, 8 de marzo de 2022 (https://www.thetimes. co.uk/article/ban-valery-gergiev-and-anna-netrebko-but-dont-cancel-all-russian-artists-896mpl577)

793. Antoine Hasday, «On RT France, Jacques Baud ticks all the geopolitical conspiracy boxes», *Conspiracy Watch*, 7 de septiembre de 2020.

794. G. Fernández, «Destruction & Cancellation - The Cultural Disasters of War», *theartwolf.com*, 13 de marzo de 2022 (https://theartwolf.com/art-essays/ukranian-war-art-risks/)

quienes dirigieron la agresión armada contra Ucrania y libros cuyos autores apoyen públicamente la guerra en Ucrania»[795]. El problema es que, según el *World Socialist Web Site* (WSWS), de los aproximadamente 100 millones de libros afectados (es decir, el 70% de los libros de las bibliotecas ucranianas), entre los autores afectados también se encuentran Pushkin y Dostoievski, ambos anteriores a la guerra de Ucrania[796]. Estamos, pues, ante un gigantesco auto-da-fé -que ningún país ni ningún medio de comunicación occidental tradicional ha condenado- que recuerda las horas oscuras de nuestra historia.

Como de costumbre, los acontecimientos que podrían afectar al apoyo político de Occidente a Ucrania se ven inmediatamente contrarrestados por un acontecimiento similar relacionado con Rusia. Desde finales de mayo, aparecieron en las redes sociales imágenes de libros ucranianos supuestamente quemados por el ejército ruso. Carl Bildt, ex primer ministro sueco, tuiteó fotos de libros quemados, comentando que *«Putin ha dejado claro que quiere acabar con la nación [ucraniana]»*[797]. Está mintiendo. En realidad, no es nada de eso[798]: es simplemente desinformación para distraer la atención de otro crimen que se está cometiendo al mismo tiempo. Además, a nadie en Occidente se le ocurre condenar el genocidio cultural que se está produciendo en Ucrania desde 2014.

---

795. https://www.stopfake.org/ru/manipulyatsiya-iz-bibliotek-ukrainy-izy-mut-russkuyu-literaturu/

796. David Walsh, «Ukrainian government plans book banning on massive scale», *wsws.org*, 14 de junio de 2022 (https://www.wsws.org/en/articles/2022/06/15/ooyj-j15.html)

797. https://archive.ph/4IFzv

798. «Désintox. Non, l'armée russe n'a pas organisé d'autodafé lors de son invasion de l'Ukraine en 2022», *franceinfo*, 27 de mayo de 2022 (actualizado el 31 de mayo de 2022) (https://www.francetvinfo.fr/monde/europe/manifestations-en-ukraine/desintox-non-l-armee-russe-n-a-pas-organise-d-autodafe-lors-de-son-invasion-de-l-ukraine-en-2022_5159122.html)

10. Conclusiones

La primera pregunta que viene a la mente es: ¿por qué este conflicto es más reprobable, más punible que otros anteriores iniciados por Occidente?

Es la respuesta a esta pregunta la que explica todo lo que ha sucedido desde principios de 2022, y probablemente desde 2014. Como ya había hecho en conflictos anteriores, Occidente se ha alineado con la política estadounidense, en gran medida bajo la amenaza de sanciones... Una fachada de unidad que sin duda Europa pagará cara en los próximos años.

10.1. ¿Qué ha pasado?

Durante la presidencia de Barack Obama, los estadounidenses se dieron cuenta de que su mayor rival iba a ser China. Iniciaron su «pivote» hacia la zona del Pacífico, que Donald Trump está continuando. En este contexto, el «regreso» a Europa y Ucrania parece más el resultado de una combinación de circunstancias que de una estrategia elaborada. Uno de los factores de este cambio ha sido sin duda la influencia de Anthony Blinken (de origen ucraniano) y de su subsecretaria de Estado Victoria Nuland (también de origen ucraniano).

El hecho es que los estadounidenses llevan mucho tiempo planeando aislar a Rusia y desterrarla de la comunidad internacional, como admite el *Washington Post*[799]. Desde 2007, esta idea se ha vuelto más concreta, con el objetivo de provocar un cambio de régimen. Partiendo de la idea de que la economía rusa era comparable a la italiana y de que una mayoría de la población rusa se oponía a Vladimir Putin, los «estrategas» estadounidenses estimaron que, bajo una lluvia de sanciones, la economía rusa se hundiría rápidamente. El consiguiente aumento de la inflación, similar al que había sufrido Alemania en 1929, crearía un impulso para el cambio político.

Para lograrlo, se necesitaba un detonante. Para ello, la idea era empujar a Rusia a un conflicto con Ucrania, con el fin de respaldarlo con una retórica lo suficientemente potente como para animar a la comunidad internacional a imponer sanciones. Por supuesto, Ucrania sufriría las consecuencias pero, a cambio de la derrota de Rusia, se le ofrecería el ingreso en la OTAN. Este es el escenario explicado en detalle por Olekseï Arestovitch, asesor de Zelensky, en marzo de 2019.

Por tanto, Occidente sabía perfectamente que Ucrania y su pueblo estaban siendo sacrificados para derrocar el poder en Rusia. Los dirigentes de Occidente, la Unión Europea, Suiza y otros países neutrales, así como los medios de comunicación que se negaron a alertar a la comunidad internacional, son criminales.

---

799. David Ignatius, «La planificación secreta que mantuvo a la Casa Blanca un paso por delante de Rusia», *The Washington Post*, 26 de mayo de 2022 (https://www.washingtonpost.com/opinions/2022/05/26/biden-white-house-secret-planning-helped-ukraine-counter-russia/)

El problema es que estos criminales no sólo son malintencionados: son sobre todo cobardes. Al no atreverse a enfrentarse a Rusia, envían a ucranianos a la muerte por ellos, como confesó Mark Rutte, primer ministro holandés, en junio de 2022:

En términos de armamento, todos estamos de acuerdo en que es crucial para que Rusia pierda la guerra (...). Y, como no podemos tener un enfrentamiento directo entre las tropas de la OTAN y Rusia, lo que tenemos que hacer es asegurarnos de que Ucrania pueda librar esta guerra, que tenga acceso a todo el armamento necesario.[800]

Así que el objetivo no es una victoria para Ucrania, sino una derrota para Rusia. Porque Occidente teme un enfrentamiento directo con Rusia. Esta visión es muy similar a la de Ursula von der Leyen, que proclama con orgullo[801]:

Los ucranianos están dispuestos a morir por la perspectiva de Europa.

Andrés Manuel López Obrador, Presidente de México, resume muy lúcidamente la política de la OTAN y la UE hacia Ucrania:

Yo suministraré las armas, y tú suministrarás los muertos. ¡Es inmoral![802]

800.«NATO needs greater readiness, more weapons -military alliance chief», *Euronews/Reuters*, 15 de junio de 2022 (https://www.euronews.com/2022/06/15/us-ukraine-crisis-nato)
801.https://twitter.com/vonderleyen/status/1537739940942991360
802.«Mexican president slams NATO policy in Ukraine», *AP News*, 13 de junio de 2022 (https://apnews.com/article/russia-ukraine-mexico-caribbean-nato-b9aaddc8e3da3ad2b2cc013a6e8ff4bb)

Hay que recordar que no es necesario haber leído el *Tratado de Washington* y su artículo 5 para acudir en ayuda militar de un país atacado. El artículo 51 de la Carta de la ONU permite la intervención militar en nombre de otro país. Vladimir Putin invocó este artículo el 24 de febrero de 2022. Occidente podría haber hecho lo mismo, o incluso invocar la «responsabilidad de proteger» (R2P), pero no lo hizo...

El 24 de febrero de 2022, Vladimir Putin expuso claramente sus objetivos. Se trataba de desmilitarizar la amenaza del Donbass. Pero Occidente no quiso entenderlo y lo tradujo como «apoderarse de Ucrania». Es decir, mientras Rusia buscaba destruir capacidades, ellos animaban a Kiev a defender el territorio. Se materializó lo que lógicamente tenía que ocurrir: Ucrania envió a sus hombres a «mantener» posiciones insostenibles que fueron destruidas sobre la marcha, reduciendo las perspectivas de futuro del país.

Por su parte, Volodymyr Zelensky sacrificó deliberadamente a su país para entrar en la OTAN, sabiendo que Ucrania no sería miembro de la Alianza, como declaró a *CNN*[803]. Parece, pues, que el pueblo ucraniano ha sido deliberadamente manipulado por una pequeña «élite» occidental profundamente corrupta y carente de valores de ningún tipo.

Con las economías a medio gas y una inflación que no da señales de remitir, Occidente se encamina hacia una recesión cuyas raíces son anteriores a la guerra de Ucrania, pero que las sanciones impuestas a Rusia no han hecho sino amplificar. Tras el fracaso en Afganistán, el fracaso en Ucrania se vislumbra

---

803.Chandelis Duster, «Zelensky: 'If we were a NATO member, a war would't have started'», *CNN*, 20 de marzo de 2022 (https://edition.cnn.com/europe/live-news/ukraine-russia-putin-news-03-20-22/h_7c08d64201fdd-9d3a141e63e606a62e4)

en el horizonte. La opinión pública empieza a cansarse de un conflicto en el que sus gobiernos ya han gastado el equivalente al presupuesto de defensa ruso en seis meses, para una derrota.

Parece que Occidente está intentando una especie de «última batalla» empujando a los ucranianos a luchar, de modo que su heroísmo pueda utilizarse para ganarse el apoyo político de nuestros dirigentes. Se han implicado tanto en Ucrania que han acabado influyendo directamente en su proceso de toma de decisiones políticas. Al final, Zelensky se hizo tan dependiente de la ayuda occidental que perdió toda capacidad de resolver el problema según el programa que había anunciado en 2019.

10.2.La ausencia de inteligencia occidental

Contrariamente a lo que afirman los autoproclamados expertos en nuestras pantallas de televisión, nadie anticipó el conflicto. Los escenarios planteados antes del 24 de febrero de 2022 no eran el resultado de un análisis de los indicios recogidos por los servicios de inteligencia estadounidenses sino de una reflexión sobre el posible curso de una invasión. De hecho, a principios de noviembre de 2021, la Casa Blanca había creado un pequeño grupo de «expertos» para elaborar los posibles escenarios de una eventual ofensiva rusa. Dependiente del Secretario de Estado, el *Tiger Team ideó* escenarios basados en ejercicios de Estado Mayor. Son estas ideas las que alimentarán el discurso de la Casa Blanca a principios de 2022. Como admite la propia Casa Blanca, la amenaza de un ataque «inminente» es totalmente hipotética[804].

804.Ellen Nakashima y Ashley Parker, «Inside the White House preparations for a Russian invasion», *The Washington Post*, 14 de febrero de 2022 (https :// www.washingtonpost.com/national-security/2022/02/14/white-house-pre-

Hay que subrayar aquí que el trabajo de un Equipo *Tigre* no es un trabajo de inteligencia, sino simplemente un escenario para ayudar a la planificación. Mientras que un servicio de inteligencia desarrolla análisis basados en hechos, el trabajo del Equipo *Tigre* es simplemente una modelización basada en pensamientos.

En *LCI,* Ruth Elkrieff entrevista al general Christophe Gomart, ex director de la Dirección de Inteligencia Militar (DRM), sobre la inteligencia rusa en la crisis ucraniana. Sus preguntas son edificantes. Delatan su falta de conocimientos, revelan lo fácil que es crear narrativas inverosímiles y ponen de manifiesto la credulidad del aparato mediático. En cuanto a las respuestas, muestran que un antiguo director nacional de inteligencia aparentemente no sabe que el FSB es un servicio de seguridad interior (como la DGSI en Francia), y lo compara con la DGSE francesa[805], cuyo equivalente ruso es la SVR.

En realidad, en la crisis ucraniana, parece que sólo los rusos trabajan con inteligencia, anticipando la acción y basándola en un sólido análisis de la situación operativa y estratégica.

Durante casi treinta años, la inteligencia militar occidental no se ha enfrentado a adversarios en maniobra: sólo ha considerado objetivos. En tales casos, no hay necesidad de análisis, sólo de detección. De ahí su debilidad actual. Tampoco los ucranianos, intensamente entrenados por la OTAN, están en condiciones de anticiparse a la acción. Los occidentales están analizando la situación en gran medida sobre la base de sus prejuicios, de forma intuitiva, sin capacidad real para hacer que sus observaciones sean coherentes con el posible curso de las

---

pares-russian-invasion/)
805. https://youtu.be/Wrgk6TPSwSI?t=252

operaciones, como ha señalado *NBC News*[806]. Los occidentales disponen probablemente de medios técnicos considerables, que les permiten adquirir objetivos con facilidad. Pero eso es todo.

En junio de 2022, en dos artículos distintos, el *New York Times* reveló dos informaciones aparentemente contradictorias. ¡El 8 de junio, el periodista afirmaba que los servicios de inteligencia estadounidenses tenían menos información sobre sus aliados ucranianos que sobre los rusos[807]! Y el 25 de junio, el mismo periodista afirmaba que eran los servicios especiales de la CIA los que coordinaban la acción en Ucrania[808].

En realidad, la contradicción es sólo aparente. El análisis de la situación militar en Ucrania corre a cargo del servicio de inteligencia de defensa, la DIA, mientras que las actividades clandestinas llevadas a cabo por la CIA no tienen nada que ver con la defensa. La división entre estas dos ramas de la inteligencia es relativamente hermética, sobre todo en la parte civil, es decir, la CIA.

Como demuestran las dos estrellas añadidas en mayo de 2022 al muro de sus agentes muertos en operaciones en Langley, la CIA está llevando a cabo operaciones en Ucrania[809]. Estas

---

806.Ken Dilanian, Courtney Kube, Carol E. Lee y Dan De Luce, «In a break with the past, U.S. is using intel to fight an info war with Russia, even when the intel isn't rock solid», *NBC News*, 6 de abril de 2022 (https://www.nbcnews.com/politics/national-security/us-using-declassified-intel-fight-info-war-russia-even-intel-isnt-rock-rcna23014).

807.Julian E. Barnes, «U.S. Lacks a Clear Picture of Ukraine's War Strategy, Officials Say,» *The New York Times*, 8 de junio de 2022 (https://www.nytimes.com/2022/06/08/us/politics/ukraine-war-us-intelligence.html)

808.Eric Schmitt, Julian E. Barnes & Helene Cooper, «Commando Network Coordinates Flow of Weapons in Ukraine, Officials Say», *The New York Times*, 25 de junio de 2022 (https://www.nytimes.com/2022/06/25/us/politics/commandos-russia-ukraine.html)

809.«CIA Honors Fallen Officers in Annual Memorial Ceremony», *CIA*, 23 de

operaciones están obviamente envueltas en el secreto, ya que podrían justificar que Estados Unidos fuera considerado parte en el conflicto por Rusia.

Las decisiones tomadas por las autoridades y los miembros de la UE muestran una incapacidad total para anticipar las consecuencias de sus decisiones y prever el «siguiente movimiento». Es evidente que las decisiones tomadas en Bruselas se toman «a la ligera»: sin pensar demasiado y con una imagen incompleta del adversario. Lo sorprendente es que los occidentales no hayan sido capaces de prever las consecuencias de la situación que han creado. Tal es esta incapacidad que incluso Bruno Kahl, presidente del *Bundesnachrichtendienst* (BND), el servicio de inteligencia alemán (posiblemente el mejor del mundo), se vio sorprendido en Kiev por la ofensiva rusa del 24 de febrero y tuvo que ser sacado a toda prisa por sus servicios especiales[810]. Tanto si los servicios de inteligencia no están en condiciones de hacerse una idea exacta de la situación como si no se les escucha, en cualquier caso nuestros dirigentes políticos no tienen una representación honesta de la realidad a todos los niveles. No les ayudan unos medios de comunicación que exageran la propaganda ucraniana e impiden así una respuesta racional a la crisis.

Combinando el déficit de inteligencia con la incapacidad de nuestros líderes para adoptar un enfoque estratégico en la toma de decisiones, tenemos todos los ingredientes para el fracaso». Así escribe el general británico David Richards, antiguo Jefe del Estado Mayor de la Defensa, en *The Telegraph*.

---

mayo de 2022 (https://www.cia.gov/stories/story/cia-honors-fallen-officers-in-annual- memorial-ceremony/)
810.«Las fuerzas especiales evacuan de Ucrania al jefe del espionaje alemán», *revista Focus/Reuters*, 25 de febrero de 2022.

En Ucrania se aprecia ahora una falta similar de estrategia coherente. Existe, en el mejor de los casos, lo que podría llamarse una estrategia incremental, sin una sincronización previa y decisiva entre objetivos, métodos y medios. Es una «estrategia» del tipo «vamos a ver cómo va», es decir, ninguna estrategia real.

(...) Vi con mis propios ojos cómo se priorizaban los objetivos a corto plazo en detrimento de la estrategia a largo plazo: por desgracia, los problemas a los que me he enfrentado a lo largo de mi carrera vuelven a ser evidentes en nuestro enfoque del conflicto en Ucrania.

(...) Como muchos políticos, Cameron y el presidente francés Nicolas Sarkozy, ayudados por un presidente Obama estratégicamente distante, han confundido política, estrategia y táctica. Se centraron demasiado en el corto plazo y en la táctica, y en sus respectivas necesidades políticas de ser vistos como vencedores heroicos en una guerra.[811]

Más allá de sus consecuencias materiales, este conflicto ilustra la increíble falta de pensamiento estratégico y de inteligencia de los dirigentes occidentales. Si Francia y Alemania hubieran comprendido lo que estaba en juego al ser los garantes de la aplicación de los Acuerdos de Minsk, si hubieran mantenido su palabra y ayudado a Ucrania a cumplir sus obligaciones en virtud de los Acuerdos de Minsk, evidentemente no estaríamos donde estamos hoy...

811.General Lord Richards, «Occidente no está pensando estratégicamente sobre la guerra de Ucrania», *The Telegraph*, 10 de junio de 2022 (https://www.telegraph.co.uk/world-news/2022/06/10/lord-richards-west-not-thinking-strategically-ukraine-war/)

10.3.¿Se refuerza la unidad occidental?

La magnitud de las sanciones impuestas a Rusia y la unanimidad con que se adoptaron dieron la impresión de unidad en la comunidad internacional, pero las apariencias engañan.

En primer lugar, lo que llamamos «la comunidad internacional» significa en realidad «el mundo occidental».

En segundo lugar, un observador atento puede ver que Europa está dividida. Los países del antiguo bloque del Este, que parecen tener el odio como base de su política exterior, son la fuerza motriz de la acritud contra Rusia. Esta es la «Nueva Europa» de Donald Rumsfeld: corrupta y poco familiarizada con la noción de democracia. La «vieja Europa», en cambio, es más democrática, pero con dirigentes incompetentes más preocupados por la reelección que por difundir los «valores» que dicen representar.

La retórica occidental de la dependencia del gas y el petróleo rusos comenzó en la era Trump. Ha sido repetida servilmente por los medios de comunicación y los políticos occidentales. Rara vez se señala que las sanciones se decidieron bajo la amenaza de sanciones de Estados Unidos contra sus propios aliados. Enardecidos por su propia estupidez, los dirigentes europeos fueron más reales que el rey al ir más allá de lo que exigía su hermano mayor estadounidense. El hecho es que la fachada de unidad contra Rusia se logró bajo coacción.

Además de las limitaciones extraeuropeas, también existen amenazas internas. En *France 5*, Bernard Guetta, ferviente defensor de la causa europea, explica que si el presidente húngaro Viktor Orban intenta oponerse a las sanciones europeas, «*puede verse privado de su derecho de voto, privado de subvenciones, privado de muchas cosas dentro de la Unión*

Europea»[812]. Así que este defensor de la UE nos está mostrando que la unidad sólo puede lograrse mediante la amenaza de sanciones contra sus propios miembros. No es muy glorioso.

La conclusión es que, desde 2014, la UE no ha desempeñado un papel constructivo en la crisis ucraniana. Incapaz de dar un paso atrás en la crisis, se ha situado al nivel de los peores y más intransigentes países, que son también los más cercanos a Washington. No ha sabido demostrar que tenía algo diferente que ofrecer. Como resultado, su papel en la crisis ha sido menor, no porque a Vladimir Putin no le guste, sino porque su contribución se limita a defender los intereses estadounidenses y es incapaz de ofrecer nada original.

Los ataques a los gasoductos Nord Stream y el atentado contra TurkStream demuestran que el menor intento de compromiso con Rusia se castiga con ataques. La unidad occidental se consigue en parte mediante el uso de amenazas y de la fuerza. De hecho, ¡parece que la unidad occidental se parece cada vez más a una «omertà»!

La unidad occidental solo se consigue acentuando las consecuencias negativas de la guerra para Rusia y enmascarando las que afectan a Ucrania. Las víctimas civiles en el Donbass desde 2014, que son la causa de la intervención rusa, son consideradas «cantidades insignificantes» por los medios de comunicación y los gobiernos que apoyan los crímenes de guerra. Ocultando el número de muertos que sufre Ucrania como consecuencia de su desastrosa gestión de los combates y dando la impresión de que sale victoriosa. De este modo, los países occidentales justifican la continuación de sus entregas de armas y su rechazo a

---

812.Bernard Guetta en el programa «C à vous», («Bernard Guetta et Sébastien Chenu - C à vous - 15/06/2022», *France 5/YouTube*, 16 de junio de 2022) (22'13") (https://youtu.be/48rt7q_5hzI?t=1333)

una solución negociada. El precio de esta unidad es ocultar el número de víctimas ucranianas, que algunos expertos estiman en hasta 402.000 basándose en las redes sociales, una cifra muy probablemente exagerada. En junio de 2022, el ex general estadounidense Stephen Twitty estimó las pérdidas del ejército ucraniano en 200.000 hombres[813]. Las cifras reales se desconocen porque el gobierno ucraniano no las divulga. Y por una buena razón: frenaría el entusiasmo de los países occidentales por prolongar el conflicto mediante el envío de armas. Pero sus servicios de inteligencia saben...

10.4.Previsión

No tratamos de apaciguar la situación. Como dijo el *Washington Post* en abril de 2022:

> *Para algunos miembros de la OTAN, es mejor que los ucranianos sigan luchando y muriendo que alcanzar la paz demasiado pronto o a un coste demasiado elevado para Kiev y el resto de Europa.*[814]

En otras palabras, no queremos la paz: queremos que Rusia sea derrotada. A cualquier precio. No buscan una derrota puntual

---

813.«US-General verwundert: "200.000 Soldaten ukrainische verschwunden"», Exxpress.at, 8 de junio de 2022 (https://exxpress.at/us-general-verwundert-200-000-ukrainische-soldaten-verschwunden/)
814.Michael Birnbaum & Missy Ryan, «NATO says Ukraine to decide on peace deal with Russia - within limits», *The Washington Post*, 5 de abril de 2022 (https://www.washingtonpost.com/national-security/2022/04/05/ukraine-nato-russia-limits-peace/)

basada en un objetivo estratégico preciso, sino «*infligir más pérdidas de las que el gobierno ruso está dispuesto a soportar*»[815].

En octubre de 2022, la situación general en el mundo se parece casi palabra por palabra a lo descrito en el informe de 2019 de la RAND Corporation «Extending Russia», que establecía una estrategia para desestabilizar a Rusia. Esto sugiere que este documento ha servido como modelo para la política exterior estadounidense desde entonces.

> 96   Extending Russia: Competing from Advantageous Ground
>
> This chapter describes six possible U.S. moves in the current geopolitical competition: providing lethal arms to Ukraine, resuming support to the Syrian rebels, promoting regime change in Belarus, exploiting Armenian and Azeri tensions, intensifying attention to Central Asia, and isolating Transnistria (a Russian-occupied enclave within Moldova). There are several other possible geopolitical moves discussed in other RAND research but not directly evaluated here—including intensifying NATO's relationship with Sweden and Finland, pressuring Russia's claims in the Arctic, and checking Russia's attempts to expand its influence in Asia.[3]

Figura 71 - Extracto del documento de 2019 de la RAND Corporation sobre cómo desestabilizar a Rusia. Este documento muestra que Estados Unidos tenía como objetivo una campaña de subversión contra Rusia, en la que Ucrania no era más que un desafortunado instrumento.

Los medios de comunicación occidentales no dejarán de evocar la «conspiración», pero no dirán que el think tank estadounidense también predijo que el colapso de Rusia por las sanciones era una «hipótesis demasiado optimista».

---

815. Michael Brendan Dougherty, «Cómo perder a lo grande en Ucrania», *National Review*, 24 de junio de 2022 (https://www.nationalreview.com/2022/06/how-to-lose-big-in-ukraine/)

RAND predijo que la ayuda militar a Ucrania provocaría que Rusia intensificara su apoyo a la población de Donbass y llevaría a una intensificación del conflicto. En su opinión, esta ayuda *«podría provocar un número desproporcionado de víctimas humanas, pérdidas territoriales y flujos de refugiados para Ucrania»* y que *«podría empujar a Ucrania hacia una paz desventajosa»*[816].

En otras palabras, los países occidentales eran perfectamente conscientes de los riesgos que sus sanciones y políticas entrañarían para Ucrania. Por su parte, es muy probable que los rusos fueran capaces de anticipar lo que Occidente planeaba contra ellos. Así, Rusia pudo prepararse política y diplomáticamente para la crisis que Occidente quería crear. Es esta capacidad de anticipación estratégica la que demuestra que la conducta de Rusia es más estable, más eficaz y más eficiente que la de los países occidentales. Por eso creo que si este conflicto se recrudece, se deberá más a la incapacidad occidental que a cualquier cálculo por parte de Rusia.

Nuestros políticos intentan convencernos de que estamos en una guerra entre dos visiones de la sociedad: democracia frente a autoritarismo. Esta visión, que sólo puede acabar en la aniquilación de uno u otro, no deja ninguna salida. Por eso siempre tienen en mente la idea de que, aislando a Rusia y haciéndole la vida difícil, conseguiremos que su población se vuelva contra el gobierno y lo derroque. Entonces Rusia podrá dividirse en microestados[817]...

---

816. James Dobbins, Raphael S. Cohen, Nathan Chandler, Bryan Frederick, Edward Geist, Paul DeLuca, Forrest E. Morgan, Howard J. Shatz, Brent Williams, «Extending Russia: Competing from Advantageous Ground», RAND Corporation, 2019, p.100

817. Casey Michel, «Decolonize Russia», *The Atlantic*, 27 de mayo de 2022

Desde el punto de vista de Rusia y de países como China, Irán e incluso la India, la amenaza de que Estados Unidos intente mantener su posición hegemónica seguirá creciendo a medida que estos países se desarrollen inevitablemente.

El deseo de aislar a Rusia en la escena internacional parece estar sirviendo de modelo para una crisis similar con China. Con ello, Occidente está destruyendo la confianza que el resto del mundo tenía en ellos. Esto explica la tibia actitud de India y Arabia Saudí hacia ellos y su lento acercamiento al emergente bloque euroasiático, a pesar de sus desacuerdos históricos.

La brutalidad unánime de Occidente en su lucha contra Rusia ha sido vista en su verdadera luz por el resto del mundo. Occidente ya tenía fama de no cumplir sus promesas, y ahora lo ha confirmado y ha perdido la confianza del hemisferio sur. La confiscación de los bienes de Rusia (y, por tanto, los del pueblo ruso) ha sido sin duda una llamada de atención para los países que estaban más cerca de Occidente por la fuerza de las sanciones que por la aspiración a reproducir su modelo.

Lo mismo ocurre con Arabia Saudí, que ha firmado un acuerdo de cooperación militar con Rusia[818] y recibe ayuda de China en la producción de misiles balísticos, según los servicios de inteligencia estadounidenses[819].

(https://www.theatlantic.com/ideas/archive/2022/05/russia-putin-colonization-ukraine-chechnya/639428/; https://www.csce.gov/international-impact/events/decolonizing-russia

818.Ismaeel Naar, «Saudi Arabia, Russia sign deal to develop joint military cooperation», *Al Arabiya English*, 24 de agosto de 2021 (https://english.alarabiya.net/News/gulf/2021/08/24/Saudi-Arabia-Russia-sign-deal-to-develop-joint-military-cooperation)

819.Zachary Cohen, «CNN Exclusive: US intel and satellite images show Saudi Arabia is now building its own ballistic missiles with help of China», *CNN*, 23 de diciembre de 2021 (https://edition.cnn.com/2021/12/23/politics/saudi-ballistic-missiles-china/index.html)

Por su parte, Estados Unidos intenta evitar que Arabia Saudí caiga en el campo euroasiático[820], y conseguir que el reino aumente su producción de petróleo. Para ello, Joe Biden anunció una visita oficial a Mohammed ben Salman (MbS) el 15 de julio de 2022. Pero, sintomáticamente, el 11 de julio de 2022, cuatro días antes, Arabia Saudí solicitó su adhesión a los BRICS (Brasil-Rusia-India-China-Sudáfrica)[821].

No sólo es una bofetada a Estados Unidos y Occidente, sino que indica que Arabia Saudí está dispuesta a cohabitar con Irán[822] (como China e India y probablemente Turquía con Egipto) dentro de la organización. Esto significa que estamos avanzando hacia unas relaciones internacionales basadas en la cooperación y no en la confrontación. A diferencia de la diplomacia occidental, la rusa funciona...

En cuanto al aumento de la producción saudí, nuestros medios de comunicación lo consideran un éxito de Joe Biden[823]. Una vez más, esto es mentira. De hecho, MbS promete aumentar su *capacidad de* producción, pero no su *producción*. El 21 de julio, MbS llamó a Vladimir Putin para confirmarle que acataría

---

820.Ruth Michaelson, «Joe Biden aterriza en Arabia Saudí buscando frenar el giro hacia Rusia y China», *The Guardian*, 15 de julio de 2022 (https ://www. theguardian.com/us-news/2022/jul/15/joe-biden-lands-in-saudi-arabia-seeking-to-halt-shift-towards-russia-and-china)
821.Abraham Blondeau, «Arabia Saudí abandona a Estados Unidos», *The Trumpet*, 11 de julio de 2022 (https://www.thetrumpet.com/25851-saudi-arabia-abandons-the-united-states)
822.Parisa Hafezi & Guy Faulconbridge, «Iran applies to join China and Russia in BRICS club», *Reuters*, 28 de junio de 2022 (https://www.reuters.com/world/middle-east/iran-applies-join-brics-group-emerging-countries-2022-06-27/)
823.Niels Saelens, «Arabia Saudí acuerda bombear más petróleo tras la visita de Joe Biden», *Business AM*, 16 de julio de 2022 (https://fr.businessam.be/larabie-saoudite-accepte-de-pomper-davantage-de-petrole/)

las decisiones de la OPEP+[824]. En pocas palabras: no aumentará la producción. Cumplirá su palabra, como veremos en octubre de 2022, con la decisión de la OPEP+ de recortar la producción en 2 millones de barriles diarios. Estados Unidos advierte que esta decisión tendrá consecuencias. A finales de octubre, Washington inició un proceso penal contra Mohammed Ben Salmane por el asesinato del periodista Jamal Khashoggi[825]. Si MbS es o no responsable no es lo importante aquí. El hecho interesante es que, mientras MbS obedeció las órdenes de Joe Biden, no fue molestado, pero la primera vez que se salió de la línea fue castigado. Estamos en un sistema mafioso en el que la política internacional se dicta mediante la amenaza de la fuerza.

Una vez más, Occidente es rehén de su propia arrogancia. Rusia vende el petróleo que Europa se niega a comprarle a Arabia Saudí (y otros países asiáticos) a un precio reducido, y estos últimos lo venden a Europa a un precio más alto. El resultado es que Rusia sigue vendiendo su petróleo con un cómodo beneficio, Arabia Saudí obtiene beneficios vendiéndoselo a Europa, y los europeos siguen consumiendo petróleo ruso... ¡a precio de saldo!

Desde 2014, el problema de los occidentales es que toman decisiones basándose en una realidad virtual hecha de rumores,

824.«Telephone conversation with Crown Prince of Saudi Arabia Mohammed bin Salman Al Saud», kremlin.ru, 21 de julio de 2022 (http://en.kremlin.ru/events/president/news/69042); Mark Trevelyan, «Putin discusses oil market with Saudi crown prince who hosted Biden last week», Reuters, 21 de julio de 2022 (https://www.reuters.com/world/putin-saudi-crown-prince-underline-importance-opec-framework-kremlin-2022-07-21/).
825.Stephanie Kirchgaessner, «Showdown as Saudi crown prince aims to dodge lawsuit over Khashoggi murder», The Guardian, 24 de octubre de 2022 (https://www.theguardian.com/world/2022/oct/24/khashoggi-fiancee-us-saudi-arabia-mohamed-crown-prince)

propaganda e ideología. Las sanciones impuestas a Rusia sin duda le afectan, pero son solo éxitos tácticos y a corto plazo. Aparte de que han estimulado la economía rusa y reforzado el vínculo entre la población y su presidente, han despertado la desconfianza del resto del mundo.

Aunque este último probablemente no apruebe la actuación de Rusia en Ucrania, ha perdido la confianza en un Occidente que no sabe realmente adónde va, que actúa por ideología y no por pragmatismo, que reniega de sus propios valores y que no consigue resolver los problemas. Lo que está surgiendo es un enfoque más asiático de las relaciones internacionales.

La idea de que la alianza entre China y Rusia es meramente oportunista y efímera es simplista. Algunos comentaristas, como Pascal Boniface, afirman que China se siente avergonzada por la actuación de Rusia en Ucrania, que ha provocado un fortalecimiento de la OTAN. Pero esto es menos evidente de lo que parece. En primer lugar, el fortalecimiento de la OTAN ha revelado defectos profundamente arraigados. Suecia y Finlandia solicitaron el ingreso sin una verdadera consulta previa con sus aliados y se vieron sorprendidas por la reacción de Turquía; luego Turquía impuso sus condiciones, que infringían las políticas internas de los solicitantes; luego moderó (temporalmente) su posición debido a las sanciones estadounidenses. Se trata de un clima de coacción total... Además, a pesar de su probable nueva ampliación, y de una presencia muy ruidosa en torno al conflicto ucraniano, la Alianza todavía no ha conseguido establecer un papel para sí misma en los retos del siglo XXI.

De hecho, China debería estar satisfecha porque Rusia ha desviado en cierto modo la atención estadounidense -y la presión occidental- de Taiwán. Fiel a su política exterior, China no juzga. Si está o no de acuerdo con la acción de Rusia es una cuestión muy occidental. La fuerza de China es que, a diferencia de Occidente, toma la situación tal como es y no como le gustaría que fuera. Por ejemplo, China se ha negado a secundar las sanciones occidentales y su comercio con Rusia se ha disparado: en julio de 2022, el superávit comercial de Rusia con China alcanzó la cifra récord de 70.100 millones de dólares[826]. En cuanto a China, su posición le permite actuar como mediador en el conflicto ucraniano. De hecho, fue a China (junto con Turquía e Israel) a quien Zelensky se dirigió con vistas a mediar con Rusia, antes de que Occidente acabara con la idea de las negociaciones.

De hecho, Occidente intenta persuadirse de que Rusia está totalmente aislada en la escena internacional. Esto dista mucho de la realidad. El hemisferio sur siente cada vez más que Occidente está dispuesto a «dejarles marchar». Afganistán es un claro ejemplo, pero Irak y Libia son también ejemplos en los que Occidente ha actuado en función de intereses nacionales difíciles de identificar a medio y largo plazo. Por el contrario, Rusia y China parecen tener un enfoque más estable de los problemas y, por tanto, son más fiables.

Además, las sanciones que permitían a Estados Unidos influir en el comportamiento de Rusia han perdido su capacidad coercitiva. El aluvión de sanciones aplicadas a Rusia tras la guerra de Ucrania ha sido tan amplio que las nuevas sanciones sólo pueden afectar marginalmente a las relaciones entre Rusia e Irán o Corea del Norte. De hecho, al no tener ya capacidad para

---

826. «Russia Current Account Hits Record on Surging Energy Exports», *Bloomberg News*, 11 de julio de 2022 (https://www.bloomberg.com/news/articles/2022-07-11/russian-current-account-hits-record-on-surging-energy-exports#xj4y7vzkg)

modular sus sanciones, Occidente -y los estadounidenses en particular- se han atrapado a sí mismos.

Otra consecuencia de la gestión occidental de la crisis es más preocupante. Hasta ahora, los occidentales han podido explotar su prosperidad para imponer su visión al resto del mundo. Que esto sea bueno o malo no es lo importante. La cuestión es que nuestros socios del «resto del mundo» quieren llegar por sí solos a las soluciones que consideran adecuadas para ellos. Quieren hacerlo a su propio ritmo, según sus especificidades culturales, y no según un calendario determinado por Occidente. Llevamos más de veinte años intentando imponer nuestros «valores» por la fuerza, y parece que nuestra determinación y brutalidad aumentan con el número de nuestros fracasos.

La periodista alemana Alina Lipp ha sido condenada en rebeldía a tres años de prisión por un tribunal alemán por afirmar que las tropas rusas habían «liberado» zonas de Ucrania, *«glorificando así actividades criminales»*. Sus revelaciones sobre los crímenes ucranianos y occidentales en el Donbass ya la habían llevado a la lista negra del sitio web ucraniano *Mirotvorets*[827]. Los políticos alemanes de hoy en día son un orgullo para sus abuelos.

El periodista freelance británico Graham Philipps, que lleva varios años trabajando en el Donbass, ha sido incluido en la lista de sanciones de su propio país por *«producir y publicar contenidos mediáticos que apoyan y promueven acciones y políticas que desestabilizan Ucrania y socavan o amenazan la integridad territorial, la soberanía o la independencia de Ucrania»*[828]. En cuanto a Julian Assange, ha pasado más tiempo en prisión que los autores de los crímenes de guerra que denunció...

827.https://myrotvorets.center/criminal/lipp-alina/
828.https://ofsistorage.blob.core.windows.net/publishlive/2022format/Con-List.html

En octubre de 2022, un periodista de un importante diario tradicional francés me dijo:

Los editores nos prohíben publicar la verdad porque podría indicar apoyo a Vladimir Putin.

El mundo está cambiando. El epicentro del progreso, del desarrollo tecnológico y de cierta prosperidad se situaba en Estados Unidos. Ahora parece desplazarse hacia China. Atrapado en la trampa de Tucídides, Estados Unidos rebosa energía para debilitar a sus competidores. Como dijo Joe Biden en su discurso del 31 de marzo de 2021:

El resto del mundo se está acercando [a nosotros] y lo está haciendo rápidamente. No podemos permitir que esto continúe.[829]

Desde 2014, el objetivo de Estados Unidos ha sido aislar a Rusia de la comunidad internacional. En realidad, los países occidentales se han aislado a sí mismos del resto del mundo. Ya nos hemos preguntado por qué la intervención rusa era más censurable que las anteriores intervenciones dirigidas por Occidente en Oriente Próximo o el norte de África. La respuesta nos la dio Josep Borrell, responsable de Asuntos Exteriores de la UE, en un discurso pronunciado en Brujas (Bélgica) en octubre de 2022:

Europa es un jardín, [...] el resto del mundo es una jungla, y la jungla podría invadir el jardín.[830]

---

829. «Remarks by President Biden on the American Jobs Plan» Carpenters Pittsburgh Training Center (Pittsburgh, Pensilvania), *whitehouse.gov*, 31 de marzo de 2021.
830. https://youtu.be/ufAHg6hN4OA

Este comentario no pasó desapercibido en África, donde se consideró -con razón- profundamente racista. Es representativo de esa pequeña camarilla de periodistas y políticos pseudointelectuales que, al igual que las ideologías totalitarias a las que (con razón) fustigan, creen estar en posesión de la Verdad y que les corresponde imponerla al resto del mundo.

La consecuencia es que el resto del mundo podría caer en la tentación de deducir que Estados Unidos supondrá una amenaza mientras piense que está en posición de dominar a los demás. La conclusión lógica es que, para eliminar la amenaza, hay que eliminar lo que les hace sentirse superiores. Esto significa destruir su capacidad económica. Esto provocaría un terremoto mundial, pero sólo para aquellos cuyas economías están vinculadas a Estados Unidos. Y ése ya no es el caso de Rusia...

Índice